AF821533

Das

selbständige Verordnungsrecht.

Zugleich eine Streitschrift
für die historisch-kritische Methode

von

Dr. **Adolf Arndt,**
o. ö. Professor in Königsberg.

Berlin 1902.
J. Guttentag, Verlagsbuchhandlung,
G. m. b. H.

Vorwort.

Fast zwanzig Jahre sind vergangen, seitdem ich mich mit der Frage zu beschäftigen hatte, ob Verordnungen im Reiche und in Preußen ebenso wie Gesetze zu verkünden seien. Ich kam genau zu dem nämlichen Ergebnisse wie das Reichsgericht in seinem Erkenntnisse vom 26. März 1901, zu dem Ergebniß, daß Reichsverordnungen nicht im Reichs-Gesetzblatt verkündet zu werden brauchen. Ich ermittelte, daß Gesetz und Gesetzgebung im Sinne der Reichsverfassung wie im Sinne der preußischen Verfassung wie im absoluten Preußen, wie endlich im französisch-belgischen Staatsrecht nicht materielle, sondern formelle Begriffe sind, nicht Rechtssatz und Rechtssetzung bedeuten, sondern höchste Gewalt. Da ich hiermit im scharfen Gegensatz zu den seit Gneist und Laband vorherrschenden Ansichten in der Theorie gerieth, hielt ich es geboten, trotzdem meine Schlußfolgerungen mit den sorgfältigst gesammelten Thatsachen übereinstimmten, überall durch Umfragen, Vorträge und kleinere Aufsätze Informationen zu erhalten und etwa durchschlagende Gegengründe zu erfahren. Die Theoretiker verhielten sich im Allgemeinen durchaus ablehnend; die Praktiker erklärten sich überzeugt und die vielen Parlamentarier, von denen Einzelne noch jetzt am Leben sind und die theilweise schon bei den Verfassungsberathungen in Preußen und im Norddeutschen Bunde sogar als Referenten, auch Antragsteller, mitgewirkt hatten, versicherten, daß meine Sätze ihnen nur als selbstverständliche, altbekannte und triviale Wahrheiten erschienen.

Das Ergebniß meiner damaligen Untersuchungen legte ich in der Schrift: „Das Verordnungsrecht des Deutschen Reichs auf der Grundlage des Preußischen" i. J. 1884 nieder, die von der Praxis, auch dem Reichsgericht, ebenso wohlwollend, wie von den meisten Theoretikern „abfällig" beurtheilt worden ist und mich von dieser letzteren Seite zum Gegenstande gehässiger Anklagen von damals an bis auf den heutigen Tag gemacht hat. Meine fortdauernde Bezugnahme auf das aktuelle Recht wurde mit der Erfindung verhöhnt, daß ich das, was in den Akten stehe, für das aktuelle Recht erkläre; es wird nicht minder frei erfunden, daß ich der Wissenschaft nur eine rein deskriptive Stellung einräume, ihr Recht und Beruf bestreite, darüber nachzudenken, was Rechtens sei; ja, es wird u. A. von handgreiflicher Entstellung allbekannter Thatsachen und von „gewünschten" Ergebnissen gesprochen, als ob ich anders als der Wahrheit entsprechende suchen und finden wollte.

Insbesondere wendete sich diese Kritik gegen eine Schlußfolgerung, die ich einerseits nicht suchte und andererseits nicht abweisen konnte, eine Schlußfolgerung aus dem Satze, daß Gesetz und Gesetzgebung in Preußen formelle Begriffe, also nicht gleichbedeutend mit Rechtssatz und Rechtssetzung sind, nämlich die, daß wo nicht nach dem Inhalt der preußischen Verfassung ein Gesetz erfordert wird, noch in Preußen der Verordnungsweg zulässig ist. Diese Kritik war mir vorausgesagt und stellte sich alsbald ein. Wenn man nicht gerade heraus gesagt hat, ich sei von der preußischen Staatsregierung eigens zu dem Zwecke gekauft, um die Verfassung zu verfälschen, so ist das

Alles, was man an Höflichkeit mir in gewissen Kreisen erwiesen hat. Schon vor zwanzig Jahren wurde bemerkt, die deutschen Theoretiker hätten sich in ein ganzes System falscher Begriffe so eingesponnen, daß sie sich daraus nicht mehr herausfinden können, noch wollen.

Es handelt sich aber in der Sache nicht um einen Gegensatz zwischen Theorie und Praxis; denn was für die eine richtig ist, kann für die andere nicht falsch sein; ist Gesetzgebung im Sinne der preußischen Verfassung theoretisch rechtsetzende Gewalt, so muß sie dies auch praktisch sein. Noch weniger handelt es sich um einen Gegensatz zwischen liberal und konservativ, wozu man den Streit zu stempeln versucht hat. Ich bin überzeugt, daß Waldeck und Lasker, Reichensperger und Graf Lippe hierin genau ebenso wie ich die preußische Verfassung, insbesondere Art. 62, ausgelegt haben. Ein Kommissionsbericht des Herrenhauses vom 12. Februar 1879, der wie ich die so hart geschmähte Enumerationstheorie vorträgt, fand trotz ausdrücklicher Aufforderung nirgends Widerspruch, so wenig im Herrenhause, wie im Abgeordnetenhause. Ebenso unzweifelhaft gilt dieses Prinzip für das preußische Kirchenrecht.[1]) Es gilt dies Alles auch in Bayern und den meisten übrigen deutschen Staaten. Alle alten Parlamentarier haben mir versichert, daß sie niemals die Verfassung anders verstanden, ausgelegt und behandelt hätten und daß dasjenige, was den Theoretikern so tadelswerth erscheint, ebenso einfach, wie richtig, wie allbekannt ist. Sie könnten es recht wohl beurtheilen, da sie theilweise schon von Anfang an mit dabei gewesen und jedenfalls bald darauf Jahrzehnte im parlamentarischen Leben mitgewirkt haben. Bei Acceptation der Enumerationstheorie wären die wichtigsten Dinge des öffentlichen

---

[1]) z. B. Friedberg, Kirchenrecht. 3. Aufl. S. 251.

Lebens keineswegs dem Verordnungswege preisgegeben, so z. B. das Gewerbe-, Wege-, Wasser-, Heimaths-, Armen-, Niederlassungs-, Privat-, Kirchenrecht, Prozeßrecht; denn als 1849 Jubel, Simson u. A. den Antrag stellten, die Nothverordnung überall da auszuschließen, wo die Verfassung auf ein Gesetz hinweist, habe man dagegen allseitig hervorgehoben und anerkannt, daß dann für die Nothverordnung so gut wie kein Raum übrig bleibe. Man solle nur näher und gründlich zusehen, was Alles in den einzelnen Artikeln der Verfassung stehe. Sie wären doch nicht solche Männer gewesen, die so wichtige Dinge allein der Regierung überlassen hätten.

Aufrichtig bedauere ich im Interesse der Sache, des Standes und meiner Person, daß ich mich, trotz mancher Bedenken, gezwungen sah, den mir hingeworfenen Fehdehandschuh aufzuheben.

Der Gegensatz steht zwischen der rein deduktiven, rein dialektischen Methode und der induktiv-deduktiven, der historisch-kritischen Methode. Ich bekenne mich zur letzteren und hoffe, daß sie zum Siege führen wird.

Inhalt.

Berichtigungen.

S. 58 habe ich Anschütz insoweit Unrecht gethan, als er nicht von Arndt's Seidenweber, sondern von Arndt's Gewährsmann, dem Seidenweber Beckerath spricht.

S. 60 f. statt der Bezugnahme auf die Nassauische Verfassung S. 254.

§ 1.

Einleitung.

Als Mark Twain sich um den Gouverneurposten im Staate New-York bewarb, konnte es ihm nicht schlechter ergehen als mir, der ich, „nur ein Praktiker“, es wagte, in rein sachlicher, unpolemischer Weise die Grundlehren der im deutschen Staatsrechte herrschenden Theorie über die Begriffe „Gesetz“ und „Verordnung“, „Gesetzgebung“ und „Verwaltung“, „Rechtsnorm“ und „Verwaltungsvorschrift“ anzuzweifeln. Und doch habe ich nichts Anderes behauptet, als was Alle, die noch aus der Zeit der Verfassungsära oder den fünfziger Jahren am Leben und beim Verfassungswerke oder sonst an der Gesetzgebung mitthätig gewesen sind, mir als buchstäblich und in allen Punkten richtig bezeugt haben und bezeugen, ebenso wie alle Historiker, die sich das Studium jener Tage zu ihrer besonderen Aufgabe gestellt haben, — und zwar die Liberalen wie die Konservativen. Man durchstudire alle Parlamentsverhandlungen in und außer Preußen und wird stets finden, daß man die Worte Gesetz und Verwaltung genau wie ich verstanden hat und daß man nicht mit der heutigen Begriffsjurisprudenz, sondern mit dem von mir vertretenen Enumerationsprinzip, zu deutsch — nicht mit eigens erfundenen Rechtsbegriffen, sondern mit dem positiven und geschichtlichen Recht operirt hat! Gleichwohl bin ich ganz mit Grund getadelt, weil ich die Tagesgrößen nicht adorirte. Wäre es denn nicht umgekehrt so leicht und so weltklug von mir gewesen, im großen Haufen mitzulaufen, mich von der allgemeinen Welle tragen zu lassen, möglichst laut mit etwas anderen Worten zu wiederholen, was die heute maßgebenden Koryphäen der Wissenschaft längst bewiesen hatten; war es nicht von mir geradezu eine Thorheit, einflußreichen, jedes Widerspruchs entwöhnten Größen, wenn auch nur schüchtern, entgegenzutreten; war es nicht eine noch größere Thorheit, auf die Divergenz zwischen Theorie und Praxis, zwischen Lehre und Wirklichkeit, zwischen Wissenschaft und Scholastizismus hinzuweisen, und war es endlich nicht geradezu ein Verbrechen, daß sich meine Theorie Schritt für Schritt siegreiche Bahn geschaffen hat?[1]) Praxis und Leben hätten sich auch ohne mich behauptet, wie sie sich durch die Angriffe der größten Gelehrten kaum getroffen fühlten. Die Feindschaft aber, die ich mir zugezogen habe, werde ich gewiß nicht wieder los. Écrasez — er „vermißt" sich, in „Theorie" zu machen, hat Erfolg, und seine „von Rechtsirrthum weithin beherrschten", „nur abfällig zu beurtheilenden", „vollständig vernichteten", „scherzhaften", „eine ernsthafte Widerlegung nicht verdienenden" Ausführungen haben im Prinzip nun die volle Billigung des höchsten Gerichtshofes gefunden, z. B. Entsch. in Civils. 48 S. 84 ff., während die Grundlehren meiner Gegner, nachdem sie niemals in der Welt der Thatsachen und stets nur auf dem Papiere gelebt haben, durch diesen Gerichtshof eine ebenso unbedingte wie unwiderrufliche und endgültige Ablehnung fanden.[2]) Dies wird, das bin ich gewiß, in den Augen der Gegner mir erst recht nicht nützen. Auch ohne meine Hülfe aber wären die von der Theorie als ungültig erklärten Eisenbahn-Betriebs-, Verkehrs-, Signal- u. s. w. Ordnungen ruhig in Geltung geblieben, hätte kein Mensch gewagt, sie auf die Autorität der größten Staatsrechtslehrer hin (ja diese Staatsrechtslehrer selber haben dies nie gewagt) zu verletzen, wären die Post- und Telegraphenordnungen weiter als rechtsbeständige Rechtsnormen in Anwendung geblieben, ebenso wie die ministeriellen Schulregulative, wären nach wie vor Rechtsverordnungen weiter im Reichs-Centralblatt abgedruckt worden, hätte das Reichsgericht die im Verordnungswege ergangenen preußischen Vorschriften über Beamten- und die über Militärversorgung und Besoldung nicht als bloße „Verwaltungsnormen" oder „Anstaltsordnungen" oder „Rechtsgeschäfte", sondern nach wie vor zwar als „Verwaltungsvorschriften", aber zugleich auch als gültige und zudem „revisible Rechtsnormen" behandelt, würden die preußischen Vorschriften über militärische Ehrengerichte, die Militär-Beschwerde-

[1]) S. hierüber weiter unten.

[2]) S. auch hierüber weiter unten.

Ordnung, die Militär-Strafvollstreckungs-Ordnung, die Vorschriften über Reise- und Umzugskosten, Marschgelder, Kommandozulagen der Militärpersonen als gültig und gleichfalls als revisible Rechtsnormen, je nach der Zuständigkeit vom Reichsgericht oder vom Reichs-Militärgericht, betrachtet werden. Klüger wahrlich hätte ich gehandelt, wenn ich mich der herrschenden Theorie angeschlossen und zur allgemeinen Freude behauptet hätte, daß es keinen größeren Gegensatz als zwischen „Rechts-" und „Verwaltungsvorschriften" geben kann. Allerdings könnte es jetzt passiren, daß mir von den Gerichten, z. B. dem Reichsgericht, gesagt würde, man könne nicht begreifen, wie ich z. B. Angesichts der Vorschrift in Artikel 38 der Reichs-Verfassung, wo unzweifelhaft und unstreitig unter „Verwaltungsvorschriften" „Rechtsvorschriften" gemeint sind, mich „vermessen" könnte, Juristen, etwa gar dem Reichsgericht, vormachen zu wollen, daß in Art. 37 und 7 der Reichs-Verfassung, auf die sich Art. 38 bezieht, „Verwaltungsvorschriften" gerade den Gegensatz zu „Rechtsvorschriften" ausdrücken, man glaube mir und jedem Anderen nicht einmal, daß wir selbst dies glauben; man verbäte sich jedenfalls ernsthaft, noch einmal mit so offenbar kühnen und falschen Behauptungen nahe zu kommen. Das wäre gewiß unangenehm, aber in den Augen der wissenschaftlichen Autoritäten nicht so schädlich, als daß ich die richtige und siegreiche Ansicht vertreten und begründet habe. Die Praxis dankt es mir doch nicht; man soll überhaupt nie auf Dank rechnen; die Praxis hat z. B. alle Angriffe auf die Eisenbahn-Betriebs- und Verkehrs-Ordnungen a limine für absolut verfehlt, keiner ernsthaften Widerlegung würdig und bedürftig, ganz belanglos, deshalb auch meine Vertheidigung zwar für nicht unrichtig, aber andererseits für vollständig entbehrlich angesehen. Was nutzt mir, daß sich das Reichsgericht meinen Ausführungen über die Verkündung von Reichs-Verordnungen und die Begriffe Reichsgesetz und damit implicite meiner ganzen Theorie angeschlossen hat, was das Bewußtsein davon, daß ich Recht habe? Meine Gegner sind in den akademischen Kreisen mächtiger, sie beherrschen die Zeitschriften und begnügen sich damit, mich mit allgemeinen Sätzen zu erschlagen: was ich über diesen Gegenstand geschrieben habe, sei total falsch und gar nicht erst der Widerlegung würdig, nur „Wortklauberei" oder gar „handgreifliche Entstellung allbekannter Thatsachen" oder „elementarer Irrthum"; jedenfalls hält man es gar nicht für nöthig, anzuführen, was ich denn eigentlich zur Begründung vorgebracht habe. Was man nicht widerlegen kann, schweigt man eben todt; wird man auf diese Thatsache gestellt, so erklärt man mein An- und Ausführungen für „belanglos". Jeder Anwalt, jeder Richter plädirt und referirt anders. Dagegen gestattet man sich unfreiwillige Anleihen bei mir, mache ich darauf aufmerksam, so ernte ich Grobheiten, z. B. daß ich von der richtigen Theorie doch keinen richtigen Gebrauch gemacht habe, man also sie mir habe fortnehmen können. Der ganze theoretische Streit dreht sich im Grunde darum, ob „Gesetz",[1]) „Gesetzgebung", „Verordnung", „Verwaltung" nur *formelle Begriffe* sind, wie ich behaupte, oder, wie die Gegner haben, *materielle* Begriffe, ob „gesetzgebende Gewalt" oder „Gesetzgebung" in Art. 62 der preußischen, Art. 5 der Reichsverfassung, wie meine Gegner behaupten, *rechtssetzende Gewalt* oder, wie ich behauptet, *höchste Gewalt* bedeute. Nun habe ich mich für das preußische Recht wiederholt in Büchern, die in vielen Tausend Händen sind, und sonst darauf bezogen, daß der *Berichterstatter* zum heutigen Art. 106 der preußischen Verfassung *ohne jeden Widerspruch von irgend welcher Seite*, auch nicht u. A. von Stahl, Dahlmann, Baumstark, Walter u. a. m., die hauptsächliche und *einzige* Bedeutung von „*Gesetz*", genau so wie ich, *formell* definirt habe (der Appellrath *Broicher* am 26. Januar 1850 in dem Sten. Ber. der II. Kammer, 1849/1850, S. 2119). Dieser Umstand wird einfach verschwiegen, obwohl er für einen nicht befangenen Juristen als unbedingt beweisend erscheinen muß. Ich habe ferner wiederholentlichst darauf hingewiesen, daß der erste Absatz des Art. 62 aus der *belgischen* Verfassung (art. 26) wörtlich übersetzt ist (gesetzgebende Gewalt für pouvoir législatif), daß aber in *Belgien* der Ausdruck „pouvoir législatif" nur formell gebraucht und daß dort der Ausschluß sog. selbstständiger Verordnungen nicht aus dem Namen oder Begriff von „loi" oder „pouvoir législatif", sondern aus ganz anderen in Preußen nicht wiederholten und hier nicht gültigen Vorschriften abgeleitet wird. Selbstredend ist dies so „belanglos", daß man es todtschweigt. Auf das Eingehendste und belegt durch die ganze Judikatur und Litteratur des absoluten Staates habe ich ausgeführt, daß im absoluten Preußen „Gesetz" ein formeller Begriff,

[1]) Ich bestreite nicht, daß ein jedes Gesetz einen Rechtssatz, wenn auch zuweilen keine Muß-, sondern nur eine Sollvorschrift, enthält, ich meine jedoch, daß unter Gesetz im Sprachgebrauche der Verfassungen ein in bestimmter *Form* zu Stande gekommener Rechtssatz zu begreifen ist.

nicht „Rechtsnorm" schlechthin gewesen, daß also auch schon aus diesem Grunde zu folgern ist, die preußische Verfassung habe dieses Wort nicht in anderem Sinne verstanden. Selbstredend ist auch Dieses so „belanglos", daß es unerwähnt bleiben mußte. Dies sind nur einzelne Beispiele von vielen.

Es ist aber, abgesehen von dem Todtschweigesystem, nicht schwer, in den Augen der übrigen Theoretiker Recht zu behalten, wenn man auch noch so sehr Unrecht hat, weil nämlich die Verfassungs- und die Parlamentsgeschichte des 19. Jahrhunderts bis heute noch fast ganz eine terra incognita bilden, weil man die Kapitularien, die Dekretalien, die leges Barbarorum, die Kirchenväter tausendmal besser kennt, als z. B. die preußische Gesetzsammlung und die preußischen Landtagsverhandlungen. Auch hierfür einige Belege:

Der Professor G. Anschütz,[1]) der sich seit seiner Dissertation mit den Begriffen Gesetz und Rechtssatz so eingehend beschäftigt und die Früchte dieser Beschäftigung in verschiedenen Werken der Mit- und Nachwelt überliefert hat, findet es bei meiner Theorie höchst wunderbar und seltsam, daß die preußische Verfassung beim Kirchenwesen nur den Erwerb von Korporationsrechten durch den Gesetzgebungsweg fordere. Offenbar weiß also Anschütz nicht und es scheint dies bisher kein anderer Gelehrter besser zu wissen, daß die preußische Verfassung die Kirche selbstständig erklärt (Art. 15), also deshalb ganz außer Stande ist, Vorschriften über die Rechtsbildung in der Kirche zu geben. Ebenso „wunderbar", „seltsam" u. s. w. findet er es, daß sie über Freizügigkeit und Gewerbefreiheit Nichts sagt. Wenn er aber auch z. B. nur die erste Auflage von Rönne's preußischem Staatsrecht gelesen oder die entfernteste Kenntniß der 1848 bestandenen Anschauungen gehabt oder auch nur den Eingang zu dem Freizügigkeitsgesetz vom 31. Dezember 1842 oder zu der Allgemeinen Gewerbeordnung vom 17. Januar 1845 gelesen oder das Wort „insbesondere" in Artikel 5 der preußischen Verfassung beachtet hätte, würde er wissen, daß so hervorragende Juristen, wie Waldeck, Bornemann, v. Daniels, Bauerband, Dahlmann, Wentzel, Stahl u. s. w., auch an die Freizügigkeit und die Gewerbefreiheit bei den Grundrechten gedacht haben, das Prinzip der Freizügigkeit und das der Gewerbefreiheit indes durch Art. 5 der preuß. Verfassung (Gewährleistung der persönlichen Freiheit)

[1]) Die gegenwärtigen Theorien über den Begriff der gesetzgebenden Gewalt u. s. w. nach preußischem Staatsrecht. 2. Aufl.

voll und unbedingt, unstreitig und mit Recht gewahrt sahen, weil nämlich jede Beschränkung der Freizügigkeit und Gewerbefreiheit als eine unmittelbare Beschränkung der persönlichen Freiheit galt und also seit 1823 nur nach Anhörung der Stände und seit der Verfassung nur unter Zustimmung des Landtages möglich ist.

Nach Anschütz (S. 169) enthält § 7 der Einleitung zum A.L.R. eine Definition des Gesetzesbegriffs, desgleichen die Worte, „welche Veränderungen in Personen- oder Eigenthumsrechten und in den Steuern zum Gegenstande haben“ (in der Verordnung vom 22. Mai 1815 und im Gesetze vom 5. Juni 1823). Darnach müßten im absoluten Staate Preußen andere Vorschriften, mithin solche, die nicht den Ständen zur Begutachtung vorgelegt wurden (weil sie eben keine Veränderungen in Personen- oder Eigenthumsrechten und in den Steuern zum Gegenstand haben) keine „Gesetze“ gewesen sein. Das kann aber nur behaupten, wer niemals eine preußische Gesetzsammlung aufgeschlagen hat. Dort hätte man gefunden, daß nur ein Theil, und nicht einmal der größere Theil der Gesetze den Ständen zur Begutachtung vorgelegt worden ist, zweifellos auch solche nicht, die Rechtsnormen enthielten, wie Aenderungen und Deklarationen einzelner Paragraphen des A.L.R., Prozeßgesetze, Strafnormen, Militärstrafrecht, Militärstrafprozeß, Verbot des Handels mit Negersklaven u. s. w.[1]) Nun wird Anschütz vielleicht entgegnen, wenn solche Gesetze, die nicht solche Veränderungen betreffen, auch als „Gesetze“ damals bezeichnet und von Theorie und Praxis damals als solche angesehen wurden (von Koch, Bornemann, P. Reichensperger, Simon, Hirsemenzel, dem Ober-Tribunal u. s. w.), und bis heute als solche vom Reichsgericht angesehen werden, so sei dies ganz „belanglos“, beweise nur, wie wenig Wissenschaft damals noch und vor ihm bei den preußischen Staatsmännern,[2]) Gerichten und Schriftstellern und selbst dem Reichsgericht vertreten gewesen sei, die „aufgeklärtere“ Theorie, das „geschärfte juristische Urtheil“, verstehe gleichwohl trotz

---

[1]) Ich bemerke, daß am Eingange jedes Gesetzes besonders bemerkt ist, ob es „nach Anhörung der Stände“ erlassen wurde und daß diese Eingangsworte in allen Kompilationen und Abdrücken (Shering, Grotefend) wiederholt sind.

[2]) v. Manteuffel, Denkwürdigkeiten I S. 4: „Was mit des Königs Unterschrift in der Gesetzsammlung stehe, sei Gesetz“ (also nicht, was Rechte der Privatpersonen unter einander oder zum Staat betreffe).

der preußischen Gesetzsammlung, dem preußischen Ober-Tribunal und dem Oberverwaltungsgericht die entgegengesetzte Ansicht. Keinesfalls seien ihm die Eingangsworte zu den sogenannten Gesetzen unbekannt, wie ihm auch die alte preußische Judikatur und Litteratur durchaus wohlbekannt seien, er habe aber dies für „absolut belanglos" angesehen. Um diesem Einwande vorweg entgegenzutreten, muß ich, so schmerzhaft und unangenehm berührend dies auch für beide Theile sein mag, ihn festnageln. Anschütz sagt S. 170, Anm. 167: „Der Kreis derjenigen Normen, welche in die Personen- und Eigenthumsrechte der Staatsangehörigen eingreifen, wurde von der älteren preußischen Praxis zuweilen sehr eng gezogen, so daß man z. B. prozeßrechtliche Normen nicht hierher zählte, s. Arndt, Komm. 185" — nicht nach Arndt, sondern nach den Eingangsworten dieser Prozeßnormen ist dies geschehen. Wenn man aber sagen könnte, Anschütz habe dies sehr wohl gesehen, und nur in der bloßen Nichterwähnung der Anhörung der Stände in den Eingangsworten noch keinen zwingenden Beweis des Gegentheils finden können und daher sich ganz vorsichtig ausgedrückt, dem Arndt die Verantwortlichkeit zuschiebend. Auch diese Ausflucht hilft nichts. Denn es ist z. B. der Verordnung in Ehesachen vom Jahre 1844, die zweifellos ein Gesetz im Sinne des absoluten Staates war, und bis zum 1. Oktober 1879 als Gesetz gegolten hat, eine Kabinets-Ordre vorangeschickt und in der Gesetz-Sammlung abgedruckt, worin es heißt, daß die spätere Anhörung der Stände noch vorbehalten sei, woraus folgt, daß diese Anhörung noch nicht erfolgt war. Ueberdies ist der Umstand, daß ein so wichtiges Prozeßgesetz, wie die Eheverordnung vom 28. Juni 1874, ohne Zustimmung der Stände (auf Veranlassung und unter Billigung v. Savigny's, des damaligen Gesetzgebungsministers), erlassen ist, wie ferner die Gesetze über den Bagatell-, Mandats-, Subhastationsprozeß, die Exekutionsordnung in Civilsachen u. a., Jedem bekannt, der auch nur überhaupt jemals etwas über die Verhandlungen der Stände, des Vereinigten Landtages und der Preußischen Kammern gelesen hat. Hätte Anschütz gewußt — und dies mußte er wissen, wenn er eine preußische Gesetzsammlung vor 1848 oder Schering's oder Grotefend's Sammlungen der Gesetze jemals eingesehen hätte — daß bei jedem Gesetze des absoluten Staates ausdrücklich im Gesetze selbst bemerkt ist, ob es nach Anhörung der Stände erlassen ist, d. h. also nach Ansicht des Gesetzgebers Veränderungen in Personen- oder Eigenthumsrechten betrifft, so hätte er selbst und ohne mich gewußt, daß die Prozeßgesetze und namentlich die Verordnung vom 28. Juni 1844 ohne Anhörung der Stände ergangen ist, er hätte mich nicht citirt, ebensowenig wie Jemand sagt, das Bürgerliche Gesetzbuch oder das Strafgesetzbuch ist „s. A." unter Zustimmung des Deutschen Reichstages zu Stande gekommen, oder die Kaiserliche Verordnung über Viehmängel oder die Verkehrsordnung ist „s. A." ohne diese Zustimmung zu Stande gekommen. Hätte Anschütz die preußische Gesetzsammlung eingesehen, so hätte er sein ganzes Buch ungeschrieben gelassen, seine Throrie für sich behalten und keinenfalls behauptet, daß in dem Gesetze vom 25. Juni 1823 keine Zerreißung, sondern nur eine Definition des Gesetzbegriffes gegeben sei. Und Jemand, der ein so erstaunliches Maaß von Kenntnissen über preußisches Recht hat, vermag mich von oben herab abkanzeln, als ob ich soeben erst die Kinderschuhe ausgezogen hätte und von Seydel als eine Art Hauptunsinnschmierer oder mit gleichbedeutendem Worte gekennzeichnet wäre! Ich muß aber Anschütz doch etwas in Schutz nehmen; die übrigen Fachgenossen haben sich ganz gewiß auch nicht mehr mit dem preußischen Rechte befaßt. Als Beweis führe ich Georg Jellinek an, den anderen Heidelberger Staatsrechtslehrer. Dieser hat gerade über „Gesetz", „Verordnung" und „Budget", wie Anschütz sagt, führende und große Werke geschrieben, die in der Theorie allgemeine Anerkennung gefunden und selbstredend mich vollständig „zur Strecke gebracht" haben. Jellinek behauptet nun (Gesetz und Verordnung S. 174, s. auch seinen Aufsatz Budgetrecht in Conrad's Staatshandbuch S. 1172), die II. Kammer habe 1849 die Eingangsworte im heutigen Artikel 109 der preußischen Verfassung [1]) gestrichen, die I. Kammer „habe mit einigen Modifikationen den Beschluß des Abgeordnetenhauses angenommen". In Wahrheit hat die I. Kammer aber gerade den entgegengesetzten Beschluß gefaßt und die gestrichenen Worte wieder eingesetzt; [2]) eben deshalb sind sie stehen geblieben, weil bei nichterzieltem Einvernehmen zwischen beiden Kammern der ursprüngliche Text bestehen bleibt. Wie Vorstehendes und überdies schon die Citirmethode zeigt, so hat Georg Jellinek das Lesen der preußischen Landtagsverhandlungen als für einen großen Gelehrten entbehrlich gehalten. Dem Irrthum sind wir Alle unterworfen; aber daß Jemand gerade den Kernpunkt einer Frage

---

[1]) Die bestehenden Steuern und Abgaben werden forterhoben.

[2]) Sten. Ber. S. 1479 f., 2034 f.

„ipsissima sedes materiae", den Hauptinhalt seiner Darstellung, in dieser Weise behandelt, daß er Verhandlungen, die Monate lang gespielt haben, gerade umgekehrt vorträgt, weil er sie offenbar nie gelesen hat, ist ebenso wunderbar, wie daß Niemand bisher ihn darauf hingewiesen hat. Auch ich, trotzdem ich es seit Jahren weiß, würde dies unterlassen haben, wenn ich es nicht für nöthig hielte, Denkenden ein Urtheil darüber zu verschaffen, ob sie nach diesem Vorgange noch ohne Weiteres glauben, daß mich Jellinek so vollständig mit seinen allgemeinen Argumentationen erschlagen hat. Ich bin sogar überzeugt, daß Anschütz aus Anlaß meiner Replik im 40. Bande des Archivs für öffentliches Recht weit mehr Studien über preußisches Recht gemacht hat, als die meisten Fachgenossen. Zum Beweise dafür, daß ein selbstständiges Verordnungsrecht in Preußen fehle, hatte sich Anschütz nach dem Vorgange von H. Schulze auf eine Erklärung des Grafen Fritz Eulenburg aus dem Jahre 1869 im Herrenhause bezogen, diese wie Schulze nach „Eulenburg's Reden" citirend. Ich habe nun selbst darauf aufmerksam gemacht, daß die gleiche Erklärung bestimmter und ausführlicher durch den damaligen Geheimrath A. von Wolf im Herrenhause abgegeben sei. Jetzt erst entdeckt Anschütz diese Rede und die betreffenden Landtagsverhandlungen und will glauben machen, daß A. von Wolf in dieser, ihm von mir erst bezeichneten Rede die ganze Kontroverse Namens der preußischen Staatsregierung in seinem Sinne, nämlich dahin erledigt hätte, daß Rechtsnormen irgend welcher Art nur in der Form des Gesetzes ergehen dürfen. Jedermann weiß, daß die preußische Staatsregierung bei einer Spezialfrage eine Erklärung von so allgemeiner, so unübersehbarer Tragweite, zumal bei einem so unwichtigen Gegenstande, ob in Hannover sechs oder nur drei Regierungen bestehen sollen, niemals abgiebt, daß eine solche Erklärung, die doch in erster Reihe den Kriegsminister, den Kultus- und den Handelsminister, und mittelbar das Reich betroffen hätte, wenn es überhaupt denkbar wäre, daß sie abgegeben werden sollte, nur vom Justizminister vorgetragen wäre. Die Erklärung Wolf's bezog sich auf „den Umfang der Regierungsrechte". Aber selbst wenn man sie ganz allgemein deuten würde und außer Acht lassen wollte, daß sie so, wie sie Anschütz versteht, sich im unbedingtesten Widerspruch zu den Thatsachen, sowie zu allen sonstigen Handlungen und Erklärungen der preußischen Staatsregierung befindet, so wäre noch immer nicht festgestellt, daß nach Ansicht der preußischen Staatsregierung Rechtsnormen nur noch durch Gesetz erlassen werden können. Giebt es doch unzählige Rechtsnormen, die an dem „Umfang der Regierungsrechte“ Nichts ändern! Aber daß Anschütz glauben kann, der mir wohlbekannte damalige Geheimrath, spätere Oberpräsident und Oberrechnungskammerpräsident v. Wolf habe bei einer hannoverischen Organisationsfrage für den preußischen Staat, das preußische Staatsrecht, für die Krone und die Staatsregierung die obersten Fragen des konstitutionellen Staatsrechts ganz abweichend von der bisherigen Auffassung endgültig regeln wollen und feststellen sollen, das wird Jeden, der im Leben gestanden hat, außerordentlich Wunder nehmen. Anschütz glaubt, daß seine Theorie nicht das helle Tageslicht der Praxis scheue; er frage nur im Justizministerium oder Staatsministerium an, ob die 1869er Erklärung des A. v. Wolf so gemeint gewesen sei, daß Rechtsnormen irgendwelcher Art nur durch Gesetz ergehen können, und er wird eine ganz unzweideutige Antwort erhalten. Vielleicht heißt es dann nach seinen Worten „wer lacht da!“ „Scherz bei Seite, doch auch der Ernst bleibe erspart; denn eine solche quaestio verdient keine ernsthafte Antwort.“

Ich bin genöthigt, später auf alle diese Punkte näher einzugehen und will nur noch einige mehr persönliche Punkte vorweg nehmen.

Nichts ist für die Sache und für mich belangloser, als die politische Gesinnung solcher Personen, die an der Entstehung der preußischen Verfassung nicht mitgewirkt haben. Ich habe daher weder behauptet, daß E. Meier, G. Meyer, O. Mayer, Schulze, Löning, Hänel u. s. w. Demokraten oder sonst Etwas seien, noch würde ich meinerseits in der demokratischen oder liberalen Gesinnung irgend welchen Vorwurf erblicken. Ich räume mit dem Minister von Manteuffel (am 29. Januar 1850 im Herrenhause) jeder Partei, auch der demokratischen, für Preußen die Existenzberechtigung ein, außer der einen Partei der „Doktrinäre“, d. h. der, welche ohne Berücksichtigung und Kenntniß der Geschichte und des Lebens, des älteren und des gegenwärtigen Rechts, aus ihrem eigenen Kopfe der Dinge Maaß nehmen und das tausendgestaltige Leben, Stahl würde sagen, die bewegte Welt der Thatsachen, in eine einzige, selbst erfundene öde Formel auflösen. Da ich nur die all- und längstbekannte von Gneist[1]) und Anderen tausendfach hervor-

[1]) Gesetz und Budget S. 166.

gehobene Thatsache konstatirt hatte, die Ansicht, daß jede staatliche An- und Verordnung sich im konstitutionellen Staate auf ein Gesetz stützen müsse, gründe sich „bewußt oder unbewußt“ auf die Theorie von der Volkssouveränetät (loi gleich expression de la volonté générale), so wird mir (warum nicht Gneist?) die Behauptung imputirt, ich wollte die Vertreter der herrschenden Theorie persönlich und ganz allgemein und nach jeder Richtung hin als Demokraten hinstellen, als bêtes rouges brandmarken u. s. w., was mir ebenso fern lag, wie Gneist.

Wenn ich erkläre, die Rechtsauffassung Gneist's über den preußischen Verfassungskonflikt nicht, dagegen die Waldeck's vertreten zu können, so habe ich damit keineswegs Gneist's Demokraterei als schlimmer, denn die Waldeck'sche hinstellen wollen, sondern die juristische Schlüssigkeit der Waldeck'schen und die Unschlüssigkeit der Gneist'schen Rechtsauffassung — ohne jede Rücksicht auf Partei oder Politik. — erklärt. Damit bewegte ich mich „im hellen Tageslichte der Praxis“, die über die Gneist'sche Theorie ohne Sang und Klang 1866 zur einfachen Tagesordnung überging, während die Waldeck'sche Rechtsanschauung durch das Indemnitätsgesetz ihre allseitige und gesetzliche Anerkennung gefunden hat. Ich bilde mir überhaupt nicht ein, daß es darauf ankommt, was ich oder ein anderer Professor persönlich meinen, sondern auf das, was Gesetzgebung und Leben geschaffen haben.

Wenn ich auf die öffentliche und wiederholte Aufforderung Gneist's, jeder Staatsrechtslehrer müsse seine Auffassung über den Verfassungskonflikt und seine Welt-, Kind- und allbekannte Aeußerung über denselben, theilen und unterschreiben,[1]) mich außer Stande erklärt habe, dies zu thun, so findet Anschütz „unangenehm berührt“ in seiner offenbaren Unbekanntschaft mit den Dingen darin eine „Denunziation“. Also X. fordert die Klasse Menschen, zu der er selbst und Y. gehört, öffentlich und wiederholt auf: seid ehrlich und gesteht zu, daß meine allbekannte Aeußerung richtig ist. Y. erwidert, ich kann dies nicht. Deshalb erklärt der Z. (das ist Anschütz), der eben neugeboren ist und von der ganzen Sache offenbar weiter Nichts als die Erwiderung des Y. kennt, und nun meint, Y. habe erst jene Aeußerung des X. ans Tageslicht gezogen, den Y. für einen

---

[1]) Gesetz und Budget S. 131.

Denunzianten. Welche Kenntniß der bekanntesten Dinge, welche Wahrheit und Klarheit der Begriffe!

Niemand bitterer als Gneist hat sich in seinen Werken, Vorlesungen u. s. w. über die Nichtachtung beklagt, in der die Staatsrechtswissenschaft stehe, über das größere Ansehen der Praktiker, der Lasker, Miquel, v. Bennigsen, Reichensperger u. s. w. Er spricht es offen aus,[1]) daß man anstatt Anerkennung nur Beleidigungen für die Vertreter der Wissenschaft habe; man werfe ihnen „Spitzfindigkeit", Sophisterei vor, daß sie „Alles beweisen können" " u. s. w. Deshalb hat Gneist aber doch noch keineswegs der Wissenschaft „mit dürren Worten" das Recht bestritten, an Akte der Verwaltung Kritik anzulegen. Noch viel weniger ist mir Letzteres je in den Sinn gekommen. Aber eine leider nur zu sehr bekannte Thatsache ist es, mir selbst so unangenehm wie möglich, die ich vor Jahren in Frageform mit einem oft angezogenen Satze konstatirte, daß die Wissenschaft doch nicht das gebührende Maaß von Achtung genieße,[2]) wenn alle ihre Bemängelungen und Ungültigerklärungen der Eisenbahn-Verordnungen einfach ohne jede Erwiderung, ohne jede Berücksichtigung bleiben, und zwar, wie ich jetzt erst hinzufüge, weil man solche für absolut verfehlt, und jede Entgegnung darauf für absolut überflüssig ansieht. Damit habe ich doch nicht, und zumal nicht mit dürren Worten, der Wissenschaft das Recht bestritten, Kritik an Akten der Verwaltung anzulegen! Daß ich dieses Recht der Wissenschaft nicht bestreite und selbst angewandt habe, wußte Anschütz persönlich, konnte und mußte es jedenfalls wissen, ebenso, wie daß ich keineswegs ein Demokraten- oder Ketzerriecher bin. Wozu also alle diese zur Sache so unerheblichen persönlichen Angriffe? Was bezwecken sie? Offenbar beabsichtigt Anschütz, mich dem Wohlwollen der Fach- und Standesgenossen zu empfehlen. Semper aliquid haeret — namentlich wenn der so Empfohlene eine Art Außenseiter ist.

Aber weiter zur weiteren Charakterisirung:

Anschütz sagt: „Gesetz ist nicht Volkswille. Das genügt". Ich frage: Wozu? Um die Kenntnisse und Urtheilskraft des Aufstellers dieses Satzes zu zeigen. Allerdings ist Gesetz, im konstitutionellen Staate, Volkswille, in Preußen zwar nicht allein Volkswille, immerhin aber

---

[1]) Rechtsstaat S. 350 a. a. O.

[2]) Ich habe übrigens nur gesagt: „Welches Maaß von Achtung u. s. w.?

Volkswille. Daß Etwas durch Gesetz zu regeln ist, bedeutet, daß es nicht mehr des Königs Wille allein, sondern auch durch des Volkes Willen gesetzt werden soll. Ist der konstitutionelle Staat ein parlamentarisch regierter Staat wegen durchgeführter Ministerverantwortlichkeit und Steuerbewilligungsrecht, so ist der Monarchenwille zwar immer noch Bestandtheil des Gesetzes, aber nur äußerlich und dem Scheine nach; denn der Monarch will wohl, aber er will nur und kann nur noch wollen, was er wollen muß; das Gesetz ist daher in Belgien und England so gut wie in Frankreich und der Nordamerikanischen Union nur Volkswille.

Im Deutschen Reiche ist Gesetz, was Fürstenwille und Volkswille gemeinschaftlich festsetzen, also doch auch Volkswille! in Preußen das, worüber des Königs und des Volkes Wille übereingekommen sind. Nun kann man berechtigter Weise fragen, ist, was die Volksvertretung oder gar das preußische Herrenhaus beschließen, denn wahrhafter Volkswille? Darauf antwortet der Jurist, vom juristischen Standpunkte, ja, weil die Abgeordneten die Vertreter des Volkes nach der Vorschrift der Verfassung sind und zwar ein jeder des ganzen Volkes. Ob sie thatsächlich diese Vertreter sind, wer weiß es; weiß denn das Volk, weiß denn der Einzelne, was er wirklich will? Juristisch, nach den Vorschriften der Verfassungsurkunden und den Anschauungen der konstitutionellen Doktrin, sind die Volksvertreter die Repräsentanten des Volkswillens.

Die Frage ist hiernach die: wenn im Deutschen Reich, in Belgien Nichts ohne den Volkswillen unmittelbar oder mittelbar zu Stande kommen kann, giebt es in Preußen, Bayern u. s. w. noch Gegenstände, die ohne den Volkswillen, allein vom Fürstenwillen, bestimmt werden können oder bedeuten die Verfassungen auch in Preußen und Bayern, daß der Fürstenwille ohne den Volkswillen nirgends und auf keinem Gebiete mehr etwas anordnen darf?

Es muß fast eine Beleidigung aller juristisch Denkenden darin gefunden werden, wenn Anschütz im Beamtenversorgungs- und Anstellungswesen nur den Typ „Rechtsgeschäft“ und nicht den Typ „Rechtssatz“ erkennen will, während doch Niemand darüber in Zweifel sein kann, daß es sich bei den öffentlichen Beamten sogar um zwingende, objektive Normen des positiven Rechts handelt, deren Verletzung einen Revisionsgrund giebt, oder wenn er die Postordnung, welcher das Reichsgericht die rechtliche Natur und Wirksamkeit einer allgemeinen Norm beilegt (Entsch. in

Civilſ. Bd. 43 S. 99, ſ. auch in Straſſ. Bd. 20 S. 118, u. a. m.) mit den Lieferungsbedingungen für Teller aus der Kgl. Porzellanmanufaktur gleichſtellt. Denn die Teller kann ich auch wo anders kaufen; ich bin auch rechtlich nicht gezwungen, die von der Manufaktur geforderten Preiſe zu zahlen, die geſtellten Bedingungen über Garantie und dergl. anzunehmen. Die Manufaktur iſt ihrerſeits rechtlich frei, ob ſie mir überhaupt Etwas verkaufen will, zu welchen Preiſen und unter welchen Bedingungen. Der Poſt ſind dagegen Preiſe und Garantie vom Geſetzgeber d. h. vom deutſchen Volke mit vorgeſchrieben; die Porzellanmanufaktur unterliegt einer ſolchen Einwirkung nicht. Aus allen dieſen Gründen handelt es ſich bei dem Kaufe Kgl. Teller um Rechtsgeſchäfte, nicht um Rechtsſätze; es giebt keinen Reviſionsgrund, wenn ich Verletzung der Lieferungsabreden behaupte, wohl aber, wenn ich Verletzung der Poſtordnung behaupten kann.[1])

Ebenſo muß es nahezu als beleidigend gelten, wenn Anſchütz den Schulregulativen den Charakter der Rechtsnorm beſtreitet, obwohl dieſe mit Gebot und Verbot ſich an Jedermann, den es angeht, an Eltern und Kinder wenden; erſtere werden ja beſtraft, wenn ſie ihre Kinder nicht zu dem angeordneten Unterricht ſenden, und die Kinder können zwangsweiſe vorgeführt werden! Am Ende erklärt man, um die herrſchende Theorie zu retten, das Strafgeſetzbuch als bloßen Dienſtbefehl an die Richter oder als bloßes Vertragsrecht, weil auf dem Abbüßungsvertrage beruhend.

Wenn ſelbſt Alles eben ſo richtig wäre, wie es falſch iſt, was die herrſchende Theorie behauptet; was wäre damit gewonnen? Ob man Beamtenbeſoldungsweſen, Telegraphenordnungen, Schulregulative, Disziplinarvorſchriften oder Verordnungen über militäriſche Ehrengerichte auch mit Anſchütz nicht als Rechtsnormen anſieht, ſoll dies

---

[1]) Laband meint, Zorn und ich begingen mit unſerer Auffaſſung vom Poſtrecht einen elementaren Fehler. Vielleicht denken Andere doch anders darüber, ſo z. B. das Oberverwaltungsgericht, das die Poſt — im Unterſchiede vom Eiſenbahnfiskus, alſo gewiß einer Porzellanmanufaktur oder Brauerei —, nicht als kommunalſteuerpflichtig erklärt; ſ. weiter unten. Daß im Beamtenverſorgungsrecht es ſich nicht um den Typ „Rechtsgeſchäft", ſondern um den Typ „Rechtsſatz" handelt, beweiſt auch der berühmte Fall Malitz, die Urſache des preußiſchen Kommunalbeamtengeſetzes. Uebrigens betrifft das Beamtenrecht nicht bloß Rechte der Beamten, ſondern Rechte aller Bürger; denn dieſes Recht iſt im Intereſſe der bürgerlichen Freiheit und einer volksthümlichen Verwaltung geſetzt; ſ. w. u.

ein Trost für die sein, gegen welche solche zur Anwendung gebracht werden? Oder glaubt man, daß der König der Belgier solche Vorschriften erlassen und durchführen könnte unter der Behauptung, das seien, wie die deutsche Wissenschaft lehre, keine Rechtsnormen, sondern nur Verwaltungsnormen? Ich meine, das würde ihm seinen Thron kosten. Die ganze Theorie vom Unterschiede zwischen Rechts- und Verwaltungsnormen ist thatsächlich ebenso belanglos wie sie juristisch verfehlt, erfunden und irreführend ist.

Die Verfassungen sind ein Heiligthum. An ihren Worten sollt ihr nicht deuteln. Ihr sollt nicht sagen, daß das wichtigste Wort der Verfassung, das Wort „Gesetz", bald diesen, bald jenen Sinn hat. Es kann nur einen Sinn haben.

An ihren Früchten, wie Anschütz so treffend sagt, sollt ihr sie erkennen.

Anschütz meint, die wissenschaftliche Diskussion mit mir sei dadurch erschwert, daß ich fortdauernd Rechts- und Verwaltungsnormen verwechsele, Rechtsnorm sei nur, was die Rechte der Privatpersonen unter einander und (oder) zum Staate regele. Laband wirft mir habituelle Verwechselung von Rechts- und Verwaltungsnormen vor. Anschütz meint, daß, während seine Theorie das helle Tageslicht der Praxis nicht zu scheuen brauche, laute das Urtheil gerade vom Standpunkte der Praxis über mich „nur abfällig". Nun, die Gerichte aller Arten sind darüber einig, daß die Anschütz'sche Theorie vom Begriffe der Rechtsnorm eine Phantasie ist. Noch stets haben alle Gerichte aller Länder auch solche Normen als Rechtsnormen anerkannt, die nicht Rechte der Privatpersonen unter einander oder zum Staate betreffen; so z. B. das Reichsgericht im Urtheil vom 26. März 1901, Entsch. Bd. 48 S. 84 f. und zwar expressis verbis.

Anschütz glaubt wenigstens des Oberverwaltungsgerichts sicher zu sein. Dieses hat aber auch in dem Urtheil vom 26. September 1876, Entsch. Bd. 1 S. 174 die Regierungs-Instruktion vom 23. Oktober 1817 ausdrücklich als Gesetz bezeichnet. Daß diese Instruktion mit den Rechten der Privatpersonen Nichts zu thun hat, ist klar. Steht danach das Oberverwaltungsgericht auf dem Boden der Anschütz'schen Theorie? Keine Ahnung! Aber vielleicht das gute, alte Obertribunal? Auch dieses nicht; denn es hat z. B. die Verordnung über die Einrichtung der obersten Staatsbehörden vom 27. Oktober 1810, die doch gewiß alles Andere eher als die Rechte der Privatpersonen betrifft, die auch keineswegs mit Gebot oder Verbot in deren Rechtssphären eingreift, als Gesetz aufgefaßt.

Oder endlich der von Anschütz und nicht ohne Grund als Autorität (als Mitbegründer der Verfassung) angerufene P. Reichensperger. Selbst dieser lehnt die Anschütz'sche Theorie ab. Denn auch er hat am 30. Oktober 1878 im preußischen Abgeordnetenhause als seine und des Ober-Tribunals Ansicht bezeugt, daß die Verordnung vom 27. Oktober 1810 ein Gesetz ist. Auch das Rheinische Ressortreglement vom 20. Juli 1818, die Bulle de salute animarum von 1821 hatten allbekanntlich Gesetzescharakter, ohne doch die Rechte der Privatpersonen zu betreffen.

Wie die Praxis sich zu Anschütz stellt, ist somit klar; wie zu Arndt, kann Anschütz aus der Begründung der Entscheidung des Reichsgerichts Bd. 48 S. 84 f. ersehen, die auch Laband zeigt, daß seine Theorie vom Unterschiede zwischen Rechts- und Verwaltungsvorschriften endgültig begraben ist.

Alle, die die Ehre haben, als deutsche Richter über Ehre, Freiheit und Eigenthum ihrer Mitbürger zu urtheilen, werden glauben, daß eine Theorie, die darauf beruht, Gesetz und Recht im absoluten Staate und überhaupt Rechtsnorm sei nur, was die Privatpersonen betrifft, gar nicht erst der Widerlegung bedarf, daß Jemand, der in den Besoldungsvorschriften, Militärdisziplinarstrafnormen, überhaupt im Militär- und Beamtenrecht, in Schulregulativen, in Post- und Telegraphen-, Eisenbahnbetriebs- und Eisenbahnverkehrsordnungen keine Rechtsnormen erblickt, vielleicht ein phantasievoller Geist, aber kein ernsthafter Jurist ist. Trotzdem bitte ich, noch nicht die Akten über die Theorie Anschütz zu schließen und meinen weiteren Deduktionen zu folgen.

---

§ 2.

Das Reichsgericht und die herrschende Theorie.

Zur gleichen Zeit, wo die herrschende Theorie durch ihren jüngsten Vorkämpfer G. Anschütz mich auf das Glänzendste widerlegt, „ad absurdum geführt", „vernichtet", „zur Strecke gebracht", der Lächerlichkeit und Geringschätzung preisgegeben, erschlagen und begraben zu haben meinte, hat der III. Civil-Senat des Reichsgerichts nach jahrelangen Prüfungen und in voller Würdigung aller Bedenken am 26. März 1901 (Entsch. in Civils. Bd. 48 S. 89) gerade unter Anlehnung und Anziehung meiner angeblich von „Rechtsirrthum weithin beherrschten“, „mit Grundfehlern behafteten“, durch „Hinüberspielen auf das Gebiet der Politik verunzierten Schriften“ zu dem Begriff Rechtsnorm, Verwaltungsnorm und Gesetz in meinem Sinne Stellung genommen. Wir Alle, auch das Reichsgericht, sind dem Irrthum unterworfen und eine jede Reichsgerichtsentscheidung kann durch einen Plenarbeschluß abgeändert werden. Ein solcher war im vorliegenden Falle entbehrlich, weil der dritte Senat mit dem vierten (Entsch. Bd. 40 S. 68) offenbar übereinstimmt. Bei der Entscheidung vom 26. März 1901 ist die Möglichkeit eines Irrthums wie einer Abänderung nach menschlichem Ermessen ausgeschlossen, nicht sowohl, weil die Entscheidung nach langen, sorgfältigsten Erwägungen[1]) auch der dagegen erhobenen Bedenken (nämlich der herrschenden Theorie) ergangen ist, auch nicht, weil dieselbe Frage eigentlich schon ebenso am 25. November 1897 vom IV. Civil-Senat (Entsch. Bd. 40 S. 68) beantwortet wurde, auch nicht einmal deshalb, weil bewußt und unbewußt implicite oder explicite dieselben Fragen schon ebenso und sehr oft mit einer nur scheinbaren Ausnahme von allen Senaten des Reichsgerichts (Entsch. in Straff. Bd. 34 S. 59, Bd. 26 S. 118, 382, Bd. 30 S. 238 u. s. w. u. s. w.), vom Reichs-Oberhandelsgericht (Entsch. Bd. 21 S. 60 ff. u. s. w.), vom Ober-Tribunal (Entsch. Bd. 25 S. 1) in der gleichen Weise beantwortet sind, sondern um deswegen, weil diese Entscheidung überhaupt nicht auf bloßen Schlußfolgerungen, bei denen immerhin ein Irrthum unterlaufen kann, sondern auf dem gewachsenen und granitenen Felsen der Thatsachen beruht. Die Bedeutung der reichsgerichtlichen Entscheidung vom 26. März 1901 ist eigentlich nur eine negative, sie schlug den Angriff der herrschenden Theorie, der dieses Mal von obersten Reichsbehörden wegen des finanziellen Interesses geführt wurde, auf den Standpunkt der Judikatur zurück; sie hielt das aufrecht, was im Leben stets galt und stets für Rechtens gehalten wurde. Eben deswegen ist es ausgeschlossen, daß das Reichsgericht seinen Standpunkt ändern

[1]) Deren Inhalt in der Urtheilsausfertigung leider nur in kürzester Form und eigentlich nur im Endergebniß wiedergegeben ist.

wird und es ist vielmehr ganz gewiß und es besteht kein Zweifel darüber, daß man sich in Reich und Staat nach dieser Entscheidung nunmehr zu verhalten haben wird.

Um welchen Gegenstand streitet man? Nicht darüber, oder genauer, zunächst nicht darüber, wie Anschütz S. 1 seiner Schrift über die gegenwärtigen Theorien über den Begriff der gesetzgebenden Gewalt behauptet, welche Gegenstände im Wege der formellen Gesetzgebung geregelt werden müssen; denn darüber ist weder in Bezug auf das Reichsrecht, noch in Bezug auf das belgisch-französische Recht, sondern nur für das preußische, bayerische u. s. w. Recht zwischen mir und meinen Gegnern Meinungsverschiedenheit, sondern darüber, ob „Gesetz“, „Gesetzgebung“, „gesetzgebende Gewalt“ nur formelle Begriffe sind, wie ich behauptet, oder materielle Begriffe, wie meine Gegner behaupten, also darüber, ob sie, wie ich behaupte, zugleich den Weg bedeuten, auf dem der Staatswille zur Entstehung gelangt oder ob sie nur dessen Inhalt (nämlich einen Rechtssatz) bedeuten. Sind Gesetz, Gesetzgebung, gesetzgebende Gewalt formelle Begriffe, so ist damit, wie ich zugestehe, noch keineswegs der Satz widerlegt, den meine Gegner auch für das preußische Staatsrecht behaupten, daß jedes Gesetz im materiellen Sinne zugleich ein solches im formellen Sinne sein, d. h. die Form des legislativen Aktes aufweisen muß (Anschütz S. 18); nur folgt ein solcher Satz dann nicht schon ohne Weiteres aus der Verfassungsvorschrift, daß die Gesetzgebung oder die gesetzgebende Gewalt von den Fürsten und der Volksvertretung gemeinschaftlich ausgeübt wird (Art. 26 der belgischen, Art. 62 der preußischen, Art. 5 der Reichs-Verfassung), sondern dieser Satz folgt, wo und soweit er überhaupt richtig ist, nur aus anderen Vorschriften, z. B. für das belgisch-französische Recht aus der Vorschrift, welche wiederum aus der Volkssouveränität abgeleitet wird, daß jede Anordnung der Staatsgewalt, mag sie generellen oder speziellen Inhalt haben, mag sie eine sog. Rechts- oder eine sog. Verwaltungsvorschrift, einen „Dienstbefehl“, eine „Verwaltungsnorm“ oder was sonst immer vorstellen, sich stets zurückführen, gründen muß auf ein formelles Gesetz, als den Ausdruck der höchsten Gewalt, der volonté générale: „Il faut, que chaque arrêté prenne sa source dans une loi.“ Für das Reichsrecht folgt aus dem Satze, den auch das Reichsgericht annimmt, daß Gesetzgebung und Gesetz im Sinne der Art. 2 und 5 der Reichsverfassung formelle Begriffe (nicht identisch mit Rechtsnormen) sind gleichfalls noch keineswegs, wie ich ferner anerkenne, die Statthaftigkeit von Rechtssätzen, die sich nicht auf ein Gesetz zurückführen lassen. Es folgt aber daraus auch nicht ohne Weiteres die Unstatthaftigkeit von Rechtssätzen nach Reichsrecht, die sich nicht auf ein Gesetz zurückführen lassen. Allerdings wird eine solche Unstatthaftigkeit von meinen Gegnern wie von mir angenommen, von mir jedoch nicht wegen des Wortlautes in Art. 2 und 5, sondern aus der Konstruktion des Reichs, nämlich aus dem Satze, daß kein Organ des Reiches Befugnisse habe und haben kann, die ihm nicht durch (formelles) Reichsgesetz übertragen sind (Mein Verordnungsrecht S. 16 ff.).

Was dagegen Preußen, Oesterreich, Bayern, Baden, Weimar, Hessen u. s. w. anlangt, so würde aus dem Satze, daß z. B. Art. 62 der preußischen Verfassung, wie ich behaupte, nur auf den Weg und die Form des Zustandekommens staatlicher Anordnungen, nicht auf deren Inhalt (daß sie einen Rechtssatz enthalten) Bezug haben, wie ich zugestehe, nichts weiter folgen, als daß dieser Art. 62 dem Erlasse von Vorschriften irgend welcher Art im Verordnungswege nicht entgegensteht. Es bliebe aber immerhin möglich, daß aus anderen Gründen der Erlaß von selbständigen Verordnungen, d. h. von Verordnungen, die sich nicht auf Verfassung oder Gesetz zurückführen, ausgeschlossen wäre. In der That behauptet E. Mayer (in der Kritischen Vierteljahrsschrift 1885 S. 134), daß Art. 62 mit mir im formellen Sinne und nicht mit der herrschenden Theorie im materiellen Sinne auszulegen sei, daß aber gleichwohl die Unstatthaftigkeit selbständiger Verordnungen aus den Art. 5, 8 und 9 der preußischen Verfassung folge. Andere z. B. E. Löning, Verwaltungsrecht S. 230, leiten aus einem vermeintlich selbstverständlichen Grundsatz des Konstitutionalismus die Unstatthaftigkeit solcher selbständigen Verordnungen ab, ebenso mit 103 zu 100 Stimmen die fortschrittlich-demokratische Mehrheit des Abgeordnetenhauses i. J. 1865.

Soviel ist gewiß und wird von mir unumwunden zugestanden, daß, wenn „Gesetz", „Gesetzgebung" „gesetzgebende Gewalt" in dem Art. 62 der preußischen und in den Art. 2 und 5 der deutschen Reichsverfassung materielle Begriffe sind, die herrschende Theorie vollständig und überall im Rechte ist, ich selbst überall und vollständig im Unrechte bin. Ferner, selbst wenn „Gesetz", „Gesetzgebung", „gesetzgebende Gewalt" nur formelle Begriffe sind, so ist damit, wie ich gleichfalls anerkenne, noch keineswegs erwiesen, daß meine Theorie für das preußische Recht richtig ist, sondern nur, daß die Gründe, aus denen sie für unrichtig erklärt wird, hinfällig sind, daß die von mir an der herrschenden Theorie geübte Kritik begründet ist, daß es anderer Gründe bedarf, um meine Theorie vom preußischen Verordnungsrecht zu widerlegen und daß die von der herrschenden Theorie aus der vermeintlich materiellen Natur der Gesetzesbegriff abgeleiteten Schlußfolgerungen verfehlt sind. Um solche Schlußfolgerungen handelte es sich für das Reichsgericht am 26. März 1901, zunächst um die an sich fast gleichgültige Frage, ob Rechtsvorschriften (revisibele Rechtsnormen) zu ihrer Gültigkeit im Reichsgesetzblatt abgedruckt werden müssen. Die Theorie sagt ja, weil Solches für Reichsgesetze in Art. 2 der Reichsverfassung vorgeschrieben ist und weil Reichsgesetze nicht ein formeller, sondern ein materieller Begriff (Rechtsnormen) seien, das Reichsgericht sagt in voller Würdigung der Konsequenzen und auf meine Argumentation sowohl im Verordnungsrecht, wie im Reichsstaatsrecht, wie im Kommentar zur Reichsverfassung, wie endlich im „Recht" Bezug nehmend, nein, weil Reichsgesetze im Sinne der Art. 2 und 5 formelle Begriffe sind — nicht alle dem Inhalte nach Rechtsnormen schlechthin, sondern in gewisser Form ergangene Akte. — Das Reichsgericht schließt sich somit voll und bewußt meiner Theorie an und verwirft die herrschende Lehre.

Nun besteht bisher kein Streit darüber, auch kein Zweifel, daß die Worte „Gesetz" und „Gesetzgebung" im Reiche keine andere Bedeutung haben und haben können, als in Preußen.[1]) Eben deshalb weil in Preußen, im konstitutionellen wie im absoluten, in Belgien und Frankreich „Gesetz und Gesetzgebung" formelle Begriffe sind, was eingehend in den vom Reichsgericht angezogenen Schriften ausgeführt ist, sind diese Begriffe auch im Reichsrecht formelle Begriffe. Art. 62 der preußischen Verfassung ist wörtlich aus Art. 26 der belgischen entnommen, Art. 5 der Reichsverfassung korrespondirt mit Art. 62 der preußischen. Aus der Feststellung des Reichsgerichts, daß Gesetz und Gesetzgebung in Art. 2 und 5 der Reichsverfassung formelle Begriffe sind, folgt ohne Weiteres, daß nach seiner Auffassung Gesetz und Gesetzgebung auch in Preußen formelle Begriffe sein müssen, daß also das Reichsgericht, worüber es sich offenbar

---

[1]) Laband, Reichsstaatsrecht, Aufl. 4, Bd. II, S. 8.

absolut klar gewesen ist, in Bezug auf die Frage des Gesetzesbegriffs die herrschende Theorie durchaus verfehlt hält und annimmt, daß der von ihm sonst gewiß nicht oder nicht so vollständig und uneingeschränkt angezogene Arndt in seiner Auffassung vom Gesetzesbegriffe im unbedingten Rechte ist. Eben wegen dieser großen und wichtigen Konsequenzen, auf welche das Reichsgericht durch den Reichspostfiskus und die Reichsbehörden unter Bezug auf die herrschende Theorie fort und fort und Jahre lang verwiesen wurde, hat das Reichsgericht, wie es ausdrücklich zu bemerken für gut befand, seine Jahre lang verbreitete Entscheidung „nach eingehender Prüfung und unter Berücksichtigung der gegen das Urtheil vom 25. November 1897, Entscheidungen Bd. 40 S. 68 ff. erhobenen Bedenken“ getroffen.

Ein vorzügliches Mittel, die Konsequenz der Entscheidung vom 25. November 1897 für das preußische Recht abzulehnen, hat Anschütz (S. 63) dadurch gefunden, daß er sich für eine reinliche Scheidung des Reichs- vom preußischen Recht erklärt und daher das Reichsverordnungsrecht als nicht zur Sache gehörig und nicht beweiserheblich zur Seite gelassen habe. Ganz gewiß ist das Reichsverordnungsrecht ein anderes wie das preußische; hierum handelte es sich nicht, sondern darum, was „Gesetz“ und „Gesetzgebung“ bedeuten. Bedeuten sie einen materiellen Begriff im Reiche, so bedeuten sie dies auch in Preußen. Da das Reichsgericht diesen Bezeichnungen formelle, nicht materielle Bedeutung beigelegt hat und beilegt, so muß man zunächst das Reichsgericht widerlegen, wenn man mich vernichten „und zur Strecke bringen will“. Todtschweigen konnte und durfte man das Reichsgericht nicht, zum Mindesten hätte doch gesagt werden müssen, Reichsgericht, Ober-Handelsgericht, Ober-Tribunal fassen, ebenso wie das französisch-belgische Recht und Arndt, die Begriffe Gesetz und Gesetzgebung formell auf, das sei aus diesem oder jenem Grunde aber unerheblich oder falsch, beziehe sich auch, wie eventuell bewiesen werden müßte, nur auf die Bezeichnungen in der Reichsverfassung und diese Bezeichnungen haben in Preußen einen anderen Sinn als im Reiche. Dazu tritt, daß die preußischen Bezeichnungen „Gesetz“ und „Gesetzgebung“ nicht nur in Art. 5, sondern auch sonst in Art. 48 der Norddeutschen Bundesverfassung, 61, 69 ff. der Reichsverfassung einfach übernommen sind. Wenn Anschütz sagt, daß er die Publikation der Reichsverordnungen nicht in den Kreis seiner Betrachtungen einbezogen habe, so kommt es hier nicht auf die Publikation als solche, sondern auf die Begründung der bezüglichen Erkenntnisse an. Diese erklären, Gesetz sei kein materieller, sondern ein formeller Begriff. Dies ist das thema probandum. Man muß daher bei sich oder seinen Lesern eine sanctissima simplicitas voraussetzen, wenn man glaubt, die reichsgerichtliche Judikatur aus dem Kreise der Betrachtung ausscheiden zu dürfen.

Vorerst begnügen wir uns festzustellen, daß nach der Ansicht des Reichsgerichts Gesetz und Gesetzgebung nicht materielle, sondern formelle Begriffe sind.

2. Aus dem reichsgerichtlichen Urtheil ergiebt sich ferner Folgendes:

Die Mehrheit des preußischen Abgeordnetenhauses hatte 1865 mit 103 zu 100 Stimmen erklärt, daß es andere Verordnungen als Ausführungs- oder Nothverordnungen nicht gebe. Die gleiche Ansicht hat von Rönne vertreten. Insbesondere nahm dieser wie Twesten, Lasker u. A. an, daß eben, weil die Verfassung andere als Ausführungs- oder Nothverordnungen nicht kenne, Verordnungen kraft spezieller Delegation nicht statthaft seien und daß die Uebertragung der Ausübung der gesetzgebenden Gewalt auf einen einzelnen Faktor derselben (in Preußen z. B. an den König im Gesetze vom 7. Mai 1853, betreffend die Bildung der Ersten Kammer) verfassungswidrig sei. Es ist bekannt, daß diese Ansicht heute wohl vollständig aufgegeben ist; es fällt mir auch nicht ein zu behaupten, daß dies in Folge meiner so eingehenden Widerlegung geschehen ist (Verordnungsrecht S. 11 bis 16), auf welche das Reichsgericht allerdings Bezug nimmt. Ich will nur feststellen, daß die herrschende Meinung wie auch das Reichsgericht in der Entscheidung am 26. März 1901 die Statthaftigkeit der Delegation zum Erlasse von Vorschriften jedweder Art anerkennt. Damit ist aber zugleich gegenüber der Abgeordnetenhausmehrheit von 1865 anerkannt, daß es doch noch andere Verordnungen giebt als die in der Verfassung ausdrücklich erwähnten. Daraus folgt, wie ich anerkenne, noch immer nicht, daß das Reichsgericht die Zulässigkeit selbstständiger Verordnungen in Preußen behauptet, sondern nur (negativ), daß die Unstatthaftigkeit anderer als der besonders in der Verfassung erwähnten Verordnungen vom Reichsgericht nicht ausgesprochen ist.

3. Die herrschende Theorie lebt und webt in der Idee, daß Gesetz und Rechtsvorschrift identisch, Verwaltungsvorschrift und Rechtsvorschrift begriffliche Gegensätze seien. Es ist dies zu bekannt,

als daß es der Citate bedürfte. Ich citire daher nur Anschütz S. 14, wo Rechtsnormen als solche bezeichnet werden, die „im Gegensatze zu den Verwaltungsverordnungen sich mit Gebot und Verbot an die Unterthanen wenden“; dem gegenüber verstehe ich unter Verwaltungsvorschrift jede der Gesetzesform entbehrende, d. i. von der Verwaltung erlassene Vorschrift, ohne Rücksicht auf ihren Inhalt. Es giebt in Gesetzen Vorschriften, die keine revisibelen Normen (bloße Sollvorschriften) vorstellen und es giebt solche in „Verwaltungsvorschriften“, so daß z. B. ein Kanzlist durchschnittlich vier Bogen täglich schreiben, oder daß zum Beweise des Ursprungs von Fleischwaaren gewisse Atteste dienen sollen.[1]) Den Unterschied zwischen Gesetzen und Verwaltungsvorschriften finde ich in Uebereinstimmung mit dem französisch-belgischen Recht nicht im Inhalte, nämlich nicht darin, daß in Gesetzen Rechtsnormen und in Verwaltungsvorschriften keine Rechtsnormen sein dürfen oder sein müssen, sondern in der Form, nämlich darin, daß das Gesetz Ausfluß der höchsten Gewalt ist, während die Verwaltungsvorschrift nicht vom Gesetzgeber ausgeht, daß aber auch die Verwaltungsvorschrift sich mit Gebot und Verbot an die Unterthanen wenden und in die Rechtssphäre eingreifen kann. Das Reichsgericht ist sich der ungeheuren Tragweite dieser Entscheidung wohl bewußt, schließt sich nunmehr ebenso vollständig meiner Theorie an, wie es die herrschende Theorie verwirft, indem es in dem Erkenntnisse vom 26. März 1901 sagt, „Rechtsnormen“ und „Verwaltungsvorschriften“ bilden in dem (von der herrschenden Theorie und in den Schriftsätzen) angegebenen Sinne keine Gegensätze.

Wenn Anschütz hiernach glaubt, mich, den kühnen „Springer“ und „Demokratenriecher“, den weithin vom Rechtsirrthum beherrschten Verwechsler [2]) der Begriffe Rechts- und Verwaltungsnormen dadurch „zur Strecke zu bringen“, daß er zeigt, wie der oder jener z. B. Stahl oder Kisker eine Verordnung z. B. ein Ein- und Aus-

[1]) Erk. des R.G. v. 15. Juni 1891, Entsch. in Straff. Bd. 22 S. 48. Das Reichsgericht übersieht, daß das Einfuhrverbot, das an sich nicht bemängelt wird, eine nach Art. 7² der Reichsverfassung erlassene Verwaltungsvorschrift ist; s. Delbrück Art. 40 der Reichsverfassung S. 24.

[2]) Laband spricht mir „habituelle“ Verwechselung zu. An anderer Stelle spricht er von einer Fälschung des Begriffs Verwaltungsvorschrift, wenn man als ihren Gegensatz Gesetzes- und nicht Rechtsvorschrift erklärt. Lasker, Delbrück, der Reichstag, Oberhandelsgericht, Reichsgericht, überhaupt Jedermann, außer einigen Gelehrten, begehen die nämliche Fälschung.

fuhrverbot als „Verwaltungsmaßregel“ bezeichnet haben, so irrt er, weil aus dem Worte „Verwaltung“, „Verwaltungsnorm“ oder „Verwaltungsvorschrift“, wie nunmehr auch das Reichsgericht annimmt, noch keineswegs der Ausschluß von Rechtsnormen folgt. Das Recht, Verwaltungsvorschriften zu erlassen, fließt ganz gewiß aus dem „Verwaltungsrecht“. Die Frage ist, ob dieses „Verwaltungsrecht“, dieses Recht „Verwaltungsmaßregeln“ oder „Verwaltungsvorschriften“ zu erlassen, sich wie im Reiche, in Frankreich und Belgien stets auf eine generelle oder spezielle Gesetzesermächtigung zurückführen lassen muß, oder ob es in Preußen, Oesterreich, Bayern u. s. w. auch solche Verwaltungsmaßregeln giebt, die sich nicht auf ein Gesetz gründen, sondern auf das noch nicht zur Gesetzgebung, d. i. zur Mitwirkung des Landtages gezogene Gebiet sich beziehen, sich also noch auf das eigene Recht des Anordnenden (also der Verwaltung) gründen. Der König von Belgien, der deutsche Kaiser, und der Bundesrath können auch unter dem Titel „Verwaltungsvorschriften“ (règléments administratifs) keine Vorschriften und namentlich keine Rechtsnormen erlassen, die sich nicht auf eine gesetzliche Ermächtigung zurückführen, auch nicht wenn sie diese Vorschriften als „Anstaltsordnungen“ oder „Dienstbefehle“ oder „Verwaltungsnormen“ bezeichnen. Daraus, daß etwas nun eine sogenannte „Verwaltungsvorschrift“ ist, wird also nichts gegen mich beweisen und es folgt aus der Anwendung dieses Wortes noch nicht, daß dadurch die Rechtsnorm ausgeschlossen ist. Auch auf diesen Punkt muß ich später zurückkommen, und begnüge mich hier damit, nochmals zu wiederholen, daß das Reichsgericht den von der herrschenden Theorie behaupteten Unterschied zwischen „Rechtsnorm“ und „Verwaltungsvorschrift“ nicht anerkennt.

4. Das reichsgerichtliche Erkenntniß vom 26. März 1901 lehrt endlich noch dieses: Anschütz S. 81ff. meint, die Beamtenbesoldung gehöre nicht zu dem Gebiete der Rechtsvorschriften. In Beziehung auf den Pensionsanspruch der Beamten sagt er S. 83, dieser gründete sich früher auf das vom Könige erlassene Pensionsreglement, nur weil und insoweit es als stillschweigend gewollter Bestandtheil der Anstellung, des Dienstvertrages angesehen war. „Wie derjenige, der mit einem Lieferanten kontrahirt, sich etwa den von Jenem für seinen Geschäftsbetrieb festgesetzten allgemeinen Lieferungsbedingungen und Vertragsbestimmungen unterwirft, so unterwirft sich der Staatsbeamte, wenn er sich anstellen läßt, den

allgemeinen Anstellungsbedingungen und dem Pensionsreglement. Seine Anstellungsbedingungen gehören, wie der geschärfte juristische Blick nicht verkennen wird, in die Kategorie „Rechtsgeschäft" (hier Rechtsgeschäft der Verwaltung also Verwaltungsakt) „nicht in die Kategorie „Rechtssatz".

Leider haben weder das preußische Ober-Tribunal noch das Reichsgericht jemals sich zu dem „geschärften juristischen Blick" durchgearbeitet; sie haben das Pensionsreglement von 1825 wie alle sonstigen Pensions-, Besoldungs- u. s. w. Vorschriften bei Staatsbeamten und Militärpersonen niemals für „Rechtsgeschäfte" oder „Vertragsbedingungen", sondern stets als beide Theile unbedingt bindende, als revisibele Rechtsnormen, also nicht als Vertragsbedingungen angesehen, während sie in den Lieferungsbedingungen und Vertragsbestimmungen eines Lieferanten niemals Rechtssätze erblickt haben. Demgemäß erblickt das Erkenntniß vom 26. März 1901 in den Grundzügen für die Anstellung der Militäranwärter weder Vertragsofferten, noch Anstellungsbedingungen, noch Rechtsgeschäfte, sondern Rechtsnormen. Man kann wahrlich (Scherz bei Seite!) dem Reichsgericht eher im Ernste vortragen, daß der Sultan von Marokko zum Deutschen Kaiser gewählt ist, als daß Pensions- und Besoldungsvorschriften der Staatsbeamten und Militärpersonen „dem geschärften Blicke" nur Rechtsgeschäfte, also keine revisibelen Rechtsnormen seien. Das Reichsgericht würde die Anschütz'sche Theorie, wenn sie ihm durch einen Anwalt vorgetragen würde, als nicht ernsthaft gemeint, als keine Widerlegung verdienend, wenn nicht gar als eine gegen das Gericht verübte Beleidigung erklären (vgl. auch Entsch. des Reichsger. in Civils. Bd. 30 S. 181, Bd. 32 S. 241, Bd. 37 S. 160, 225, Bd. 43 S. 124).

Das Reichsgericht definirt Rechtsnorm (Entsch. in Civils. Bd. 13 S. 215) als „eine nach den Grundsätzen des öffentlichen Rechts des Deutschen Reiches und seiner Mitgliedstaaten über die Quellen des objektiven Rechts in gültiger Weise geschaffene Norm des objektiven Rechts". Jedenfalls kann man in dem Falle das Vorliegen einer Rechtsnorm als festgestellt erachten, wenn die Norm für revisibel gilt. Offenbar meint das Ober-Tribunal das Gleiche, wenn es im Urtheil vom 12. April 1875 Entsch. Bd. 75 S. 1 definirt: „Alle Gesetze sind allgemein festgestellte Grundsätze, deren Befolgung von allen erzwungen werden kann, die dem Kreise angehören, für welchen jene Grundsätze Geltung haben sollen.

§ 3.

Theorie Anschütz.

An ihren Früchten sollt ihr sie erkennen, so ruft mir Anschütz zu. Ob diese Früchte so unreif sind, wird sich später zeigen. Zeigen wir zuerst die Anschütz'schen Früchte vor.

1. S. 97 sagt Anschütz: „Rechtsnorm ist nur die Norm, welche mit Gebot oder Verbot in die Freiheit oder das Eigenthum der Individuen eingreift". Demnach wären also Sätze, daß Preußen ein konstitutioneller Staat, daß die Krone Preußen erblich im Mannesstamme der Hohenzollern ist, daß der König von Preußen das Präsidium im Reiche führt, das Reich nach Außen vertritt, den Oberbefehl über das Heer in Krieg und Frieden hat, daß Preußen 17 Stimmen im Bundesrath zustehen, keine Rechtsnormen, wären auch die dispositiven Vorschriften des B.G.B., die Vorschriften über Gerichtsorganisationen, gerichtliches Verfahren keine Rechtsnormen. Wäre ich Anschütz, so würde ich sagen: „wer lacht da?" „Scherz bei Seite". „Aber auch der Ernst bleibe gespart; denn einer ernsthaften Widerlegung sind solche Behauptungen nicht würdig!" Das preußische Ober-Tribunal und das Reichsgericht, ebenso wie die gesetzgebenden Körperschaften haben stets eine andere Auffassung über den Begriff Rechtsnorm gehabt und darunter auch andere Normen verstanden als solche, die mit Gebot oder Verbot in die Freiheit und das Eigenthum der Individuen eingreifen.[1])

2. Das Reisekosten-Regulativ für die Armee vom 28. Dez. 1848 (G.S. 1849 S. 81) und der Allerhöchste Erlaß enthaltend Bestimmungen der den Militärs u. s. w. zu gewährenden Tagegelder vom 28. Dezember 1848 (G.S. 1849 S. 85) sind nach Anschütz S. 78ff. „zweifellos" keine „Rechtsnormen". „Sie enthalten keine Rechtsnormen". Man lese ferner: „Greift diese Vorschrift mit Befehl und Zwang in die Freiheit der Unterthanen ein? Nein. Legt sie ihnen Lasten und Leistungen auf? Sicherlich nicht". „Also ist von einer „Rechtsvorschrift" hier in keinem Sinne die Rede." „Der Tagegelder- und Reisekosten-Erlaß" ist — eine rein interne Dienstanweisung, die sich — lediglich an die Militärkassen —

[1]) Vgl. z. B. Entsch. des Reichsg. in Civils. Bd. 13 S. 215.

richtet, mit dem Dienst- nicht Rechtsbefehl, in bestimmten Fällen gewisse Zahlungen zu leisten". S. 81 fährt Anschütz fort: „Ich gehe aber, von der Spezialmaterie der Reisekosten und Diäten absehend, weiter und behaupte ganz allgemein, daß überhaupt das ganze Besoldungswesen im weitesten Sinne, die Festsetzung des Gehaltes, der Pensionen sowie aller sonstigen Belohnungen, Dienstemolumente und Dienstunkostenentschädigungen an und für sich (d. h. unter allgemeinen staatsrechtlichen Gesichtspunkten betrachtet) Gegenstand der Gesetzgebung nicht ist. S. 82 f. erklärt Anschütz, er nehme an, daß das preußische Pensionsreglement vom 30. April 1825, selbst wenn es wie ein Gesetz in der Gesetzsammlung publizirt worden wäre, nicht als „Gesetz" — übernommen sein würde. In einer Anmerkung sagt er: „Ich bitte mir nicht entgegen halten zu wollen, daß die Beamten aus dem alten Pensionsreglement von 1825 Rechtsansprüche herleiten, daß sie seit dem Gesetz — vom 24. Mai 1861 diese Rechtsansprüche sogar klagend vor dem ordentlichen Richter geltend machen konnten und daß sich hieraus die Eigenschaft des Reglements als Rechtsnorm ergebe. Das wäre ein Fehlschluß. Der Pensionsanspruch gründete sich auf das Reglement nur weil und in soweit es als stillschweigend gewollter Bestandtheil der Anstellung, des „Dienstvertrages" anzusehen war. Wie derjenige, welcher mit einem Lieferanten kontrahirt, sich etwa den von jenem für seinen Geschäftsbetrieb festgesetzten allgemeinen Lieferungsbedingungen oder Vertragsbedingungen unterwirft, so unterwirft sich der Staatsbeamte, wenn er sich anstellen läßt, den allgemeinen Anstellungsbedingungen -- früher u. A. dem Pensionsreglement von 1825. Solche Anstellungsbedingungen gehören, wie der geschärfte juristische Blick nicht verkennen wird, in die „Kategorie" „Rechtsgeschäft" (hier Rechtsgeschäft der Verwaltung, also Verwaltungsakt), nicht in die Kategorie Rechtssatz."

Daß unsere Gerichte und namentlich das Reichsgericht eine andere Auffassung haben, ist bereits angeführt. Sie sehen in allen diesen Vorschriften über Reise-, Umzugskosten, Pension, Gehalt u. dergl. Rechtssätze, die nicht deshalb verbindlich sind, weil sich Militärs oder Beamte ihnen vertragsmäßig unterwerfen, sondern, weil kraft staatlichen Zwanges die diesbezüglichen Vorschriften für und wider sie, für und wider den Staat, genauer den Fiskus oder die Exekutive gelten. Eine Klage ließe sich auch auf ein Rechtsgeschäft gründen, dagegen eine Revision nur auf einen

Rechtssatz. Alle diese Vorschriften waren und sind stets als revisibele Rechtsnormen, nicht als Rechtsgeschäfte, sondern als Rechtssätze betrachtet und behandelt werden. Es ist denkbar und geschieht vereinzelt, daß der Staat zu erklären in der Lage ist: ich stelle in meinen Fabriken, Bergwerken Privatpersonen unter den und jenen Gehalts-, Pensions- ꝛc. Bedingungen an — aber nur vertragsmäßig, nicht als Beamte. Geschieht das wie z. B. für Chemiker in Staßfurt, so liegen „Rechtsgeschäfte“ vor, die zwar Klagerechte geben aber keinen Revisionsgrund liefern, weil es sich um Vertrags- nicht um Rechtsnormen handele. Hier kontrahirt der Staat wie ein Privatmann, als gleichberechtigter Vertragsgenosse. Wenn eine Privatperson z. B. auch eine Privateisenbahngesellschaft ein Pensionsreglement für ihre Angestellten erläßt, dem diese sich vertragsmäßig unterwerfen, so handelt es sich hier um keinen Rechtssatz; es ist die Revision wegen Verletzung bzw. falscher Auslegung des Reglements ausgeschlossen (Erkenntniß des obersten bayerischen Landgerichts vom 18. März 1884 in Seuffert's Archiv Bd. 35 Nr. 265). Ganz anders liegt es, wenn es sich um Beamte oder um Militärpersonen handelt. Hier muß der Staat die Dienstemolumente gewähren, nicht mehr und nicht weniger, hier muß der Beamte, der Militär, diese Emolumente, nicht mehr und nicht weniger, annehmen. Man kann weder etwas hinwegnehmen noch hinzuthun. Nicht im Privatinteresse des Einzelnen sind die Vorschriften getroffen, sondern im allgemeinen wie im öffentlichen Interesse, nicht bloß wegen der Beamten, sondern wegen der Gesammtheit der Bürger (cf. Art. 98 der preuß. Verf.). Deshalb hat man in allen diesen Vorschriften, also in den Reisekosten- und Umzugsregulativen, den Pensionsreglements stets und unzweifelhaft nicht Rechtsgeschäfte sondern Rechtssätze gesehen. Vielleicht sieht dies auch Anschütz ein, wenn sein Blick geschärfter wird. Ich frage aber noch, kann der Kaiser für das Reichsbeamtenrecht oder der König der Belgier oder der Präsident der französischen Republik ohne gesetzliche Ermächtigung Kommandozulagen, Marschgelder, Tagegelder, Reisekosten u. s. w. vorschreiben? Gewiß nicht.

3. „Organisatorische Bestimmungen aller Art,“ sagt Anschütz S. 84, „sowie Formation der durch das Gesetz nicht etwa festgelegten Kadres, Bestimmungen über militärische Ehrengerichte, Exercierreglements, Felddienstordnungen, Schießvorschriften u. s. w. — sind das Rechtsverordnungen? Kein Gedanke! Es sind ganz

einfach militärische Dienstbefehle i. e. S., deren allgemeine, abstrakte Fassung das Urtheil nicht beirren darf. Aeußerungen der Kommandogewalt, nicht weniger noch mehr. Vorschriften, deren Geltungskraft sich auswirkt und erschöpft innerhalb der großen Staatsanstalt, die sich „Armee“ nennt — innerhalb des Verhältnisses des militärischen Vorgesetzten zu seinen Untergebenen.“ Es ist erfreulich, daß Anschütz nicht bemängelt, daß alle diese Armeebefehle oder Armeeverordnungen in der Form von selbstständigen d. h. sich nicht auf ein Gesetz gründenden Verordnungen erlassen sind. Damit erkennt er also im Ergebnisse meine Ausführungen an; freilich die Begründung, welche ich gebe, ist ihm so falsch, wie möglich. Er meint, diese Vorschriften seien nur deshalb gültig, weil sie keine Rechtsnormen seien; ich meine, sie sind, auch soweit sie Rechtsnormen sind, gültig, weil hier in Preußen wie in Bayern gesetzfreies Gebiet ist. Anschütz meint, Rechtsnorm sei nur, was die Rechte der Privatpersonen betrifft, Rechte der Soldaten und Beamten seien ganz etwas Anderes; die gehören nicht zur Legislative. Nun ist es zwar richtig, daß z. B. in Bayern und Preußen vor 1848 Rechte der Soldaten und Beamten im Unterschiede vom Reichsrechte und dem belgisch-französischen Rechte anders in Bezug auf die Mitwirkung des Landtages behandelt werden als die der Privatpersonen. Aber um Rechtsnormen handelt es sich in allen Fällen, Rechtsnorm ist eben nicht bloß das, was die Priatpersonen betrifft. Anschütz verkennt fast auf jeder Seite den Begriff der Rechtsnorm, wenn er glaubt, daß die Normen, die für Beamte und Militärpersonen von der Staatsgewalt gesetzt sind, keine Rechtsnormen sind Der Begriff des „lex“ des „loi“ sowenig wie der des Gesetzes oder der Rechtsnorm wird dadurch ausgeschlossen, daß es sich nicht um Privatpersonen sondern um Beamte und Militärpersonen handelt. Dies sind doch auch Menschen, die Anspruch auf Schutz und Fürsorge haben. Zudem müssen wir und unsere Söhne alle Soldaten sein, uns der Untersuchung, der Aushebung, der Kontrole stellen; nicht bloß aktive Militärpersonen, Alle unterliegen unter Umständen den militärischen Kontrole- und Disziplinarvorschriften. Ueberall handelt es sich für den nicht ganz ungeübten Blick um Rechtsnormen. Daran darf der Umstand nicht irre machen, daß meistens über die Verletzung solcher Rechtsnormen nicht die ordentlichen Gerichte zu entscheiden haben.

4. Eine ebenso den heutigen Rechtsanschauungen widersprechende Ansicht hat Anschütz von der Post und Telegraphie. Es wäre denkbar, daß diese ebenso wie die Kgl. Porzellanmanufaktur betrieben wird, d. h. privatrechtlich mit beiderseitigen Rechten auf Abschluß, Art und Bedingungen des Geschäfts. Nach dem positiven Recht liegen Zwangsnormen, Rechtsnormen vor, Rechtsnormen, nichts als Rechtsnormen! Beim An- und Verkauf von „Kgl. Tellern" sind beide Theile rechtlich absolut frei; beim Befördern und Absenden von Briefen und Telegrammen sind beide Theile rechtlich absolut gebunden. Daher ist es bislang dem Reichsgericht trotz einzelner entgegenstehender wissenschaftlicher Autoritäten absolut zweifellos gewesen, daß Post- und Telegraphenordnung revisibele Rechtsnormen, keine bloßen Preisverzeichnisse u. dergl. (Entsch. Bd. 43 S. 99) darstellen, während die Bedingungen über An- und Verkauf von Kgl. Tellern keine Rechtsnormen sind. Das helle Tageslicht der Praxis läßt also denn doch die Anschütz'sche Theorie nicht im allergünstigsten Lichte erscheinen. Im französischen Recht gelten die Normen über Post- und Telegraphie ganz unzweifelhaft gleichfalls als Rechtsnormen, als jus publicum. Der Vorwurf, ich verwechsele stets und habituell Verwaltungs- und Rechtsnormen, trifft also nicht mich, sondern meine Gegner.

5. Die vom Kultusminister erlassenen Schulregulative und ähnliche ministerielle Verordnungen sind, so sagte Anschütz S. 73, Dienstbefehle, schlechterdings nichts Anderes. Sie richten sich nicht an die Unterthanen, an das Publikum, sondern an die Behörden. Sie enthalten verallgemeinerte, abstrakt gefaßte Anweisungen, in und mit denen die Minister den ihm unterstellten Regierungen den Dienst anweist. Es sind Produkte der vollziehenden, nicht der gesetzgebenden Gewaltnormen, aber keine Rechtsnormen. S. 75f. sagt Anschütz solche Schulordnungen als Anstaltsordnungen, Hausordnungen u. s. w. enthalten bindende Regeln aber keine Rechtssätze. Sie zu erlassen, sei prinzipiell nicht Gesetzgebungs-, sondern „Verwaltungssache".

Daß diese Regulative in Preußen „Verwaltungssache" sind, ist richtig und bildet den Gegenstand meiner Behauptung. Nur in der Begründung weichen die Theorien von einander ab. Anschütz meint, daß die Schulregulative keine Rechtsnormen seien; das sind sie ganz gewiß; denn jede erzwingbare Regel für das Beisammenleben der Menschen im Staate ist eine Rechtsnorm. Sie richten sich nicht übrigens bloß an die Regierungen und Lehrer, sondern berühren recht eigentlich die Rechtssphäre aller Bürger. Denn auf Grund und gemäß dieser Schulregulative müssen sie es sich gefallen lassen, daß ihre Kinder in der Schule Unterricht in der Religion, im Lesen u. s. w. erhalten. Sie müssen bei Strafe ihre Kinder in den durch die Schulregulative geregelten Unterricht schicken. Selbst nach der Anschütz'schen Theorie sind daher alle diese Vorschriften Rechtsnormen. Dies bezweifelt, wie ich glaube, kein „geschärfter Blick"; übrigens werde ich auch hierauf noch zurückkommen. Ich frage wieder, kann der Kaiser ohne gesetzliche Ermächtigung Militärdisziplinarvorschriften geben, oder der König der Belgier? Nach Anschütz könnten sie es; denn es seien ja nur Anstaltsordnungen. Oder kann der König der Belgier wie s. Z. v. Raumer den konfessionellen Charakter der Volksschule ändern, verstärken?

Ich halte hier einen Augenblick inne.

Auf den ersten und flüchtigen Blick sollte man meinen, Anschütz hat seine Position mit einem bewundernswerthen Feldherrnblick gewählt. Er giebt sowohl der herrschenden Theorie wie der Praxis Recht. Er stimmt in seinen Argumenten überall der herrschenden Theorie zu, bekämpft, verspottet, verdächtigt, erschlägt (auch weiter unten) ihre Gegner — das werden ihm die Vertreter der herrschenden Theorie sehr hoch anrechnen. Er zieht nun aber keineswegs die Folgerungen, die früher oft gezogen sind und die er ziehen muß und die ihn zu einem anderen Endergebnisse führen müßten; sondern gerade die umgekehrten und so pflichtet er schließlich der preußischen Staatsregierung bei. Dieser könnte er, nämlich wenn ihm die einschläglichen Thatsachen bekannt wären, zurufen: „deine Praxis auf dem Gebiete des Verordnungsrechts ist vielfach, ja sogar von Kammermehrheiten und allem, was sich früher liberal nannte, und selbst noch im verfassungsberathenden Reichstage beim Post-, Telegraphen- und Militärwesen, bekämpft worden. Man hat dir das Recht bestritten, nach Erlaß der Verfassung andere als Ausführungsverordnungen zu erlassen, man hat demgemäß dir das Recht bestritten, die Staatskasse zu belasten durch Vorschriften über Tagegelder, Marschgelder, Marschverpflegungsgelder, Militär- und Beamtenpensionswesen (du hattest ja im Jahre 1857 z. B. das Pensionsreglement in einer Weise geändert, daß dadurch dem Staate jährlich 1$^1/_2$ Millionen Thaler Kosten entstanden sind). Man hat dir ferner das Recht bestritten, ohne Zustimmung der Kammern den konfessionellen Charakter der Schulen durch deine Schulregulative zu verstärken, die Unterrichtsstunden in der biblischen Geschichte auf Kosten anderer Unterrichtszweige zu vermehren, ganz neue Unterrichtsgegenstände und zumal an besonderen Nachmittagen einzuführen, zu dem Militärstraf- und Militärstrafprozeßrechte ergänzende Vorschriften zu geben; eigenmächtig die Telegraphengebühren zu normiren und die Garantiepflicht der Telegraphenverwaltung auszuschließen, ein Prisenreglement mit einem Prisengericht, letzteres mit Jurisdiktionsbefugniß auch über preußische Schiffe und preußisches Eigenthum, zu erlassen, die Ministerialressorts zu ändern, militärische Ehrengerichte einzusetzen, mit der Befugniß Offiziere aus Brod und Ehre zu setzen u. s. w. Ich, Anschütz, helfe dir. Zwar haben Einige dir damit helfen wollen, von Daniels, Graf Lippe u. A., zuletzt u. A. Gneist, Bornhak, Arndt, daß sie meinen, es gebe in Preußen noch ein gesetzfreies Gebiet, wo bis auf Weiteres, d. h. bis zum Erlasse allgemeiner Gesetze, du noch das Recht des Gebots und Verbots hast. Von dem Lehrbuche des v. Daniels weiß ich nichts, Graf Lippe war ein „alternder Mann", was diese und die anderen gesagt haben, ist gänzlich unzureichend, absolut falsch, geradezu lächerlich und keiner ernsthaften Widerlegung werth. Du hast gar nicht mehr die Befugniß, Rechtsnormen irgend welcher Art aus eigenem Rechte zu erlassen, was die herrschende Theorie sagt und was dir früher im Landtage gesagt ist, das ist im Prinzipe richtig. Gleichwohl warst du thatsächlich überall im Rechte; denn, was du thatest, bewegte sich nicht auf dem Gebiete der Rechtsnormen, sondern der Verwaltungsnormen; es waren Verwaltungsgeschäfte, Vertragsbedingungen, Anstaltsordnungen, Dienstbefehle — kein Gedanke von Rechtsnormen! Danke mir, daß ich dir eine richtige Begründung für dein Verhalten gebe, an Stelle der ganz unhaltbaren und unwissenschaftlichen, namentlich „des kühnen Springers" Arndt."

Die Staatsregierung könnte hierauf a prima vista sagen: „Verehrter Herr, Sie sind ganz unser Mann. Wenn Sie unsere Praxis im Endergebniß für richtig halten, so freuen wir uns außerordentlich; auf die Begründung kommt es uns weniger oder gar nicht an. Wenn Sie nun obendrein eine Begründung finden, die allen Männern der Wissenschaft plausibel erscheint, so ist uns das doppelt lieb. Auf Theorien geben wir Nichts, und wenn die Theorie der v. Daniels, Arndt u. s. w. falsch ist, so ist uns dies absolut gleichgültig und lassen wir, wenn Sie wünschen, diese Theorie und ihre Vertreter hiermit fallen."

Bald aber, mit oder ohne Erfahrungen, muß die Staatsregierung Anschütz sagen:

„Wir haben uns doch etwas zu früh über Ihre Theorie gefreut. Sie gründet sich auf die Behauptung, daß es sich bei unseren Verordnungen überall nur um Vertragsbedingungen, Verwaltungsnormen, Dienstbefehle, nicht aber um Rechtsnormen handelt. Ob Arndt u. A. in diesen Verordnungen Rechtsnormen sehen, ist uns natürlich ganz gleichgültig. Aber auf die Gerichte, z. B. das Reichsgericht und das Oberverwaltungsgericht, müssen wir Rücksicht nehmen; diese entscheiden darüber, ob Etwas eine Rechtsnorm ist oder z. B. nur ein Rechtsgeschäft, im ersteren Falle lassen sie die Revision zu, im letzteren nicht. Da nun die Gerichte in allen diesen Fällen annehmen, daß es sich nicht um Rechtsgeschäfte, sondern um Rechtssätze handelt, was ja daraus hervorhebt, daß sie darin revisibele Rechtsnormen sehen, da das Reichsgericht deine ganze Unterscheidung von Rechtsnorm und Verwaltungsnorm überhaupt verwirft, so führt deine Theorie zu dem verkehrten und umgekehrten Ergebnisse. Behauptest du, wie du dies mit einem seltenen Aufwand von Geist, Wissen und Schärfe thust, daß Rechtsnormen der Gesetzesform bedürfen oder nur auf Grund Gesetzes erlassen werden können, so müßten wir, wenn wir dir zustimmen, auch anerkennen, daß unsere Verordnungen, eben weil sie nach Ansicht der Gerichte und wie wir zugeben müssen, nach den richtigen Ansichten, Rechtsnormen enthalten, absolut ungültig sein, weil du behauptest, Rechtssätze bedürfen der Gesetzesform. Das können wir also nicht, darum — leben Sie wohl."

In der That ist diese Schlußfolgerung unabweisbar. Enthalten die fraglichen Verordnungen, wie dies in der Judikatur und dem „geschärften Blick" zweifellos ist, Rechtsnormen, dann müßten sie nach der Anschütz'schen Theorie ungültig sein. Die Anschütz'sche Theorie, die einerseits Rechtsnormen nur auf Grund Gesetzes entstehen lassen will und andererseits die als selbstständig bezeichneten Verordnungen als gültig erklärt, leidet an einem unheilbaren inneren Widerspruch.

Diese Theorie ist aber schon deshalb grundfalsch, weil sie nur die Normen als Rechtsnormen ansieht, welche die Rechte des Staates zu den Privatpersonen oder der Privatpersonen unter einander betreffen, als ob lex z. B. nur wäre, was jura intra civitatem et privatos oder jura intra privatos, nicht auch, was die res publica, die Rechte des plebs, des populus, der Tribunen, der Soldaten festsetzt.

Anschütz kann die Verordnungen, um die es sich handelt, unmöglich gelesen haben; denn sonst müßte er selbst einsehen, daß sie nicht Vertragsbedingungen oder Lieferungsbedingungen, sondern Normen sind, die sich mit Gebot und Verbot an den Staat und die Unterthanen wenden; die Behörden sagen nicht, wir wollen Jemandem auf Grund der oder jenen Gehalts-, Pensionsbedingungen anstellen; wer kontrahirt mit uns? Sondern sie sind rechtlich gezwungen, dies und jenes zu gewähren und zu fordern; ebenso handelt es sich auf Seiten des Beamten um von ihm nicht vertragsmäßig übernommene, sondern um ihm gesetzlich auferlegte Rechte und Pflichten, die mit jedem Wechsel der Gesetzgebung anders werden. Die Post sagt heute nicht mehr, hier sind die von mir aufgestellten Vertragsbedingungen, vielmehr ist sie rechtlich gebunden, die und jene Pflichten zu leisten — nicht mehr und nicht weniger. Das Publikum muß erfüllen, was in der Postordnung steht; die Bahn-, die Verkehrsordnung sind Zwangsnormen, die der Staat den Bahnen anbefiehlt: so und so viel Bremsen, Bremser, Maschinen, so und so starken Oberbau, bis hierher haftet ihr, dürft ihr eine Haftpflicht ausschließen! Ihr Privatleute, ihr dürft nicht auf den Bahnkörper gehen, nicht in fahrende Wagen einsteigen, keine geladenen Gewehre bei Euch führen u. s. w. Rechtsnormen, kein Gedanke von Vertragsnormen!!

Aber gesetzt, die Anschütz'sche Theorie wäre wenigstens insoweit richtig, daß es sich in allen den angezogenen Fällen nicht um Rechts- sondern um Verwaltungsverordnungen handelt (immer die Möglichkeit solchen Unterschiedes vorausgesetzt), was würde dann das Ergebniß sein? Dann müßte diese Theorie, so allgemein und abstrakt, wie sie ist, auch für das deutsche Reichsstaatsrecht, das französisch-belgische Recht u. s. w. gelten. Dann müßte es also zulässig sein, daß ebenso wie in Preußen, ohne Weiteres der Bundesrath oder der Kaiser oder der König der Belgier u. s. w. solche Verwaltungs- oder Anstellungsordnungen erlassen dürften. Dies ist aber keineswegs der Fall. Der König der Belgier kann keineswegs, wenn ihm sein Thron lieb ist, selbst in einer Staatsschule in Bezug auf Religionsunterricht diesen aufhebend oder verändernd oder neu einführend, irgend welche „Anstaltsordnung" erlassen, neue mit Kosten verknüpfte Unterrichtsgegenstände zu ganz besonderen Stunden vorschreiben. Das war gerade einer der Hauptgründe, aus dem man sich von Holland losriß, daß darüber nicht die Exekutive, sondern die volonté générale, la loi, entscheiden sollte. Der König der Belgier kann ebensowenig, trotzdem er den Oberbefehl über die Staatsanstalt des Heeres führt, ohne délégation expresse du législateur, Marschgelder, Tagegelder, Reise- und Umzugskosten, Pensionen u. dergl. für Militärpersonen einführen, verordnen. Kein Minister würde eine solche Verordnung gegenzeichnen, die Kammern und der Rechnungshof würden sie nicht respektiren. Noch weniger kann der König ohne eine délégation expresse du législateur ein Verfahren über militärische Ehrengerichte, eine Militärbeschwerde- oder Strafvollstreckungsordnung, oder eine Disziplinarstrafordnung erlassen, oder eigenmächtig die Telegraphengebühren und die Garantiepflicht der Staatstelegraphen normiren oder Universitätsstatuten ändern u. s. w. Wie man solche Anordnungen auch bezeichnen mag, ob als Rechtsnormen oder Verwaltungsverordnungen, ist gleich. Die Belgier kennen einen solchen Unterschied gar nicht. Sie sagen: il faut che chaque arrêté prenne ses source dans une loi, mag dieses arrêté einen allgemeinen oder besonderen Inhalt, eine Rechts- oder Anstaltsordnung oder Norm sein; sie sagen: le roi n'a d'autres pouvoirs que ceux, que lui attribuent formellement la constitution et les lois portées en vertu de la constitution. Zeige also deine Vollmacht auf; daß du Chef der vollziehenden Gewalt bist, reicht nicht aus, Anordnungen irgend welcher Art selbstständig, d. h. anders als zur Vollziehung und demgemäß auf Grund formellen Gesetzes zu geben!

Das Entsprechende gilt für das Deutsche Reichsstaatsrecht. Weder der Kaiser noch der Bundesrath können anders als auf Grund der Reichsverfassung oder der Reichsgesetze Anordnungen irgend welcher Art treffen, mögen sie diese auch bloß als Verwaltungsverordnungen oder wie sie wollen, bezeichnen. Nur soweit in Preußen ein selbstständiges Verordnungsrecht bestand und dieses auf das Reich übernommen wurde, können im Reiche Verordnungen ohne besondere reichsgesetzliche Ermächtigung ergehen, d. i. auf dem Gebiete der Kriegsmarine und sehr beschränkt auf dem Gebiete der Post und Telegraphie. Die meisten der in Betracht kommenden selbstständigen Verordnungen sind dem Ursprunge nach preußische, die auf Grund der Art. 61 und 63 Abs. 5 zur Einführung auch in das übrige Reichsgebiet gelangt sind.

Man hat mir „Krypto-Absolutismus“ vorgeworfen. Ganz mit Unrecht, wie sich zeigen wird. Wenn man aber die Anschütz-sche Theorie annehmen würde, dann wäre es mit der Rechtssicherheit und individuellen Freiheit zu Ende. Man brauchte nur zu sagen, daß etwas keine Rechts-, sondern nur eine Verwaltungs- oder eine Anstaltsordnung, eine Vertragsbedingung oder ein Dienstbefehl sei und dann könnte die Exekutive anordnen und thun, was sie wollte. Das Erste, das Höchste, das Heiligste für jede Verfassung ist die Klarheit und Bestimmtheit. Darüber, was eine Rechtsnorm ist, bestand weder damals, besteht noch jetzt Uebereinstimmung. Einige z. B. halten organisatorische Verordnungen für Rechts- andere für Verwaltungsnormen; das Gleiche gilt für Post-, Telegraphen-, Eisenbahnverkehrs-, Schulordnungen u. s. w. Wo bleibt da die Rechtssicherheit, wenn es nur darauf ankomme, ob Etwas als Rechts- oder Verwaltungsnorm gilt? Wahrlich der administrativen Willkür wären Thüren und Thore weit geöffnet und ebenso weit der Chicane der Privatpersonen, die jede ihnen nicht zusagende Anwendung einer solchen Verordnung durch die Behauptung anfechten könnten, es handele sich um eine Rechtsnorm, die der Gesetzesform entbehrte!

Fast das ganze 19. Jahrhundert war voll von Streitigkeiten darüber, ob diese oder jene Anordnung nicht in die Rechte der Stände eingreift und daher der Gesetzesform, der ständischen Zustimmung bedurft hätte. Man hat gesagt, dieses oder jenes belaste die Staatsfinanzen oder greife in die durch diesen oder jenen Artikel gewährleistete Freiheit der Person oder des Eigenthums ein oder berühre ein anderes ausdrücklich der ständischen Mitwirkung vorbehaltenes oder überwiesenes Gebiet; den doktrinären Satz einerseits, daß Alles und andererseits nur das, was „Rechtsnorm“ sei, der ständischen Mitwirkung bedürfe, hat nach meinem besten Wissen Niemand aufgestellt. Man hätte ihn auch kaum verstanden.

Anschütz S. 169 wie Jellinek u. A. fassen die Frage der Abgrenzung von „Gesetz“ und „Verordnung“ als eine solche der Erkenntniß und der Aufklärung an. Das ist grundfalsch. Es handelte sich um eine Frage der Machtvertheilung. Man darf nicht glauben, daß die Väter der modernen Verfassungen sich nicht ganz klar waren, über das was sie wollten. Die Frage war nur, ob die Krone das, was die Kammern wollten, den Kammern auch zugestanden hat, beziehungsweise zugestehen mußte. Wir werden später sehen, daß die Frage der Abgrenzung der Gesetzgebungs- von der Verordnungssphäre die preußische Verfassung außerordentlich beschäftigt und, daß diese Frage recht eigentlich im Mittelpunkte der Berathungen der Stände und der Kammern gestanden hat. Freilich so öde Doktrinarismen, wie sie von der heutigen Theorie vorgetragen werden, dabei so unfaßbar dem Laienverstand wie dem praktischen Juristen, und dem gesunden juristischen Urtheil überhaupt, sind damals nicht aufgestellt worden. Ich möchte hiernach meinen, daß das Urtheil über die Anschütz'sche Theorie höchstens für die erste Betrachtung ein günstiges sein, für den „geschärften Blick" aber nicht günstiger ausfallen kann, als das Anschütz'sche über meine Theorie. Darauf kommt es aber nicht an; nur auf die wissenschaftliche Wahrheit und diese suchen und finden wir zunächst in einer geschichtlichen Betrachtung.

---

§ 4.

Was ist „Gesetz" im absoluten Staate Preußen?

Um festzustellen, ob in Art. 62 der preußischen Verfassungsurkunde Gesetz schlechtweg gleich Rechtssatz, Gesetzgebung gleich rechtsetzende Gewalt[1]) ist, muß auf die Frage eingegangen werden, was man im absoluten Staate Preußen, was man vor der Verfassung als Gesetz verstanden hat. Die Praktiker wenden mir hier ein, „gar nicht nöthig, nachdem du festgestellt hast — unangefochten und unanfechtbar trotz der Todtschweigungsversuche — daß der Berichterstatter Broicher ohne Widerspruch Gesetz in deinem Sinne in der unzweideutigsten Weise definirt hat und nachdem das Reichsgericht die doktrinäre Unterscheidung zwischen Rechts- und Verwaltungsnorm als nicht vorhanden erklärt hat." „Das Reichsgericht hat ganz gewiß, da es sich Jahre lang mit der Frage beschäftigt hat und auf die Tragweite seiner Entscheidung von den höchsten Reichs-

[1]) Anschütz S. 135. „Gesetzgebende Gewalt im Sinne des Art. 62 ist rechtsetzende Gewalt."

behörden und wissenschaftlichen Autoritäten hingewiesen war, die erste Auflage von Anschütz wie seine früheren Schriften, v. Martitz, Laband, Otto Mayer, Jellinek, Georg Meyer u. s. w. die doch vom Postfiskus angezogen waren, ganz genau studirt, erwogen und gewogen und durch seine Entscheidung, Allegirungen und bezw. Nichtallegirungen klar bewiesen, daß es deren Ausführungen für falsch, unschlüssig und unjuristisch ansieht." Ich bitte aber um Geduld und um mehr Respekt vor der Wissenschaft und ihren Vertretern. Also mag mir gestattet sein, in meinen Ausführungen fortzufahren!

Die herrschende Theorie geht davon aus,[1]) daß das Wort „Gesetz" (Laband, Preuß. Budgetrecht S. 4 u. s. w.) sehr viel älter als die konstitutionelle Staatsform und namentlich in Deutschland allgemein gebraucht und verstanden worden sei, ehe man an eine Beschränkung des Landesherrn durch eine parlamentarische Körperschaft dachte. Es habe in dieser Zeit daher selbstverständlich auch gar keine Beziehung zu den Rechten der Volksvertretung gehabt, sondern den Ausspruch eines Rechtssatzes bedeutet: die gewollte und gewußte Festsetzung einer Norm, mag die Norm eine allgemeine oder eine besondere sein, mag die Festsetzung vom Staatsoberhaupte oder von einer anderen Seite ausgegangen sein. Der Gegensatz des Gesetzes sei das Gewohnheitsrecht — der höhere sowohl Gesetz als Gewohnheitsrecht umfassende Begriff sei der der Rechtsquelle. An dieser Argumentation ist nicht weniger als Alles falsch. Zunächst war das „Gesetzesrecht" der germanischen Völkerrechte nicht der Gegensatz zum Gewohnheitsrechte, sondern gerade das Gewohnheitsrecht war das Gesetzes- und das Verordnungsrecht war das gesetzte Recht.[2]) Auf dieses ältere Recht kommt es jedoch hier nicht an. Im Sinne des Allgemeinen Landrechts war Gesetz nur die vom Landesherrn gegebene Vorschrift, also genau wie im französisch-belgischen und im heutigen preußischen und Reichsrecht, die von der höchsten Stelle im Staate ausgegangene, die unbedingt verbindliche Anordnung, (genau wie Broicher Gesetz zu Art. 106 der preuß. Verf.-Urk. definirt hat). Jeder, der sich auch nur im Entferntesten mit preußischem

---

[1]) Auch Anschütz S. 163 sagt, daß das A.L.R. den materiellen Begriff, das Gesetz als Rechtsnorm, kennt.

[2]) Sohm, Fränkische Reichs- und Rechtsgeschichte I, S. 102, Arndt, Verordnungsrecht S. 27.

Recht beschäftigt hat, weiß, daß dem so ist und anders wie Laband und Anschütz u. A. behaupten. Rechtssätze, materielle Rechtsnormen stellten auch Korporationen, Stadtgemeinden, Minister, Regierungen, Ortspolizeibehörden auf; diese hießen nicht Gesetze, was daraus erhellt, daß immer bemerkt wird, sie dürfen mit „Gesetzen", also Königlichen Anordnungen, nicht in Widerspruch stehen. „Das Recht, Gesetze und allgemeine Polizeiverordnungen zu geben, dieselben wieder aufzuheben, und Erklärungen darüber mit gesetzlicher Kraft zu ertheilen, ist ein Majestätsrecht." § 5 Thl. I 3, 1 des Entwurfes zum Allgemeinen (Preußischen) Bürgerlichen Gesetzbuch: „Das Recht, Gesetze zu geben, allgemeine Verordnungen vorzuschreiben, Münzen, Maaß und Gewicht zu bestimmen, und überhaupt Anordnungen zu treffen, welche das Recht und die Sicherheit der Bürger zum Gegenstande haben, kann nur vom Oberhaupte im Staate ausgeübt werden." § 2. Einleitung zum A.L.R.: „Provinzialordnungen und Statuten einzelner Gemeinheiten u. s. w. erhalten nur durch die landesherrliche Bestätigung die Kraft der Gesetze" (also nicht den Namen). Die §§ 150 und 210 Thl. II Tit. 20 A.L.R. unterscheiden demgemäß zwischen der Abreißung von „Gesetzen" und „landesherrlichen Polizeiverordnungen" einer- und den „von der Obrigkeit angeschlagenen Statuten und Verordnungen" andererseits. Nach der Kgl. Verordnung wegen verbesserter Einrichtung der Provinzial-Behörden vom 26. Dezember 1808 sollen die von den Regierungen mit höherer Genehmigung erlassenen Publikanda, welche unzweifelhaft sog. Gesetze im materiellen Sinne, Rechtssätze sind, keine härtere Strafe als in den Gesetzen (d. h. den Königlichen Anordnungen [1])) festsetzen. Die Regierungs-Instruktion vom 23. Oktober 1817 gestattet den Regierungen Strafbestimmungen zu erlassen, wenn „das Verbot an sich schon durch ein Gesetz" (d. h. also eine Königliche Anordnung) feststeht, in letzterem aber die Strafe nicht ausdrücklich bestimmt ist. Zu den vom Könige erlassenen Gesetzen konnten in Preußen die Minister Ausführungsanordnungen aller Art erlassen (s. z. B. Kab.-Ordr. vom 4. Juli 1832, G.S. 1832 S. 181). Obwohl diese Ausführungsnormen Rechtssätze enthielten, revisibale Rechtsnormen, z. B. die zu den dem Zollverein gemeinschaftlichen Zoll- und Steuergesetzen, so hießen sie doch

---

[1]) Insbesondere A.L.R. II, 20, §§ 33, 35, 240.

nicht Gesetze, sondern „Instruktionen“, „Verwaltungsvorschriften“, wurden nicht als „Gesetze“ verkündet und nur soweit von den Gerichten anerkannt, als sie den „Gesetzen“ nicht widersprachen. Nur vom Könige erlassene, nur höchste, die unbedingt verbindlichen Anordnungen, nur Gesetze, wurden dem Staatsrath zur Begutachtung vorgelegt, nicht die von Ministern, Regierungen, Ortspolizeibehörden u. s. w. aufgestellten Rechtssätze, V. vom 20. März 1817 (G.S. 1817 S. 92), Thl. II, 2 und 28 u. s. w.

Wie im französisch-belgischen Rechte mußte sich jede (vom Minister, einer Regierung, Ortsbehörde u. s. w.) erlassene Rechtsnorm auf eine höchste Anordnung, das war also im absoluten Preußen eine Königliche Ermächtigung, ein Gesetz, zurückführen lassen. Gesetz im engeren Sinne hieß aber nur die höchste Anordnung, nicht jeder Rechtssatz. Koch, Preuß. Privatrecht 3. Aufl. 1857 S. 93. „In Preußen war bis 1848 verfassungsmäßig ein jeder Befehl des Königs oder dessen, der dazu von dem Könige Auftrag erhalten hatte, mochte er sein, in welcher Form er war, ein Gesetz im weiteren Sinne. S. 94: „Geschichtliches Dasein erhielt bis zum März 1848 ein schriftliches Gesetz durch die Unterschrift des Königs oder der von ihm damit beauftragten Staatsbehörde. Gewisse Staatsbehörden hatten innerhalb bestimmter Grenzen einen allgemeinen Auftrag.“ S. 93 f. bemerkt Koch, daß nach der Verordnung vom 20. März 1817, betreffend die Einrichtung des Staatsraths, zwar alle Gesetze durch die Prüfung des Staatsraths an den König zur Sanktion gelangen sollten, daß das einzig wesentliche Erforderniß aber, auf welches auch diese Verordnung den Nachdruck legt, die Königliche Sanktion ist.

Heinrich Simon, das Preußische Staatsrecht, Breslau 1844, Vorwort LV: „Im Preußischen Staate ist der König verfassungsmäßig der alleinige Gesetzgeber.“ Ferner LXIII: „Alle Gesetze, Verfügungen und Verwaltungsordnungen sind mithin, es mag auf neue oder auf Aufhebung oder Abänderung der vorhandenen ankommen, an die Genehmigung des Königs gebunden.“ Dr. Karl Julius Bergius Ergänzungen zur Gesetzsammlung, Breslau 1841 Vorrede IV: „Denn nur eine in der vorgeschriebenen Weise verkündigte, vom Könige vollzogene allgemeine Vorschrift hat in Preußen Gesetzeskraft u. s. w. Dernburg, Preuß. Privatrecht Aufl. I S. 30: „Aber schon dem A.L.R. ist die Gesetzgebung ein Majestätsrecht, das nur dem Könige zusteht." Beseler, System des gemeinen deutschen Privatrechts Aufl. 4 S. 51: „Gesetz ist als Quelle des positiven Rechts, ist die von der höchsten Gewalt im Staate erlassene formelle Satzung — —." Codex Theresianus § II. 127: „Die Gesetze sind allgemeine von der höchsten Gewalt zur Wohlfahrt der Unterthanen erlassene Verordnungen". Auch in der Judikation herrscht darüber kein Zweifel, daß zum Wesen des Gesetzes im absoluten Staate sein Ursprung, nämlich die Anordnung durch den König, gehörte (Erkenntnisse des Ober-Tribunals vom 21. Dez. 1854 in Striethorst, Archiv für Rechtsfälle Bd. 12 S. 101 und vom 22. Februar 1858 ebendort Bd. 29 S. 141, ferner des Reichsgerichts vom 22. Januar 1885, Entsch. in Civils. Bd. 13 S. 215.

Ganz richtig sagt Anschütz S. 163, daß nach A.L.R. die vom Souverän unmittelbar oder mittelbar ausgehende — Norm, daß das Gesetz und nur das Gesetz die Fähigkeit besitzt, Freiheitsbeschränkungen zu bewirken — aber d. i. nicht die Norm, als solche, sondern die von der höchsten Stelle unmittelbar oder mittelbar ausgehende Norm; nicht daß es sich um einen Rechtssatz handelt, sondern daß die höchste Stelle im Staate ihn befiehlt oder befehlen läßt, die formelle Seite, ist entscheidend. Wenn Anschütz dabei meint, daß zum Begriffe des Gesetzes in der Vorstellung des A.L.R. die Freiheitsbeschränkung durch abstrakte Norm gehörte, so greift er diese Meinung aus der Luft. Im Sinne des A.L.R. wie des absoluten Preußen ist jede Königliche Anordnung, auch wenn sie keine Freiheitsbeschränkung in abstrakter Form darstellte, ein Gesetz gewesen, was zwar keinem Kenner des Preußischen Rechts zweifelhaft ist, aber später noch besonders bewiesen werden soll. Für jetzt genüge der Satz, daß weder in §§ 1, 6 Th. I Tit. 13 A.L.R., noch in § 5 Th. I 3, 1 des Entwurfs zum Allgemeinen Bürgerlichen Gesetzbuche, noch in der angezogenen Litteratur oder Judikatur der Gesetzesbegriff auf die Freiheitsbeschränkung in abstrakter Form beschränkt ist![1])

Zum Gesetzesbegriffe im Sinne des A.L.R. gehörte sonach nicht, oder sagen wir, nicht nur ein bestimmter Inhalt, sondern der Königliche Ursprung; er war ein formeller Begriff.

---

[1]) S. auch v. Manteuffel, Denkwürdigkeiten I S. 4, ebenso und vor Allem Virchow am 6. Februar 1872 im Abgeordnetenhause, Arndt, Verordnungsrecht S. 149.

Ebenso L. E. Heydemann, Einleitung in das System des preußischen Civilrechts. S. 80: „Das ausschließlich entscheidende Kriterium eines allgemein bindenden Gesetzes war und blieb auch seit der definitiven Einsetzung des Staatsraths — die unmittelbare Königliche Bestätigung; desgleichen Bornemann (Vicepräsident des Ober-Tribunals), systematische Darstellung des preußischen Civilrechts, Berlin 1842 S. 30 a. a. O.

Es wäre wunderbar, wenn allen diesen Beweisen gegenüber, im Allgemeinen Gesetzbuch oder im A.L.R. etwas Anderes stehen sollte. Doch sehen wir zu!

Anschütz S. 128 bezieht sich auf § 13 Einleitung zum Allgemeinen Gesetzbuch (1784); dieser lautet: „Neue Gesetze, welche die Freiheit der Privatpersonen betreffen, sollen, ehe sie zur königlichen Vollziehung gelangen, der Gesetzeskommission zum rechtlichen Gutachten vorgelegt werden." Das heißt doch nicht, daß nur dasjenige Gesetz ist, das die Freiheit der Privatpersonen betrifft, sondern daß ein Theil der Gesetze, der Theil, welcher die Freiheit der Privatpersonen betrifft, der Gesetzeskommission vorzulegen ist. Wir werden später zahllose Gesetze im Sinne des absoluten Staates finden, welche nach Ansicht des Gesetzgebers nicht die Freiheit der Privatpersonen betrafen und ebendeshalb z. B. nach 1823 nicht den Ständen zur Begutachtung vorgelegt wurden.

Vollkommen zutreffend ist der Satz[1]) (Anschütz S. 128) daß im Allgemeinen Landrecht das Prinzip der gesetzmäßigen Verwaltung gegolten habe, das sich auch abspiegele in § 87 Einleitung zum A.L.R.: „Handlungen, welche weder durch natürliche, noch durch positive Gesetze vertreten werden, werden erlaubte genannt" und in § 32 I. 8 A.L.R.: „In allen Fällen — können Einschränkungen des Eigenthums, welche nicht aus besonderen wohlerworbenen Rechten eines Anderen entspringen, nur durch Gesetze begründet werden." Das heißt doch nicht, daß Handlungen durch irgend welchen, von irgend wem erlassenen Rechtssatz verboten werden können, sondern, daß es nur durch eine vom Könige als dem Gesetzgeber unmittelbar oder mittelbar ausgehende Vorschrift geschehen kann und daß z. B. nicht die Polizeibehörden andere generelle oder spezielle Eigenthumsbeschränkungen erlassen

[1]) Rosin im Verwaltungsarchiv III, 253, Arndt, Preuß. Verf., 4. Aufl. S. 3, Verordnungsrecht S. 18 ff.

dürfen als auf Grund Königlicher d. h. gesetzlicher Befehle und Ermächtigungen.

Ich meine, ob der Eingriff in die Eigenthums- oder persönliche Freiheit ein genereller, ein spezieller, eine Rechts- oder eine sog. Verwaltungsnorm, eine Verordnung oder eine Verfügung, ein Rechtssatz oder ein Rechtsgeschäft ist, nach dem A.L.R. und dem vorkonstitutionellen Rechte sollte er sich stützen oder zurückführen müssen nur auf eine königliche Anordnung, also auf ein Gesetz. Ganz richtig sagt Anschütz S. 165: „Nicht nur das Privatrecht, Strafrecht, Prozeßrecht, nein, auch das gesammte Verwaltungsrecht“ erscheint in dem staatsrechtlichen System des Landrechts als „Gegenstand der Gesetzgebung“, d. h. nicht bloß als Gegenstand irgend welcher Rechtssätze, sondern als Gegenstand, dessen Regelung dem Könige, als dem Gesetzgeber, zustand. Wenn Anschütz in der Anmerkung (152) dazu citirt, auch die Polizei- und anderen Verwaltungsgesetze sind nach dem landrechtlichen Sprachgebrauche „Gesetze“ und heißen Gesetze, so citirt er, was ich schon vor zwanzig Jahren und konsequent behauptet und mit Belegen aus der Zeit, Natur und Litteratur festgestellt habe, jede Königliche Anordnung, welchen Inhalt sie auch hat, ist ein Gesetz (Verordnungsrecht S. 27 ff. Komm. 4. Aufl. S. 3 u. s. w.). Glücklicher Weise hat Anschütz auf S. 159 meines Reichsstaatsrechts einen Druckfehler entdeckt; es heißt dort „Gesetze“ statt, wie der Zusammenhang klar ergiebt „Rechtsgesetze“, was hervorzuheben ihm ein sehr wohlfeiles Vergnügen bereitet hat. Vor lauter Freude hat er übersehen, daß er sich selbst ad absurdum führt; denn, wenn, wie es ganz richtig ist, alle Gesetze auch „Verwaltungsgesetze“ nach dem landrechtlichen Sprachgebrauche „Gesetze“ sind, so ist doch das Wesen des Gesetzes nicht, wie Anschütz meint, daß es keine bloße Verwaltungs- sondern eine Rechtsnorm darstelle. Fahren wir fort:

Einleitung zum Allgemeinen Gesetzbuch (1784): § 50. „Das allgemeine Wohl ist der Grund der Gesetze.“ § 56. „Der Staat kann die natürliche Freiheit seiner Bürger nur insofern einschränken, als das Wohl der gesellschaftlichen Verbindung solches erfordert.“ § 61. „Nur äußere, moralisch freie Handlungen der Bürger des Staats sind der Gegenstand der Gesetze“ (d. h. seit der Emanation dieses A.B.G. nicht von Rechtsnormen schlechthin, sondern von solchen, welche vom Staatsoberhaupt unmittelbar oder mittelbar ausgehen dürfen). § 87. „Wer fordert, daß ein Anderer etwas thun soll oder sonst desselben Freiheit zu handeln einschränken will, muß dazu durch die Gesetze eine besondere Befugniß erhalten haben" d. h. also, wenn die Polizei in die Freiheit eingreifen will, so kann sie dies — abgesehen von älteren, vor dem A.B.G. bestandenen, sie ermächtigenden Vorschriften — seit dem A.B.G. nur noch auf Grund einer vom Gesetzgeber d. i. dem Könige unmittelbar oder mittelbar, nicht von einer anderen Stelle z. B. einem Minister aus dessen Recht, ausgehenden Ermächtigung thun.

Immer wieder und wieder betont Anschütz für die vorkonstitutionelle Zeit S. 164 mit vollem Recht, Altes, längst Bekanntes ausrufend und offene Thüren einstoßend; „jede Beschränkung der individuellen Handlungsfreiheit im Allgemeinen und der Eigenthumsfreiheit im Besonderen muß, um rechtlichen Bestand behaupten zu können, auf den Willen des Gesetzgebers zurückführbar sein", und „gar nicht zweifelhaft ist es, daß dieses Grundprinzip auch das Verhältniß der handelnden Staatsgewalt, der Verwaltung und ganz besonders der Polizei zu Freiheit und Eigenthum der Unterthanen beherrschen soll." Das bedeutet, daß sich jede Beschränkung im absoluten Staate auf einen Willensakt des Königs, einem Akt der höchsten Staatsgewalt, auf etwas Formelles, zurückführen lassen muß, nicht bloß auf irgend welchen Rechtssatz, sondern auf einen ganz bestimmt formirten Rechtssatz. Um nicht den Verdacht des „Verschweigens" oder der „Entstellung" hervorzurufen, will ich noch folgende Stellen citiren:

Einleitung zum A.L.R.: § 1. „Das A.L.R. enthält die Vorschriften, nach welchen die Rechte und Pflichten der Einwohner des Staats, soweit dieselben nicht durch besondere Gesetze bestimmt werden, zu beurtheilen sind." § 2. „Besondere Provinzialverordnungen und Statuten einzelner Gemeinden und Gesellschaften erhalten nur durch die landesherrliche Bestätigung die Kraft der Gesetze." § 3. „Gewohnheitsrechte und Observanzen welche in den Provinzen und einzelnen Gemeinden gesetzliche Kraft haben sollen, müssen den Provinziallandrechten einverleibt sein". § 4. „Insofern aber durch Observanzen etwas bestimmt war, was die Gesetze unentschieden gelassen haben, hat es bis zum Erfolge einer gesetzlichen Bestimmung, dabei sein Bewenden." § 5. „Die von dem Landesherrn in einzelnen Fällen, oder in Ansehung einzelner Gegenstände getroffenen Verordnungen können in anderen Fällen oder bei anderen Gegenständen als Gesetze nicht angesehen werden. § 6. Auf Meinungen der Rechtslehrer, oder älterer Aussprüche der Richter, soll bei künftigen Entscheidungen keine Rücksicht genommen werden. § 7. Ein jeder Entwurf zu einer neuen Verordnung, durch welche die besonderen Rechte und Pflichten der Bürger bestimmt und die gemeinen Rechte abgeändert, ergänzt oder erklärt werden sollen, muß vor der Vollziehung der Gesetzeskommission vorgelegt werden."

Bornhak, Preußisches Staatsrecht I S. 483 findet in dem angezogenen § 7 den uralten germanischen Gesetzesbegriff, umfassend die Normen des Privat-, Straf- und Prozeßrechts; ebenso wird § 7 auch anders z. B. durch O. Mayer und Hübler aufgefaßt, Anschütz S. 126 f. stimmt mit mir (Staatsrecht S. 187 ff., s. auch Verordnungsrecht S. 27 ff., S. 59 f., 69 ff.) darin überein, daß Bornhak, O. Mayer u. s. w., sich hier im Irrthum befinden; § 7 der Einleitung enthält keine Begriffsbestimmung dessen, was das A.L.R. unter Gesetz versteht, sondern nur die instruktionelle (Soll- keine Muß-) Vorschrift, daß solche Gesetzentwürfe, die das A.L.R. abändern, ergänzen oder erklären, oder (sonst) die besonderen Rechte und Pflichten der Bürger bestimmen, vor ihrer Vollziehung einer Gesetzeskommission zur Begutachtung vorgelegt werden sollen. § 7 sagt nicht, Gesetze seien die Vorschriften, welche die gemeinen Rechte abändern oder die besonderen Rechte und Pflichten der Bürger bestimmen, er enthält keine Definition des Gesetzesbegriffs; er nimmt vielmehr einen Theil der Gesetze wegen ihrer besonderen Wichtigkeit heraus, die vor ihrer Vollziehung begutachtet werden sollen. Das so lehrhafte A.L.R. hätte, wenn es das Gesetz im Anschütz'schen oder Bornhak'schen Sinne definiren wollte, dies verbis expressis gethan. So hat denn die Ansicht, daß Gesetze nur die in § 7 der Einleitung zum A.L.R. bezeichneten Gesetze gewesen seien, niemals im absoluten Staate Preußen, auch später nur vereinzelt (Bornhak) geherrscht, wie denn z. B. die Verordnung von 1810 über die Ministerialverfassung, die Verordnung vom 26. Dezember 1808, die Regierungs-Instruktion vom 23. Oktober 1813, das Rheinische Ressortreglement von 1818 [1]) u. s. w. wenigstens für die Judikatur stets für Gesetze im Sinne des vorkonstitutionellen Rechts galten, obgleich sie nicht unter den Einleitungsparagraphen 7 (s. weiter unten) fallen. Die dort erwähnte Gesetzeskommission ist längst obsolet und mit ihm

[1]) Oppenhoff, Ressortgesetze, S. 214, auch vom O.V.G., Entsch. Bd. I, S. 174.

§ 7 und zwar schon vor der Stein-Hardenberg'schen Zeit, sie hat mit dem modernen Konstitutionalismus keinen Zusammenhang. Es erübrigt daher eine weitere Widerlegung der Ansicht von Bornhak, Hübler u. s. w., über deren Unrichtigkeit zwischen Anschütz und mir keine Meinungsverschiedenheit besteht.

Die materielle Natur des Gesetzbegriffes wird dagegen von Anschütz S. 167 gefunden zunächst in der Verordnung betreffend die zu bildende Repräsentation des Volks vom 22. Mai 1815 (G.S. S. 103),[1] insofern darin gesagt wird

> „die Wirksamkeit der Landes-Repräsentanten erstreckt sich auf den Beirath über alle Gegenstände der Gesetzgebung, welche die persönlichen und Eigenthumsrechte der Staatsbürger, mit Einschluß der Besteuerung betreffen".

Hiermit habe man eine Formel recipirt die zu jener Zeit und noch später in vielen deutschen Staaten, welche Willens waren, das konstitutionelle System anzunehmen, als eine „brauchbare, weil klare Abgrenzung des Gebiets der Legislative von dem der Verordnungsgewalt erfunden wurde". Wie wenig diese Formel klar ist, erhellt aus dem Umstande, daß aus allen deutschen Landtagen fortdauernd Klage über ihre Unklarheit geführt wurde, und daß ewiger Streit zwischen den Regierungen und Staaten über die Auslegung dieser Formel herrschte.[2] Zuerst wurde die Formel in dem Nassauischen Verfassungspatent vom September 1814, dann in Württembergischen Projekten 1815—1817, in dem weimarischen Grundgesetz vom 5. Mai 1816, sodann in noch anderen thüringischen Verfassungen, in den badischen und bayrischen gebraucht. Anschütz S. 168 meint nun, daß die Worte und Gesetze, welche die Freiheit der Personen und des Eigenthums betreffen, nicht das Gebiet der Gesetzgebung zertheilen, sie wollen der konstitutionellen Legislative nicht bloß einige, sondern alle Gegenstände der materiellen Gesetzgebung — überweisen. In voller Gleichartigkeit mit § 7 Einleitung zum A.L.R., so meint Anschütz — im offenbaren Widerspruch zu seiner Polemik gegen Bornhak — schränke die Formel: „Gesetze, welche die Freiheit der

---

[1] Arndt, Komm. S. 7.

[2] Vgl. z. B. die Hannover'sche Verfassungs- und Verwaltungsgeschichte von E. Meier, Kleinstaaterei von K. Braun u. A., Welcker in seinem Staatslexikon unter „Gesetz", S. 474 f., desgleichen in Bluntschli und Brater, Deutsches Staatswörterbuch unter „Gesetz", S. 274.

Person und des Eigenthums betreffen," den materiellen Gesetzesbegriff nur scheinbar ein, in Wahrheit definire sie diesen Begriff — in zutreffender und erschöpfender Weise. Denn es sei das Wesen jedes Gesetzes im materiellen Sinne, jeder Rechtsvorschrift, daß sie der persönlichen Freiheit im Allgemeinen und dem Privateigenthum insbesondere Maß und Schranken setze, jede Rechtsvorschrift betreffe also (wie auch Seydel sage), die Freiheit der Person und des Eigenthums. Mit dieser Ansicht setzt sich Anschütz in offenbarsten Widerspruch mit Allem, was bisher über die Gesetzesbegriffe gegolten hat: daß Preußen eine konstitutionelle Monarchie, daß die Krone erblich, daß der König das Präsidium im Reiche führt, daß der Kaiser Krieg und Frieden erklären kann, daß er die Staatsgewalt in Elsaß-Lothringen, die Schutzgewalt in den deutschen Kolonien hat, u. s. w. sind also nach Anschütz keine Rechtsnormen. In der That eine verblüffende Behauptung, von der man kaum erwarten kann, daß sie noch erst widerlegt werde. Jedoch wir wollen fortfahren.

Die in der Verordnung von 1815 verheißene Nationalrepräsentation kam nicht zu Stande. Dagegen ordnete (Arndt, Komm. zur Preuß. Verf. S. 9) das allgemeine Gesetz wegen Anordnung der Provinzialstände vom 5. Juni 1823 (G.S. 120), durch welches Gesetz die Verheißung der vorerwähnten Verordnung vom 22. Mai 1815 völlig erledigt sein sollte, die Errichtung von Provinzialständen an und bestimmte deren Wirkungskreis, wie folgt:

1. den Provinzialständen sollen die Gesetzentwürfe zur Berathung vorgelegt werden, welche allein die Provinz angehen.
2. So lange keine allgemeinen ständischen Versammlungen stattfinden, sollen ihnen auch die Entwürfe solcher allgemeinen Gesetze, welche Veränderungen in Personal- und Eigenthumsrechten und in den Steuern zum Gegenstand haben, soweit sie die Provinz betreffen, zur Berathung vorgelegt werden.

Nun sollen nach Anschütz (S. 177 f.) die Worte, welche Veränderungen in Personal- und Eigenthumsrechten betreffen, keine Theilung, sondern eine Begriffsbestimmung enthalten. Sonderbar ist dabei, daß die Begriffsbestimmung dann in 2 und nicht in 1 gegeben ist! Offenbar bezieht sich, wie auch die Praxis zeigt, 1 auf alle, (indeß nur auf Provinzial-), 2 nur auf gewisse (Landes-) Gesetze.

In 2 ist also keine Begriffsbestimmung, sondern eine Theilung enthalten, wie bald gezeigt werden soll.

Das Patent, die ständischen Einrichtungen betreffend, vom 3. Februar 1847 (G.S. 33) verordnete sodann:

3. „Dem Vereinigten Landtage und in dessen Vertretung dem Vereinigten ständischen Ausschusse übertragen wir a) in Bezug auf den ständischen Beirath bei der Gesetzgebung diejenige Mitwirkung, welche den Provinzialständen durch das Gesetz vom 5. Juni 1823 § III Nr. 2, so lange keine allgemeinen ständischen Versammlungen stattfinden, beigelegt war."

Wenn in § 6 des sog. Grundlagegesetzes vom 6. April 1848 (Arndt, Komm. S. 15) gesagt ist: den künftigen Vertretern des Volkes soll jedenfalls die Zustimmung zu allen Gesetzen zustehen, — so sei damit irgend ein materieller Begriff gemeint — der des Rechtssatzes (so Anschütz S. 171).

Diese Ausführungen sind, wie Anschütz sagen würde, „weithin von Rechtsirrthum beherrscht". Die Worte, welche die Freiheit der Person und des Eigenthums betreffen, sind keine Bestimmung des Gesetzesbegriffs, sondern heben aus dem allgemeinen Begriffe einen gewissen Theil heraus. Zuerst scheiden von der ständischen Mitwirkung bezw. Berathung alle Gesetze aus, welche nicht „allgemein" sind, also z. B. die Gesetze über Militär- und Beamtenwesen, Negersklaven, Dissidenten-Verhältnisse, der Eisenbahnen; es sind dies keine Gesetze, die den Ständen vorzulegen waren oder vorgelegt wurden, es waren aber doch unzweifelhaft Gesetze und Rechtsnormen, weshalb sie auch wie Gesetze verkündet und stets als Gesetze bezeichnet wurden. Als in die Freiheit der Person und des Eigenthums nicht unmittelbar eingreifend sah man Prozeßgesetze an — ferner Gesetze über die Form von Rechtsgeschäften, sodann die Notariatsordnung; vielfach Aenderungen und Deklarationen des A.L.R., Sonntagsheiligung, Tarifüberschreitungen, Feuerversicherung u. s. w., welche nicht unmittelbare und besondere Lasten auferlegten, das Indigenatswesen u. A. Rechtsnormen sind in allen diesen Gesetzen enthalten und Gesetze waren es auch, nur nicht solche Gesetze, welche allgemein der Person und dem Eigenthum unmittelbar und besondere Lasten auferlegten. Als Gesetze, die Veränderungen in den Eigenthums- und persönlichen Rechten in diesem Sinne betrafen, galten z. B. das Gesetz wegen Aufnahme neu anziehender Personen vom 31. Dezember 1842 (G.S. 1843 S. 3), weil danach alle durch das Gesetz betroffenen Preußen aus Orten zwangsweise entfernt, ausgewiesen werden durften, das Gesetz vom 31. Dezember, über die Verpflichtung zur Armenpflege (G.S. 1843 S. 5), weil es besondere Armenlasten allgemein auflegte, nicht dagegen das dritte Gesetz vom 31. Dezember 1842, betreffend die Erwerbung und den Verlust der Eigenschaft als preußischer Unterthan u. s. w. (G.S. 1843 S. 15), weil es unmittelbare und besondere Eingriffe in die persönliche Freiheit nicht enthielt. Ferner galt als die Freiheit der Person und des Eigenthums veränderndes Gesetz das Gesetz über die Benutzung der Privatflüsse vom 28. Februar 1843, weil es allen Uferbesitzern erzwingbare, individuelle und einklagbare Pflichten auferlegte (zur Reinigung, Räumung, zur Enthaltung von mancherlei Benutzungsarten u. s. w.), die Verordnung vom 5. März 1843 (G.S. S. 103), weil sie allen Waldstreu-Berechtigten mit Strafandrohung geschützte individuelle Pflichten auferlegte; nicht als in die Freiheit eingreifend wurde das Gesetz vom 4. Mai 1843 über die Umschreibung außer Kurs gesetzter Papiere (G.S. S. 177) angesehen; denn obwohl es Gesetz und Rechtsnorm war, legte es keine individuellen Pflichten allgemein auf, dergleichen das Gesetz über die Wiederinkurssetzung vom 4. Mai 1843 (G.S. S. 179). Das Reglement über das Selbstdispensiren der Medizinalpersonen vom 20. Juni 1843 (G.S. S. 303) war kein allgemeines Gesetz und daher ohne Beirath der Stände erlassen, ebenso wie das Gesetz über das Lootsenwesen vom 9. 13. April 1843 (Justiz-Ministerialbl. S. 130, 135), wie ferner das Gesetz vom 3. Juli 1843 über die Einkünftevertheilung erledigter katholischer Kuratstellen (G.S. S. 289), desgleichen die Deklaration vom 21. Juli 1843 zu §§ 63, 251 Tit. 2 und §§ 14, 15 Tit. 3 Thl. II A.L.R., betreffend die Alimentationspflicht der Verwandten (G.S. S. 296), weil sie keine neuen Beschränkungen des Eigenthums, sondern eine Prozeß(Beweis-)vorschrift enthielt u. s. w. Weil es kein allgemeines Gesetz war, wurde die Deklaration vom 24. Januar 1844 (G.S. S. 51) über den Majorennetätstermin der Juden nicht den Ständen vorgelegt, desgleichen nicht das noch heute gültige Gesetz über das Defektenwesen, vom 24. Januar 1844 (G.S. S. 52), weil nur für Kassenverwalter bestimmt. Als die Freiheit und das Eigenthum besonders beschränkendes, allgemeines Gesetz wurde dagegen die Gewerbeordnung vom 17. Januar 1845 behandelt. Als bloßes Prozeßgesetz wurde die doch unzweifelhaft ein Gesetz darstellende und Rechtsnormen enthaltende Verordnung in Ehesachen vom 28. Juni 1844 (G.S. S. 184) den Ständen nicht vorgelegt, weil Prozeßvorschriften, selbst z. B. die Bestellung der Staatsanwälte zur Mitwirkung, vermeintlich der individuellen Freiheit keine besonderen Lasten auflegen.

Obgleich ich fast fürchten muß, meine Leser zu langweilen oder gar zu beleidigen, wenn ich noch weitere Beweise dafür erbringe, daß die Anschütz'sche Theorie, wonach die Worte, welche Veränderungen in den Freiheits- und Eigenthumsrechten betreffen, eine Begriffsbestimmung und keine Zertheilung der Gesetzesarten sind, durchaus haltlos ist, so muß ich noch weitere Belege anführen:

Rehm in Hirths Annalen 1901 S. 655 bemerkt zu der bayrischen Verfassung, welche die dem Patent vom 5. Mai 1823 entsprechende Vorschrift hat:

Nach bayr. Verf. VII, § 2 bedarf nicht jedes Gesetz, d. i. nicht jede vom Staatsoberhaupt und dessen Stellvertreter in feierlicher Form ausgehende Rechtsvorschrift der Mitwirkung des Landtags, sondern 1. nur ein allgemeines Gesetz und allgemein habe nach der hier allgemein angebrachten historischen Auslegung zum Gegensatze das Spezialgesetz. — 2. nur ein allgemeines Gesetz, welches die persönliche Freiheit oder das Vermögen der Staatsangehörigen und Staatsfreunde als solcher unmittelbar berührt, im Gegensatze zu Gesetzen, welche nur die persönliche Freiheit oder das Vermögen der Staatsorgane als solcher (z. B. der Soldaten, Staatsdiener) betrifft. Ein die Wehrpflicht der Staatsangehörigen begründendes Gesetz bedürfe der Zustimmung der Volksvertretung, aber nicht ein Gesetz, welches Rechte und Pflichten der Kraft ihrer Wehrpflicht durch Aushebung zu Staatsorganen (Soldaten) gewordenen Staatsunterthanen betrifft, wie das Militär-Strafgesetzbuch. Und ebensowenig bedarf einer Mitwirkung des Landtages ein Staatsdienergesetz. Ein solches kann im Wege der Verordnung ergehen z. B. die Kgl. Verordnung vom 26. Juni 1894 über die Dienstverhältnisse der nicht pragmatischen Staatsdiener.

Rehm erkennt sonach an, daß es nach bayerischem Staatsrechte zwei Arten von Gesetzen giebt: solche, welche der Mitwirkung des Landtages bedürfen, und solche, welche dieser Mitwirkung nicht bedürfen; zu den letzteren rechnet er u. A. das Militärstrafgesetzbuch und die Staatsdienergesetze. Da nun das Militärstrafgesetzbuch wie die Staatsdienergesetze, überhaupt auch die nicht allgemeinen Gesetze

Rechtsnormen enthalten, sich mit Gebot und Verbot, wenn auch nicht an alle bayrischen Staatsunterthanen, so doch an den bayrischen Staat, die Exekutive und an Tausende und wieder Tausende bayrischer Unterthanen fort und fort wenden — alle Bayern sind ja wehrpflichtig —, so wird das wenigstens nicht bestritten werden können, daß nach Rehm die Worte „allgemeine Gesetze, welche Veränderungen in Personen- und Eigenthumsrechten und in den Steuern zum Gegenstande haben", keine Begriffsbestimmung weder von „Rechtssatz", noch von „Rechtsnorm" enthalten.

Es kommt jedoch weniger auf das an, was die modernen Schriftsteller ausführen, als darauf, was 1848 als communis opinio galt. Ich citire daher hier nur noch v. Moy, das Staatsrecht des Königreichs Bayern I. Theil 1840, der (§ 45) keineswegs die der ständischen Mitwirkung unterliegenden Normen als die einzigen Rechtsnormen auffaßt, sondern die Gesetze zerlegt in solche, welche der König allein und in solche, welche er nur unter Beirath und Zustimmung der Stände erlassen kann. Ebenso Pözl, Lehrbuch des bayrischen Verwaltungsrechts § 201, § 238 a. a. O. Thatsächlich sind denn in Bayern ohne Mitwirkung der Stände geregelt worden das Schulwesen (Seydel, Bayr. Staatsr. VI S. 351), insbesondere die Festsetzung sowohl der Gehaltsbezüge der Schullehrer, als der Dauer der Werktags- und Feiertagsschulpflicht (l. c. S. 362), die Schulpflicht überhaupt (S. 389), das Universitätswesen vor und nach der Verfassung, das Postwesen, „eines der Amphibien des öffentlichen und des Privatrechts" mitsammt den Tarifen (Seydel IV S. 520 a. a. O.), das Telegraphenwesen (S. 523), das Eisenbahnwesen (V S. 550), das Militärstrafrecht und Militärstrafverfahren bis 1869 III S. 567, das Dienststrafrecht des öffentlichen Rechts III S. 571, 503, das Polizeistrafrecht bis 1861, früher sogar die Quartier- und Vorspannleistungen in Krieg und Frieden, die Dauer der Militärpflicht und viele andere Theile des Militärrechts.

Was beweist dies? Keineswegs etwas für das heutige preußische Recht, sondern nur, daß es noch andere Rechtssätze in Bayern gab und giebt, als solche, die nicht als allgemeine, die Eigenthums- und Freiheitsrechte verändernde betrachtet wurden und betrachtet werden. Dasselbe galt und gilt für das hessische, weimarische Recht u. s. w.[1])

---

[1]) S. auch Maurenbrecher, Grundsätze des heutigen Staatsrechts,

Es könnte hiernach als vollbewiesen gelten, daß das Gesetz von 1823 und das Patent von 1847 über ständische Einrichtungen, ebenso wie die bayrische Verfassung nicht alle Gesetze oder Rechtssätze, sondern nur einen Theil derselben den Ständen vorlegen wollten.

Wenn nun im Grundlagegesetz vom 6. April 1848 gesagt wird, daß zu allen Gesetzen die Zustimmung der Volksvertretung nöthig sei, so ist damit gesagt, auch zu Gesetzen, die nicht allgemein sind, sondern bloß einen Theil der Monarchie oder bloß Theile der Bevölkerung betreffen, wie z. B. Militärpersonen oder Beamte, ferner nicht bloß zu Gesetzen, welche unmittelbar und besonders die Freiheit der Person und des Eigenthums aller Unterthanen betreffen, sondern auch zu denen, die sie nur mittelbar (in den Kindern) betreffen, z. B. über Schulpflicht, Schulwesen, ferner auch zu Prozeßgesetzen: in allen Fällen, wo nach Willen und Wortlaut der Verfassung ein Gesetz erfordert wird, wo also ein die Krone wie den Landtag (z. B. bei Etatsfeststellung) und die Gerichte unbedingt bindender Staatsakt ergehen soll, muß dies unter Zustimmung der Kammern ergehen, also auch über Veränderung der Staatsgrenzen Art. 2, Art. 3 über Indigenat (im Gegensatz vom älteren Recht), Art. 7 über Gerichtsstand, Art. 13 über Korporationsrechte der Religionsgesellschaften, Art. 20 über Unterrichtswesen, Art. 4 und 47 über Bedingungen zur Erlangung öffentlicher Aemter, Art. 34 über Umfang und Art der Wehrpflicht, Art. 35 über den Landsturm, Art. 36 über das Recht des Militärs zum Waffengebrauch, Art. 37 über den Militärgerichtsstand des Heeres, Art. 49 Abs. 3 über Niederschlagung bereits eingeleiteter Untersuchungen, Art. 50 über Münzwesen, Art. 61 über Ministerverantwortlichkeit, Art. 85 über Reisekosten und Diäten der Abgeordneten, Art. 86, 88, 89, 90, 91, 92, 93, 94, 95, 96 sämmtlich Organisation von Gerichten und deren Zuständigkeit betreffend, Art. 97, 98 über Beamtenwesen, Art. 99 Staatshaushalt, Art. 102 Gebühren, Art. 103 Anleihen und Garantien, Art. 105 Gemeindeverwaltung u. s. w. In allen diesen Fällen handelt es sich um Gesetze, die nach dem älteren Rechte nicht den Ständen vorzulegen waren, da sie nicht unmittelbar besondere Pflichten allen Unterthanen auferlegten. [1])

1843, §§ 155, 158, 194; Zöpfl, Grundsätze des gemeinen deutschen Staatsrechts, 5. Aufl., II, § 440.

[1]) Wegen der Gebühren, zu denen auch die Zölle gerechnet wurden, s. auch Rehm, l. c. für Bayern.

Dies Alles habe ich mir nicht ersonnen, sondern es war damals ausgesprochen. Man dachte 1848 besonders an die ohne ständische Mitwirkung ergangene Verordnung in Ehesachen von 1844, an die Gesetze über den Bagatell-, Mandats-, Liquidations-Prozeß, über Indigenat; man hatte vor Augen, in wie wichtigen, die Unterthanen wenigstens mittelbar berührenden Gesetzen die Regierung die ständische Mitwirkung für entbehrlich erachtet hatte, und deshalb bestimmte § 6 des Grundlagegesetzes bezw. Art. 62 der preußischen Verfassung, daß Ausnahmen von dem Zustandekommen eines Gesetzes d. h. einer höchsten, unbedingt verbindlichen Norm, anders als durch Mitwirkung der Kammern, weder in Betreff gewisser Gegenstände, noch in Betreff des geographischen Umfangs stattfinden dürfen (v. Manteuffel am 18. Dezember 1849, in den Sten. Ber. der I. Kammer 1849/1850 Bd. 4 S. 2097 ff.; s. auch v. Rönne I S. 143). Der § 6 des Grundlagegesetzes ist ohne Motive beantragt und am 4. April 1848 vom vereinigten Landtag debattelos angenommen. Auskunft giebt die fast einstimmig angenommene Adresse (Berichterstatter von Beckerath), in der unter 12 Nummern die Zugeständnisse der Krone acceptirt werden: Freiheit der Presse, Freiheit der persönlichen Freiheit sowie das Vereinigungs- und Versammlungsrecht u. s. w., darunter „die beschließende Mitwirkung der Volksvertretung in der gesammten Gesetzgebung". Hätte man unter Gesetzgebung „Rechtssetzung" im Sinne der Theorie verstanden, so hätte man die übrigen 11 Punkte unerwähnt gelassen.

Jedoch wir wollen noch rückwärts von der Verfassungszeit anfangend sehen,[1]) welche Gesetze Rechtsnormen ohne und welche mit Mitwirkung der Stände erlassen wurden, welche also nach der Ansicht des damaligen Gesetzgebers die Eigenthums- und Freiheitsrechte unmittelbar betrafen: 1. vom 11. August 1848 über Beamtenbesoldung (G.S. S. 227) ohne, vom 28. Jan. 1848 über das Deichwesen mit, 10. Jan. 1848 über Naturalisation ohne, Feldpolizeiordnung vom 1. Nov. 1847 mit, 4. Oktober 1847 über Marktstandsgelder ohne, Deklaration vom 26. Juli 1847 über nutzbares Gemeinheitsvermögen mit, vom 23. Juli 1847 über Entziehung und Suspension ständischer Rechte mit, vom 23. Juli 1847 über die Verhältnisse der Juden

---

[2]) und zwar, um nur die wichtigeren zu nehmen, nach Schering's Kompilation.

mit,[1]) 5. Juli 1847 über Spielen in auswärtigen Lotterien ohne, 18. Juni 1847 Stempelfreiheit gerichtlicher Verhandlungen ohne, 11. Juni 1847 über den Verkauf von Büchern durch Buchbinder ohne, 9. Juni 1847 über Annahme von Noten der preußischen Bank ohne, 23. April 1847 über Pensionswesen emeritirter evangelischer Geistlichen ohne, 30. März 1847 über den fortdauernden Genuß bürgerlicher Rechte und Ehren für die aus der Kirche Ausgetretenen ohne, 30. März 1847 über bürgerliche Beglaubigung von Geburten u. s. w. ohne, 30. März 1847 über Bildung neuer Religionsgesellschaften ohne, vom 15. März 1847 über Beerdigung auf fremden Kirchhöfen in der Provinz Westfalen nur mit provinzieller, 21. Dez. 1846 betreffend die beim Bau von (Privat) Eisenbahnen und bei anderen öffentlichen (auch Privat) Bauten beschäftigten Arbeiter ohne, 16. Nov. 1846 Verbot des Betriebes der Schank- und Gastwirthschaft durch Fabrikinhaber und Fabrikanten (wegen des Verbots des Trucksystems) ohne, Bankordnung vom 5. Oktober 1846 ohne, vom 29. Sept. 1846 betreffend die Einführung von Gesindebüchern mit, 21. Juli 1846 über die allgemeine Pflicht zum Bau und zur Unterhaltung von Schul- und Küsterhäusern mit, Deklaration vom 24. Juli 1846 wegen Deklaration des § 395 I, 21 A.L.R. (Vermiether- und Verpachterpfandrecht) mit, vom 17. Juli 1846 über Feuer- und Baupolizei auf dem flachen Lande mit, Gesetz vom 17. Juli 1846 (G.S. S. 267) über das mündliche und öffentliche Verfahren in den vor dem Kammergericht schwebenden Kriminaluntersuchungen ohne, Deklaration zum § 95 I 12 A.L.R. über Beförderung gerichtlicher Testamente ohne, vom 28. Mai 1846 über Pensionirung der Lehrer und Beamten an den höheren Unterrichtsanstalten mit, vom 4. Mai 1846 über Erwerb von Grundeigenthum durch juristische Personen des Auslandes ohne, 24. April 1846 über Vereidigung von Polizeigerichtsbarkeits-Verwaltern ohne, 11. April 1846 über Beitragspflicht der Patrone in der Oberlausitz mit nur provinzieller, 3. April 1846 über Publikation der Gesetze ohne, vom 14. Febr. bezw. 27 Febr. 1846 über die Befähigung zu den höheren Aemtern der Verwaltung ohne, vom 30. Jan. 1846 über Kirchenabgaben im Marienburger Werder nur mit provinzieller, 31. Dez. 1845 über allgemeine Wehrpflicht der Juden ohne, 23. Dez. 1845 über Ausschließung der im Auslande geweihten

[1]) Aus hier unerheblichem Grunde zum Unterschiede von anderen, die bisher ohne ständische Zustimmung erlassen wurden.

Priester von inländischer Anstellung ohne, Schulordnung vom 11. Dez. 1845 für Elementarschulen in der Provinz Preußen mit provinzieller, vom 28. Nov. 1845 über Trauer-Reglement ohne, 17. Oktober 1845 Abänderung des Regulativs über das Verfahren bei Chaussee-, Polizei- und Geld-Uebertretungen ohne, 26. Sept. 1845 über Legitimation zur Erklärung von Kollegienhonoraren ohne, 2. Sept. 1845 Vertretungskosten suspendirter Beamter ohne, 23. Juli 1845 Altlutheraner ohne, 11. Juli 1845 Ansiedelungen in Westfalen mit provinzieller, 11. Juli 1845 über die Form einiger Rechtsgeschäfte ohne, 11. Juli 1845 Notariatsordnung ohne, 11. Juli 1845 Märkische Kirchen- rc. Vermögensverwaltung mit provinzieller, 11. Juli 1845 Pommersche Lehne mit provinzieller, 11. Juli 1845 Pommersche Lehns- und Successionsregister mit provinzieller, 11. Juli 1845 eheliches Güterrecht in Schlesien desgleichen, 30. Juni 1845 Beitreibung öffentlicher Abgaben in Westfalen desgleichen, 25. April 1845 Berechnung von Laudemien von Grundstücken, bei welchen Reallasten abgelöst werden, mit allgemein ständischer, Militär-Strafgesetzbuch und Militär-Strafgerichts-Ordnung vom 3. April 1845 ohne, 7. März 1845 Berichtigung des Besitztitels bei den in das Hypothekenbuch eingetragenen Grundstücken ohne, vom 7. März 1845 auf Wunsch mehrerer Stände über Verzugszinsen des Fiskus, vom 17. Jan. 1845 Entschädigungsgesetz zur Allgemeinen Gewerbeordnung mit, Allgemeine Gewerbeordnung vom 17. Januar 1845 mit, 3. Jan. 1845 über Grundstücks-Zertheilungen und Neuansiedelungen mit, vom 11. Nov. 1844 Beitragspflicht für Kirchen und Schulen in der Provinz Sachsen mit provinzieller, vom 28. Sept. 1844 über Auslegung vom § 10 Thl. II A.L.R. ohne, 8. Juli 1844 Bestrafung des Handels mit Negersklaven ohne, 5. Juli 1844 Schutz des geistigen Eigenthums mit, 28. Juni 1844 Verfahren in Ehesachen ohne, 21. Juni 1844 Kleinhandel mit Getränken, Gast- und Schankwirthschaft ohne, 7. Juni 1844 über das Verfahren bei Chausseepolizei- und Chausseegeld-Uebertretungen ohne, vom 10. Mai 1844 Verpflichtung der Militär-Vorspannpflichtigen zur Gestellung von Reitpferden ohne, 23. April 1843 Uebertritt zur allgemeinen Ersatzreserve ohne, Provinzialrecht für Westfalen mit provinzieller, 29. März 1844 gerichtliches und Disziplinar-Strafverfahren gegen Beamte ohne, 22. März 1844 väterlicher Konsens zu Heirathen großjähriger Kinder (Deklaration zu § 46 II A.L.R.) ohne, 5. Febr. 1844 Legitimation zur Einziehung von gestundeten Kollegienhonoraren ohne, 29. Jan. 1844 über Festsetzung und Ersatz der bei Kassen u. s. w. vorgekommenen Defekte ohne, 24. Jan. 1844 Majorennetätstermin der Juden ohne, 8. Jan. 1844 Aufhebung des Erbrechts der Zuchthäuser (Aufhebung provinzialgesetzlicher Bestimmungen) ohne, 22. Dez. 1843 Verbot der Ehe zwischen Stiefeltern und Stiefkindern ohne, 22. Dez. 1843 Bestrafung des Spielens an der Spielbank zu Cöthen ohne, 16. Dezember 1843 Adoption Bürgerlicher durch Adlige bezw. zu Anhangs-§ 100 A.L.R. ohne, 1. Dez. 1843 Wispelmaaß ohne u. s. w.

Eine besondere Erwähnung verdienen die Gesetze, welche nur eine bestimmte Provinz betreffen und wie aus Vorstehendem ersichtlich, mit Zustimmung der Stände auch in Fällen ergangen sind, in denen sonst ständische Zustimmung nicht nothwendig gewesen wäre — jedoch nur mit Zustimmung der Stände der bezüglichen Provinz gemäß Nr. 1 des Gesetzes vom 5. Juni 1823. § 6 des Grundlagegesetzes und Art. 62 der preußischen Verfassung bedeuten, daß auch solche Provinzialgesetze fortan der Zustimmung des Landtages der Monarchie unterliegen, daß die Zustimmung des Provinziallandtages oder der Provinzialstände einerseits nicht genügt und andererseits nicht nöthig ist, auch wenn es sich nur um ein Gesetz handelt, das nur eine Provinz betrifft, daß diese Stände überhaupt wenigstens in Beziehung auf die Gesetzgebung gar nicht mehr in Betracht kommen. Dies ist von Manteuffel gegenüber Vertretern des entgegengesetzten ständischen Standpunktes an der oben angezogenen Stelle am 18. Dez. 1849 Sten. Ber. 1849 der I. Kammer S. 2102 gegen v. Gerlach u. A. näher ausgeführt worden.

Soviel ist, denke ich, aber ferner aus dieser im Vorstehenden gegebenen Aufzählung klar, daß es im absoluten Preußen sehr viele Gesetze und Rechtsnormen gab, welche, weil sie nicht „allgemeine" waren oder nicht die Freiheits- und Eigenthumsrechte unmittelbar veränderten, ohne Anhörung der Stände ergingen und daß die Worte in Nr. 2 des Gesetzes vom 5. Juni 1823 keineswegs eine Begriffsbestimmung, sondern eine Theilung des Gesetzbegriffes enthielten. Zum Schluß dieser Darlegungen citire ich noch Hiersemenzel, Vergleichende Uebersicht des heutigen Römischen, preußischen und gemeinen Privatrechts, Berlin 1862 I S. 25 (s. auch Hiersemenzel, Ergänzungen und Erläuterungen zum A.L.R., 1854 I S. 396 f.): „das gesetzliche Recht ist das auf dem verfassungsmäßig ausgesprochenen und bekannt gemachten Willen der gesetzgebenden Gewalt beruhende. — Nach l. 8 Cod. I, 14 sollten zwar die Edikte der römischen Kirche unter Mitwirkung des Senats ausgearbeitet werden; doch wurde die Gesetzeskraft nicht von der Beobachtung dieser Form abhängig gemacht. In ähnlicher Weise verordnete A.L.R. in §§ 7 und 9 der Einleitung, daß jeder Entwurf zu einer neuen lex generalis der durch Patent vom 29. Mai 1781 errichteten Gesetz-Kommission zur Prüfung und Begutachtung vorgelegt werden sollte. Zwar erklärte § 9 des Patents vom 29. Mai 1781, sowie § 12 des Allgemeinen Gesetzbuchs ein ohne dergleichen Prüfung bekannt gemachtes Gesetz für unverbindlich. Diese Bestimmung wurde jedoch bei der Superrevision ausgeschieden. Im Jahre 1806 ist die Gesetzkommission eingegangen. Durch die V. v. 20. März 1817, betreffend die Einrichtung des Staatsraths, war bestimmt, daß alle Gesetze durch die Prüfung des Staatsraths an den König zur Sanktion gelangen mußten. Es wurden indes viele Gesetze gegeben, die nicht durch die Prüfung des Staatsraths gingen und obgleich durch das Gesetz wegen Anordnung der Provinzialstände vom 5. Juni 1823 auch deren Beirath für gewisse (also nicht für alle) Gesetze vorgeschrieben war, so blieb doch die Königliche Sanktion das wesentlichste Moment der Publikation. Ein jeder Befehl des Königs oder dessen, der dazu vom König beauftragt war, hatte verfassungsmäßige Gesetzeskraft."

Ich citire endlich noch Weiß, System des deutschen Staatsrechts S. 673, daß nur ein Theil der gesetzlichen Anordnungen von dem Beirath oder der Zustimmung der Stände damals abhing und daß daher in den konstitutionellen Staaten diejenigen Gesetze, welche mit Zustimmung der Stände zu erlassen waren, von denjenigen unterschieden wurden, welche der Souverän einseitig erließ, jene, so meinte Weiß, konnten Gesetze im engeren Sinn (leges), diese aber Verordnungen (Constitutiones) genannt werden.

---

§ 5.

Das französisch-belgische Recht.

Das preußische Verfassungsrecht hat eine Wurzel im altpreußischen, im landrechtlichen Rechtszustande, die andere im französisch-belgischen Recht. Die preußische Verfassung lehnt sich dem Wortlaute nach an die belgische an und bei der Abfassung waren gerade rheinische Juristen in hervorragender Weise thätig, beide Camphausen, beide A. und P., vor Allem P. Reichensperger, v. Daniels, v. Beckerath, Blöm, Broicher, Walter, Bauerband u. A. v. Beckerath war Berichterstatter zum Abschnitt von den Kammern, Broicher u. A. zum heutigen Art. 106. Bei v. Beckerath habe ich darauf angespielt, daß seine Wiege neben dem Webstuhl seines Vaters gestanden, daß er kein Doktrinär war. Dies giebt Anschütz Anlaß, diesen ausgezeichneten Mann als „meinen" (Arndt's) Seidenweber zu bezeichnen. Anschütz ist durchaus berechtigt, so zu sprechen. Wenn aber Jemand, der auch nur die entfernteste Kenntniß von jener Zeit, von jenem hochangesehenen, hochverdienten Manne hatte, von einem der hervorragendsten Parlamentarier des Vereinigten Landtages, des Frankfurter Parlaments und der Preußischen Kammern, der daneben die höchsten Amts- und Vertrauensstellungen bekleidet hatte, so sprechen würde, so müßte man darin doch keinen außergewöhnlich hohen Grad von Bescheidenheit erblicken. Ich meinerseits würde es nicht wagen, v. Beckerath als meinen Seidenweber zu bezeichnen.

Im französisch-belgischen Recht ist loi nicht Rechtssatz, pouvoir législatif nicht rechtsetzende Gewalt. Höchste Gewalt steht dem Volke zu: „Le principe de toute souverainité réside essentiellement dans la nation. Nul corps, nul individu ne peut exercer d'autorité qui n'én émane expressement" — so Art. 3 der déclaration des droits de l'homme et du citoyen. „La loi est l'expression de la volonté généralé —" also nicht schlechtweg Rechtssatz, sondern Erklärung der höchsten Autorität. Wenn es dort in Art. 6 weiter heißt: „Tous les citoyens ont le droit de concourir personnellement ou par leurs réprésentants à sa formation. Elle doit étre la même pour tous, soit qu'elle protège, soit qu'elle punisse. Tous les citoyens étant égaux à ses yeux sont également admisibles à toutes dignités — selon leur capacité," so hat man daraus geschlossen,[1]) daß loi in der Geschichte der französischen Revolution zuerst in seiner Bedeutung als allgemeine Rechtsregel erscheine — ganz mit Unrecht, die Begriffsbestimmung ist in den Worten „expression de la volonté

[1]) Jellinek, Gesetz und Verordnung, S. 23. Bekanntlich knüpften diese Worte an Rousseau's Theorie an.

générale" enthalten; sie ist formell. Daß es für Jeden das Gleiche sein soll, ist eine Sollvorschrift, eine instruktionelle Regel, die dahin geht, daß für Aristokraten keine anderen Gebots- oder Verbotsgesetze ergehen sollen wie für Bürger, für Reiche keine anderen wie für Arme, daß ein Graf oder Baron wegen derselben Handlung gar nicht oder milder als ein Bauer bestraft, daß die Grundstücke der seigneurs und des clergé ebenso besteuert werden sollen, als die der paysans — nichts weiter. Zum Begriffe des Gesetzes gehört dies nicht; es ist vielmehr nur eine Pflicht, die dem Gesetzgeber obliegt.

Der Name loi gilt ausschließlich für formale Akte und zwar die Akte der höchsten Gewalt, so im Gesetze vom 2./5. November 1790 — „que tous les décrets acceptés et sanctionnés par le Roi, promulgués sous les divers titres — sont également lois du Royaume." In der Verfassung vom 3. September 1791 heißt es: „Les décrets sanctionnés par le Roi, et ceux qui lui auront été présentés par trois législatures consécutives ont force de lois et portent le nom et l'intitulé de lois." Die Direktorialverfassung um 5 Fruktidor des Jahres III [1]) unterscheidet lois et les autres actes du Corps législatif. Zu den letzteren gehörten u. A. Feststellung der Staatseinnahmen, Kriegserklärungen, Autorisation zu Anleihen der Departements und Munizipien — letztere waren jedenfalls nicht schlechtweg Rechtssätze, sondern ebenso formelle Begriffe wie die lois. Daß die Konsularverfassung vom Jahre VIII das Wort loi nur im formellen Sinne gebraucht, daß jedenfalls seitdem der formelle Gesetzesbegriff in den französischen Verfassungen, auch in den Charten Ludwig XVIII. und Louis Philippe's, herrscht, ist allseitig zugegeben.[2]) Darauf kommt es aber einzig und allein an; denn diese Charten waren die Vorbilder für die belgische und die deutschen Verfassungen. Daran ändert die Thatsache Nichts, daß einzelne Schriftsteller wie Merlin in seinem repertoire universelle et raisonné de jurisprudence s. v. loi § II 27 meinen, daß gewisse Akte wie die Autorisation zum Verkauf eines Grundstücks zu erlassen, eigentlich kein Gesetz, sondern nur Akt de haute administration sein und heißen sollten. Es genügt festzustellen, daß loi ein formeller Begriff ist, vorbehalten (Merlin l. c. 28) für alle Akte, die dem pouvoir législatif zustehen. Jedenfalls bedeutet loi nicht schlechtweg

[1]) Jellinek S. 79.
[2]) Jellinek S. 81.

Rechtssatz, pouvoir législatif nicht schlechtweg rechtssetzende Gewalt: Ausführungsverordnungen, obwohl auch sie Rechtsnormen enthalten, heißen nicht lois, sondern réglements und mit Bezug darauf, daß sie nicht vom pouvoir législatif, sondern vom pouvoir exécutif oder administratif, von der „Verwaltung" ausgehen „réglements administratifs" oder „réglements d'administration publique" — in Deutschland seit der Nassauer Verfassung von 1814 „Verwaltungsvorschriften". Auch die Polizeiverordnungen der Präfekten und Maires, obwohl sie Rechtsnormen enthalten, heißen nicht lois, sondern „réglements de police". Es widerstrebt mir wahrlich zum 101. Male zu wiederholen, was in jedem Kompendium des französisch-belgischen Staats- und Verwaltungsrechts steht und von mir oft angeführt, leider, weil für meine Gegner nicht widerleglich, als belanglos gehalten und todt geschwiegen ist:

Block, Dictionnaire le d'Administration française s. m. réglement administratif 2. „Les réglements, a-t-on dit, sont des actes de magistrature, les lois sont des actes de souveraineté. La distinction ainsi établie ne se rapporte pas à la nature de ces actes, car les réglements aussi bien que les lois créent des obligations ou des devoirs; elle ne saurait avoir d'autre but que d'indiquer leur portée respective. En effet, les lois créent des devoirs en vertu de pouvoir propres, primitifs et pour ainsi dire, illimités; les réglements, en vertu de pouvoirs délégués et en consequence limités, soit expressément soit implicitement, par la législation, la jurisprudence et même les mœurs.

Das réglement d'administration publique wird definirt als „un acte législatif complementaire, dont la redaction a été déléguée au Chef de l'Etat par une disposition expresse ou spéciale de la loi". Also Verwaltungsvorschriften, réglements administratifs oder d'administration publique, sind nicht der Gegensatz zu Rechtsvorschriften, und „lois" nicht schlechtweg Rechtssätze, pouvoir législatif ist nicht rechtssetzende, sondern höchste Gewalt; lois Ausspruch der höchsten Gewalt, daher unbedingt und unmittelbar verpflichtend; réglements sind alle nicht von der höchsten Gewalt ausgehende Vorschriften, auch solche, die Rechtsnormen aufstellen, selbst solche, die sich mit Gebot und Verbot an die Privatpersonen wenden, deren Handlungsfreiheit beschränken, die lois wie die réglements „créents des obligations ou des devoirs". „Les réglements administratifs légalement pris [1]) sont obligatoires pour les juges“ (l. c. Nr. 5).

Unzweifelhaft haben die Worte lois und réglements administratifs wie pouvoir législatif die gleiche Bedeutung in Belgien wie im französischen Recht; die Naturalisation eines Fremden, der Verkauf eines Grundstücks, die Aufnahme einer Anleihe u. s. w. sind Akte des pouvoir législatif, sind lois; Rechtsnormen enthalten die réglements der verschiedensten Art, die Ausführungsverordnungen des Königs und seiner Minister, die Polizeiverordnungen der Gemeinden u. s. w.

Da nun die preußische Verfassung der belgischen nachgebildet ist, Art. 62 Abs. 1 der ersteren nur eine wörtliche Uebersetzung des Art. 26 der belgischen ist, so erscheint von ausschlaggebender Bedeutung — eben deshalb von Anschütz für belanglos gehalten und trotz meiner wiederholten Hinweisungen todtgeschwiegen —, daß die Worte Gesetz und Gesetzgebung in Belgien nicht materielle sondern formelle Bedeutung haben, nicht Rechtssatz und rechtssetzende Gewalt, sondern höchste Staatsakte und höchste Staatsgewalt bedeuten. So sagte, ich wiederhole es, M. Vauthier, das Staatsrecht des Königreichs Belgien S. 77 f.: „Die Unterscheidung, welche deutsche Gelehrte zwischen Gesetz im materiellen und Gesetz im formellen Sinne aufstellen, wäre in Belgien ohne jede praktische Bedeutung; — was, dem Gesetze seinen unterscheidenden Charakter aufdrückt — ist die Quelle, aus der es entspringt.“ „Das Gesetz ist wesentlich der regelrecht von der gesetzgebenden Gewalt aus ergangene Akt“. „Die gesetzgebende Gewalt wird — als die höchste Gewalt des Staates betrachtet, welche (allerdings mit Hülfe einiger Fiktionen) vom allgemeinen Willen ausgeht. Das Gesetz wird demnach als der Ausdruck dieses Willens angesehen; jeder Staatsakt, der durch seine äußeren Merkmale sich als Werk des Allgemeinwillens erweist, ist ein Gesetz.“

Nun wird mir entgegen gehalten (z. B. Jellinek, Gesetz und Verordnung S. 373 Anschütz S. 49), auch die belgische Verfassung exemplifizire ganz wie die preußische in vielen Punkten, welche Anordnungen durch Gesetz zu erlassen seien, ohne daß ich selbst daraus den Schluß zöge, daß nur, wo eine loi berufen sei, die Kompetenz

---

[1]) D. h. en vertu eines Gesetzes erlassene, nicht aus eigenem Rechte des Anordnenden, sog. selbstständige.

der belgischen Legislative eintrete. Ich zog und ziehe allerdings aus der belgischen Verfassung nicht den Schluß, daß nur wo eine „loi“ berufen sei, die Kompetenz der belgischen Legislative eintrete. Ich muß jedoch bestreiten, daß es sich dabei nur um „Exemplifikationen“ handelt. Wovon? von dem Satze doch nicht, daß pouvoir legislatif rechtssetzende Gewalt ist; denn diesen Satz kennt das Belgische Recht nicht. Die belgische Verfassung versteht sich ganz gut, wenn man sich auf den Standpunkt der Jahre 1830 und 1831 zurückdenkt und davon ausgeht, daß der König von Holland auf dem gesetzfreien Gebiete, namentlich im Unterrichtswesen [1]), das Recht des Gebots und Verbots übte, daß für die Nichtbefolgung seiner Gebote und Verbote Strafen angedroht waren, daß die Losreißung Belgiens den Rechtszustand nicht ex tunc sondern ex nunc änderte, daß die Exekutive ähnlich wie damals in Deutschland Vieles selbstständig regelte, was heute zur Gesetzgebung gezogen wird, namentlich, was nicht unmittelbar und besonders („lier individuellement“) Freiheit und Eigenthum der Unterthanen beschränkte z. B. Staats- und Provinzialgrenzen, Indigenat.[2])

Sehen wir zu, was in der Belgischen Verfassung steht: art. 2: „Les subdivisions des provinces ne peuvent être établies que par la loi“ d. h. also nicht die Exekutive, nur die Legislative soll die Provinzen theilen oder anders theilen können — was sonst als der vollziehenden Gewalt zuständig betrachtet werden könnte und in Holland betrachtet worden war. Das Gleiche gilt von art. 3: „Les limites de l'État, des provinces et des communes ne peuvent être, changées ou rectifiées qu'en vertu de la loi“. art. 4: „La qualité de Belge ne s'acquiert, se conserve et se perde que d'après les règles déterminés par la loi civile“ — also nicht nach dem Ermessen der Exekutive. art. 5: „La naturalisation est accordée par le pouvoir législatif.“ Der pouvoir legislatif könnte immerhin dem Könige nur gemeinschaftlich mit den Kammern zustehen, gleichwohl könnte die Naturalisation ohne Gesetz vor sich gehen. Dazu tritt, daß offenbar bei allen diesen Vorschriften das ältere Recht abgeändert, Rechte, die bis dahin der Exekutive zustanden, aufgehoben werden sollten. Art. 6 drücke die Gleichheit der Belgier vor dem

---

[1]) S. Vauthier l. c. S. 27.

[2]) Vgl. auch A. Giron, Le droit administratif de la Belgique, Bruxelles 1881, p. 81.

Gesetze aus; es ist immerhin denkbar, daß trotz der Ausübung der Gesetzgebung durch König und Kammern die Belgier nicht gleich wären z. B. Geistliche, Mönche, Nonnen, Klöster u. s. w. vermögensrechtlich oder sonst schlechter als Andere behandelt werden und so früher zur Zeit der holländischen Zeit behandelt wurden.[1]) art. 7: la liberté individuelle est garantie u. s. w. und art. 8: nul ne peut être distrait contre son gré du juge que la loi lui assigne richtet sich gegen die Exekutive, gegen etwaige Ausnahmemaßregeln und stellen zugleich fest, daß ein einfaches Gesetz, kein verfassungänderndes, nöthig ist, um die Fälle der Verhaftung und die Zuständigkeit der Gerichte zu bestimmen. Art. 9 ist Art. 8 der preußischen Verfassung: „nulle peine ne peut être infligée ou appliquée qu'en vertu de la loi" — richtet sich recht eigentlich gegen die frühere Praxis, wonach der König von Holland noch allein auf gesetzfreiem Gebiete, also nicht bloß en vertu de la loi Normen aufstellte, die nach dem Gesetze vom 6. März 1818 strafbar waren (A. Giron Nr. 47). Nebenbei läßt Art. 9 erkennen, daß eine Delegation des Strafverordnungsrechts zulässig ist. Ueberdies schließt er noch das Gewohnheitsrecht aus. Art. 11 entspricht Art. 9 der preußischen Verfassung: die verfassungsmäßige Sanktion der Eigenthumsunverletzlichkeit soll nicht hindern, daß durch einfache Gesetze Eigenthumsbeschränkungen eingeführt werden. Art. 12, Verbot der Vermögenskonfiskation, und Art. 13, Verbot des bürgerlichen Todes, sind Sätze, die auch durch (einfaches) Gesetz nicht umgangen werden dürfen. Nirgends also handelt es sich um bloße Exemplifikationen von dem gar nicht bestehenden Obersatze, daß Rechtsnormen nur durch Gesetz eingeführt werden können. Allenfalls könnte man fragen, ob nicht der Ausschluß der Theilung und Veränderung des Staatsgebiets, der Provinzen, der Naturalisation, der Freiheits- und Eigenthumsbeschränkungen, der Strafverordnungsbefugniß aus dem Machtbereiche der vollziehenden Gewalt schon aus Art. 78 folgt: Le roi n'a d'autres pouvoirs, que ceux etc. und die Art. 2, 3 ff. nur Exemplifikationen des Art. 78 seien. Gesetzt, dies wäre so, was folgte daraus für das preußische Recht, das die dem Art. 78 entsprechende Vorschrift nicht kennt? Ich möchte aber meinen, daß trotz des Art. 78 die Sätze nicht überflüssig scheinen, Art. 2, 3, 4, 5, weil sonst der

[1]) Art. 6 drückt auch einen Verfassungssatz aus, der nicht durch einfaches Gesetz geändert werden kann.

König der Belgier das Recht zu den bezüglichen Handlungen, wie der König von Holland aus seiner Eigenschaft als Chef de l'État ableiten könnte und weil sonst das ältere abweichende Recht Geltung behalten haben würde, Art. 6 Abs. 2 ist ein Verfassungssatz — Gleichheit vor dem Gesetze — der allen Gesetzgebungsakten zu Grunde liegen soll, Art. 7 und 8, 10ff., Unverletzlichkeit der Wohnung u. s. w., Art. 11, um trotz der verfassungsmäßigen Sanktion der Freiheits- Eigenthums-, Wohnungsunverletzlichkeit das einfache Gesetz als zur Regelung der Materie ausreichend zu erklären. Art. 9 ist genügend verständlich aus dem älteren Recht; Art. 11, 12 u. a. enthalten Vorschriften, die über der einfachen Gesetzgebung stehen; desgleichen Art. 61, 62 u. a.

Wie dem auch sein mag, so viel ist gewiß, und wird auch durch eine Analysirung der einzelnen Verfassungsartikel keineswegs widerlegt, daß die Worte pouvoir législatif und loi im belgischen Rechte formelle Begriffe sind. Es wird daher wenigstens präsumirt werden dürfen, daß sie durch ihre Uebersetzung in die preußische Verfassung keine andere, materielle Bedeutung gewonnen haben.

Vauthier, das Staatsrecht des Königreichs Belgien in Marquardsen's Handbuch S. 77: „Der Unterschied, welchen deutsche Gelehrte zwischen Gesetz im materiellen und Gesetz im formellen Sinne aufstellen, wäre in Belgien ohne jede praktische Bedeutung. Was dem Gesetze seinen unterscheidenden Charakter aufdrückt, ist die Quelle, aus der es entspringt."

§ 6.

Die preußische Verfassung und die Enumerationstheorie.

Als Beweis für die Theorie, daß die Preußische Verfassung nicht den Gesetzgebungsweg als den selbstverständlichen, als den in allen Fällen für Rechtssätze nothwendigen ansieht, ist von mir angeführt worden, daß sie überall, wo sie der Gesetzgebung, d. i. die Beschränkung der Krone durch die Landesvertretung gewollt und beabsichtigt hat, dies ausdrücklich vorschreibt,[1]) da es keinen Sinn

[1]) Verordnungsrecht S. 67 a. a. O.

haben kann, besonders vorzuschreiben (Artt. 2, 3, 4, 5, 6, S. 67 a. a. O. 2, 8, 9, 13, 26, 28, 31, 34, 35, 36, 37 u. s. w.), daß gewisse Handlungen nur durch Gesetz oder in Gemäßheit des Gesetzes angeordnet werden dürfen, wenn es sich schon aus anderen allgemeinen Grundsätzen von selbst verstehen würde, daß Rechtssätze irgend welcher Art nur im Wege der Gesetzgebung erlassen werden können.

Zunächst ist gegen diese Beweisführung erinnert, daß auch die belgische Verfassung in vielen Stücken exemplifizire, welche Anordnungen durch Gesetz zu erlassen seien. Dieser Einwand trifft, wie dargethan ist, nicht zu. Dazu tritt, daß man das Staatsrecht nur auf Thatsachen gründen kann, daß aber noch von keinem belgischen Staatsmann oder Schriftsteller der Satz aufgestellt ist, die bezüglichen Artikel der belgischen Verfassung seien nur Beispiele von der ihnen gar nicht bekannten Identität zwischen Gesetzgebung und Rechtsetzung. Es ist sodann von Hauke bei seiner Besprechung von Zolger's Buch über das österreichische Verordnungsrecht 1898, das „in engster Anlehnung an Arndt" für die österreichische Verfassung gerade so argumentirt, wie ich für die preußische, in der Kritischen Vierteljahrschrift III. Folge Bd. V S. 466 ff., ferner von Anschütz S. 51 ff. gegen mich eingewendet worden, daß der Sinn vieler Artikel der Verfassung z. B. Artt. 17, 19, 26, 61 Abs. 2, 98, 105, ferner 34, 101, 111 ein „anderer" sei, sie setzen die Kompetenz der Legislative als selbstverständlich voraus, und enthalten lediglich eine Proklamation „eine vom Parlament genehmigte Thronrede" — „ein Arbeitsprogramm", die Legislative solle nicht bloß „zuständig", sondern auch „thätig" sein. Daß die preußische und belgische Verfassung eine Programm-, so eine Art Thronrede seien, ist gewiß eine Behauptung, die für jeden Kenner der belgischen oder preußischen Verfassungsgeschichte neu ist. Es ist daran richtig, daß die Verfassung, namentlich wo man mit einer Materie z. B. dem Kirchenpatronat, dem Unterrichtswesen, dem Beamtenrecht, der Civilehe, der Provinzialverfassung nicht während der Verfassungsberathung fertig oder einig werden konnte, mitunter auf die Zukunft, auf die spätere Gesetzgebung hinweist, damit ist denn aber nicht nur ein Arbeitsprogramm aufgestellt, sondern gleichzeitig ausgesprochen, daß die Materie durch die Legislative, nicht durch die Exekutive, geregelt werden soll. Art. 17: „Ueber das Kirchenpatronat und die Bedingungen, unter welchen dasselbe aufgehoben werden kann, wird ein besonderes Gesetz ergehen", bedeutet keineswegs bloß ein Arbeitsprogramm für die Zukunft, sondern daß, wenn wie damals gefordert wurde, alle Kirchenpatronate aufgehoben werden, dies nur durch einen Staatsakt in der Form des Gesetzes geschehen darf. Artt. 19, 26, 98 u. a. zeigen klar, daß man nicht allein an das Arbeitsprogramm, sondern auch und zumeist an den Weg, die Form des Staatsaktes, gedacht hat. Der Zweck, den man mit Erlaß einer Verfassung verband, war nicht, Programm- und Thronreden für die Zukunft zu halten, sondern die Bürger gegenüber der Exekutivgewalt zu schützen, insbesondere dadurch, daß diese nur noch unter Mitwirkung des Volkes bzw. der Volksvertretung, d. h. durch Gesetz, die Anordnungen treffen darf.[1])

Aber wenn die hier in Frage stehenden Artikel sämmtlich als nicht für meine Theorie beweiskräftig und sich anders erklärend aufgegeben würden, so blieben noch so unendlich viele, die meisten, übrig, welche in der That gar keinen auch nur einigermaßen vernünftigen Sinn hätten, wenn es sich schon aus Art. 62 ergeben würde, daß Rechtsnormen irgend welcher Art nur in Gesetzesform ergehen könnten. Rein theoretisch betrachtet, sagt Anschütz S. 49 Anm. 22) hätte man sie sich freilich sparen können, aber die Verfassung zähle ja auch die Komprärogativen einzeln auf. Letzteres ist nun absolut nicht richtig; so ist der Satz, den die Kommission der II. Kammer zum heutigen Art. 43 beantragte: „der König ist das Oberhaupt des Staates" nicht mitaufgenommen, obwohl sein Inhalt unbezweifelt war und er doch auch zu den Komprärogativen gehört.[2]) Wenn man näher zusieht, ist der Sinn der Art. 43ff., die vom Könige lauten, nicht sowohl die Komprärogative aufzuzählen als die in diesen Artikeln ausgesprochen oder versteckt liegende Beschränkungen der Königlichen Gewalt festzustellen. Art. 43, 45, daß nicht der König, sondern die Minister verantwortlich sind, daß also alle Regierungsakte des Königs zu ihrer Gültigkeit der Gegenzeichnung eines verantwortlichen Ministers bedürfen; Art. 46, 47, daß zwar der König den Oberbefehl über das Heer führt und was als selbstverständlich nicht erst gesagt wurde, Staatsoberhaupt ist und demgemäß alle Stellen im Heere und in den übrigen Zweigen des

[1]) Sten. Ber. der National-Versammlung S. 1813.

[2]) Vgl. Sten. Ber. der II. Rev.-Kammer 1849, S. 332f., der I. Kammer 1849, S. 1214.

Staatsdienstes besetzen darf, — jedoch nur, sofern das Gesetz nichts Anderes vorschreibt und ferner nur unter Einhaltung der von den Gesetzen in gleicher Weise für alle Befähigten festgestellten Bedingungen; Art. 48, daß gewisse Verträge des Königs zu ihrer Gültigkeit der Zustimmung der Kammern bedürfen; Art. 49 Abs. 2, daß der König sein Begnadigungsrecht zu Gunsten eines wegen seiner Amtshandlungen verurtheilten Ministers nicht willkürlich ausüben, Abs. 3, daß er bereits eingeleitete Untersuchungen nicht allein niederschlagen kann; Art. 50 Abs. 1, daß er mit Vorrechten verbundene Auszeichnungen nicht verleihen und Abs. 2, das Münzrecht nur nach Maßgabe des Gesetzes ausüben kann; Art. 51, daß innerhalb 60 Tage die Wähler und innerhalb 90 Tage nach der Auflösung die Kammern versammelt sein sollen; Art. 52, daß der König ohne Zustimmung der Kammern diese nicht über 30 Tage hinaus vertagen kann u. s. w.; Art. 53, daß die Thronfolge nicht bloß auf Hausgesetz, sondern auch auf Verfassungsgesetz beruht, also ohne Verfassungsgesetz nicht geändert werden kann; Art. 54, daß der König die Verfassung zu beschwören hat; Art. 55, daß er nicht zugleich Herrscher fremder Reiche sein darf; Artt. 56, 57, daß die Kammern über den Fall der Regentschaft beschließen; Art. 58, daß der Regent die Verfassung zu beschwören hat.

Jahrhunderte hat man sich in den Köpfen der führenden Geister aller Kulturvölker mit den Grundrechten befaßt und darüber viele, viele Jahre in leidenschaftlicher Weise gekämpft, ob dies oder jenes nicht mehr von der Exekutive allein, sondern nur noch von der Gesetzgebung, d. i. unter Mitwirkung des Volkes bezw. der Volksvertretung, geregelt werden darf. Nun ersteht ein Mann, der sagt, rein theoretisch sei dies Alles gar nicht nöthig gewesen, aus dem Begriff des Gesetzes als einer Rechtsnorm, der Gesetzgebung als der rechtsetzenden Gewalt, folge ganz von selbst und sei also theoretisch nicht nöthig auszusprechen, was, wie sich zeigen wird, in den Artt. 2, 3, 4, 5, 6, 7, 8, 9, 13, 27, 28, 30, 31, 33, 34, 35, 36, 37, 40, 41, 42, 47, 49 Abs. 3, 50, 57, 61, 87, 89, 91, 93, 94, 95, 96, 97, 98 u. s. w. steht. Darnach wären alle die Dahlmann, Droysen, Waitz, Simson, Waldeck, Bornemann, Walter, Stahl, die Camphausen, die Auerswaldt, die Reichensperger, von Beckerath, Graf Schwerin u. s. w. eitel Thoren gewesen, die sich um Nichts und wieder Nichts den Kopf zerbrochen und die damals so besonders kostbare Zeit statt für das Einigungs-, für das

Verfassungswerk geopfert hätten. Wie, Jahrhunderte lang, wenigstens von den Zeiten Karl I. von England an hat man sich in allen Kulturstaaten, diesseits wie jenseits des Oceans abgemüht, die bürgerlichen Rechte sicher zu stellen, und man hätte dies, anstatt durch zahllose Einzelbestimmungen (Grundrechte und dergl.) durch den einen Satz gekonnt, daß die gesetzgebende Gewalt nur noch gemeinschaftlich von der Krone und der Volksvertretung gehandhabt wird? „An ihren Früchten sollt ihr sie erkennen."

Aber ich meinerseits gebe trotzdem zu, daß meine Argumentation ohne Weiteres, wie Anschütz sagt, ad absurdum geführt ist, wenn es richtig sein würde, daß, wie Anschütz sagt, nach dieser Argumentation die wichtigsten Materien dem Verordnungswege zufallen würden, die wohl Niemand diesem von 1848 bis 1850 belassen hätte, daß ferner „die Abgrenzung sich durch eine geradezu vollendete Prinzipienlosigkeit" auszeichnen und mit anscheinend ganz regelloser, jeder Erklärung spottender Willkür die Gegenstände der Gesetzgebung aus der Gesammtheit der Staatsaufgaben herausgegriffen wären.[1]) „Wie wunderlich z. B., daß aus dem ganzen großen Gebiet des Kirchenrechts gerade nur das Patronat und die Korporationsrechte der Religionsgesellschaften für die Legislative reklamirt werden, wie sonderbar, daß das Münzwesen durch Gesetz geregelt werden muß, benachbarte Materien aber, wie Bank- und Kreditwesen durch Verordnung geregelt werden dürfen, daß es für manche Stücke des Prozeßrechts eines Gesetzes bedarf, für alle anderen dagegen der Verordnungsweg offen bleibt. Arndt acceptirt diese Sachlage. Die Regel- und Prinzipienlosigkeit in der großen Frage der Grenze zwischen Gesetz und Verordnung ist nach seiner Meinung gewollt und beabsichtigt", wie ich in Zeitschr. f. die gesammte Strafrechtswissenschaft XXI S. 279 gesagt haben soll. Hier halte ich einen Augenblick inne, um alsbald festzustellen, mit welcher Gegnerschaft ich es zu thun habe. Es ist mir nie eingefallen, zu behaupten, daß „in der großen Frage der Grenze zwischen Gesetz und Verordnung" die Regel- und Prinzipienlosigkeit gewollt und beabsichtigt ist. Vielmehr habe ich immer wieder und wieder angeführt, daß es der Verfassung auf den Schutz der Volksfreiheit angekommen ist (Verordnungsrecht S. 67), daß nicht Regel- und Prinzipienlosigkeit von der Verfassung gewollt und beabsichtigt war, sondern umgekehrt, daß die Regel und das Prinzip gewollt und beabsichtigt war, „die für

---

[1]) Anschütz S. 38.

die Freiheit und das Interesse der Bürger wichtigeren" Anordnungen dem Gesetzgeber zu überweisen (Komm. zur Reichsverf. [Aufl. 1] S. 103). Wenn es sich aber um ein Spezialgebiet handelt ohne Wichtigkeit für die Freiheit und das Interesse der Bürger, nämlich ob dieser oder jener Portosatz, ob dieses oder jenes Dienstemolument, z. B. Umzugskosten oder Wohnungsgeld durch Verordnung oder Gesetz zu regeln war, „da haben nicht Theorien oder Prinzipien, sondern Zufall und konkrete Verhältnisse darüber entschieden, ob ein Gegenstand vom Könige allein geregelt wird oder durch Gesetz geregelt werden muß." Ich überlasse dem unbefangenen Urtheil die Entscheidung darüber, wie Anschütz referirt und zu welchem Zwecke er so, wie er es gethan, die Sache vorträgt.

Ich fahre nun fort.

Anschütz meint, daß nach meiner Theorie das Privatrecht, das Civilprozeß- und Strafprozeßrecht der Verordnungsgewalt zufalle, daß bei dieser Theorie das Gewerberecht, auch soweit es nicht Privatrecht ist (also das Gewerbeverwaltungsrecht, z. B. die Begrenzung und Regelung der Gewerbefreiheit, die Festsetzung von Normen über Konzessionen, Approbation, Nachweis der Befähigung über Märkte, gewerbliche Taxen, Innungen, Arbeiterschutz u. s. w.), die doch nach dem aktuellen Recht Preußens zu den „domaines propres du pouvoir législatif" gehören, dem Verordnungswege unterliegen müßten (S. 45), ferner die Freizügigkeits-, Heimaths- und Niederlassungsverhältnisse, Freiheit der Verehelichung, Unterstützungswohnsitz, Wegerecht, Wasserrecht (S. 46) und, wie wiederholt wird, das Kirchenrecht. Im Lichte meiner Enumerationstheorie, stelle sich die preußische Gesetzgebungspolitik der letzten Jahrzehnte geradezu als eine Geschichte der versäumten Gelegenheiten dar zur Geltendmachung der selbstständigen Verordnungsgewalt, als eine Kette unerklärlicher Machtkonzessionen der Krone an das Parlament. „Hunderte von Malen gewiß hat sich der Fall wiederholt, daß nach der Arndt'schen Meinung ein Gegenstand durch selbstständige königliche Verordnung hätte geregelt werden können; nie ist es geschehen, immer hat man den Weg der formellen Gesetzgebung beschritten. Die selbstständige Verordnungsgewalt praeter legem scheint also zum mindesten ein Kronrecht zu sein, welches praktisch kaum oder nie gehandhabt wird, welches in Gefahr schwebt, durch Nichtgebrauch zu erlöschen. Eine Sachlage, welche nicht eben günstig genannt werden kann für eine Theorie, welche Stütze und Stolz darin sieht, ganz

„aus der Praxis für die Praxis gewonnen zu sein." — Soweit Anschütz. Nehmen wir nun die Verfassung zur Hand!

Art. 1: „Alle Landestheile der Monarchie in ihrem gegenwärtigen Umfange bilden das preußische Staatsgebiet."

Art. 2. „Die Grenzen dieses Staatsgebiets können nur durch Gesetz verändert werden." Anschütz S. 48 f. meint, es handle sich hier um einen „Verwaltungsakt", der ohne die besondere Verfassungsvorschrift in Art. 2, „von der Regierung ohne Beiziehung der Volksvertretung zu erledigen wäre". Ich meine, daß Art. 1 und 2 zweifellos Rechtssätze im eminentesten Sinne dieses Wortes enthalten, also bei Zugrundelegung der herrschenden Theorie ganz sinnlos wären. Die Veränderung der Grenzen greift doch nach allen Richtungen in den Rechtsstand der Bürger ein, die Ausländer werden, wenn Theile Preußens abgetreten werden, der preußisch gewordenen, wenn z. B. Nassauer, Hessen u. s. w. Preußen werden; denn fortan müssen die Preußen auch für diese wie diese für sie Steuern zahlen, Gesetze mit geben, Militär-, Armenlasten tragen u. s. w. Zudem drücken Artt. 1 und 2 das große Prinzip, den Fundamentalrechtssatz aus: die preußische Monarchie in allen ihren Theilen ist eine einheitliche und untheilbare. Kein Gedanke von einer bloßen Verwaltungsnorm!

Art. 3: „Die Verfassung und das Gesetz bestimmen, unter welchen Bedingungen die Eigenschaft eines Preußen und die staatsbürgerlichen Rechte erworben, ausgeübt und verloren werden." Daß hier Gesetz einen formellen Begriff, daß es den Weg, auf dem die Staatsgewalt schreiten soll, bezeichnet, ist klar. Dagegen ist es Anschütz absolut unklar (S. 46), warum wir da in der Verfassung nichts von Freizügigkeit, Heimath- und Niederlassungsverhältnissen, Freiheit der Verehelichung, Unterstützungswohnsitz lesen; er meint, daß, weil er Nichts darüber gelesen habe, nach Arndt der Verordnungsweg zulässig sei. Mit nichten und das hätte Jeder finden müssen, der in der Gesetzsammlung die drei Gesetze vom 31. Dez. 1842 oder der auch nur die erste Auflage von Rönne's preußischem Staatsrecht in die Hand genommen hätte. Die Waldeck, Bornemann, v. Beckerath u. s. w., waren denn doch auch viel klüger, als Anschütz in der ihm eigenen Gesetzes- und Sachkenntniß meint.

Das Gesetz vom 31. Dezember 1842 über die Aufnahme neu anziehender Personen (G.S. 1843 S. 5), das die Freizügigkeits-, Heimaths-, und Niederlassungsverhältnisse regelt, ist, wie in seinem

Texte zu lesen steht, „nach Anhörung Unserer getreuen Stände“ ergangen, das Gleiche gilt von dem Gesetze über die Verpflichtung zur Armenpflege vom gleichen Tage, das den Unterstützungswohnsitz und die Freiheit der Verehelichung mit Bezug auf die Armenpflege regelt. Offenbar, weil beide allgemeine Gesetze sind und im Sinne des Gesetzes vom 5. Juni 1823 unmittelbar in die Freiheit der Person und des Eigenthums eingreifen. Dagegen ist das dritte Gesetz vom 31. Dezember 1842, betreffend die Erwerbung und den Verlust der Eigenschaft als preußischer Unterthan, sowie den Eintritt in fremde Staatsdienste (G.S. 1843 S. 15) ohne Anhörung der Stände zu Stande gekommen. Diese Anhörung erschien entbehrlich, weil es zwar ein Gesetz war und Rechtsnormen enthielt, aber keine nnmittelbaren Veränderungen in den Rechten, keinen unmittelbaren Eingriff in die Freiheit der Person darstellte. Ob Jemand durch Geburt oder Verehelichung oder Anstellung Preuße wird oder aufhört Preuße zu sein, vollzieht sich ohne unmittelbaren Zwang, ohne unmittelbaren Eingriff in die persönliche Freiheit. So nahm man wenigstens an. Wollte also die Verfassung, daß fortan das Indigenat durch Gesetz zu regeln war, so mußte es bei dieser Rechtslage, bei der damals in Preußen bestandenen Rechtsanschauung ausdrücklich anordnen, daß nicht mehr ohne die Kammern die Indigenatsverhältnisse geregelt werden dürfen.

Daß über die Freiheit des Aufenthalts-, Niederlassungs, Verehelichungsfreiheit u. s. w. der Verordnungszwang ausgeschlossen war, folgte den Urhebern der Verfassung mit Recht aus Art. 5 (s. v. Rönne I Aufl. I S. 307); denn es ist ohne Weiteres klar, daß man unmittelbar in die persönliche Freiheit eingreift, wenn man Jemanden aus einem Orte zwangsweise fortführt, ihn fortschiebt oder ihn mit Gewalt hindert, Aufenthalt zu nehmen. Demgemäß ist das von Anschütz S. 46 angezogene Gesetz vom 21. Mai 1855 zur Ergänzung der Gesetze vom 31. Dezember 1842 über die Verpflichtung zur Armenpflege und über die Aufnahme neu anziehender Personen (G.S. S. 311), ebenso wie die ergänzten Gesetze nach Anhörung (und Zustimmung) der Stände ergangen. Z. B. die Artt. 11, 12, 13 dieses Gesetzes gestatten die zwangsweise Abführung und Detinirung in Armenanstalten — das ist doch eine Veränderung in den Freiheitsverhältnissen, ein unmittelbarer Eingriff in die persönliche Freiheit, also nach Art. 5 der Verfassung nur durch das

Gesetz möglich. Auch die übrigen Vorschriften des Gesetzes, da sie besondere und vor dem Gericht einklagbare Lasten auferlegen, also in die Eigenthumsverhältnisse eingreifen (Art. 9 und 86 der preuß. Verfassung) bedürfen der Gesetzesform, wie zu diesen Artikeln noch näher begründet werden wird. Die Verwunderung darüber, daß die Verfassung nur die Indigenats-, nicht die Freizügigkeits-Niederlassungsverhältnisse, Unterstützungswohnsitz u. s. w. dem Gesetzwege noch besonders überweist, wäre nicht entstanden, wenn man den Unterschied in der Entstehung der drei Gesetze vom 31. Dezember 1842 gekannt und die preußische Gesetz-Sammlung gelesen hätte.

Art. 4 Gleichheit vor dem Gesetz soll später besonders beleuchtet werden.

Art. 5. „Die persönliche Freiheit ist gewährleistet. Die Bedingungen und Formen, unter welchen eine Beschränkung derselben, insbesondere eine Verfassung zulässig ist, werden durch das Gesetz bestimmt.“ Anschütz sagt in seiner Polemik gegen E. Mayer S. 113 f., Art. 5 gewähre lediglich das Grundrecht der Freiheit von der willkürlichen Verhaftung.“ Aber Art. 5 spricht doch nicht bloß von „Verhaftung“, sondern auch und zwar primo loco von „Beschränkung;“ es betrifft also nicht bloß die Verhaftung, wie schon aus dem Worte, insbesondere hervorgeht, es enthält, worauf v. Rönne, die Ansichten seiner Zeit reproduzirend, zutreffend hinweist, die Gewährung der persönlichen Freiheit gegen jede Art der Beeinträchtigung außer durch Gesetz; deshalb sei die Freiheit des Aufenthalts insbesondere die Freizügigkeit, desgleichen die Gewerbefreiheit durch Art. 5 gesichert (d. h. der Beschränkung durch bloße Verordnung entzogen) und deshalb sei die besondere Aufnahme z. B. der Gewerbefreiheit in die Preußische Verfassung, wie sie in anderen Verfassungsurkunden, der Württembergischen § 129, Darmstädtischen § 36, Coburgischen § 24, Weimarischen § 8, Kurhessischen § 27, Altenburgischen §§ 38, 39, Sächsischen § 28 u. s. w., ausgesprochen, wegen des Art. 5 als entbehrlich unterblieben (v. Rönne, I. Aufl. I S. 294—307.) Die Allgemeine Gewerbeordnung vom 17. Januar 1845 war nach Anhörung der Stände ergangen — Anerkenntniß dafür, daß sie nach Ansicht des Gesetzgebers Veränderungen in den Freiheits- und Eigenthumsverhältnissen und zwar unmittelbar betrifft. Wie ist denn anders die Beschränkung der Gewerbefreiheit möglich, als daß schließlich durch polizeilichen Zwang Jemand an der Ausübung eines genehmigungspflichtigen, aber nicht genehmigten Gewerbes, an der Fortbenutzung einer genehmigungspflichtigen aber nicht genehmigten Anlage gehindert wird, daß ferner die gerichtliche Bestrafung wegen Verletzung der Vorschriften der Gewerbeordnung eintritt? Daß der Zwang, Innungen beizutreten, und Beiträge zu Innungen zu leisten, unmittelbare Eingriffe in die Freiheit der Person und des Eigenthums betrifft, ist auch ohne Weiteres einleuchtend. Die Vorschriften über Beschäftigung jugendlicher und weiblicher Arbeiter enthalten unmittelbare Eingriffe in die persönliche Freiheit und sind daher durch Art. 5 vor dem Verordnungswege geschützt, sie erfordern auch zu ihrer Wirksamkeit der strafgesetzlichen Sanktion und sind daher noch durch Art. 8 dem Verordnungswege entzogen. Die Vorschriften über den Meß- und Marktverkehr und ähnliche enthalten, wie eingewandt werden könnte, keine unmittelbaren Eingriffe in die Freiheit der Person oder des Eigenthums; gleichwohl sind sie nur im Gesetzeswege zu erlassen, weil sie Ausnahmen von den sonstigen allgemeinen gesetzlichen Regeln des Gewerberechts insoweit enthalten, als daß dasjenige, was unter den Meß- und Marktverkehr fällt, nicht als Gewerbe im Umherziehen gilt (Entsch. des Reichsger. in Strafs. I S. 102) und also von den über diesen Verkehr gegebenen, die persönliche Freiheit beschränkenden und durch Strafnormen gesicherten Normen nicht betroffen wird. Nun begreift man auch, warum die Novelle vom 3. Februar 1849, betreffend die Errichtung von Gewerberäthen u. s. w. und die Gesetze vom 22. Juni und 1. Juli 1861 nicht im Wege der *einfachen* Verordnung ergangen sind. Erstere Verordnung enthielt u. A. Strafbestimmungen, ohne welche sie gar nicht durchgeführt werden konnte — also Art. 8 —, worauf ich schon früher hingewiesen hatte. *Anschütz* verschweigt dies. Die ganze Nothverordnung enthält Beschränkungen und zwar unmittelbare der persönlichen Freiheit; die §§ 33 bis 43 z. B. betreffen die Einführung des Befähigungsnachweises durch Prüfung, ohne den der Gewerbebetrieb strafbar und polizeilich inhibirbar ist; desgleichen die §§ 44 bis 59, die über die Verhältnisse der Lehrlinge, Gesellen, Gehilfen und Fabrikarbeiter (Beschränkung der täglichen Arbeitszeit, Verbot des Trucksystems, daß Gesellen 2c. nur bei Meistern ihres Handwerks in Arbeit treten dürfen) §§ 56 ff. erzwingen Eintritt und Beitragsleistungen zu Unterstützungskassen, §§ 60 ff. den Beitritt zu und die Beiträge zu Innungen und Innungskassen. Die §§ 1 bis 22 betreffen die Errichtung von Gewerberäthen und bedurften schon deshalb der Gesetzesform, weil sie die in den §§ 26, 27, 29, 30, 34, 45, 56, 57, 58, 67, 70 der von der Kammer genehmigten Nothverordnung vom 3. Jan. 1849 erwähnten Funktionen wahrzunehmen haben, Funktionen, die, wie nachgewiesen, nur im Gesetzeswege beigelegt werden konnten.

Das Gesetz, betreffend die Abänderung einiger Bestimmungen der Allg. Gew.-O. vom 17. Januar 1845 vom 22. Juni 1861 (G.S. S. 444) war nöthig (die einfache Verordnung ausgeschlossen), weil es konstitutionelle (mit Landtagsgenehmigung ergangene) Gesetze außer Kraft setzte, nämlich (Art. III) u. A. die §§ 67, 68 der von den Kammern genehmigten Verordnung vom 9. Febr. 1849, ferner § 345[3] des Strafgesetzbuchs vom 14. April 1851, ferner Bestimmungen im Gesetze vom 17. Mai 1853 und dem 5. Juni 1852. Uebrigens enthält dieses Gesetz Strafbestimmungen, und tiefgreifende unmittelbare Eingriffe in die persönliche Freiheit (s. die §§ 18, 21, 22, 49, 57, 71, 72, 73, 74, 172, 173, 174, 176 der Allgemeinen Gewerbeordnung in der durch das Gesetz vom 22. Juni 1861 veränderten Gestalt.) Was das Gesetz vom 1. Juli 1861 (G.S. S. 749) anlangt, so führt es in § 1 die konzessionspflichtigen Anlagen auf und regelt das Konzessionirungsverfahren; es enthält Vorschriften, die durch Strafnormen geschützt sind (der Betrieb solcher Anlagen ohne Genehmigung ist strafbar, also Art. 8), außerdem kann der Fortbetrieb durch polizeilichen Zwang unmittelbar gehindert werden (also Art. 5 und 9).

Wenn das Gesetz vom 5. Juni 1823 bestimmt, daß allgemeine Gesetze, welche Veränderungen in Personenrechten zum Gegenstande haben, den Ständen zur Berathung vorzulegen sind, die bayr., badische u. a. Verfassung diese Gesetze von der Zustimmung der Kammern abhängig machen, so ist das Gleiche durch Art. 5 der preuß. Verf. vorgeschrieben. Es ist richtig, daß nachdem so viele Spezialgesetze nach der Verfassung ergangen sind, die also schon aus diesem Grunde nur durch Gesetz geändert werden können, die praktische Bedeutung des Art. 5 für das heutige Recht eine geringere ist als sie bei Emanation der Verfassung war (cf. auch Arndt Komm. S. 78); um aber die Verfassung selbst zu verstehen, muß man sich auf den damaligen Rechtsstandpunkt zurückversetzen. Anschütz interpretirt Art. 5 viel zu eng, da er ihn (und von Anfang an) nur auf die (gerichtliche) Verhaftung, E. Mayer zu weit, wenn er ihn auf jeden (auch nur mittelbaren Eingriff) bezieht. Unmittelbarer Zwang ist namentlich der polizeiliche, da er sich gegen den Verpflichteten unmittelbar richtet, also kann er nur noch durch Gesetz oder auf Grund Gesetzes ausgeübt werden; die vorkonstitutionellen Gesetze sind nach Art. 109 in Kraft geblieben. Man muß auch annehmen, daß Art. 5 ebenso wie das Gesetz vom 5. Juni 1823, das Februarpatent von 1847, die bayrische, u. s. w. Verfassung nur allgemeine d. h. Jeden, nicht bloße Klassen, wie Soldaten treffende Einschränkungen zum Gegenstande hat (s. hierüber weiter unten) auch nicht, die im obligatorischen Unterricht der Kinder liegende mittelbare (nämlich an den Kindern ausgeübte) Einschränkung der persönlichen Freiheit (s. weiter unten).

Jedenfalls kann aber kein Zweifel darüber sein, daß „Gesetz“ in Art. 5 den formellen Begriff darstellt und daß Art. 5 nach der herrschenden Theorie absolut entbehrlich ist — ein superfluum, das so knappen und scharfsinnigen Juristen wie Waldeck nicht passirt wäre. So gut wie die Freizügigkeit und Gewerbefreiheit hätte er den ganzen Art. 5 fortgelassen, wenn ihm sein Inhalt als selbstverständlich erschienen wäre. Und das müßte der Art. bei Zugrundelegung der herrschenden Theorie, Ober-Tribunalsräthen, wie Bornemann, Seligo, v. Daniels u. A., die mit dem Begriff „Rechtsnorm“ fortdauernd zu thun hatten, unbedingt gewesen sein.

Art. 6. „Die Wohnung ist unverletzlich. Das Eindringen in dieselbe und Haussuchungen sowie die Beschlagnahme von Briefen und Papieren sind nur in den gesetzlich bestimmten Fällen und Formen gestattet.“ Es unterliegt keinem Zweifel, daß hier mit gesetzlich nicht gemeint ist, „durch Rechtsnorm“ sondern unter Zustimmung der Kammern.“ Art. 6 ist für die herrschende Theorie unerklärlich und superfluum.

Art. 7. „Niemand darf seinem gesetzlichen Richter entzogen werden. Ausnahmegerichte und außerordentliche Kommissionen sind unstatthaft.“ Wiederum ein superfluum, wenn die herrschende Theorie richtig wäre! Die Entziehung Jemandes von dem gesetzlich für ihn bestellten Richter und Unterstellung unter einen anderen außerordentlichen Richter enthält doch eine Rechtsnorm! Aber im Sinne der Arndt'schen Theorie ist Art. 7 nothwendig, — denn nach der bis zur Verfassung bestandenen Rechtsanschauung des preußischen Gesetzgebers betraf das formelle gerichtliche Verfahren nicht unmittelbar die Freiheit und war daher stets ohne Anhörung der Stände geregelt (s. auch weiter unten). Dies sollte für die Zu-

---

[1]) Arndt, Komm. S. 79 Anm. 4.

kunft ausgeschlossen werden. Art. 7 war auch trotz Art. 86 nöthig, da er einen Verfassungssatz aufstellte, der durch einfaches Spezialgesetz nicht geändert werden sollte.

Art. 8. „Strafen können nur in Gemäßheit des Gesetzes angedroht oder verhängt werden" ist bekanntlich die Uebersetzung des Art. 9 der belgischen und bedeutet dort wie hier: Strafnormen dürfen nicht durch Gewohnheitssatz eingeführt werden,[1]) auch nicht durch die Exekutive, Verwaltung, einfache Verordnung, sondern durch Gesetz, d. i. unter Zustimmung der Kammern. Art. 8 ist auch gegenüber Art. 86 nothwendig, da er eine durch einfaches Gesetz unabänderbare Verfassungsnorm darstellt, ferner die Delegation des Verordnungsrechts gestattet. Dies nochmals auszuführen ist entbehrlich; und, wie mir scheint, ist für jedes „geschärfte Urtheil" Beleidigung. So wie Art. 8 hier ausgelegt ist, wurde er stets in Frankreich und Belgien verstanden, so von dem belgischen Staatsmann und Gelehrten J. J. Thonissen interpretirt;[2]) so bei den Berathungen zum Gesetze über die Allgemeine Polizeiverwaltung vom 11. März 1850 in den preußischen Kammern zu Grunde gelegt (z. B. Sten. Ber. der I. Kammer 1849 S. 2318). Wenn „Gesetz" nur „Rechtsnorm" bedeutet, was sollte da denn eigentlich Art. 8 vorschreiben? Daß Strafnormen Rechtsnormen sind, ist selbstverständlich, — wozu also eine so überflüssige Vorschrift? Warum denn, wenn Gesetz Rechtssatz bedeutet „in Gemäßheit des Gesetzes", en vertu de la loi?"

Art. 9: „Das Eigenthum ist unverletzlich. Es kann nur aus Gründen des öffentlichen Wohles und gegen vorgängige, in dringenden Fällen wenigstens vorläufig festzustellende Entschädigung nach Maaßgabe des Gesetzes entzogen oder beschränkt werden". Daß Gesetz hier formelles Gesetz, nicht schlechthin Rechtssatz bedeutet, ist unstreitig. Art. 9 ist bei Zugrundelegung der herrschenden Theorie ein offenbares superfluum; denn daß Entziehungen oder Beschränkungen des Eigenthums Rechtsnormen sind, ist selbstredend; folglich brauchte Art. 9 nicht aufgenommen zu werden und wäre

---

[1]) Ebenso u. A. Oppenhoff, Kommentar zu § 2 des Strafgesetzbuchs.

[2]) La const. belge annotée nr. 47; s. auch A. Giron, le droit administratif de la Belgique nr 78; Batbie, Précis d'un cours de droit public (français) Paris 1876 nr. 42; Block, s. m. règlement administratif; Ducrocq, cours de droit administratif, p. 38 suc.; La Pegna, Codice politico, p. 105.

gewiß von Waldeck u. s. w., wenn sie von der herrschenden Theorie ausgegangen wären, nicht aufgenommen worden. Ist Art. 9 ein neuer und wie mir scheint, unwiderleglicher Beweis für meine Theorie, so muß ich andererseits zugestehen, daß dieser Art. 9, weil ich mich nicht auf den Rechtsstand zur Zeit der Verfassungsberathung, sondern den heutigen stellte, von mir im ersten Absatze meiner preußischen Verfassung S. 84 (während ebendort im zweiten Absatze die richtige Ansicht steht), wie noch mehr von Anschütz und abgesehen von E. Mayer allgemein zu eng aufgefaßt worden ist. Heute wird der Art. 9 nur noch und zwar meist mit Unrecht herangezogen, wenn sich Jemand dagegen wahren will, daß ihm ohne Entschädigung die freie Ausübung seines Eigenthums polizeilich verschränkt wird. Man sagt darauf und zwar im Allgemeinen mit Recht, stets und ganz herkömmlich, Art. 9 verspreche nur bei Expropriationen eine Entschädigung (Arndt, Komm. S. 85).

Art. 9 ist durch Zusammenziehung zweier Paragraphen entstanden; welche beide als besondere Grundrechte aufgefaßt wurden (Waitz und Droysen, die Berathungen der Frankfurter Nationalversammlung). Der erste Satz § 25 lautete bloß: „Das Eigenthum ist unverletzlich.“ Der zweite Satz § 26 enthielt den übrigen Inhalt des Art. 9.[1]) Darnach ist eben das anzunehmen, daß der erste Satz nicht bloß auf Expropriationen Bezug hat, sondern einen allgemeinen Inhalt trägt und was Art. 5 für die Freiheit der Person, für die Freiheit des Eigenthums bestimmen wollte, nämlich, daß es nicht willkürlich, sondern nur durch Gesetz (vorkonstitutionelles oder konstitutionelles), also auch durch die Polizei nicht willkürlich, nicht auf Grund einer seit der Verfassung ergehenden selbstständigen Verordnung aufgehoben oder beschränkt werden darf (wie dies richtig im zweiten Absatze S. 84 meines Kommentars ausgeführt ist). Mangels Motive zum Regierungsentwurfe und da die von den Verfassungsnormen schon angeführten gleichfalls nur ganz kurz sind, läßt sich ein stringenter Beweis nicht

---

[1]) In den Frankfurter Grundrechten enthält Art. 8 § 32 im ersten Absatze: „Das Eigenthum ist unverletzlich“, im zweiten Absatze: „Eine Enteignung kann nur auf Grund eines Gesetzes — vorgenommen werden“, Abs. 3: „Das geistige Eigenthum soll durch die Reichsgesetzgebung geschützt werden“. Der preußische Regierungs-Entwurf vom Mai 1848 enthielt nicht den Satz „das Eigenthum ist unverletzlich,“ der sich erst in Art. 8 der Verfassung vom 5. Dezember 1848 findet.

erbringen. Ich nehme aber nunmehr in theilweiser Aenderung bezw. unter schärferer Präzisirung meines früheren Standpunktes an, daß Art. 9 auf allgemeine Veränderungen in den Eigenthumsrechten im Sinne des Gesetzes vom 5. Juni 1823 Bezug hat, diese der Mitwirkung der Kammern unterstellend. Mit dieser Auffassung des Art. 9 ist die Enumerationstheorie erst recht vereinbar; während er bei Zugrundelegung der herrschenden Theorie, wie ich wiederholen darf, ein absolutes superfluum wäre, dessen sich die Waldeck, Bornemann u. s. w. so wenig wie die Droysen, Waitz, Dahlmann, Simson u. s. w. jemals schuldig gemacht hätten.

Für die vorstehende Auslegung des Art. 9 spricht noch der Umstand, daß wir in Art. 109 der Verfassung eine ganz ähnliche Zusammenziehung zweier verschiedener Vorschriften haben (Verordnungsrecht S. 220 ff., Komm. S. 271 f.), sodann daß die Verfassung in Ansehung des Erfordernisses der ständischen Mitwirkung offenbar nicht hinter den früheren Rechtszustand zurückgehen wollte. E. Mayer faßt dagegen Art. 9 zu weit auf, wenn er ihn über den früheren Rechtszustand ausdehnt und, wie es scheint, auf alle, selbst nur mittelbare Eingriffe in das Eigenthum (z. B. die durch eine Aenderung im Schulunterricht mittelbar bewirkte Vermehrung der Schullasten) bezieht. Aber selbst wenn man annimmt, daß sich Art. 9 nur auf Enteignung bezieht, so würde dieses Wort weiter aufzufassen sein, als worauf sich das Ges. v. 11. Juni 1874 bezieht und den Begriff Enteignung im weiteren Sinne enthalten, etwa wie in Art. 109 E.G. z. B.G.B., nämlich die im öffentlichen Interesse erfolgende Entziehung, Beschädigung und Benutzung einer Sache, Beschränkung des Eigenthums und Entziehung oder Beschränkung von Rechten. Nunmehr halten wir inne und kommen auf die von Anschütz aufgeworfene Frage, warum die Verfassung weder Etwas über das Wasser- noch das Wegerecht enthält? Das Gesetz über die Benutzung der Privatflüsse vom 28. Febr. 1843 (G.S. S. 41), ist nach Anhörung der Stände erlassen, und damit vom Gesetzgeber anerkannt worden, daß es Veränderungen in den Freiheits- und Eigenthumsrechten zum Gegenstande hat, d. h. also, daß eine Regelung des Wasserrechtes einen unmittelbaren Eingriff in solche Rechte darstellt. Und mit Recht. Nach § 2 muß sich der Eigenthümer des Privatflusses dort, wo öffentliche Plätze und Wege das Ufer bilden, den Gebrauch des Wassers zum Trinken und Schöpfen, sowie zum

Tränken des Viehs, gefallen lassen. § 3 enthält den unmittelbaren Eingriff in die persönliche Freiheit und das Eigenthum dahin (gewissermaßen eine Enteignung im weiteren Sinne), daß das zum Betriebe von Färbereien, Gerbereien, Walken u. s. w. benutzte Wasser unter Umständen (nach Entscheidung der Polizeibehörde) keinem Privatflusse zugeleitet werden darf, § 4 den Eingriff, daß sich jeder des Einwerfens und Einwälzens von losen Steinen, Erde und anderen Materialien zu enthalten habe, sowie § 5 in der Regel des Einkarrens und Einschwemmens von Sand und Erde zur Anlage von Wiesen, ferner § 6 der Anlegung von Flachs- und Hanfröthen auf Untersagung der Polizei. § 7 legt den Uferbesitzern insoweit die polizeilich erzwingbare Räumungspflicht auf, als es zur Beschaffung der Vorfluth nothwendig ist, nach § 8 können die Eigenthümer eines Privatflusses durch landesherrliche Entscheidung, sonst nicht, zur Gestattung der Holzflößerei verpflichtet werden. § 9 enthält Vorschriften über Entschädigung hierfür (§ 8). § 13 beschränkt (greift unmittelbar ein in) das Recht der Uferbesitzer zur Benutzung des vorüberfließenden Wassers; kein Rückstau, keine Ueberschwemmung; (Zurückleitung des abgeleiteten Wassers!) § 15 enthält einen ferneren unmittelbaren Eingriff in dieses Recht; §§ 16, 17, 18 regeln und geben Anspruchsrechte in die Freiheits- und Eigenthumsrechte der Uferbesitzer u. s. w. Die §§ 56 ff. enthalten einen unmittelbaren Eingriff, nämlich zur hemmungsweisen Bildung von Genossenschaften zu Bewässerungsanlagen. Also aus allen diesen Gründen war und ist Mitwirkung der Stände nöthig.

Sehen wir uns nun den Entwurf eines Preußischen Wassergesetzes (Berlin 1894 bei Parey) an! Nach § 12 des Entwurfes sollen in Fortfall kommen 5 konstitutionell erlassene Gesetze von allgemeiner Geltung und viel zahlreichere mit beschränkterem Geltungsgebiete — also Gesetzesweg nöthig! Die §§ 288 bis 292 ferner enthalten Zwangs- und Strafbestimmungen, ohne welche der ganze Entwurf nicht wirksam werden könnte — also wiederum aus Art. 5 und 8 der Verfassung Gesetzesweg nöthig! Andere Paragraphen enthalten ein Polizeistrafverordnungsrecht — Gesetzweg nach Art. 8 nöthig! Aber der gesammte Inhalt des Gesetzentwurfs hat Aenderungen in den Freiheits- und Eigenthumsrechten zum Gegenstande, insbesondere enthält er Einschränkungen der persönlichen Freiheit: dies und jenes soll unterlassen, dies und jenes soll geduldet werden. Er enthält ferner ein sehr umfangreiches Expropriationsrecht, ein Enteignungsrecht, §§ 245 bis 264. Die §§ 180 bis 244 regeln die Wassergenossenschaften, d. h. Zwangsvorschriften, für die Bildung von Wassergenossenschaften zur Benutzung, Veränderung und Unterhaltung von Gewässern, zur Ent- und Bewässerung, zum Schutze der Ufer, zur Anlegung, Benutzung und Unterhaltung von Sammelbecken, zur Herstellung und Verbesserung von Wasserstraßen und anderen Schifffahrtsanlagen, immer also nach Artt. 5 und 9, auch 31 der Verfassung Gesetzesweg nöthig! Der Entwurf enthält Zwangsvorschriften über die Unterhaltungspflicht der Ufer u. s. w. durch die Eigenthümer, ordnet Zwangsmaßregeln an zur Freihaltung des Hochwassergebietes. Er beschränkt die Rechte der Wasser-Eigenthümer durch Gestattung des Gemeingebrauchs und begrenzt die Befugnisse der zum Gemeingebrauch Berechtigten. Er verbietet gewisse Anlagen, außer wenn die Befugniß dazu durch besondere Genehmigung des Wasseramtes oder durch Verleihung erworben ist. Er beschränkt die persönliche und die Eigenthumsfreiheit, indem er im Interesse der Vorfluth und der Reinhaltung der Gewässer genaue Vorschriften trifft — also immer wieder und wieder Gesetzesweg nöthig aus den Artt. 5, 8 und 9 der Verfassung! Daß es mit dem Wegerecht nicht rechtlich anders wie mit dem Wasserrecht sich verhält, wird einer weiteren Untersuchung nicht bedürfen. Nun weiß jeder, warum nicht in Bälde (Anschütz S. 42) eine hoffentlich vorzügliche Wege- und Wasserverordnung für den preußischen Staat vorgesetzt werden kann.

Wir fahren nunmehr in der Analysirung der Verfassungsvorschriften fort. Artt. 10, 11, 12 enthalten verfassungsmäßige Normen und verweisen nirgends auf die Statthaftigkeit wie Nothwendigkeit des einfachen Gesetzes.

Art. 13: „Die Religionsgesellschaften, sowie die geistlichen Gesellschaften, welche keine Korporationsrechte haben, können diese Rechte nur durch besondere Gesetze erlangen." Daß hier Gesetze nicht Rechtsnormen, sondern Akte der gesetzgebenden Gewalt, also Akte bedeuten, die mit Zustimmung der Kammern ergehen, ist wohl selbstredend, ebenso wie daß Art. 13 bei Annahme der herrschenden Theorie ein superfluum und unverständlich wäre. Art. 14 legt die christliche Religion den mit der Religionsübung im Zusammenhange stehenden Staatseinrichtungen zu Grunde und ist für unsere Untersuchung belanglos. Die Artt. 15, 16, 17 und 18 betreffen die Verhältnisse des Staats zur Kirche. Art. 15: Die evangelische und die römisch-katholische Kirche, sowie jede andere Religionsgesellschaft, ordnet und verwaltet ihre Angelegenheiten selbstständig und bleibt im Besitz und Genuß der für ihre Kultus-, Unterrichts- und Wohlthätigkeitszwecke bestimmten Anstalten, Stiftungen und Fonds." Wenn nun Anschütz S. 38 „wunderlich" findet, daß aus dem ganzen großen Gebiete des Kirchenrechts gerade nur das Patronat und die Korporationsrechte für die Legislative reklamirt werden, so ist das einzige Wunderliche nur das Maaß von Kenntnissen und Urtheil. Eben weil die Kirchen selbstständig sein und ihre Angelegenheiten selbstständig ordnen und verwalten sollen, kann die Verfassung nichts Weiteres aus dem ganzen großen Gebiete des Kirchenrechts für die Legislative reklamiren, nicht das Ordinationswesen, nicht die Wirkung der Sakramente, nicht die Anstellung und Vorbildung noch die Wahl der Geistlichen, nicht das Zustandekommen kirchlicher Gesetze, nicht das kirchliche Besteuerungswesen, das kirchliche Wahlrecht, das Disziplinarrecht der Geistlichen u. s. w.

Art. 16: „Der Verkehr der Religionsgesellschaften mit ihren Oberen ist ungehindert. Die Bekanntmachung kirchlicher Anordnungen ist nur denjenigen Beschränkungen unterworfen, welchen alle übrigen Veröffentlichungen unterliegen." Art. 18: „Das Ernennungs-, Vorschlags-, Wahl- und Bestätigungsrecht bei Besetzung kirchlicher Stellen ist, soweit es dem Staate zusteht und nicht auf dem Patronat oder besonderen Rechtstiteln beruht, aufgehoben. Auf die Anstellung von Geistlichen beim Militär und an öffentlichen Anstalten findet diese Bestimmung keine Anwendung."

Auch nach Aufhebung der Art. 15, 16 und 18 der Verfassung war nicht vollständig freie Bahn für den Verordnungsweg. Diese Artikel sind durch Ges. v. 5. April 1873 geändert und durch Ges. v. 18. Juni 1875 aufgehoben. Strafnormen, wie sie das Gesetz, betr. die Vorbildung und Anstellung der Geistlichen v. 11. April 1873, desgleichen das Gesetz über die Grenzen der kirchlichen Zuchtmittel v. 13. Mai 1873 enthält u. a. m., bedürfen wegen Art. 8, überdies schon wegen Art. 5 der Verfassung, der Gesetzesform. Daß Rechtsnormen auf dem Gebiete des Kirchengesetzes, Kirchengesetze, die u. A. Besteuerungsrechte, Disziplinarrechte normiren, nicht der Form des Staatsgesetzes bedürfen, beweisen u. A. die evangelische Kirchengemeinde- und Synodalordnung vom 10. September 1873 (G.S. S. 417) und der General-Synodalordnung vom 20. September 1876 (G.S. S. 7). Die staatliche Gesetzgebung, die Mitwirkung der Kammern, ist im

Wesentlichen nur wegen der Vermögensverwaltung der Gemeinden und der Betheiligung des Patrons 1874 angerufen und ins Werk gesetzt worden [1]) — nicht wegen der sonst so zahlreichen Rechtsnormen in der Kirchen- und Synodalordnung — wiederum ein unwiderleglicher Beweis gegen die herrschende Theorie; s. weiter unten.

Nunmehr zu dem übergangenen Art. 17! „Ueber das Kirchenpatronat und die Bedingungen, unter welchen dasselbe aufgehoben werden kann, wird ein besonderes Gesetz ergehen." Indem die Verfassung der Kirche durch Art. 15 die Autonomie und die Selbstständigkeit beilegte, erkannte sie zugleich an, daß die eine Seite des Patronatrechts, nämlich das Vorschlagsrecht, nicht mehr zeitgemäß sei. Das Patronatsrecht ist ein jus temporale spirituali annexum; dem Patron gebühren nicht bloß Rechte, sondern auch pekuniäre Pflichten. Patrono debetur honos, onus utilitasque, praesentet, praesit, defendat, alatur egenus. Wegen der Ablösung der Rechte und noch mehr der Pflichten konnte das Patronat nicht mit einem Satze ausgestrichen werden. Es bedarf hierzu sachgemäß der vollständigen Neuregelung namentlich der Lasten des Patronats. [2]) Daß diese Neuregelung nur durch Rechtsnormen erfolgen kann und Rechtsnormen bildet, ist selbstredend, folglich ist Art. 17 bei Annahme der herrschenden Theorie absolut sinnlos und überflüssig, weil die Aufhebung des Patronats dann schon wegen Art. 62 nicht anders als durch Gesetz erfolgen könnte. Art. 17 bedeutet nicht bloß ein Arbeitsprogramm, sondern eine Zuständigkeitsregelung und ist nur bei der sog. Enumerationstheorie verständlich; sonst brauchte nur gesagt zu werden: „Das Kirchenpatronat wird aufgehoben werden."

Art. 19: „Die Einführung der Civilehe erfolgt nach Maßgabe eines besonderen Gesetzes, was auch die Führung der Civilstandsregister regelt." Unter Regelung der Führung der Civilstandsregister versteht die Verfassung die Beurkundung des Personenstandes. Selbstredend handelt es sich dabei ebenso wie bei der Eheschließung um Rechtsnormen. Also Art. 19 wiederum unverständlich und überflüssig, wenn die herrschende Theorie mit ihrer Auslegung des Art. 62 im Rechte wäre. Art. 19 enthält wie Art. 17 nicht bloß ein Arbeitsprogramm,

---

[1]) So die Ansicht u. A. von Turnau, Grundbuchordnung, bei den Kirchengemeinden; s. auch unten § 9.

[2]) Vgl. Sten. Ber. des Abg.Hauses 1862 S. 2079, ferner Bericht der Verf.Komm. der Nat.Verf. in Rauer's Verhandl. der Nat.Verf. S. 105, 124, amtliche Erläuterungen des Kultusministers zu Art. 17, S. 11, 12.

sondern auch eine Kompetenzbestimmung; sonst konnte und mußte er einfach dahin lauten, daß die Civilehe eingeführt und der Personenstand durch Civilbeamte beurkundet werden soll.

Art. 20 bis 23 stellen Verfassungsnormen über das Unterrichtswesen dar. Für unsere Frage sind sie belanglos. Belangvoll erscheint höchstens Abs. 3 in Art. 24: „Die Leitung der äußeren Angelegenheiten der Volksschule steht der Gemeinde zu. Der Staat stellt unter gesetzlich geordneter Betheiligung der Gemeinden, aus der Zahl der Befähigten, die Lehrer der öffentlichen Volksschulen an." Die Exekutive soll also die Betheiligung der Gemeinden bezüglich der Anstellung der Lehrer nicht ordnen dürfen, sondern nur das Gesetz. Daß die Vorschriften über die Betheiligung der Gemeinden (über ihre Anhörung, Begutachtung, Gehaltsnormirung u. s. w.) Rechtsnormen vorstellen, möchte der „geschärfte Blick" nicht verkennen — warum also, wenn Art. 62 im Sinne der herrschenden Theorie aufzufassen wäre — das entbehrliche Wort „gesetzlich"?

Art. 25 ist gleichfalls für unsere Frage belanglos.

Art. 26: „Ein besonderes Gesetz regelt das ganze Unterrichtswesen" — gewiß ein Arbeitsprogramm, aber zugleich und erst recht eine Kompetenzbestimmung, letzteres um so mehr, weil bis zu dem Erlasse des das ganze Unterrichtswesen regelnden Gesetzes der Verordnungsweg in Preußen besteht![1])

Art. 27: „Jeder Preuße hat das Recht, durch Wort, Schrift, Druck und bildliche Darstellung seine Meinung frei zu äußern. Die Censur darf nicht eingeführt werden, jede andere Beschränkung der Preßfreiheit nur im Wege der Gesetzgebung." Daß die Worte „nur im Wege der Gesetzgebung" nicht bedeuten „im Wege der Rechtssatzsetzung" ist klar, sie drücken eine Kompetenzbestimmung aus. Die Worte „im Wege der Gesetzgebung" haben allerdings noch eine weitere Bedeutung; sie lassen den Weg der einfachen Gesetzgebung zu, sie sprechen aus, daß die „freie Aeußerung" in Abs. 1 gesetzlichen Beschränkungen der Preßfreiheit nicht entgegensteht, aber noch mehr, daß gültige Beschränkungen nur durch Gesetz ergehen können.

Art. 28: „Vergehen, welche durch Wort, Schrift, Druck oder bildliche Darstellung begangen werden, sind nach den allgemeinen

---

[1]) S. hierüber weiter unten § 9. Im Verordnungswege war damals das Unterrichtswesen trotz VII § 2 der bayer. Verf. in Bayern und in anderen Staaten geregelt.

Strafgesetzen zu bestrafen", kann Angesichts der Vorschrift in Art. 8 als eine für unsere Frage belanglose Vorschrift bezeichnet werden. Jedenfalls handelt es sich nur um solche Normen, die gemäß Art. 62 zu Stande kommen, nicht schlechtweg um Rechtsnormen.

Art. 29: „Alle Preußen sind berechtigt, sich ohne vorgängige obrigkeitliche Erlaubniß friedlich und ohne Waffen in geschlossenen Räumen zu versammeln. Diese Bestimmung bezieht sich nicht auf Versammlungen unter freiem Himmel, welche auch in Bezug auf vorgängige obrigkeitliche Erlaubniß der Verfügung des Gesetzes unterworfen sind! Die Worte, „welche auch in Bezug auf vorgängige obrigkeitliche Erlaubniß der Verfügung des Gesetzes unterworfen sind", müssen bei Auslegung des Art. 62 im Sinne der herrschenden Theorie als absolut sinnlos erscheinen. Denn daß es Rechtssätze sind, welche die vorgängige obrigkeitliche Erlaubniß regeln (§ 7 der Verordnung vom 11. März 1850, G.S. S. 277), ist sonnenklar. Um das einfache Gesetz als ausreichend hinzustellen, bedurfte es gleichfalls nicht dieser Worte; denn die Bestimmung in Abs. 1 findet nicht Anwendung auf Versammlungen unter freiem Himmel.

Art. 30: „Alle Preußen haben das Recht, sich zu solchen Zwecken, welche den Strafgesetzen nicht zuwiderlaufen, in Gesellschaften zu vereinigen. Das Gesetz regelt, insbesondere zur Aufrechterhaltung der öffentlichen Sicherheit, die Ausübung des in diesem und in dem vorstehenden Art. (29) gewährleisteten Rechts. Politische Vereine können Beschränkungen und vorübergehenden Verboten im Wege der Gesetzgebung unterworfen werden." Hier drücken die Worte „Gesetz" und „Gesetzgebung" zweifellos formelle Begriffe aus und stellen zugleich klar, wie die entsprechenden Vorschriften des belgischen Rechts, daß die fraglichen Bestimmungen durch einfaches, nicht nothwendig durch Verfassungsgesetz getroffen werden können.

Art. 31: „Die Bedingungen, unter welchen Korporationsrechte ertheilt oder verweigert werden, bestimmt das Gesetz." Daß es sich z. B. bei der Frage, ob ein Verein als solcher Schulden und Vermögen haben kann und ob seine Mitglieder als solche Träger des Vermögens und der Schulden sind, um Rechtssätze handelt, ist klar; also auch, daß der Art. 31 für die herrschende Theorie ein unerklärliches superfluum ist, scheint mir unbestreitbar zu sein.

Art. 32 ist belanglos.

Art. 33: „Das Briefgeheimniß ist unverletzlich. Die bei

strafgerichtlichen Untersuchungen und in Kriegsfällen nothwendigen Beschränkungen sind durch die Gesetzgebung festzustellen." Für das preußische Recht bedeutet „Gesetzgebung" zweierlei: einmal den Ausschluß des Verordnungsweges, sodann Zulassung des einfachen Gesetzes. In Belgien hat die entsprechende Vorschrift jedenfalls die letztere Bedeutung; die erste Bedeutung hat sie nicht, braucht sie — als selbstredend — wenigstens nicht zu haben; es sei denn, daß etwa im Gegensatz zum älteren holländischen Recht auch die erstere Bedeutung besonders der Vorschrift beigelegt werden sollte.

Art. 34: „Alle Preußen sind wehrpflichtig. Den Umfang und die Art dieser Pflicht bestimmt das Gesetz." Zweifellos sind die Bestimmungen über Umfang und Art der Wehrpflicht Rechtsnormen; also ist der zweite Satz bei Zugrundelegung der herrschenden Theorie ein absolutes superfluum. Das Militärrecht war als vermeintlich nicht allgemeines Recht bis dahin in Preußen (wie auch lange und zwar wenigstens bis 1848 in Bayern) ohne Anhörung der Stände geregelt; daher war die Vorschreibung des Gesetzesweges trotz Art. 5 nicht entbehrlich.

Art. 36: „Die bewaffnete Macht kann zur Unterdrückung innerer Unruhen und zur Ausführung der Gesetze nur in den vom Gesetze bestimmten Fällen und Formen und auf Requisition der Civilbehörde verwendet werden." Also vorkonstitutionelle Gesetze oder konstitutionelle Gesetze, d. h. Anordnungen der höchsten Staatsgewalt, nicht der Exekutive schlechthin, sollen die Fälle und Formen bestimmen, in denen die bewaffnete Macht einschreiten kann — wiederum eine Vorschrift, die für die herrschende Theorie ein unbedingtes superfluum wäre. Warum aber eine besondere Verfassungsklausel? Liegt nicht in Art. 5 eingeschlossen, daß der Gesetzesweg in solchen Fällen geboten ist? Die Verwendung der bewaffneten Macht ist nicht und gilt wenigstens dem preußischen Gesetzgeber nicht als ein allgemeiner und unmittelbarer Eingriff in die Freiheitsrechte und es waren demgemäß die Gesetze vom 17. August 1835 (Verfahren bei Aufläufen u. s. w.) und vom 20. März 1837 über das Recht des Militärs zum Waffengebrauch ohne Zuziehung der Stände ergangen. Das sollte in Zukunft anders werden. Der letzte Satz in Art. 36 bestimmt, daß die Fälle, in denen die bewaffnete Macht aus eigenem Rechte, nicht auf Requisition der Civilbehörde einschreiten darf, das Gesetz zu bestimmen hat — wiederum ein superfluum für die herrschende Theorie. Die Gesetze sind die über den Belagerungszustand — die Nothverordnung vom 4. Juni 1849 und das Gesetz vom 4. Juni 1851 (G.S. S. 457).

Art. 37: „Der Militärgerichtsstand des Heeres beschränkt sich auf Strafsachen und wird durch das Gesetz geregelt“ — wiederum ein unerklärliches superfluum bei der herrschenden Theorie, nothwendig dagegen für die Enumerationstheorie, da nach der Auffassung der preußischen Gesetzgebung prozeßrechtliche Normen, z. B. über den Bagatell- und Mandatsprozeß vom 1. Juni 1833, über Revision und Nichtigkeitsbeschwerde, Eheverfahren, Strafprozeß, nicht als solche Vorschriften galten, welche unmittelbar die Freiheit der Person oder des Eigenthums betrafen bzw. keine materiellen Veränderungen im Rechtsstande hervorriefen, und da ferner die Gesetze über militärisches Strafrecht und Strafverfahren, z. B. das Militärstrafgesetzbuch von 1845 als keine allgemeine im Sinne des Ges. vom 5. Juni 1823 galten, und demgemäß stets ohne Anhörung der Stände erlassen wurden. Der zweite Satz in Art. 37 lautet: „Die Bestimmungen über die Militärdisziplin im Heere bleiben Gegenstand besonderer Verordnungen.“ Hierin liegt doch nicht bloß für den geschärften juristischen Blick, sondern selbst für den des juristischen Anfängers keine Delegation des Disziplinarstrafverordnungsrechts, sondern das Anerkenntniß, daß Mangels entgegenstehender verfassungsmäßiger Vorschriften der Verordnungsweg bestehen und in Zukunft zugelassen bleibt. Demgegenüber wirft mir Anschütz S. 89 eine Entstellung handgreiflicher und allbekannter Thatsachen vor, wenn ich behaupte, daß man sich in der preußischen Verfassung und Gesetzgebung vergebens nach einer Vorschrift umsehen würde, welche der Krone das Recht zum Erlasse militärischer Disziplinarstrafverordnungen delegire (wie eine solche zu § 8 des Reichsmilitärgesetzes gegeben ist) und daß eine solche Delegation insbesondere nicht in Art. 37 der Verfassung enthalten sei!! Ich meinerseits lehne jede Vertheidigung ab und überlasse das Urtheil über diese Aeußerung dem Leser. Aber vielleicht wendet man ein, Satz 2 im Art. 37 sei nach meiner Theorie überflüssig. Demgegenüber bemerke ich, daß Satz 2 veranlaßt ist durch Art. 31 des Kommissionsentwurfs der National-Versammlung, worin es heißt: „Die militärische Disziplin im Kriege und Frieden bestimmt das Gesetz“ und durch Art. 36 der Verfassungs-Urkunde vom 5. Dezember 1848, wo gleichfalls für die disziplinarischen Vorschriften der Gesetzesweg gefordert wurde (Art. 36); die heutige Form im Gegensatze zum bisherigen Art. 36 rührt von der I. Kammer her. Doch Einiges wissenschaftlicher Natur: Obwohl z. B. im Verordnungsrecht, in meinen Ausgaben der preußischen Verfassung und der Reichsverfassung wie im Reichsstaatsrecht der Art. 37 angezogen, Art. 32 im Archiv für öffentliches Recht also ein offenbarer Druckfehler ist, macht sich Anschütz das besondere Vergnügen, mich darüber zu belehren, daß hier Art. 37 und nicht Art. 32 in Betracht kommt. Ferner irrt Anschütz, wenn er meint, daß dies allbekannt gewesen sei. Im Gegentheil: man hat es nicht gewußt und die Disziplinarordnung auf das jüngere Reichsmilitärgesetz gestützt, so Hänel, Seydel u. A. Ich selbst habe stets zu Art. 37 der preuß. Verf. die Militärdisziplinarordnungen allegirt; wo soll also da bei mir der dolus, die Absicht der Entstellung liegen?

Das Militärdisziplinarstrafrecht ist ferner im Unterschiede vom Civil-Beamtenrecht ein eigentliches Strafrecht und enthält ein eigentliches Strafverfahren. Im Unterschiede vom Civil-Disziplinarwege macht daher die Aburtheilung im Militär-Disziplinarwege — falls dieser zulässig war — res judicata aus (Entsch. des Reichsger. in Straff. Bd. 21 S. 1, Rosenfeld, Strafprozeß S. 357 Anm. 6).

Unrichtig wäre es ferner, den Erlaß der militärischen Disziplinarbestimmungen bloß aus dem militärischen Oberbefehl abzuleiten — denn sonst hätte z. B. das Reichs-Militärgesetz vom 2. Mai 1874 § 8 nicht nöthig gehabt, Angesichts des Art. 64 Abs. 1 der Reichsverfassung dem Kaiser das Recht zum Erlasse der militärischen Disziplinarbestimmungen noch besonders zu übertragen. Ganz gewiß beeinträchtigen die militärischen und die für den Civil-Staatsdienst geltenden Disziplinarbestimmungen die Freiheit der Person oder das Eigenthum der Staatsangehörigen im Sinne VII § 2 der bayer. Verfassung, und trotzdem werden sie in Bayern durch Verordnung geregelt, weil es keine allgemeinen, sondern Spezialvorschriften sind. Gesetze sind es, Rechtsnormen sind es auch in Bayern, deren Verletzung zweifellos einen Revisionsgrund abgiebt.

In der Anm. 92 auf S. 86 wirft mir Anschütz einen nicht sehr wohlangebrachten theoretisirenden Borussismus vor — wiederum eine durch Wohlwollen eingegebene Empfehlung, die in der Sache unbegründet war. Was ich meinerseits zur Auslegung des Art. 63 Abs. 5 der Reichsverfassung, im Verordnungsrechte S. 136, im Reichsstaatsrechte und sonst angeführt habe, ist überall und selbst bei

Seydel unbestritten — es handelt sich um preußische Verordnungen, die äußerlich betrachtet als sächsische, württembergische gemäß Art. 63 Abs. 5 für die sächsischen und württembergischen Truppen einzuführen sind. Der Wille des Königs von Preußen ist causa remota, Art. 63 Abs. 5 ist causa media, der Wille der Kontingentsherrn causa proxima hierfür. Also nichts von Borussismus! Wenn Anschütz jedoch dabei hervorhebt, daß die Macht des Königs von Preußen „an Preußens Grenzen endigt", so ist dies in dieser Allgemeinheit gewiß unrichtig; denn der König von Preußen in Ausübung der Präsidialgewalt und als Bundesfeldherr übt die durch die Reichsverfassung gegebenen und beschränkten Befugnisse auch außerhalb der preußischen Grenzen aus. Dies wird selbst jeder vom Borussismus noch so entfernt Gebliebene anerkennen.

Artt. 38, 39, 40 der preußischen Verfassung dürfen als für unsere Frage belanglos ausscheiden.

Art. 42 (Ges. v. 14. April 1856 G.S. S. 353): „Ohne Entschädigung bleiben aufgehoben nach Maßgabe der ergangenen besonderen Gesetze, das mit dem Besitze gewisser Grundstücke verbundene Recht der Ausübung u. s. w. der richterlichen Gewalt und die aus diesem Rechte fließenden Exemtionen und Abgaben" u. s. w." Art. 42 in der Verf. vom 31. Januar 1850 lautete: „Das Recht der freien Verfügung über das Grundeigenthum unterliegt keinen anderen Beschränkungen als denen der allgemeinen Gesetzgebung u. s. w." Letzter Absatz: „Die weitere Ausführung dieser Bestimmungen bleibt besonderen Gesetzen vorbehalten". Da es sich hier um offenbare Rechtsnormen handelt, ist der Gebrauch der Worte „Gesetze" und „Gesetzgebung" bei Zugrundelegung der herrschenden Theorie unerklärlich und überflüssig.

Art. 43, 44 sind für uns ohne Belang. Art. 45: „Dem Könige allein steht die vollziehende Gewalt zu. Er ernennt und entläßt die Minister. Er befiehlt die Verkündigung der Gesetze und entläßt die zu deren Ausführung nöthigen Verordnungen". Heißt hier „Gesetze" soviel wie „Rechtsnormen" oder bedeutet es nicht vielmehr die gemäß Art. 62 zu Stande gekommenen Akte? Antwort unnöthig. Ueberdies ist jetzt fast allseitig, auch von Anschütz, zugegeben, daß die Ausführungsverordnungen auch Rechtssätze enthalten dürfen. Wie reimt dies die herrschende Theorie mit ihrer Interpretation des Art. 62 zusammen? [1])

[1]) Ganz willkürlich und mißverständlich ist es, wenn O. Mayer, Ver-

Art. 46 ist belanglos. Art. 47: „Der König besetzt alle Stellen im Heere sowie in den übrigen Zweigen des Staatsdienstes, sofern nicht das Gesetz ein Anderes verordnet.“ Auch hier ist Gesetz nicht Rechtsnorm schlechthin, sondern ein gemäß Art. 62 zu Stande gekommener Akt. Einen solchen Akt giebt es nicht. Wollte man vorschreiben, daß z. B. Gemeinden Stellen für den unmittelbaren Staatsdienst besetzen, so könnte diese Vorschrift nur gemäß Art. 62 zu Stande kommen. Die Namens des Königs besetzten Stellen gelten, wie beiläufig bemerkt wird, im Sinne des Art. 47 als vom Könige besetzt — ebenso wie die von den Ministern per subdelegationem erlassenen Ausführungsverordnungen als solche im Sinne des Art. 45 (nicht des Art. 106), gelten.

Art. 48 soll später beleuchtet werden.

Art. 49: „Der König hat das Recht der Begnadigung und Strafmilderung. (Abs. 2 ist belanglos.) Abs. 3: „Der König kann bereits eingeleitete Untersuchungen nur auf Grund eines besonderen Gesetzes niederschlagen.“ Heißt hier Gesetz schlechtweg Rechtsnormen oder „ein gemäß Art. 62 zu Stande gekommener Akt?“ Antwort überflüssig!

Art. 50 Abs. 1 soll später besprochen werden. Abs. 2: „Der König übt das Münzrecht nach Maßgabe des Gesetzes aus.“ Daß die Normen über Münzwesen, Ausprägung u. s. w. Rechtsnormen sind, ist zweifellos; also Abs. 2 für die herrschende Theorie ein superfluum!

Nun findet Anschütz „wunderbar und seltsam,“ warum das Münzwesen, nicht aber das Kredit- und Bankwesen in der Verfassung erwähnt und dem Gesetzeswege unterstellt sei? Die Kreditgewährung der Privatpersonen ist nicht Gegenstand der Verfassung, nur das Kreditnehmen des Staates. Geschieht Letzteres, gleichviel für welchen Zweck, in der Form einer Anleihe, so ist nach Art. 103 Gesetz erforderlich, geschieht dies in anderer Form z. B. der Staat kauft so und so viel Kanonen, Lokomotiven, Grundstücke u. s. w., so schweigt die Verfassung, also (Enumerationsprinzip!)

---

waltungsrecht S. 123 Anm. 7 mir vorwirft, ich verkenne, daß eine Ausführungsverordnung eben an das Gesetz gebunden ist (Mein Verordnungsrecht S. 84 Anm. 1), und ebenso wenn er S. 75 ebendort behauptet, ich hätte irgend wie und wo geglaubt, daß die Grundrechte nicht auch Schutz vor thatsächlichen Eingriffen in das der Gesetzgebung vorbehaltene Gebiet geben sollen.

kein Gesetz nöthig (unbeschadet der Pflicht, das Etatsgesetz inne zu halten.)

Das Bankwesen betrifft die Ausgabe von Banknoten, also gewisser Inhaberpapiere. Die Verfassung fordert nicht, daß die Befugniß zur Ausgabe von Inhaberpapieren nur durch Gesetz ertheilt werden darf, also nach wie vor der Wille des Königs ausreichend. Die Verfassung ließ es also bei dem Gesetze wegen Ausstellung von Inhaberpapieren vom 17. Juni 1833 (G.S. S. 75) bewenden. Dagegen soll es nach Art. 50 Abs. 2 der Verf. eines Gesetzes bedürfen, wenn der König neue Münzen einführt oder alte außer Kurs setzt. Im Reiche bedurfte es eines Gesetzes, das die Emission von Inhaberpapieren gestattet. Es ist für das preußische Recht hiernach nichts Wundersames und nichts Seltsames in der Regelung des Münz-, Kredit- und Bankwesens.

Von den Art. 51 bis 59 scheinen nur die Art. 57 und 59 einer Erörterung zu bedürfen, da auf die Art. 54 und 58 später eingegangen werden soll. In Art. 57 ist gesagt: „Ist kein volljähriger Agnat vorhanden und nicht bereits vorher gesetzliche Fürsorge für diesen Fall getroffen u. s. w." Daß hier gesetzliche die unter Zustimmung der Kammern getroffene ist, bedarf keiner Beweisführung. In Art. 59 ist das Gesetz vom 17. Januar 1820, obgleich es ganz gewiß im Anschütz'schen Sinne keine Rechtsnorm und kein Gesetz ist, da es weder die Rechte der Privatpersonen unter einander noch zum Staate festsetzt, als Gesetz bezeichnet. Die Verfassung hat danach über das, was 1820 Gesetz war, eine andere Vorstellung, als Anschütz.

Art. 60 ist belanglos. In Art. 61 lautet der letzte Absatz: „Die näheren Bestimmungen über die Fälle der Verantwortlichkeit, über das Verfahren und über die Strafen werden einem besonderen Gesetze vorbehalten" — auch hier bedeutet Gesetz einen gemäß Art. 62 zu Stande gekommenen Akt, zugleich allerdings auch ein Stück Arbeitsprogramm.

Wir gehen zu Art. 62 über:

„Die gesetzgebende Gewalt wird gemeinschaftlich durch den König und durch zwei Kammern ausgeübt.

Die Uebereinstimmung des Königs und beider Kammern ist zu jedem Gesetz erforderlich.

Finanzgesetz-Entwürfe und Staatshalts-Etats werden zuerst

der zweiten Kammer vorgelegt. Letztere werden von der ersten Kammer im Ganzen angenommen oder abgelehnt."

Der erste Absatz ist aus der belgischen Verfassung übersetzt. So wenig wie dort die Worte pouvoir législatif einen materiellen Sinn bedeuten, insbesondere nicht „rechtsetzende Gewalt", ebenso wenig können sie durch ihre Uebertragung in's Deutsche einen anderen Sinn gewonnen haben, zumal eine solche Sinnesveränderung von keiner Seite bemerkt oder erwähnt worden ist. Die einzige Begriffsbestimmung, die im Landtage gegeben wurde, ist vielmehr genau die gleiche wie im belgischen Recht, höchste Gewalt, Gewalt, höchste, unbedingt verbindliche Normen aufzustellen, — die des Berichterstatters Broicher zu Art. 106. Man sollte meinen, daß diese beiden so oft von mir betonten Sätze irgendwo angezogen oder widerlegt wären. Keineswegs, was man nicht widerlegen kann, schweigt man todt und sieht es für belanglos an. Aber wenn man selbst das belgisch-französische Recht bei Seite läßt, so bedeutet Gesetz und Gesetzgebung im absoluten Staate Preußen keineswegs „Rechtsnorm schlechtweg" oder „Rechtsetzung" noch weniger „Norm, die die Rechte der Privatpersonen unter einander oder zum Staate regelt," auch nicht Norm, „die eine Veränderung in den Rechten der Person oder der Eigenthumsverhältnisse zum Gegenstande hat," sondern Anordnung der höchsten, der königlichen Gewalt, unbedingt verbindliche Anordnung. Wenn nun Absatz 2 fortfährt, die Uebereinstimmung des Königs und beider Kammern ist zu jedem Gesetze erforderlich und ausreichend, so ist damit ausgesprochen, daß nicht die Kammern die Gesetze zu geben und der König sie nur zu bestätigen habe, noch daß die Mehrheit der drei gesetzgebenden Faktoren (also zwei) zum Zustandebringen eines Gesetzes genüge, noch endlich, daß ein drei Mal von beiden Kammern angenommener Gesetzesvorschlag ohne die königliche Sanktion Gesetz werde, sondern, daß jeder der drei Faktoren jedem Gesetze zustimmen müsse. Absatz 2 stellt sonach, wie ich bereits im Verordnungsrecht und zuerst dargethan habe, keine Tautologie dar, wie solche von Laband, Schulze u. s. w. in ihm gefunden ist. Daß in Abs. 2 im Verhältniß zu Abs. 1 nicht eine Tautologie liegt, giebt auch Anschütz S. 29, 30 zu.[1]) Die Tautologie soll in Abs. 1 nach Anschütz liegen. Ich würde

---

[1]) In einer Weise, daß man glauben sollte, er, Anschütz, habe diese Thatsache entdeckt und nicht ich längst vor ihm.

nun, wenn ich Anschütz wäre, schon um nicht meinerseits den Vorwurf des Plagiats auf mich zu laden, gesagt haben: „Allerdings ist Arndt darin Recht zu geben, daß die von Laband behauptete Tautologie nicht in dem Nebeneinander von Abs. 1 und Abs. 2 zu finden ist; gleichwohl verdient die Arndt'sche Beweisführung keine Zustimmung, weil schon aus Fassung und Inhalt des ersten Absatzes des Art. 62 sich der materielle Gesetzesbegriff ergiebt." Anschütz hat aber doch noch ein gewisses Gefühl für das, was zu sagen gewesen wäre, deshalb wehrt er sich mit einem Hiebe, in dem sich seine Dankbarkeit zeigen soll; er giebt sich in Anm. 59 den Anschein, als ob ich jemals bestritten oder ignorirt hätte, daß Abs. 1 bereits im Regierungsentwurfe oder schon im Entwurfe der Nationalversammlung enthalten gewesen wäre. Das kann er aber doch selbst nicht glauben, noch weniger kann er verlangen, daß ihm dies ein Anderer glaubt. Das Wort „nun" an der von ihm angezogenen Stelle bezieht sich auf den ganzen Gedankengang vom „in Art. 62 Abs. 1 bis auf „werden kann" in S. 160. Was ist diese unsachliche und persönliche Bemerkung von Anschütz anders als ein neuer Ausfluß seines durch Wohlwollen ungetrübten Gerechtigkeitsgefühls?

Scheidet Satz 2 in Art. 62 aus, der die Tautologie darstellen sollte, so ist damit der Mantel gefallen, in den sich die herrschende Theorie bisher einhüllte; denn in Satz 1 wird sie, nachdem der Sinn der gleichlautenden belgischen Vorschrift und der Sinn des Wortes Gesetz im absoluten Preußen festgestellt sind, auch kein noch ungeschärfter juristischer Blick mehr finden.

Anstatt, daß so viel Mühe von Anschütz verwandt wurde, mir eine unbegrenzte Dummheit und Frivolität zuzuschreiben; denn die eine wäre so groß wie die andere, wenn ich nicht den Regierungsentwurf oder den Entwurf der Nationalversammlung kennen (bezüglich des Art. 62) würde, wäre es die Pflicht Jedes gewesen, der Anspruch auf Objektivität macht, seinen Lesern vorzuführen, wie ich u. A. in meinem Kommentar zur preußischen Verfassung oder im Archiv für öffentliches Recht den Art. 62 ausgelegt habe. Ehe man ein so schweres Verdikt wie Anschütz über mich fällt, muß man doch erst sagen, was der Delinquent denn eigentlich gesagt hat. Doch sapienti sat!

Daß im dritten Absatze des Art. 62 „Finanzgesetz-Entwürfe" nicht Entwürfe zu irgend welchen Rechtsnormen, sondern zu

Akten von einer gewissen Form, nämlich zu Akten der höchsten Staatsgewalt gemeint sind, ist unbestreitbar.

Art. 62 bedeutet hiernach, um das zu wiederholen: die Gewalt, unbedingt verbindliche (höchste) Anordnungen zu geben (oder die höchste Gewalt) wird (nicht mehr, wie bisher, vom Könige allein) sondern (nur noch) gemeinschaftlich durch den König und durch zwei Kammern ausgeübt. Die Uebereinstimmung des Königs und beider Kammern ist zu jedem Gesetze erforderlich (es ist nicht etwa die Mehrheit der drei Faktoren oder die dreimalige Annahme durch zwei dieser Faktoren genügend). Finanzgesetz-Entwürfe und Staatshaushalts-Etats werden zuerst der zweiten Kammer vorgelegt."

Art. 63: „Nur in dem Falle, wenn die Aufrechterhaltung der öffentlichen Sicherheit, oder die Beseitigung eines ungewöhnlichen Nothstandes es dringend erfordert, können, insofern die Kammern nicht versammelt sind, unter Verantwortlichkeit des gesammten Staatsministeriums Verordnungen, die der Verfassung nicht zuwiderlaufen, mit Gesetzeskraft erlassen werden." — Gesetzeskraft heißt nicht mit Kraft einer Rechtsnorm, zumal es ja Nothverordnungen giebt (z. B. Fall des Art. 103), in denen man keine Rechtsnormen sieht oder doch nicht zu sehen glaubt, sondern mit Kraft einer von der höchsten Stelle, einer von den gesetzgebenden Körperschaften, erlassenen Vorschrift.

Art. 64: „Dem Könige, sowie jeder Kammer, steht das Recht zu, Gesetze vorzuschlagen" — heißt das irgendwelche Rechtsnormen oder Akte der höchsten Staatsgewalt? Abs. 2: „Gesetzvorschläge, welche durch eine der Kammern oder den König verworfen worden sind, können in derselben Sitzungsperiode nicht wieder vorgebracht werden" — heißt das Vorschläge für irgendwelche Rechtsnormen oder für Akte gemäß Art. 62 der Verfassung?

Besonders hervorzuheben ist, daß die Art. 62, 63, 64, die von der gesetzgebenden Gewalt handeln, unter dem Titel „von den Kammern" stehen, womit gleichfalls klar ausgedrückt ist, daß es sich um einen formellen Begriff, nämlich um solche Akte der Staatsgewalt handelt, die nur mit vorheriger (oder nachfolgender) Zustimmung der Kammern Geltung erhalten (oder bewahren).

Art. 65 der Verfassung vom 31. Januar 1850 unter d) „die erste Kammer besteht u. A. aus 90 Mitgliedern, welche in Wahlbezirken, die das Gesetz feststellt — nach Maßgabe des Gesetzes gewählt werden.“ Immer wieder Gesetz im formellen Sinne, nicht schlechtweg Rechtsnorm!

Art. 65—68 (Ges. v. 7. Mai 1853): „Die Erste Kammer wird durch Königliche Anordnung gebildet, welche nur durch ein mit Zustimmung der Kammer zu erlassendes Gesetz abgeändert werden kann“ — Gesetz hier wieder und unzweifelhaft nicht schlechtweg Rechtsnorm, sondern formeller Begriff.

Art. 69 — „Die Wahlbezirke werden durch das Gesetz festgestellt“ — Gesetz ist hier nicht schlechtweg Rechtsnorm und jedenfalls ein formeller Begriff.

Art. 70, 71 sind ohne aktuelle Bedeutung, wie für unsere Frage belanglos. Abs. 2 in Art. 72: „Das Nähere über die Ausführung der Wahlen bestimmt das Wahlgesetz“, womit doch nur ein gemäß Art. 62 zu Stande kommender Staatsakt gemeint ist.

Art. 73: „Die Legislaturperiode des Hauses der Abgeordneten dauert drei (jetzt fünf) Jahre“ heißt das, die Periode, Rechtsnormen irgend welcher Art aufzustellen oder Akte der höchsten Staatsgewalt, Akte gemäß Art. 62? Die Antwort kann nicht zweifelhaft sein.

Das Wort „Legislaturperiode“ wiederholt sich in Art. 75.

Die Art. 76 bis 81 sind für unsere Frage belanglos; sie enthalten wie die übrigen als belanglos bezeichneten Artikel nicht das Wort Gesetz oder Gesetzgebung.

Art. 85: „Die Mitglieder der zweiten Kammer erhalten aus der Staatskasse Reisekosten und Diäten nach Maßgabe des Gesetzes“ — daß auch hier ein Akt im Sinne des Art. 62, nicht schlechtweg Rechtsnorm gemeint ist, liegt auf der Hand.

Art. 86 soll Gegenstand einer besonderen Betrachtung werden.

Art. 87 Abs. 2: „Sie (die Richter) können nur durch Richterspruch aus Gründen, welche die Gesetze vorgesehen haben, ihres Amtes entsetzt oder zeitweise enthoben werden. Die vorläufige Amtssuspension, welche nicht Kraft des Gesetzes eintritt, und die unfreiwillige Versetzung in eine andere Stelle oder in den Ruhestand können nur aus den Ursachen und unter den Formen, welche im Gesetze angegeben sind, und nur auf Grund eines richterlichen Beschlusses erfolgen.“ Im absoluten Preußen und gemäß dem Gesetze vom 5. Juni 1823 bedurfte es dazu nicht der Anhörung der Stände. Zwar handelt es sich um Rechtsnormen, um objektives Recht, um erzwingbare Regeln für das Leben im Staate, um revisibele Rechtsnormen, um Normen, die nicht bloß der Richter, sondern und gerade zumeist der Bürger wegen gegeben sind, um deren Sicherheit zu schützen, um Normen, welche eine unparteiische und unabhängige Rechtsprechung sichern sollen — um Rechtssätze im eminentesten Sinne. Aber es handelt sich nicht um allgemeine Rechtssätze im Sinne des Gesetzes vom 5. Juni 1823 und des Patents vom 3. Februar 1843 bezw. VII § 2 der bayrischen Verfassung. Die Worte „Gesetze" in Art. 87 sind hiernach absolut unerklärlich, wenn man sie im Sinne der herrschenden Theorie auslegt, nur verständlich im Sinne der Enumerationstheorie; so z. B. verbietet die Verfassung nicht die unfreiwillige Versetzung an eine andere Stelle bei nicht richterlichen Beamten — folglich ist solche Versetzung statthaft.

Art. 88: „Den Richtern dürfen andere besoldete Staatsämter fortan nicht übertragen werden. Ausnahmen sind nur auf Grund eines Gesetzes zulässig" — hier ist Gesetz wieder ein formeller Begriff. Nicht richterlichen Beamten können besoldete Nebenämter übertragen werden, wieder Enumerationstheorie!

Art. 89: „Die Organisation der Gerichte wird durch das Gesetz bestimmt" — auch hier handelt es sich um einen formellen Begriff und einen Beweis für die Enumerationstheorie; denn aus der Nichterwähnung z. B. der Regierungen, Eisenbahndirektionen, Oberpostdirektionen, Oberbergämter, Bauinspektionen u. s. w. ergiebt sich, daß deren Organisation nicht durch Gesetz geregelt zu werden braucht. Die Organisation der Gerichte betrifft Rechtssätze zum Schutze und im Interesse der bürgerlichen Freiheit, einer unbefangenen und unparteiischen Rechtspflege — revisibele Rechtsnormen; also Art. 89 überflüssig bei Zugrundelegung der herrschenden Theorie und nur erklärlich, wenn die entgegenstehende angenommen wird.

Dasselbe muß für die folgenden Artikel gelten. Art. 90: „Zu einem Richteramt darf nur der berufen werden, welcher sich zu demselben nach Vorschrift der Gesetze befähigt hat". Art. 91: „Gerichte für besondere Klassen von Angelegenheiten, insbesondere Handels- und Gewerbegerichte, sollen im Wege der Gesetzgebung an den Orten errichtet werden, wo das Bedürfniß solche erheischt. Die Organisation und Zuständigkeit solcher Gerichte, das Verfahren bei denselben, die Ernennung ihrer Mitglieder, die besonderen Verhältnisse der letzteren und die Dauer ihres Amtes wird durch das Gesetz festgestellt." Immer wieder Enumerationstheorie! Andere Beamte, z. B. Lehrer, können nach Vorschrift königlicher Verordnungen als befähigt erklärt werden; die Einrichtung und Organisation von Eisenbahnbeiräthen u. s. w. kann durch Verordnung geregelt werden.

Art. 93: „Die Verhandlungen vor dem erkennenden Gerichte in Civil- und Strafsachen sollen öffentlich sein. Die Oeffentlichkeit kann jedoch durch einen öffentlich zu verkündenden Beschluß des Gerichts ausgeschlossen werden, wenn sie der Ordnung oder den guten Sitten Gefahr droht. In anderen Fällen kann die Oeffentlichkeit nur durch Gesetze beschränkt werden." Hier bedeutet „Gesetze" einmal, daß der Verordnungsweg ausgeschlossen, während er für das Verfahren vor anderen Behörden zugelassen und sodann, daß das einfache Gesetz (kein Verfassungsgesetz) nöthig ist.[1])

Für Art. 94 gilt, was für die Art. 90, 91 gesagt ist: „Bei Verbrechen erfolgt die Entscheidung über die Schuld des Angeklagten durch Geschworene, insoweit ein mit vorheriger Zustimmung der Kammer erlassenes Gesetz nicht Ausnahmen bestimmt. Die Bildung des Geschworenengerichts regelt das Gesetz." Ebenso in Art. 95: „Es kann durch ein mit vorheriger Zustimmung der Kammern zu erlassendes Gesetz ein besonderer Gerichtshof errichtet werden, dessen Zuständigkeit die Verbrecher des Hochverraths und diejenigen Verbrechen gegen die innere und äußere Sicherheit des Staats, welche ihm durch das Gesetz überwiesen werden, begreift" — ähnlich ist es mit dem ursprünglichen Art. 95 (der jetzige beruhte auf Gesetz vom 21. Mai 1852).

Art. 96: „Die Kompetenz der Gerichte und Verwaltungsbehörden wird durch das Gesetz bestimmt. Ueber Kompetenzkonflikte zwischen den Verwaltungs- und Gerichtsbehörden entscheidet ein durch das Gesetz bezeichneter Gerichtshof". Dieser Artikel bezieht sich auf die Grenzscheidung zwischen Gerichten auf der einen und Verwaltungsbehörden auf der anderen Seite (Arndt, Komm. S. 227), nicht auf die Kompetenz der Verwaltungsbehörden an und für sich. Letztere kann also, da der Verfassung die Enumerationstheorie zu Grunde liegt, im Verordnungswege geregelt werden und wird so geregelt, soweit nicht Spezialgesetze entgegenstehen. Art. 96 ist daher nur bei Zugrundelegung der Enumerationstheorie verständlich.

---

[1]) Für die Verfassung bestand um so mehr Anlaß, den Gesetzesweg vorzuschreiben, weil das Ges. v. 17. Juli 1846 (G.S. 1846 S. 267), das für den Kammergerichtsbezirk mündliches und öffentliches Verfahren in Strafsachen einführte, ohne Zustimmung der Stände ergangen war.

Art. 97: „Die Bedingungen, unter welchen öffentliche Civil- und Militärbeamte wegen durch Ueberschreitung ihrer Amtsbefugnisse verübter Rechtsverletzungen gerichtlich in Anspruch genommen werden, bestimmt das Gesetz." Auch hier handelt es sich um Rechtsnormen, gegeben oder zu geben im Interesse der allgemeinen und der bürgerlichen Freiheit, handelt es sich um revisibele Rechtsnormen; also ist Art. 97, wenigstens soweit er hier citirt ist, für die herrschende Theorie unerklärlich und nur für die Enumerationstheorie verständlich. Nebenher enthält der Artikel ein Arbeitsprogramm.

Art. 98: „Die besonderen Rechtsverhältnisse der nicht zum Richterstande gehörigen Staatsbeamten, einschließlich der Staatsanwälte, sollen durch ein Gesetz geregelt werden." Daß es sich hier um Rechtsnormen handelt, ist klar, trotzdem ist ein Gesetz erfordert, da die Enumerationstheorie der Verfassung zu Grunde liegt. Zu beachten bleibt zu Art. 98 wie dem vorhergehenden, daß das Beamtenrecht im Sinne des Ges. v. 5. Juni 1823 wie der bayerischen Verfassung nicht Gegenstand eines „allgemeinen" Gesetzes ist und aus diesem Grunde der Zustimmung bezw. Anhörung der Stände nicht bedurfte bezw. bedarf. Auch in Art. 98 ist nebenher ein Arbeitsprogramm zu finden.

Art. 99: „Alle Einnahmen und Ausgaben des Staats müssen für jedes Jahr im Voraus veranschlagt und auf den Staatshaushalts-Etat gebracht werden. Letzterer wird jährlich durch ein Gesetz festgestellt." Hier gesteht Jedermann zu, daß „Gesetz" ein gemäß Art. 62 zu Stande kommender Akt ist. Gesetz kann in Art. 99 nichts Anderes bedeuten wie in jedem anderen Artikel: höchster Staatswille, höchster Staatsakt, Staatsakt, der unter Zustimmung der Kammern zu Stande kommt. Es ist gar nicht denkbar, daß die Verfassung — und zumal ganz stillschweigend — mit dem Worte „Gesetz" einen verschiedenen Sinn, bald den formellen bald den materiellen, verbindet, Gesetz heißt stets höchster Staatsakt. Das Etatsgesetz bestimmt, was es thatsächlich ausspricht, nämlich die Feststellung des Etats, die Veranschlagung der Einnahmen und Ausgaben. Es ist kein Verwaltungsakt im Gesetzesgewande, sondern ein Gesetz, in dem nur die Veranschlagung und Feststellung der Einnahmen und Ausgaben, nicht aber z. B. der Satz ausgesprochen ist, daß nur die Einnahmen und alle die Einnahmen auch erhoben werden dürfen, oder daß alle Rechte und Pflichten des Staates zu seinen Gläubigern und Schuldnern sich nach dem

Etatsgesetze richten. Aber auch das Etatsgesetz enthält Rechtsnormen; da es z. B. die Einnahmen für ein bestimmtes Jahr feststellt, sollen sie nicht willkürlich, um ein Plus für spätere Zeiten zu haben, in diesem Jahre unerhoben bleiben, oder für spätere Zwecke reservirt werden. Die Ausgaben sollen nicht früher und nicht später geleistet werden u. s. w.[1]) Jedenfalls ist Gesetz im Sinne des Art. 99 ein formeller Begriff und hierauf kommt es für unsere Beweisführung an.

Art. 100: „Steuern und Abgaben für die Staatskasse dürfen nur, soweit sie in den Staatshaushalts-Etat aufgenommen oder durch besondere Gesetze angeordnet sind, erhoben werden". Daß Steuer- und Abgabengesetze Rechtsnormen enthalten, ist luce clarius; also auch, daß Art. 100 der herrschenden Theorie ein superfluum sein muß. Die Erwähnung der Abgaben neben den Steuern ist darauf zurückzuführen, daß unter Abgaben z. B. auch Zölle begriffen werden, welche man im absoluten Staate, Preußen, Bayern u. s. w. nicht zu den Steuern zählte und daher nicht den Ständen zur Begutachtung vorlegte.[2])

Art. 101 ist belanglos; er spricht nur von der bestehenden Steuergesetzgebung.

Art. 102: „Gebühren können Staats- oder Kommunalbeamte nur auf Grund des Gesetzes erheben." Auch hier hat Gesetz formelle Bedeutung. Das Gleiche gilt für Art. 103: „Die Aufnahme von Anleihen für die Staatskasse findet nur auf Grund eines Gesetzes statt. Dasselbe gilt von der Uebernahme von Garantien zu Lasten des Staates."

Art. 104 Abs. 3: „Ein besonderes Gesetz wird die Einrichtung und die Befugnisse der Ober-Rechnungskammer bestimmen" — auch hier ist Gesetz im formellen Sinne zu verstehen, nebenher liegt ein Arbeitsprogramm vor.

Art. 105: (jetzige Fassung). „Die Vertretung und Verwaltung der Gemeinden, Kreise und Provinzen des Preußischen Staates wird durch besondere Gesetze geregelt." Auch hierbei handelt es sich um Rechtsnormen, schon weil diese Gesetze Strafverordnungsrechte, Besteuerungsrechte, Gemeindewahlrechte, das Gemeindebürgerrecht u. s. w. regeln und regeln sollten. Wiederum bedeutet Gesetz im

[1]) Arndt, Komm. zu Art. 99 S. 245.

[2]) So ist die Besteuerung des Rübenzuckers ohne Zustimmung der Stände in Preußen eingeführt worden.

heutigen Art. 105 wie auch im ursprünglichen Art. 105 einen formellen Begriff.

Art. 106: „Gesetze und Verordnungen sind verbindlich, wenn sie in der vom Gesetze vorgeschriebenen Form bekannt gemacht worden sind“, Gesetze und Verordnungen, d. h. mit und ohne Zustimmung der Kammern zu Stande gekommene Akte der Staatsgewalt. Gesetz ist hier unzweifelhaft im formellen Sinne gebraucht. Auch bedeutet diese Vorschrift, daß die Form, in der Gesetze und Verordnungen bekannt zu machen sind, fortan nur durch Gesetz bezw. auf Grund, gemäß Gesetz (Gesetz im formellen Sinne) bestimmt werden soll. Insbesondere bedeutet Art. 106 nicht: Rechtsnormen und Verordnungen sind nur verbindlich u. s. w.

Art. 107: „Die Verfassung kann auf dem ordentlichen Wege der Gesetzgebung abgeändert werden“, d. h. doch nicht schlechthin im Wege der Rechtsetzung, sondern gemäß Art. 62 der Verfassung.

Art. 108 ist ohne Belang.

Art. 109: „Die bestehenden Steuern und Abgaben werden forterhoben und alle Bestimmungen der bestehenden Gesetzbücher, einzelner Gesetze und Verordnungen, welche der gegenwärtigen Verfassung nicht zuwiderlaufen, bleiben in Kraft, bis sie durch ein Gesetz abgeändert werden.“ Dieser Artikel ist bekanntlich durch Zusammenziehung der beiden folgenden Sätze entstanden (Arndt Komm. zu Art. 109): 1. die bestehenden Steuern und Abgaben werden forterhoben, bis sie durch ein Gesetz abgeändert sind. Daß hier Gesetz nicht Rechtsnorm, sondern einen, gemäß Art. 62 zu Stande kommenden Akt bedeutet, ist luce clarius, ebenso, daß Steuergesetze wie Abgabengesetze Rechtsnormen sind. Folglich ist diese Vorschrift für die herrschende Theorie ein superfluum, geradezu sinnlos. Der zweite Satz bedeutet: die geltenden Gesetzbücher, Gesetze und Verordnungen bleiben bestehen, bis sie, soweit Solches die heutige Verfassung fordert, durch Gesetz und, wo dies die Verfassung nicht fordert, in der gehörigen Weise (Königliche Verordnungen nur durch den König, ministerielle nicht durch eine Provinzialbehörde u. s. w.) geändert sind. Jedenfalls heißt der Schlußsatz nicht: bis sie durch irgendwelche Rechtsnorm abgeändert werden. Darum hat man sich viele Wochen in beiden Kammern und außerhalb derselben mit dem größten Aufwand von Geist, Wissen, Kraft gestritten, ob zur Abänderung der bestehenden Steuern und Abgaben alle drei Faktoren der Gesetzgebung nöthig sind oder ob es genügt zur

Außerhebungsetzung oder Verminderung, wenn auch nur ein Faktor (z. B. das Abgeordnetenhaus) Solches fordert. Wenn irgendwo, so hat Gesetz in Art. 109 den formellen Sinn.

Im Uebrigen verweise ich auf mein Verordnungsrecht S. 220 f. und meinen Kommentar S. 271 mit dem Bemerken, daß ich noch später auf den Art. 109 beim Unterrichtswesen zurückkommen werde. An dieser Stelle interessiren bei Art. 109 nur die nach der Verfassung ergehenden Gesetze.

Art. 110: „Alle durch die bestehenden Gesetze angeordneten Behörden bleiben bis zur Ausführung der sie betreffenden organischen Gesetze in Thätigkeit." Daß die bestehenden Gesetze nicht bloß solche sind, welche im Anschütz'schen Sinne die Rechte der Privatpersonen unter einander oder zum Staate betreffen, oder solche, welche Gesetze im Sinne Nr. 2 des Gesetzes vom 5. Juni 1823 sind; z. B. die V. v. 27. Okt. 1810 (G. S. 3), Instruktion v. 23. Okt. 1817 (G. S. 248) u. s. w. ist klar; ebenso daß der Anschütz'sche Gesetzesbegriff für die vorkonstitutionelle Theorie eine geistreiche Idee dieses Gelehrten und keine Realität ist. Was die organischen Gesetze anlangt, die in Art. 110 beregt sind, so sind darunter nicht organische Rechtsnormen, sondern organische Staatsakte in der Form des Art. 62 der Verfassung gemeint.

Art. 111 (Schluß): „Das Nähere (über Außerkraftsetzung von Verfassungsvorschriften für den Fall eines Krieges oder Aufruhrs) bestimmt das Gesetz." Daß es sich hier um Rechtsnormen handelt, ist klar; also auch, daß die Verfassungsvorschrift für die herrschende Theorie ein unerklärliches superfluum!

Art. 112: „Bis zum Erlaß des im Art. 21 vorgesehenen Gesetzes bewendet es hinsichtlich des Schul- und Unterrichtswesens bei den jetzt geltenden gesetzlichen Bestimmungen." Das in Art. 26 vorgesehene Gesetz ist ein formelles. Unterrichtsgesetze greifen nach der Ansicht des Gesetzgebers im absoluten Preußen wie in Bayern nicht unmittelbar in die Eigenthums- und Freiheitssphäre der Bürger ein und bedurften also nicht der Anhörung der Stände. Das in Art. 26 vorgesehene Gesetz soll ein Gesetz auch im konstitutionellen Sinne sein, d. h. es soll unter Zustimmung der Stände ergehen.

Auf die Schlußworte in Art. 112 wird später zurückgekommen werden.

Art. 113: „Vor der erfolgten Revision des Strafrechts wird über Vergehen, welche durch Wort, Schrift, Druck oder bildliche

Darstellung begangen werden, ein besonderes Gesetz ergehen." Daß es sich bei diesem besonderen Gesetze um Rechtsnormen handelt, ist unstreitig, also ist Art. 113 für die herrschende Theorie überflüssig; Art. 113 enthält zugleich Arbeitsprogramm wie Kompetenzbestimmung. Wäre er ein Arbeitsprogramm, so würde er das Wort Gesetz nicht zu enthalten brauchen.

Art. 114 ist belanglos.

Art. 115: „Bis zum Erlasse des im Art. 72 vorgesehenen Wahlgesetzes bleibt die Verordnung vom 30. Mai 1849 in Kraft." Das Wahlgesetz ist ein formelles.

Art. 116: „Die noch bestehenden beiden obersten Gerichtshöfe sollen zu einem Einzigen vereinigt werden. Die Organisation erfolgt durch ein besonderes Gesetz." Während, wo die Verfassung schweigt, Organisationen ohne Gesetz ergehen dürfen, ist hier die Gesetzesform vorgeschrieben. — Enumerationstheorie! —

Art. 117: „Auf die Ansprüche der vor Verkündigung der Verfassungs-Urkunde etatsmäßig angestellten Staatsbeamten soll im Staatsdienergesetz besondere Rücksicht genommen werden." Hier ist ein formelles Gesetz gemeint. Im vorkonstitutionellen Preußen war, in Bayern ist noch heute nicht zu jedem Staatsdienergesetz, weil es kein allgemeines Gesetz ist, die Zuziehung der Stände entbehrlich.

Art. 118 ist belanglos.

Art. 119: „Das im Art. 54 erwähnte eidliche Gelöbniß des Königs, sowie die vorgeschriebene Vereidigung der beiden Kammern und aller Staatsbeamten, erfolgen sogleich nach der auf dem Wege der Gesetzgebung vollendeten gegenwärtigen Revision dieser Verfassung." Gesetzgebung ist hier ein formeller Begriff, wie auch die im Verfassungstext geschehene Anziehung von Art. 62 und 108 ergiebt.

Nun kehren wir zurück zu einigen pièces de résistance der Anschütz'schen Theorie den Art. 4, 50 Abs. 5, 54 Abs. 2, 57 der Verfassung!

Art. 4 lautet: „Alle Preußen sind vor dem Gesetze gleich. Standesvorrechte finden nicht statt. Die öffentlichen Aemter sind, unter Einhaltung der von den Gesetzen festgestellten Bedingungen, für alle dazu Befähigten gleich zugänglich." Bekanntlich ist Art. 4 aus der belgischen Verfassung (art. 6) wörtlich übersetzt. Wenn nun „loi" im Urtext ein formeller Begriff ist, so ist schon deshalb anzunehmen, daß er durch die Uebertragung in's Deutsche nicht seinen

Sinn verändert hat. Nicht bloß vor der „loi“ sondern auch vor dem „roi“ sind die Belgier gleich, ebenso vor den Ministern, wie den Provinzial- und Lokalbehörden, vor den höchsten wie den niedrigsten Beamten, vor Lehrern wie vor Exekutivbeamten, vor Generälen wie Sergeanten, vor lois wie vor règlements, vor règlements wie vor jedem act administratif. Mag loi hier mehr als formelles Gesetz bedeuten, in keinem Falle bedeutet es so viel wie Rechtsnorm im materiellen Sinn, wie Anschütz S. 34 meint, d. h. es bedeutet allerdings auch jede Rechtsnorm im materiellen Sinne, aber darüber hinaus, auch jede Verwaltungsnorm im Sinne einer nur für die Behörden gegebenen Vorschrift überhaupt, aber nicht bloß jede Norm d. h. Regel, sondern auch jeden Einzelfall. Für Preußen muß man Art. 4, wie folgt, interpretiren: Wenn die Preußen vor dem Gesetz als dem höchsten, unbedingt verbindlichen Akte der Staatsgewalt gleich seien, so müssen sie dies auch vor jedem minder hohen, bloß bedingt verbindlichen Akte der Staatsgewalt sein; wenn sie selbst vor den gesetzgebenden Körperschaften gleich sein sollen, so müssen sie dies auch sogar erst recht vor den minder mächtigen und untergeordneten Gewalten, z. B. den Ministern, Behörden, Schullehrern, Unteroffizieren u. s. w. sein. Aus Art. 4 der preußischen Verfassung folgt so wenig, wie aus Art. 6 der belgischen Verfassung Etwas gegen den formellen und für den materiellen Begriff. Ja eher lassen sich Folgerungen im umgekehrten Sinne ziehen. Wo Gesetze im formellen Sinne fehlen, schreibt der König die Bedingungen zur Erlangung der Aemter vor, z. B. für Offizierstellen. Hier läßt sich mit Recht behaupten, daß der König an die von ihm selbst erlassenen Bedingungen nicht gebunden ist und Jemanden zum Offizier ernennen kann, auch wenn er das sonst allgemein vorgeschriebene Examen nicht abgelegt hat.

Art. 50 soll nach Anschütz S. 173 den Begriff der Gesetze im materiellen Sinne aus seiner Fassung leuchten lassen: Er bestimmt nämlich: „Dem Könige steht die Verleihung von Orden und anderen mit Vorrechten nicht verbundenen Auszeichnungen zu.“ Die Einschiebung der Worte war, nach Anschütz eine selbstverständliche Konsequenz und ein Abbild der Thatsache, daß der Krone die Macht, Recht zu setzen und also auch Privilegien zu ertheilen, durch die Verfassung entzogen ist.“ Wäre es selbstverständliche Konsequenz,“ warum hat Reichensperger die Worte beantragt und warum haben die Kammern sie eingefügt? Hätte man angenommen, daß der König überhaupt und ganz allgemein keine Rechte mehr setzen könnte, so würden die Worte „mit Vorrechten nicht verbundene Auszeichnungen“ fortgeblieben sein. Der König kann, das besagt Art. 50, Niemandem einen Orden oder eine andere Auszeichnung mit der Wirkung z. B. eines Steuerbefreiungs- oder eines Militärdienstbefreiungsrechtes ertheilen, er kann von Gesetzen im Sinne höchster Staatsakte keine Dispensation oder Befreiung ertheilen, da solche Akte auch den König binden. Wie ist es aber mit den im Verordnungswege erlassenen Normen? Kann der König einer Familie die Auszeichnung ertheilen, daß ihre Söhne kein Einjährig-Freiwilligen-, Abiturientenexamen, kein Oberlehrer- oder Bergassessor- oder Baumeisterexamen zu machen brauchen? Nein, er soll überhaupt keine mit Vorrechten verbundenen Auszeichnungen ertheilen. Die Vorrechte, von denen Art. 50 spricht, beziehen sich nicht bloß auf das, was die Theorie als Rechtsnormen bezeichnet, sondern sind allgemein zu verstehen. Aus Art. 50 läßt sich nach alledem Nichts für den materiellen Gesetzesbegriff ableiten.

Uebrigens sind die Worte „mit Vorrechten nicht verbunden“ nur die Uebersetzung des französischen „sans privilège“. „Il (le Roi) a le droit de conférer des titres de noblesse, sans pouvoir jamais y attacher aucun privilège“ — art. 75 der const. belge. Will man daraus folgern, daß loi in Belgien ein materieller Begriff ist?

Art. 54 Abs. 2. „Er (der König) leistet in Gegenwart der vereinigten Kammern das eidliche Gelöbniß, die Verfassung des Königreichs fest und unverbrüchlich zu halten und in Uebereinstimmung mit derselben und den Gesetzen zu regieren.“ Hier sollen Gesetze jede materielle Rechtsnorm bedeuten; keineswegs, die vom Könige erlassenen Rechtsnormen, die Verordnungen, auch die Rechtsnormen enthaltenden, kann der König jeder Zeit ändern, soweit nicht Spezialgesetze dies hindern; nur die Gesetze als Akte der höchsten, der gesetzgebenden Staatsgewalt soll er nicht allein ändern. Gemäß diesen Gesetzen, an die auch er gebunden ist (nicht gemäß den Verordnungen, die er wieder ändern kann), soll er regieren und dies bildet einen Theil seines Eides.

Das Gleiche gilt für den Eid, welchen gemäß Art. 58 der Regent zu leisten hat auf die Verfassung und die Gesetze, d. h. hier nicht schlechtweg alle und jede Rechtsnorm, sondern nur die unter

Zustimmung der Kammern ergangenen (höchsten, unbedingt verbindlichen) Anordnungen der Staatsgewalt.

Die noch ausgelassenen Art. 48 und Art. 96 sollen später erörtert werden.

§ 7.

Die selbstständige Verordnung und die richterliche Gewalt.

Art. 86 lautet: „Die richterliche Gewalt wird durch unabhängige, keiner anderen Autorität als der des Gesetzes unterworfene Gerichte ausgeübt."

Nach Anschütz S. 105 f. bedeutet dies: „Ausschaltung jeder Dienstgewalt über den Richter in Sachen der Rechtsanwendung, insbesondere der Urtheilsfällung" — „mehr sagt der Art. 86 nicht". Mit anderen Worten, nach Anschütz bedeutet Art. 86 einzig und allein und nicht mehr als das Verbot der Kabinets-Justiz. Wenn dem aber so wäre, warum spricht dies die Verfassung nicht mit dürren Worten aus, warum heißt es nicht in Art. 7: „Niemand darf seinem gesetzlichen Richter entzogen werden. Die Kabinets-Justiz (oder jede Dienstgewalt über den Richter in Sachen der „Rechtsanwendung") ist ausgeschlossen, Ausnahmegerichte u. s. w. Warum ein besonderer Artikel und zumal nicht an der Stelle, wo er stehen müßte, wenn es nur auf den Ausschluß der Kabinets-Justiz dabei ankommen würde! Die so streng juristische und knappe Diktion Waldeck's und der übrigen Mitschöpfer der preußischen Verfassung würden sich gewiß minder schwülstig ausgedrückt haben, wenn sie mit Art. 86 nur den ihm von Anschütz beigelegten Sinn verbunden hätten. Zudem wußte in Preußen Jedermann, was Kabinets-Justiz war, auch daß sie längst der Vergangenheit angehörte,[1]) warum also nicht einfach mit drei Worten sagen, daß Kabinetsjustiz ausgeschlossen ist? Warum bei solcher Verfassungsauslegung neben der Hervorhebung der Unabhängigkeit noch die der Befreiung von jeder anderen Autorität als der des Gesetzes — warum

[1]) Loening, Verwaltungsarchiv II, S. 258, s. ferner K.O. v. 6. Sept. 1815, G.S. 1815 S. 198, G. v. 21. Juli 1846, G.S. 1846 S. 291.

dieser Pleonasmus, diese Tautologie? Gehen wir zunächst auf das belgische und das ältere Recht ein, so zeigt sich Folgendes:

„Partant de l'idée qu'il possédait la plénitude de la souveraineté, sauf les restrictions expressément écrites dans le texte de la loi fondamentale Guilleaume Ier (von Holland) avait signé une multitude d'arretés, qui n'étaient pas tous conformes aux lois et compatibles avec le régime constitutionel", so J. J. Thonissen, la const. belge annotée 2 éd. nr. 490. Also der König von Holland huldigte dem Enumerationsprinzip, wo die Verfassung ihn nicht ausdrücklich beschränkte, legte er sich das Recht des Gebots und Verbots bei. Solche Gebote und Verbote (arrêtés nennt sie Thonissen) waren für Jedermann, auch für die Gerichte, verbindlich. Abgesehen nun von der Vorschrift in Art. 78 „le roi n'a d'autres" u. s. w., ging die belgische Verfassung mit vollem Vorbedacht gegen solche nicht auf loi basirten, nicht „légalement pris" arrêtés durch die Vorschrift in Art. 107 vor: „Les cours et tribunaux n'appliqueront les arrêtés et règlements généraux, provinçaux et locaux, qu'antant qu'ils sont conformes aux lois", d. h. nicht, daß die Gerichte niemals und unter keinen Umständen arrêtés oder règlements anwenden dürfen, sondern, daß sie die, aber auch nur diejenigen, anwenden dürfen und müssen, die „conformes aux lois" sind, d. h. nicht solche, welche aus dem eigenen Rechte des Anordnenden, etwa auf einem gesetzfreien Gebiete, sondern solche und nur solche, welche auf Grund und in Gemäßheit des loi, eines Aktes der höchsten Staatsgewalt, ergehen. Dem loi, dem pouvoir législatif allein ist der Richter unterworfen; da es nun im Belieben des pouvoir législatif steht, ob er seine Anordnung unmittelbar und selbst aufstellen oder mittelbar durch einen Dritten (Delegatar) aufstellen lassen will, so soll auch die einem Akte des pouvoir législatif entsprechende, auf Grund und in Gemäßheit eines solchen ergehende An- und Verordnung aber keine andere und keine weitergreifende — das arrêté légalement pris — vom Gericht zur Anwendung gebracht werden. Dies ist es, wenn man sagt, die Gerichte sind nur der Autorität des Gesetzes unterworfen. Mit dieser Auffassung deckt sich auch das französische Recht: Block, Dict. s. m. règlement administratif nr. 5: „Les règlements administratifs légalement pris sont obligatoires pour les juges" — Des dispositions illégales contenues dans un règlement à côte de dispositions légales m'infirment pas ces dernières." Das règlement légalement pris gilt so gut als loi, wie der Wille des Bevollmächtigten, soweit er sich innerhalb der Vollmacht hält, Wille des Vollmachtgebers ist; daher nannte die belgisch-französische Theorie und Praxis solche den Gesetzen entsprechende, auf Grund der Gesetze erlassene Anordnungen „lois secondaires“.

Gehen wir nun auf das deutsche Recht über.

Daß im absoluten Preußen die Gerichte alle Gesetze, aber nur die Gesetze, d. h. die Königlichen Anordnungen, andere z. B. einer Regierung, nur dann, wenn sich ihre Kraft auf ein Gesetz zurückführte, anzuwenden hatten, ist bekannt. Insbesondere durften ihnen keine Anweisungen vom Justizminister über die Rechtsanwendung ertheilt werden und keine außer vom Könige erlassene Verordnung war vom Richter anzuwenden, außer wenn und soweit sie auf Grund und in Gemäßheit des Gesetzes ergangen war. Der Richter im absoluten Preußen war also gleichfalls nur den Gesetzen unterworfen, beiläufig bemerkt, nicht bloß solchen, die den Ständen zur Begutachtung vorgelegt waren, sondern allen Gesetzen, auch den nicht allgemeinen, auch bloß prozessualen u. s. w., die von den Ständen nicht begutachtet waren. Welcker in v. Rotteck- und Welckers Rechtslexikon unter Gesetz S. 146 bezeugt, daß für die Gerichte dort, wo Stände mit entscheidender Stimme bestanden, nur die mit Zustimmung der Stände erlassenen Vorschriften vollziehbar waren. Seydel bezeugt, daß die rheinpfälzischen Gerichte sich geweigert haben, die vom Könige in Bayern ohne Zuziehung der Stände erlassenen Polizeivorschriften anzuwenden. Ebenso hebt Zöpfl, Grundsätze u. s. w., Heidelberg 1846 S. 336 f., hervor: „In der konstitutionellen Monarchie findet dagegen — das Eigenthümliche statt, daß die von dem Souverain einseitig (d. h. ohne die Stände) erlassenen allgemeinen Verordnungen nur dann für verpflichtend zu erachten sind und namentlich nur dann von den Gerichten als Entscheidungsnormen befolgt und angewendet werden dürfen, wenn sie entweder nur Vollzugs-Verordnungen hinsichtlich der mit den Landständen beschlossenen Gesetze, oder provisorische, durch das Staatswohl dringend gebotene Verordnungen sind“. Mit anderen Worten: communis opinio, allgemeines Postulat der konstitutionellen Lehre war, der Richter soll nicht der selbstständigen Verordnung, er soll nur dem Gesetze oder dem, was Gesetzeskraft hat, der Ausführungs- oder der Nothverordnung, unterworfen sein. Dies bestätigt auch Stahl in seiner zweiten Auflage, er billigt es nicht, aber gesteht zu, daß dies allgemeines Postulat der öffentlichen Meinung sei. In der 3. Auflage, also nach Emanation der preußischen Verfassung, gesteht er zu, daß die öffentliche Meinung auch in diesem Punkte ihren Willen durchgesetzt habe, d. h. also nicht, daß der Richter nicht der Kabinets-Justiz unterworfen sei (das galt als selbstverständlich und war lange vor der Verfassung geltendes, unangefochtenes Recht), sondern daß er der selbstständigen Verordnung nicht unterworfen sein soll, daß er seit der Verfassung nur den mit den Ständen verabschiedeten Gesetzen oder, was dem rechtlich gleichstehe, den gesetzmäßig erlassenen Ausführungsverordnungen und der Nothverordnung mit Gesetzeskraft unterworfen sei. Zulässigkeit des Verordnungsweges und Ausschluß des Rechtsweges werden von ihm, s. w. unten, geradezu identifizirt.

Wir besitzen nun ein autoritatives und unwiderlegliches Zeugniß für den Satz, daß Richter nicht der selbstständigen (wohl aber der Noth-) Verordnung unterworfen sind, in dem Berichte des Centralausschusses der I. Kammer zum Nothverordnungsartikel (Sten. Ber. der I. Kammer 1849 S. 1311 ff.), vor Allem aber in dem der II. Kammer (Sten. Ber. 1849 S. 545). Man hatte gegen die ausdrückliche Aufnahme der Octroirungsbefugniß eingewandt, sie sei unnöthig; denn die Regierung könne wie in England bei Nothfällen auf eigene Gefahr handeln, ohne ausdrückliche Gestattung der Verfassung, und hinterher eine Indemnitätsbill verlangen, man solle aber nicht ausdrücklich der Regierung in der Verfassung selbst das Recht einräumen, Verfassungsverletzungen vorzunehmen. Der Ausschuß der II. Kammer (Vorsitzender Camphausen, Berichterstatter Kühlwetter) sprach sich dagegen für die ausdrückliche Aufnahme aus mit folgender Begründung: Die Majorität war jedoch der Ansicht, daß eine Bestimmung unentbehrlich sei, welche für den Fall einer dringenden Gefahr die Regierung ermächtige, provisorische Verordnungen mit Gesetzeskraft zu erlassen. Solche Fälle seien sehr wohl denkbar; aus der nächsten Vergangenheit könnte namentlich der Fall aufgeführt werden, wo bei dem Aufstand in der Stadt Elberfeld der provisorische Erlaß eines Gesetzes über die Verlängerung der Wechselfristen nöthig geworden sei.[1]) Im Falle des Krieges könne bei nicht versammelten Kammern die Ausfuhr von Kriegsmaterial verboten werden

[1]) D. h. also, die Gerichte würden einer einfachen Verordnung, die die Frist verlängert hätte, keine Folge gegeben haben, die V. v. 7. 5. 49 war Nothverordnung.

müssen.[1]) In diesen und ähnlichen Fällen reiche eine exekutorische Maßregel nicht aus, dann bedürfe es eines Verbots mit Strafandrohung oder der Festsetzung von Strafen, welche die Gerichte gegen die Uebertreter auszusprechen haben, und seien daher solche Verbote nur ausführbar, wenn die provisorische Verordnung Gesetzeskraft erlange.[2]) Beide Kammern, in ihren Mehrheiten, haben sich diesen Ausführungen angeschlossen. Dieser Umstand, daß die Gerichte nicht der Verordnung als solcher, sondern nur der Verordnung mit Gesetzeskraft (also der auf Grund Gesetzes erlassenen und der Nothverordnung) unterworfen sind, erklärt, was Anschütz unerklärlich war, daß und weshalb so viele Nothverordnungen im J. 1849, über anscheinend unerhebliche Dinge ergangen sind, z. B. die Depositalordnung für Gerichte vom 18. Juli 1849 (für andere Behörden, bei denen doch auch deponirt wird und viel mehr, ist das Depositalwesen durch einfache Verordnung geregelt), die Verordnungen vom 2. Januar 1849 über die Aufhebung der Privatgerichtsbarkeit u. s. w., vom 3. Januar 1849 über die Einführung des mündlichen und öffentlichen Verfahrens mit Geschworenen in Untersuchungssachen, vom 18. Dezember 1848 über die bäuerliche Erbfolge in Westfalen, die für Schlesien vom 27. Dezember 1848, die Einführung der deutschen Wechselordnung vom 6. Januar 1848, die vom 9. Februar 1849 über Errichtung von Gewerbegerichten, vom 17. Mai 1849 über die Verlängerung der Zahlungsfristen der Wechsel in Elberfeld, vom 21. Juli 1847 über die Civilprozesse für die Appellationsgerichtsbezirke Greifswald und Ehrenbreitenstein u. s. w.

Und weiter! Diese Verordnungen ziehen, wenigstens theilweise, auch Art. 85 (jetzt Art. 86) der Verfassung an, z. B. die über die Aufhebung der Privatgerichtsbarkeit u. s. w. Was hat das mit dem Ausschluß der Kabinets-Justiz zu thun? Nichts; also muß man doch mit Art. 85, jetzt 86, einen anderen Sinn verbunden haben. Man wollte sagen, obgleich der Richter nur der Autorität des Gesetzes unterworfen ist, so soll er doch dieser Nothordnung unterworfen sein, da dieser Gesetzeskraft auch im Sinne des Art. 85 und 86 beigelegt sei. Es ist dies nicht so aufzufassen, als ob alle Nothverordnungen mit Bezug auf die gerichtliche Anwendung erlassen sind, jedenfalls ist der letztere Umstand in den meisten Fällen

[1]) Die Gerichte würden einfache Verordnungen hierüber unbeachtet lassen müssen.

[2]) S. auch Arndt, im Arch. f. öff. Recht, III S. 448.

allein oder mit die Ursache dafür gewesen, daß die Form der Nothverordnung gewählt ist vor wie nach Erlaß der Verfassung v. J. 1850, so z. B. bei der Verordnung vom 1. Juni 1863 (Presse), 23. Juni 1863 wegen Verhütung des Zusammenstoßens der Schiffe, 20. September 1863 Abänderung des Zolltarifs (Strafen richten sich nach der Höhe des Zolls), 5. Juni 1851 Preßverordnung, 4. Juli 1851 gerichtliche Instanzen für die Hohenzollernschen Lande, 12. Juni 1866, betreffend Verlegung des gesetzlichen Umschlagtermines in Neu- und Vorpommern, 13. Mai 1866, betreffend Verbot der Veräußerung von Geschütztheilen, 12. Mai 1866, betreffend die vertragsmäßigen Zinsen, 10. April 1866, betreffend Abänderung der Tarasätze für Zucker, 6. Juni 1866, betreffend Einführung einer Salzsteuer und Vorschriften über den Verkehr mit Salz im Jadegebiet u. a. m., 12. Juni und 11. Juli 1867 u. s. w.

S. 111 unterstellt mir Anschütz die Behauptung, daß die selbstständige Verordnung Gegenstände betreffe, die nicht unmittelbar zur Anwendung durch den Richter bestimmt seien; vielmehr habe ich, was Anschütz in seinem besonderen Wohlwollen verschweigt, diesen (übrigens jetzt noch zum großen Theile gültigen) Satz eingeschränkt auf die Zeit zur Emanation der Verfassung 1850;[1]) seitdem ist namentlich durch das Gesetz vom 24. Mai 1861 und die Reichsgesetzgebung (Militärpensionsgesetz v. J. 1871 u. s. w.) der Rechtsweg mehrfach ausgedehnt worden. Im Jahre 1850 war nur der Rechtsweg, so weit die selbstständige Verordnung reichte, in der That nicht bloß „gemeinhin“, sondern „schlechthin“ ausgeschlossen. Was die Verordnungen über Gehalt, Pension, Umzugs- und Reisekosten der Staatsbeamten anlangt (Anschütz S. 111), so ist bekannt, daß der ordentliche Rechtsweg über diese erst durch Gesetz vom 24. Mai 1861 gegeben ist, also 1850 ausgeschlossen war. Klagen der aktiven Militärpersonen aus solche Verordnungen sind auch heute noch dem Rechtswege entzogen.[2]) Klagen auf Militärpension, Militärwittwen- und Militärwaisengelder sind in Preußen erst seit 1861, nicht erst seit 1871 zulässig. In allen Fällen war der Rechtsweg zur Zeit der Emanation der Verfassung über Gehalts-, Pensionsansprüche u. s. w. ausgeschlossen, während bis in die siebenziger Jahre die Regelung dieser Ansprüche überall durch

---

[1]) S. u. A. Komm. S. 220.

[2]) Stölzel, Rechtsweg S. 68 f.

einfache, selbstständige Verordnung erfolgte. Die Eisenbahn-Betriebsreglements oder, wie sie jetzt heißen, Eisenbahn-Verkehrsordnungen sind in dem Sinne selbstständige Verordnungen, daß die Staatsgewalt den Eisenbahnen, ohne sich auf eine Gesetzesvorschrift zu stützen, anbefahl, nicht weiter als bis hierher dürft ihr eure Haftung ausschließen, widrigenfalls ich eure Direktoren in Exekutivstrafen nehme oder euch die Konzession entziehe. Hierüber ist den Eisenbahnen der Rechtsweg damals wie heute verschlossen, sie können nicht vor dem Gericht klagen: der Staat schuldig, anzuerkennen, daß „er nicht befugt sei, uns vorzuschreiben, wie weit wir unsere von den obersten Gerichten civilrechtlich seiner Zeit ausdrücklich anerkannte Vertragsfreiheit einschränken dürfen". Sie können nicht klagen, daß der Staat ihren Direktoren die ihnen behufs Aufzwingung der Reglements auferlegten Exekutivstrafen zurückzahle; sie können, falls ihnen wegen fortgesetzten Ungehorsams die Konzession entzogen worden wäre, nicht vor Gericht auf Wiederertheilung der Konzession klagen.

Daß zwischen Eisenbahn und Publikum keine Klagen stattfinden dürfen, habe ich nicht behauptet und steht mit der uns hier beschäftigenden Frage nicht in Zusammenhang.

Ich bin ferner nach wie vor der Ansicht, daß über die Höhe der Post- und Telegraphengebühren in Preußen der Rechtsweg jedenfalls 1850 ausgeschlossen war und erst durch die Gesetzgebung des Norddeutschen Bundes bzw. des deutschen Reiches eingeführt ist. Die Widerlegung der allerdings von einzelnen Stellen [1]) vertretenen gegentheiligen Ansicht würde hier zu weit führen. Desgleichen würde eine Klage wider die Telegraphenverwaltung auf vollen Schadensersatz, auf Ersatz des Interesses wegen unterlassener oder unrichtiger Beförderung eines Telegramms unzulässig sein.

Daß darüber, ob Jemand auf Grund ehrengerichtlichen Erkenntnisses als Offizier entlassen und ob ihm des Erkenntnisses ungeachtet der Gehaltanspruch zustehe, kein Rechtsweg in Preußen offen steht, ist gewiß, ebenso daß der Rechtsweg darüber nicht statthaft ist, ob Jemand zu Recht oder Unrecht militärdisziplinarisch bestraft ist oder ob die Militär-Beschwerde- oder die Militär-Strafvollstreckungs-, die Militär-Transport-Ordnung u. s. w. zu Recht bestehen.

---

[1]) z. B. Sydow, Stölzel, der Rechtsweg und Kompetenzkonflikte S. 278, vgl. auch Erk. des Reichsgerichts v. 25. Nov. in Civils. Bd. 36 S. 287 f.

Wenn Anschütz S. 112 sagt: „Prozesse mit dem Eisenbahn-, Post- und Telegraphenfiskus, bei denen jene Anstaltsordnungen als Maßstab der Interpretation des Parteiwillens zur Anwendung gelangen, sind weder ausgeschlossen, noch sind sie eine Seltenheit", so sind dies Prozesse über ganz andere Gegenstände als solche, die sich auf die Zulässigkeit der selbstständigen Verordnungen beziehen, abgesehen davon, daß hier von „Parteiwillen" gar keine Rede ist. Es war z. B. garnicht der Wille der Eisenbahn, das ihr aufgezwungene Betriebsreglement zu erlassen, ihr Wille war vielmehr, die Haftung ganz anders zu regeln, sie ganz oder fast gänzlich auszuschließen; diesen Willen hat der Staatszwang gebrochen.[1]) Daß aus der den Eisenbahnen aufgenöthigten Verkehrsordnung zwischen Eisenbahn und Publikum Klagerechte entstehen, ist gewiß. Die selbstständige Verordnung hatte zum Gegenstand die staatliche Auferlegung des Reglements den Eisenbahnen, dahin, daß der Staat unter Vernichtung des freien Willens der Eisenbahnen ihnen (nicht dem Publikum) befiehlt: so weit, nicht weiter, dürft ihr eure Haftung ausschließen, ich, der Staat, dulde nicht ferner, daß ihr eure thatsächliche Monopolstellung ausbeutet, daß ihr noch weiter, wie ihr es früher gethan habt, eure Haftung so gut wie gänzlich ausschließt.[2]) Ganz recht hat Anschütz in dem Satze, daß die Universitätsquästur rückständige Kolleghonorare einklagen kann. Darüber ist aber gerichtliches Gehör ausgeschlossen, ob die Kolleghonorare höher oder niedriger sein dürfen, ob z. B. der Minister nicht Maxima oder Minima vorschreiben darf.

Ganz gewiß ist der ordentliche Rechtsweg ex professo darüber ausgeschlossen, ob man seine Kinder wöchentlich 10 oder nur 4 Stunden oder gar keinen Religions- oder Lese- oder Rechen-Unterricht nehmen lassen muß, ob man sie vom Handarbeitsunterricht und überhaupt von den eingeführten Unterrichtsgegenständen fernhalten darf, ob Jemand zu Recht oder Unrecht als Student relegirt oder nicht immatrikulirt ist, ob Jemand die Prüfung nach Maßgabe der Schulregulative bestanden hat u. s. w. Es gab und giebt ex professo keinen Rechtsweg weder über die Schulregulative, noch über

---

[1]) Vgl. Arndt in den Preuß. Jahrb. 1901 S. 302 ff.

[2]) Die Eisenbahnen hatten früher sich dem Publikum gegenüber ausbedungen, daß sie bei Tödtungen nur die Beerdigungs-, bei Verletzungen nur die Kurkosten, bei Verspätung der Lieferung höchstens Erlaß der Fracht, bei Verlust des Frachtgutes nur einen oft ganz kleinen Theil des Werths ersetzen.

die Universitäts- oder Fakultätsstatuten, noch über die Prüfungsordnung für Volksschullehrer, Lehrer an Mittelschulen und Rektoren, noch über die Prüfungsordnung für Lehrerinnen, noch über Lehrordnung und Lehrplan der Schullehrerseminare u. s. w. Hierbei handelt es sich, wie besonders bemerkt werden mag, um Rechtsnormen, erzwingbare Regeln des objektiven Rechts. Der Inhalt der Schulverordnungen greift in die Rechtssphäre der Bürger weit tiefer ein als das ganze B.G.B., und daß Jemand von dem Gymnasium oder der Universität entfernt wird, betrifft seine Rechtssphäre im höheren Maße als wenn er zu 1 Mk. Strafe wegen einer Uebertretung verurtheilt ist, oder ob er mit 24 oder 72 Stunden Frist einen Leihvertrag aufkündigen darf. Desgleichen haben die Verordnungen über Besoldung u. s. w. den Charakter von Rechtsnormen, ebenso gut wie die Gesetze, welche in anderen Fällen das Besoldungswesen und die Gebühren regeln. Ihre Verletzung bildet, seitdem der Rechtsweg zugelassen, einen Revisionsgrund. Nur beiläufig soll die Bemerkung Anschütz erwähnt werden, was dem ordentlichen Richter recht, soll auch dem Verwaltungsrichter, bezw. was dem Reichsgericht billig, soll auch dem Oberverwaltungsgericht recht sein. Das klingt schön. Ich frage, warum nicht auch dem Prisenrichter, dem Militär-, Marinerichter u. s. w.? Und doch liegt keine volle Kongruenz vor. Die Kabinets-Justiz ist allen Gerichten gegenüber ausgeschlossen, das Oberverwaltungsgericht so gut wie das Reichsgericht und die Militär- und Prisengerichte haben nach freier Ueberzeugung und nicht nach Anweisungen zu erkennen. [1]) Und doch bestehen Verschiedenheiten! So z. B. haben die ordentlichen Richter nicht die Nothwendigkeit und Zweckmäßigkeit von Polizeiverordnungen zu prüfen, ein solches Recht ist den Verwaltungsgerichten nicht, wenigstens nicht vollständig, verschlossen. Zweifellos haben die Militär- und die Verwaltungsgerichte alle gültig erlassenen und, soweit solche zulässig sind, auch die selbstständigen Verordnungen anzuwenden. Den belgisch-französischen Richtern ist dagegen (const. belge art. 107) untersagt, andere Verordnungen als légalement pris, d. h. als unselbstständige anzuwenden. Dem Art. 107 entspricht Art. 86 der preußischen Verfassung. Dies ergeben, um dies zu wiederholen, der Wortlaut, das belgische Vorbild und das Anerkenntniß der Kammern bei

---

[1]) Entsch. des O.V.G. Bd. 9 S. 363, wo solches nicht aus Art. 86 der Verf., sondern aus § 1 des Verwaltungsgerichtsges. v. 3. Juli 1875 abgeleitet ist.

der ausdrücklichen und durch die ausdrückliche Verleihung der Octroyirungsbefugniß (Art. 63). Daß Art. 89 und also, da ein Unterscheidungsgrund nicht vorliegt, auch die Art. 86 ff. überhaupt, nur auf die ordentlichen Gerichte, z. B. nicht auf die Prisengerichte, Anwendung findet, hat kein schlechterer Jurist als Pape bei Berathung des Prisenreglements i. J. 1865 vor dem Abgeordnetenhause dargethan.

Hiernach ist der Satz zu wiederholen, daß zur Zeit der Emanation der Verfassung und daß nach deren Vorschrift in Art. 86, wie nach ihrem Vorbild in Art. 107 der const. belge, wie überhaupt nach der damaligen communis opinio, der allgemeinen konstitutionellen Theorie die Gerichte, d. h. also damals die ordentlichen Gerichte nur die mit den Ständen vereinbarten und konform solchen erlassenen oder mit Gesetzeskraft octroyirten Vorschriften anzuwenden hatten.

Nun begreift man, warum die Prisengerichte 1864 und die Marinegerichte in Preußen durch einfache Verordnung eingesetzt sind, während man überall, selbst bei anscheinend minimalen Dingen, Schneeentfernen, kurzer Verlängerung von Wechselfristen, der gerichtlichen Hinterlegung u. s. w., wo man den ordentlichen Richter binden wollte, den Weg der Nothverordnung oder des Gesetzes wählt. Nun begreift man, warum das Allgemeine Landrecht oder ein Prozeßgesetz nicht durch einfache Verordnung aufgehoben oder neu eingeführt worden ist, warum von Beginn der Verfassung an Jedermann zugab, die sog. Rechtsgesetze, d. h. die zur unmittelbaren Anwendung durch den Richter bestimmten Normen, können nicht durch Verordnung geregelt werden (so schon von Daniels 1851).

Aber gesetzt, das Alles sei ebenso falsch wie es zweifellos richtig ist, und es wäre wirklich so, daß nach der Enumerationstheorie das bürgerliche Recht und Theile des Prozeßrechts im Verantwortungswege geregelt werden könnten — was wäre damit bewiesen? Doch höchstens, daß Waldeck und Genossen damals, als die Verfassung berathen wurde, nicht daran gedacht haben, und dies wäre an und für sich ganz erklärlich, weil das Prozeßrecht, soweit es für die Volksfreiheit Bedeutung hatte, ebenso wie das ganze Strafrecht durch die Verfassung dem Verordnungswege entzogen war, im Uebrigen aber Civilrecht und Civilprozeß nicht bloß in Mecklenburg, sondern auch in Preußen damals für absolut gleichgültig vom Standpunkte der bürgerlichen Freiheit und der Politik galten. Man hat öffentliches und mündliches Gerichtsverfahren, Geschworenengerichte, auch sonst Laienmitwirkung in Volksversammlungen und in den Parlamenten gefordert, über den Inhalt des Pacht- und Mieths- oder des Kaufvertrages, über Erb- oder Familienrecht wie über die Rechtsmittelfristen sind nirgends Forderungen auf dem politischen Boden jener Tage erhoben worden.

Wir werden jedoch sehr bald einen weiteren, unanfechtbaren Beweis dafür erlangen, wie Niemand bei Emanation der Verfassung einen Zweifel daran hegte, daß sowohl das Privatrecht, wie das Prozeßrecht durch die Verfassung, und zwar durch deren Hinweis auf den Gesetzesweg, dem Verordnungswege entzogen war. An dieser Stelle soll noch bemerkt werden, daß das Reichsgericht mit dem Art. 86 denn doch noch einen weiteren Begriff verbindet als nur den des Ausschlusses der Kabinets-Justiz, Erk. vom 13. November 1894, Entsch. in Straff. Bd. 26 S. 201, und daß auch sonst, z. B. Schwartz, Komm. zur Preuß. Verfassungsurkunde, in Art. 86 das Verbot der richterlichen Anwendung anderer Normen als Gesetze, „einbegriffen die gesetzmäßig erlassenen Verordnungen“ (S. 249 und 198) und von Rönne erblickt wird.

Ein „Gallicismus“ ist in Art. 86 nicht enthalten, wenigstens nicht in dem Sinne, daß dieser Artikel einem Satze des belgisch-französischen Rechts — etwa dem „les juges ne sont assujettis qu'à l'autorité de la loi“ — nachgebildet wäre. Der Ausschluß der Kabinets-Justiz ergiebt sich für das belgisch-französische Recht — wie übrigens nach preußischem Recht — schon durch die Gewaltentheilung. Art. 86 ist vielmehr korrespondirend mit Art. 107 der belgischen Verfassung, daß der Richter nur Gesetze oder nur gesetzmäßig, d. h. en vertu de la loi, auf Grund eines Aktes der höchsten Gewalt, erlassene arrêtés oder règlements légalement pris anwenden darf. Auch das Wort „Autorität“ korrespondirt dann mit dem „in Gemäßheit des Gesetzes“ und scheint gewählt zu sein, um die auf der Autorität des Gesetzes im Unterschiede von den aus eigenem Rechte der Exekutive ergehenden Vorschriften als für den Richter bindend zu bezeichnen.

Ich möchte noch folgende Beweismittel anführen: Obwohl das belgisch-französische Recht der Verordnung légalement pris den Richter unterstellt, hält sie doch den Satz aufrecht, daß die verbindliche Kraft nur das loi ist, z. B. Ortolan p. 265: „Les contraventions de police ne peuvent avoir d'autre base de répression que la loi." Ebenso war man sich bei Emanation des Gesetzes über die Polizeiverwaltung in Preußen darüber klar: „Auch die Polizeiverordnung fließt aus dem legislativen Recht" (Sten. Ber. der I. Kammer 1849 S. 731). So sagt endlich O. F. C. Oppenhoff zu § 2 R.St.G.B. Anm. 1: „Die Strafe ist gesetzlich bestimmt, wenn sie durch einen in verfassungsmäßiger Weise ergangenen gesetzgeberischen Erlaß oder auf Grund und in Gemäßheit einer gesetzlichen Vorschrift durch eine dazu berufene Behörde angedroht ist."

§ 8.

Ergebniß, Landtagsverhandlungen 1848—1850.

Im Vorstehenden ist festgestellt, daß das Wort „Gesetz" zuweilen auch ein Zukunfts- oder Arbeitsprogramm und zuweilen auch die Statthaftigkeit des einfachen Gesetzes ausdrückt, daß es dagegen in allen Fällen (und in den meisten Fällen nur) den Gesetzesweg, sei es allein, sei es zugleich ausdrückt. Es kommt nun noch darauf an, zu zeigen, daß man bei Beschlußfassung über die Verfassung sich hierüber klar gewesen ist, insbesondere auch darüber, daß die preußische Verfassung bei Annahme der Enumerationstheorie nicht Raum für die Regelung des Privat-, Prozeß-, Konkurs-, Wege-, Wasser-, Freizügigkeits-, Armen-, Kirchen-, Gewerberechts u. s. w. im Verordnungswege gelassen habe. Bekanntlich hat man sich über die Octroyirungsbefugniß, den heutigen Art. 63, Monate lang in den Kommissions- und Plenarverhandlungen gestritten und man darf annehmen, daß diesem Gegenstande die allergrößte Aufmerksamkeit von allen Seiten gewidmet war.

Bei Berathung des Art. 105 der Verfassung vom 5. Dezember 1848 bezw. Art. 63 der heutigen Verfassung beantragte in der II. Kammer Jubel (u. A. mit Simson) am 9. Oktober 1849 die Einschränkung des Nothverordnungsrechts auf die Gegenstände, für welche in der Verfassung nicht besonders ein Gesetz gefordert wird (vgl. Arndt im Archiv für öff. Recht 1889 S. 449 ff.). Darauf wurde erwidert u. A. von Geppert: „Ich glaube, dann bleibt eigentlich Nichts übrig. Wenn Sie die Verfassung durchsehen, so werden Sie die Ueberzeugung gewinnen, daß eine bedeutende Zahl von Gesetzen vom größten Umfange und der größten Verschiedenheit theils in Bezug genommen, theils als nothwendig in Aussicht gestellt ist. Ich würde daher die größte Besorgniß hegen, irgend eine Bestimmung der fraglichen Art (in den Art. 105 jetzt Art. 63) aufzunehmen, wenn wir nicht etwa die Absicht haben, ihn per indirectum in seiner ganzen Wirksamkeit zu vernichten."

Wehmer daselbst: „Was das Amendement Fubel betrifft, so habe ich zu bemerken, daß durchaus eine juristische Subtilität dazu gehören würde, um aus diesem Amendement noch etwas herauszufinden, was dem Ministerium eine Vollmacht gäbe, wenn sie eine Ausnahme-Maßregel zum Besten des Staates ergreifen wollte. Es ist Alles gestrichen."

Daher und darauf wurde der Antrag Fubel abgelehnt. In der I. Kammer bemerkte v. Manteuffel am 3. November 1849 gegen das dem Fubel'schen Antrag entsprechende Amendement Martins (Sten. Ber. I. Kammer 1849 S. 1319): „Soweit ich dem Antrag habe folgen können, den der Abgeordnete Martins gestellt hat, scheint derselbe darauf hinauszulaufen, den Art. 105 illusorisch zu machen." Darauf zog Martins seinen Antrag zurück. Man war also nicht der Ansicht von Anschütz, man sah ein und war sich darüber klar, daß die Verfassung nahezu überall, wenigstens überall, wo es sich um irgend politisch erhebliche Dinge handelt, auf den Gesetzesweg ausdrücklich verweise. Sonst hätte doch einer der vielen Gegner der Octroyirungsbefugniß erwidert: Die Verfassung verweise in vielen Fällen nicht auf den Verordnungsweg und lasse diesen offen, z. B. in Bezug auf das Privatrecht, Civil-, Strafprozeß-, Konkursrecht, Gewerberecht, Wege- und Wasser-, Kirchen-, Heimaths-, Niederlassungsrecht, Bank-, Kreditwesen u. s. w. verweise die Verfassung weder per directum noch per indirectum auf den Gesetzesweg, folglich bleibe hier ein großes Gebiet für die Nothverordnung, auch wenn der Antrag Fubel-Martins angenommen wird. Vielmehr wurde nirgends verabredet noch verkannt, wie so viel und so oft die Verfassung auf den Gesetzesweg hinweist, daß ein gesetzesfreies Gebiet von Bedeutung nicht besteht und damit also für eine Octroyirungsbefugniß nach Annahme dieses Antrages so gut wie kein Raum übrig bleibt. Daß dies Heer von ausgezeichnetsten Juristen, welches in den Kammern war, an das A.L.R., die Prozeßgesetze, Wege-, Wasser-, Gewerbe-, Heimathsrecht, die Wechselordnung u. s. w. denken mußte, ist klar, und doch hat Niemand eingewandt, die Verfassung verweise nicht für deren Aenderung ausdrücklich auf ein Gesetz, folglich könne die Regierung die Wechselordnung auch nach Annahme des Fubel'schen Antrages durch Nothverordnung ändern, wie dies kurz vorher für Elberfeld geschehen war. Man hat auch nicht etwa gesagt: Gesetzgebende Gewalt sei rechtsetzende Gewalt, folglich schließe die Verfassung Art. 62 ohne Weiteres aus, daß durch Nothverordnung eine Rechtsnorm gegeben wurde.

Nun kann gefragt werden, wenn die Verfassung so gut wie überall per directum oder per indirectum auf ein Gesetz verweise, wo bleibt da noch Raum, wo selbstständige Verordnungen? Die Antwort ist leicht: Da, wo die Verfassung wie in Art. 26, 98 auf ein organisches Gesetz hinweist, noch und zwar nur noch bis zum Erlasse dieses Gesetzes; sonst fast nur auf verhältnißmäßig kleinen, für die Octroyirungsbefugniß an sich unerheblichen Gebieten (Militär-, Telegraphen-, ganz kleine Theile des Post- und Eisenbahnrechts). Das eine dieser Gebiete, das Militärrecht, hatte die Krone nur sehr beschränkt dem Gesetzeswege überlassen (Art. 34, 36, 37, 39), die anderen waren vom Standpunkte der zu schützenden Volksfreiheit wenig beachtlich. Was nun die Darstellung der Landtags-Verhandlungen in Bezug auf unsere Frage anlangt, so wird man schwer es Allen recht machen. Schwartz tadelt, daß ich andere Verhandlungen wie zu Art. 62, daß ich insbesondere die zu den beiden Octroyirungsartikeln (Art. 63 und 105) angezogen habe, Anschütz verhängte über mich einen verschärften Tadel, weil ich nicht, auch was von Stahl zu den Verordnungen vom 2./3. Januar 1849 und von Reichensperger über Staatsverträge — also gar nicht zur sedes materiae — gesagt wurde, angezogen habe. Das Beste wird sein, alles irgendwie Belangvolle heranzuziehen, selbstredend also auch, was Stahl und Reichensperger ausgeführt haben.

Ich beginne mit den Worten, die der Appellrath Broicher als Berichterstatter zu Art. 106 (Proposition XIII am 26. Januar 1850), Sten. Ber. der II. Kammer 1849 S. 2119, gesprochen hat:

> „Soweit auch die Meinungen in diesem Hause über die Bedürfnisse der konstitutionellen Staatsform auseinandergehen, darüber ist von keiner Seite ein Zweifel erhoben worden, daß die Trennung der Gewalten der oberste,

wichtigste Grundsatz bei der Gründung eines Verfassungswerkes für diese Form sei. Die Verfassung selbst liefert dafür das beste Zeugniß; diese Verfassung enthält nicht allein die Organisirung der höchsten Gewalten[1]), insbesondere der Gesetzgebenden und der Faktoren, aus welchen sie besteht, sondern sie beschäftigt sich auch mit der Bildung der nothwendigen unteren Organe, welche jene Staatsform nicht entbehren kann. Zu diesen Gewalten, welche der gesetzgebenden Gewalt in einem gewissen Sinne gegenüberstehen, gehört die richterliche Gewalt. M. H.! Sofern man an das Werk geht, die Gewalten, die zunächst die Spitze des konstitutionellen Staatsgebäudes bilden, die drei Faktoren der Gesetzgebung zu organisiren, wird man nothwendig auf das Bedürfniß geführt, die Grenzen derselben von einander abzusondern; diese Absonderung kann aber nur stattfinden, wenn wir die Attributionen, die Befugnisse jeder Gewalt genau festsetzen. Es bedingt also die Trennung der Gewalten und der Organe, die diesen Gewalten zur Seite stehen, nothwendig, daß man die Attributionen der einzelnen Organe festsetze. Die Frage nun, welche der Art. (Proposition) 13 behandelt, betrifft wesentlich das Verhältniß der richterlichen zur gesetzgebenden Gewalt.

Die ganze Bedeutung der gesetzgebenden Gewalt besteht doch nun wohl unstreitig darin, daß die Beschlüsse der drei Faktoren, welche sie bilden, unter allen Umständen als Gesetze gelten. Eine andere davon ganz verschiedene Frage ist natürlich die der Auslegung. Ich glaube also wenigstens das voraussetzen zu dürfen und erwiesen zu haben, daß die ganze und einzige Bedeutung der gesetzgebenden Gewalt darin besteht, daß ihre Beschlüsse unter allen Umständen, wenn sie gehörig publizirt worden sind, als Gesetze anerkannt werden müssen.

Stände es der richterlichen Gewalt zu, die Frage zu

[1]) Broicher erachtet für diese drei höchsten Gewalten die Krone und die beiden Kammern.

untersuchen, ob die von der gesetzgebenden Gewalt gefaßten und gehörig publizirten Beschlüsse verfassungsmäßig, in dem organischen Wege, welchen die Verfassung vorschreibt, auch wirklich zu Stande gekommen sind, stände der richterlichen Gewalt darüber die Cognition zu, so würde daraus nothwendig die Folge abzuleiten sein, daß — die richterliche Gewalt in Betreff der Anwendung der Gesetze als solcher die höchste souveraine Gewalt im Staate sein würde, welcher dann auch das höchste Organ, die gesetzgebende Gewalt, unterworfen sein würde.

Versetzen wir uns wieder auf das konstitutionelle Staatsgebiet, so müssen wir erkennen, daß die drei Faktoren, aus denen die gesetzgebende Gewalt im Staate zusammengesetzt ist, verfassungsmäßig als die höchste Gewalt im Staate anerkannt sind. — — Es leidet daher die Natur des konstitutionellen Staatsprinzips es nicht, daß das höchste Organ, die gesetzgebende Gewalt, der richterlichen Gewalt unterworfen werde.

Darauf sprach der Justizminister Simons das. (S. 2120):

Mit dem — Redner — stimme ich im Wesentlichsten überein.

Nach den Intentionen der Regierung handelt es sich lediglich um Königliche Verordnungen.

Ich bin nämlich der Meinung, daß die Verordnungen, von welchen hier die Rede ist, entweder Ausführungs-Verordnungen sind oder solche Verordnungen, die unter Verantwortlichkeit des gesammten Staats-Ministeriums mit Gesetzeskraft erlassen werden können.[1])

Dies beweist m. Er. auf schlagende und unwiderlegliche Weise, wenn ich diesen Ausdruck in Anspruch nehmen darf, daß nur durch die Festhaltung des Art. XIII der „Königl. Botschaft“ (Art. 106) die Trennung der Gewalten gehörig durchgeführt werden kann.

Der Art. 106 wird darauf von Simson bekämpft, aber mit 171 gegen 157 Stimmen angenommen. S. 2124.

[1]) Daß es andere als diese beiden Arten Kgl. Verordnungen nicht giebt, sagt Simons nicht, mußte aber dem Landtage u. A. aus der Gesetz-Sammlung bekannt sein, diese waren damals, wie Kgl. V. über Tagegelder, Pension, zur richterlichen Anwendung nicht bestimmt, kamen also für Art. 106 nicht in Betracht.

Klarer kann doch nicht zum Ausdruck gebracht werden, daß Gesetz nicht Rechtssatz schlechthin, sondern Anordnung der höchsten Staatsgewalt, also unbedingt, namentlich auch die Gerichte bindende Anordnung und daß Gesetzgebung nicht Rechtssetzung, sondern höchste Gewalt ist, daß Gesetz und Gesetzgebung hiernach nicht materielle, sondern formelle Begriffe sind. Diesen Ausführungen Broichers über Begriff, Wesen und Aufgabe der Gesetzgebung hat Niemand widersprochen. Keiner der vielen Ober-Tribunals- oder Revisionsräthe, keiner der Professoren hat z. B. erwidert, Gesetz sei Rechtsnorm oder Gesetz sei, was die Rechtsverhältnisse der Privatpersonen untereinander oder zum Staate regele, jede revisibele Rechtsnorm, jede Vorschrift, deren Verletzung einen Revisions-, Kassations- oder Nichtigkeitsgrund abgebe.[1]) Dies haben auch nicht die Autoritäten gethan, auf welche sich Anschütz stützt, nämlich Kisker, Stahl und Reichensperger.

Sehen wir zu, was Kisker, Justizminister und Appellations-Gerichtspräsident, gesagt hat! Seine Rede, in der I. Kammer am 29. Januar 1850 gehalten, betraf gleichfalls den heutigen Art. 106 (Proposition XIII). Er sagte nicht, daß er den vor drei Tagen gemachten Ausführungen des Referenten der II. Kammer Broicher und des Justizministers Simons über die Begriffe „Gesetz" und „Gesetzgebung" widerspreche und unter Gesetz schlechtweg Rechtsnorm oder „Rechtsgrundsatz", unter Gesetzgebung „Rechtssetzung" verstehe. Er sagte (Sten. Ber. der I. Kammer S. 2375):

> „Ich frage, von welchen Verordnungen ist denn hier die Rede. Von den octroyirten — oder von den Vollzugs-Verordnungen oder von jedem Königlichen Befehle? Ich glaube, es ist Niemand im Stande, nach der Wortfassung die Frage zu beantworten. Unsere Verfassung und unsere sonstige Gesetzgebung giebt keine Definition von Verordnungen; die Staatsrechtslehrer aber, die lehren und sind darüber einverstanden, daß im Allgemeinen Verordnungen der Gegensatz von Gesetzen sind, daß dahin ohne Theilnahme aller legislativen Gewalten, ohne Mitwirkung von Volksvertretern oder Ständen einseitig erlassene Befehle verstanden werden."

---

[1]) Was heute „Gesetz" im Sinne der C.P.O. oder Str.P.O. heißt, was die Theorie „Rechtsnorm" nennt, wurde damals als „Rechtsgrundsatz" bezeichnet, s. § 4 der Verordnung vom 14. Dezember 1833 (Nichtigkeitsbeschwerde).

Hier halte ich zunächst ein. Kisker sagt also nicht, Gesetz ist Alles, was einen selbstständigen Rechtssatz enthält, Verordnung, was keinen selbstständigen Rechtssatz enthält, sondern Verordnung ist ohne Rücksicht auf den Inhalt Alles, was ohne Theilnahme aller legislativen Gewalten ergeht. Er versteht also nur einen formellen Begriff darunter. Ferner kennt er als Verordnungen, die für Art. 106 in Betracht kommen können, neben den Ausführungs- und Nothverordnungen noch andere, nämlich Königliche Befehle, einseitig ohne Mitwirkung von Volksvertretern erlassene Befehle.

Kisker fährt nun fort:

> „Ihr (der Verordnungen) wesentlicher Charakter ist, daß sie, soweit die Verfassung selbst ihnen nicht ausdrücklich Gesetzeskraft beilegt, soweit sie also nicht octroyirte im Sinne des Art. 105 der Verf.-Urkunde vom 5. Dezember 1848 sind, keine Veränderung im Rechtsstande der Staatsangehörigen bewirken, der Verfassung und den Gesetzen nachstehen."

Daß selbstständige Verordnungen der Verfassung und den Gesetzen (nämlich den Akten der höchsten Staatsgewalt, nicht jeder beliebigen Rechtsnorm) nachstehen, ist selbstverständlich. Was meint nun Kisker damit, daß sie „keine Veränderung im Rechtsstande der Staatsangehörigen bewirken?" Hätte nun Anschütz die preußische Gesetz-Sammlung gelesen, so würde er wissen, was man unter einer Veränderung im Rechtsstande der Staatsangehörigen verstanden hat — nicht z. B. das Indigenat; deshalb Sondervorschrift in Art. 3, nicht z. B. Prozeßgesetze, deshalb Sondervorschriften in der Verfassung, nicht z. B. das Eisenbahnwesen, Post-, Telegraphenwesen, wenigstens nicht jede Norm auf diesen Gebieten. Anschütz identifizirt „Veränderung im Rechtsstande" mit Aenderung des bestehenden „Landesrechts"; das ist aber ganz etwas Anderes. Beamtenbesoldungswesen, Militärdisziplinarrecht, Post-, Telegraphen-, Schul-, Indigenatsgesetzgebung, Civilprozeß-, Strafprozeß-, Eheprozeß-, Konkurs-, Subhastationsverfahren sind Rechtsnormen, und doch verändern sie nicht den Rechtsstand der Staatsangehörigen, jedenfalls nicht unmittelbar oder im Sinne des Ges. v. 5. Juni 1823 und des Februarpatents von 1847. Die Sätze über Thronfolge, Regentschaft u. s. w. verändern auch nicht den Rechtsstand der Staatsangehörigen, gleichwohl sind sie Rechtsnormen. Keinenfalls sagt also Kisker, daß Rechtsnormen irgend welcher Art der Gesetzesform bedürfen. Würde er dies haben sagen wollen, so hätte er dies gewiß gethan. In den Rechtsstand eingreifen im Sinne der damaligen staatsrechtlichen Anschauungen heißt, in die Freiheit der Person und des Eigenthums unmittelbar durch materielle, nicht durch prozessuale Vorschriften eingreifen. Solche Normen können allerdings nur in Gesetzesform ergehen, wie u. A. aus Art. 5 und 9 der preuß. Verfassung hervorgeht. Aber wie auch immer Kisker den Begriff Rechtsstand auffassen mag, das hat er nicht gesagt, was ihm untergelegt wird — Aenderung des bestehenden Landesrechts soll nicht durch eine Verordnung herbeigeführt werden. Ueberdies giebt es viele Rechtsverordnungen, von denen Niemand behaupten wird, daß sie das bestehende Landesrecht abändern, z. B. Telegraphenordnung, Militärdisziplinarordnung, Tagegelderordnungen.

Anschütz S. 139 sagt: „Rechtsstand" status im weiteren Sinne bedeute die subjektiven Rechte der Einzelnen in ihrer Gesammtheit; nicht nur die Privatrechte, „sondern vor Allem die öffentlichen Rechte, die Rechte gegen den Staat, unter ihnen das allgemeine Recht auf Freiheit von gesetzwidrigem Zwange, dieser negative Status, dessen spezifizirte Einzelausgestaltungen die verfassungsmäßigen Grundrechte sind." Wenn in der That Kisker nichts Anderes mit „Rechtsstand" meint, als was „in den verfassungsmäßigen Grundrechten spezifizirt und einzelausgestaltet ist", so ist absolut Nichts vom Standpunkte der Enumerationstheorie dagegen zu sagen; dann bliebe eben der Verordnungsweg offen für alle Rechtsnormen, die nicht in verfassungsmäßigen Grundrechten spezifizirt und einzelausgestaltet sein; dann deckt sich die Kisker'sche Auffassung vollinhaltlich mit der Enumerationstheorie. Anschütz begeht immer wieder den Fundamentalirrthum, daß er Gesetz im Sinne des absoluten Staats (bzw. Rechtsnorm) identifizirt mit einer solchen Vorschrift, welche eine Veränderung in dem Rechtsstande der Staatsangehörigen hervorbringt.

Ich komme nun zu Stahl, rücksichtlich dessen Anschütz mir wiederholt den Vorwurf macht, daß ich seine Rede unterschlagen habe. Mein Verhalten erklärt sich daraus, daß die Rede gar nicht zur Verfassung gehalten wurde, daß Stahl dum loqui potuit atque debuit (mit Recht) vorgezogen hat, seine Theorie über Verordnungen gar nicht vorzutragen, daß ferner die Rede sich über 2000 Seiten entfernt von den bez. Kammerverhandlungen befindet, und, wie ich wiederhole, gar nicht zur Verfassung, sondern zu den Nothverordnungen vom 2. und 3. Januar 1849 gehalten wurde. Uebrigens trage ich die Stelle, da sie gerade das Gegentheil von dem beweist, was Anschütz meint, mit dem größten Vergnügen vor, indeß vollständig unter Beifügung der von Anschütz weggelassenen Sätze. Vorweg ist zu bemerken, daß die genannten Verordnungen vom 2. und 3. Januar 1849 so nahezu das ganze Civil- und Strafprozeßrecht neu regelten, die Patrimonialgerichte aufhoben, Oeffentlichkeit, Mündlichkeit, Geschwornengerichte einführten — nicht für kurze Zeit, sondern als dauernde Institutionen. Schwerlich würde Jemand heute auf den Gedanken kommen, diese tiefgreifende, geradezu fundamentale, auf die Dauer berechnete Aenderung des Landesrechts durch Nothverordnung — d. h. als, wie man sonst meint, provisorische Maßnahme — zu bewirken. Gleichwohl beantragte die Kommission der I. Kammer die verfassungsmäßige Genehmigung, die sowohl von der I. wie von der II. Kammer unter Ablehnung aller entgegenstehenden Anträge, auch schließlich von Stahl ebenfalls, so ertheilt wurde. Auf diese totale Aenderung der Gerichtsverfassung bezieht sich die Rede Stahls (am 21. März 1849, Sten.Ber. der I. Kammer S. 183).

„Ich kann diesen Artikel (105 jetzt 63) nur in einem sehr eingeschränkten Sinne verstehen, wie er bisher — von keinem der früheren Redner bestimmt worden ist. Es ist jener Artikel nicht erst der Verfassung vom 5. Dezember angehörig, sondern er ist in dieselbe übergegangen aus den früheren deutschen Konstitutionen, wo man ihn vielfach findet, und hier hatte man die Absicht, dasjenige, was das konstitutionelle Leben in anderen Staaten, namentlich in England, praktisch zeigt, auch theoretisch und durch das Gesetz festzustellen. Danach scheint mir die Bedeutung des Art. 105 sich nur auf Verwaltungs-Maßregeln zu beziehen, welche ihre Wirkung auf den Rechtszustand erstrecken und daher der Zustimmung des Parlamentes bedürfen, hier aber ausnahmsweise ohne dasselbe gegeben werden sollen, dagegen nimmermehr auf solche Verordnungen, die ihrer prinzipalen Natur nach Gesetze sind, das heißt den Rechtszustand der Bürger dauernd feststellen. So z. B. ist eine Anwendung desselben gegeben bei einer Hungersnoth im Lande, um die Navigations-Akte und die Korngesetze aufzuheben und Getreide einzukaufen, ohne das Parlament zu fragen; denn diese Verschaffung des Getreides ist eine Verwaltungs-Maßregel, oder, wenn es sich darum handelt, bei dem Herannahen der Pest einen Cordon zu ziehen und Jeden, der denselben überschreitet, mit Lebensverlust zu bedrohen. Auch dies ist eine Verwaltungs-Maßregel; aber weil sie das Leben der Staatsbürger betrifft, könnte sie ohne den Art. 105 allein nie erlassen werden. Dagegen glaube ich nicht, daß es der Regierung zukommen kann, z. B. das Erbrecht, die ehelichen Güterverhältnisse hierunter zu ziehen oder Strafgesetze kraft des Art. 105 zu geben, und Aehnliches mehr.“ — —

Man wird Stahl darin beitreten müssen, daß, normale Zeitläufe vorausgesetzt (damals handelte es sich, längst gemachte und acceptirte Zusicherungen, so der Geschworenengerichte, der Beseitigung der Patrimonialgerichtsbarkeit, der Einführung von Oeffentlichkeit und Mündlichkeit, möglichst schnell zur Beruhigung aufgeregter Gemüther ins Leben zu rufen), die Verordnungen vom 2. und 3. Januar 1849 Gegenstände betreffen, die nicht durch Nothverordnung, sondern durch organische Gesetze geregelt werden müßten, obwohl diese Regelung nicht gerade verfassungswidrig war, da s. Z. alle Anträge, Nothverordnungen bei organischen Gesetzen auszuschließen, abgelehnt wurden und nicht in die Verfassung übergegangen sind, der Art. 105 insbesondere Ausnahmen von der Zulässigkeit der Nothverordnungen bei organischen Gesetzen nicht kennt. Jedenfalls kann man dem Stahlschen Grundgedanken im Prinzip nur zustimmen. Was soll aber weiter aus dieser Rede folgen, die auf die einfache Verordnung gar keinen Bezug hat? Stahl bezeichnet es als eine „Verwaltungs-Maßregel“, „wenn es sich darum handelt, bei dem Herannahen einer Pest einen Cordon zu ziehen und Jeden, der denselben überschreitet, mit Lebensverlust zu bedrohen“. Zweifellos ist doch die Bedrohung mit Lebensverlust eine Rechtsnorm im eminentesten Sinne, eine Verwaltungs-Maßregel nur insofern, als sie nicht von der Legislative, sondern der Exekutive ausgeht, eine Verwaltungs-Maßregel im Sinne des règlement administratif, der Verwaltungs-Vorschrift im Sinne Art. 7, 37, 38 der Reichsverfassung, nicht im Sinne der herrschenden Theorie. Stahl versteht also unter einer Verwaltungs-Maßregel einen formellen Begriff und jedenfalls nicht den Gegensatz zu einer Rechtsverordnung. Auch die Suspendirung der Navigationsakte und der Korngesetze, welche Stahl als Verwaltungs-Maßregeln bezeichnet, sind doch Rechtsnormen. Stahl meint, daß Verordnungen, die den Rechtszustand der Bürger dauernd feststellen, ihrer prinzipalen Natur nach Gesetze sein sollten und zweckmäßiger Weise nicht durch Nothverordnungen geregelt werden dürften. Auch diesem Gedanken wird man nur beitreten können. Ja noch weiter, auch solche Verordnungen, die den Rechtszustand der Bürger nur vorübergehend (etwa nur auf ein Jahr oder auch nur einen Tag) feststellen, sind doch auch Rechtsnormen, in Ansehung deren Stahl also gegen den Nothverordnungsweg Nichts einzuwenden hat — wohl aber gegen die einfache, die selbstständige, die nicht auf Art. 105 (jetzt 63) gestützte Verordnung. Auch dies ist richtig. Verwaltungs-Maßregeln, die auch nur vorübergehend Korngesetze oder Navigationsakte suspendiren oder die Lebensverlust androhen, bedürfen der gesetzlichen Form; Ersteres, weil Akte der höchsten Gewalt, Gesetze, nicht durch einfache Verordnung aufgehoben werden können, Letztere aus Art. 8 und 5 der Verfassung. Das Gegentheil hat noch Niemand behauptet. Jede Maßregel, die den Rechtszustand angreift, d. h. unmittelbar in die persönliche Freiheit eingreift, bedarf der Begründung durch Gesetz (Art. 5 in Verbindung mit dem Gesetze vom 25. Juni 1823 und dem Patent vom 5. Februar 1847). Für die Rechtsnormen, die nicht in diesem Sinne in den Rechtszustand eingreifen, fordert Stahl also nicht den Gesetzesweg, weder in dieser Rede noch sonst. Im Gegentheil läßt er die selbstständige Verordnung in einem Umfange zu, der, wie ich meine, viel zu weit gegangen ist. Weit davon entfernt, zu behaupten, daß Rechtsnormen irgend welcher Art nur durch Gesetz oder auf Grund Gesetzes bezw. Nothverordnung zulässig sind, erklärt er solche überall da für statthaft, wo der primäre Zweck einer Anordnung nicht die Gerechtigkeit ist, sondern es sich nur darum handelt, in der bewegten Welt der Thatsachen einen praktischen Erfolg herbeizuführen.

Stahl sagt nämlich, Rechts- und Staatslehre 2. Aufl. 1844 und 1845 II S. 168:

> „Es ergiebt sich hieraus der für das Staatsrecht so wichtige Unterschied zwischen Gesetz und Verordnung — die Verordnungen nämlich, die bloße Akte der Regierungsgewalt sind und deswegen keiner ständischen Zustimmung bedürfen, sind zwar auch allgemeine Regeln so gut wie die Gesetze. Dennoch sind sie von diesen wesent-

lich unterschieden; denn diese enthalten Rechtsgrundsätze, sie aber nur eine Leitung der zur gemeinschaftlichen Thätigkeit bestimmten Zwecke. — — (Nähere Bestimmung fällt dem positiven Rechte[1]) anheim.) S. 169. Demgemäß sind auch gewöhnlich die Gesetze mehr dauernd, die Verordnungen mehr wechselnd.

Die Verordnungen sind aber keineswegs darauf beschränkt, zum Vollzuge der Gesetze zu dienen, wie die gewöhnliche Lehre ist. — Der erste unbefangene Blick auf den Inhalt der meisten Verordnungen muß davon überzeugen, daß sie durchaus nicht zur Erfüllung eines vorausgehenden Gesetzes dienen sollen, sondern auf eine Zeit und einen Erfolg im bewegten Leben gerichtet sind, und auf Mittel dafür, wie sie die Umstände erheischen, und daß gerade in diesen Zwecken die eigenthümliche Aufgabe, in dieser freien Wahl die eigenthümliche Thätigkeit der Regierung besteht."

S. 338. „Nach deutsch-konstitutionellem Staatsrecht unterliegen der ständischen Zustimmung für's Erste die Normen, welche die öffentliche Rechtsgestaltung des Staates betreffen, die Verfassungsgesetze, für's Andere die Normen, welche die Rechtssphäre des Individuums (die die gerichtliche Bestrafung, die Privatrechtsverhältnisse und das Rechtsverhältniß der Unterthanenfreiheit gegenüber der Staatsgewalt) betreffen. Dagegen unterliegen ihr nicht die Verwaltungsnormen, d. i. die Normen der öffentlichen Funktionen im Gebiete der Polizei, der Finanzen, des Militärs u. s. w. Diese sämmtlich bilden vielmehr das Bereich der Verordnungen, während nach englischem und französischem Staatsrecht auch sie zum großen Theile der Zustimmung bedürfen. Es gehören sohin nach deutschem Staatsrecht nur die Normen der Gesetzgebung an, welche ein eigentliches Rechtsverhältniß (ein privates oder ein öffentliches), dagegen nicht die, welche bloß eine gesetzliche Ordnung der Regierungsthätigkeit begründen." An anderer Stelle II S. 447: „Diejenigen Lebensverhältnisse, in

[1]) Also ganz wie ich — nicht wie die herrschende Theorie der Begriffsjurisprudenz.

welchen es der primäre und absolute Zweck ist, den einzelnen Staatsbürgern das ihnen zukommende Recht unverbrüchlich zu erhalten, bilden die Sphäre der Rechtspflege. Diejenigen dagegen, in welchen der primäre Zweck eine Gestaltung, ein Erfolg für's Ganze ist, bilden die Sphäre der Verwaltung —." Wo die innere Absicht allein die Gerechtigkeit ist, da ist das Bereich der Gerichte und sonst nirgend. Bei den Rechtsverhältnissen, welche dazu dienen, die Menschen gemeinsam zu beherrschen, sie zu einem Gesammtdasein zu verbinden und dieses als solches zu vollenden — ist eben dieser Gesammterfolg (und nicht die Gerechtigkeit) das grundbestimmende Prinzip."

Keineswegs fordert Stahl, wie ihm Anschütz S. 141 unterschiebt, für jede Rechtsnorm den Gesetzesweg. Er verwirft gerade das, was heute die herrschende Theorie ist, indem er behauptet, daß die Verordnungen keineswegs darauf beschränkt sind, zum Vollzuge der Gesetze zu dienen. Die Rechtsnormen im Polizei-, Schul-, Militärwesen u. s. w. oder richtiger das Polizei-, das Schul- und das Militärrecht haben gewiß nicht den primären Zweck und den absoluten Zweck, den einzelnen Staatsbürgern das ihnen zukommende Recht unverbrüchlich zu erhalten, sondern dienen dazu, die Menschen gemeinsam zu beherrschen, sie zu einem Gesammtdasein zu verbinden und dieses als solches zu vollenden, nicht um die Gerechtigkeit, sondern um den „Gesammterfolg" handelt es sich bei diesen Gegenständen. Stahl weist sie daher dem Verordnungswege zu, obgleich sie doch Rechtsnormen enthalten.

Ich stehe nicht an, zu sagen, daß mir das viel zu weit geht. Man kann geradezu Alles dann unter die Verordnungsbefugniß bringen, wenn man behauptet, es handele sich um keine dauernde wie auch nur um eine solche Maßnahme, deren primärer Zweck nicht die Gerechtigkeit, sondern ein Erfolg ist. Das aber wird Niemand verabreden, daß „man sich einer handgreiflichen Entstellung allbekannter Thatsachen schuldig machen würde", wenn man Stahl zu einem Vertreter der herrschenden Lehre machen wollte. Dazu bedarf es nicht erst der „Werkzeuge allzugroßen theoretischen Tiefsinns", sondern nur, daß man von seinem gesunden Menschenverstande Gebrauch macht.[1]) Mit eben demselben Maaße

[1]) Wenn ich Stahl mehr wegen seiner Ideen als seiner positiven Sätze gerühmt habe, so geschah dies nicht, weil solches der Ansicht seiner nächsten

von Recht wie Stahl ist Peter Reichensperger von Anschütz als Gewährsmann für die herrschende Theorie aufgerufen. P. Reichensperger, der spätere Ober-Tribunalsrath, Mitglied aller preußischen Landtage, der Verfassungskommission 1848 u. s. w., gilt mir als Autorität. Was lehrt Anschütz, Gesetz im Sinne des absoluten Staates sei, was Veränderungen in dem Rechtszustande, in den Eigenthums- und Freiheitsverhältnissen der Unterthanen betreffe? Daß die Verordnung über die Ministerialverfassung vom 27. Okt. 1810 nicht solche Veränderungen betrifft, ist unstreitig; nach Anschütz (übrigens auch nach der Ansicht von Gneist und Bornhak) ist sie daher kein Gesetz, nach meiner Ansicht und nach derjenigen der Praxis ist sie ein Gesetz (s. oben S. 41 ff.), weil sie vom Könige ausging. Genau eben diese Ansicht hat P. Reichensperger, der am 3. Februar 1878 vor dem Abgeordnetenhause ausführte und bezeugte (Sten. Ber. S. 158), daß auch das Ober-Tribunal diese Verordnung als Gesetz ansehe und demgemäß anerkannt habe, daß sie eine Reihe rheinischer Gesetze hinfällig gemacht habe. Beiläufig bemerken wir, daß eine Vorschrift, wonach jedes Gesetz im Sinne des absoluten Staates nur wieder durch Gesetz im Sinne des konstitutionellen Rechts geändert werde, zwar behauptet wird, aber nicht besteht.[1])

Nun soll Reichensperger ein anderes Mal das Gegentheil gesagt haben in der II. Kammer am 19. September 1849, Sten. Ber. S. 336. Vorauszuschicken ist, daß es sich um den heutigen Art. 48 der Verfassung handelt und daß sich Reichensperger gegen einen Zusatzvorschlag der Verfassungs-Kommission aussprach, wonach Friedensverträge niemals, auch wenn sie Lasten u. s. w. auferlegen, den Kammern vorgelegt zu werden brauchen.

> — — „In demselben Augenblicke, wo die Kgl. Prärogative in das Gebiet der gesetzgebenden Gewalt oder Finanzgewalt eingreift, tritt die Mitwirkung der Volksvertretung als eine politische Nothwendigkeit hervor. Da, wo ein Gesetz des Landes abgeändert werden soll, wo Ver-

---

Kollegen entsprach (das könnte Mißgunst sein), auch nicht, weil Stahl selbst, womit er seine Rede begann, sich nicht als einen genaueren Kenner des positiven Rechts hinstellte (das könnte zu große Bescheidenheit gewesen sein), sondern weil er niemals auf das positive Recht oder bestimmte Verfassungssätze Bezug nimmt, sondern ganz allgemeine Axiome aufstellt.

[1]) Arndt, Verordnungsrecht S. 217.

pflichtungen den Einzelnen oder der Gesammtheit aufzuerlegen sind, tritt die Nothwendigkeit ein, daß die Volks=Vertretung ihre Zustimmung giebt. Wenn nun aber seitens der Kommission als Schlußsatz vorgeschrieben ist, Friedensverträge von dieser Sanktion seitens der Volksvertretung auszunehmen, so hätte ich vor Allem gewünscht, — in dem gedruckten Bericht die Motive zu jenem Zusatz zu finden." — — — „Auf den ersten Blick drängt sich — der Gedanke auf, daß die leitende Idee der Friede um jeden Preis gewesen, daß man ihm jedes Opfer bringt. Allein der Frieden ist nicht immer ein Zustand des Rechts, er kann auch ein Zustand der Rechtlosigkeit und Unterdrückung sein. — — —"

— „Da, wo es sich, wie hier, um das Recht des Volkes handelt, muß dieser letztere Gedanke nothwendig in den Vordergrund treten. Die ganze Voraussetzung der direkten Königlichen Einwirkung widerspricht übrigens dem Grundprinzip des konstitutionellen Staatsrechts. Im konstitutionellen Staate ist nämlich der König nicht mehr der ausschließliche Träger der inneren und äußeren (?) Politik sondern dieselbe (auch die äußere?) ist wesentlich in die Hände des Ministeriums gelegt, welches jeden Augenblick durch zufällige (?) Ereignisse den einen oder anderen politischen Charakter annehmen kann." (Dies trifft für Preußen nicht zu) „Und welche Waffen giebt man denn nun durch den seitens der Kommission vorgeschlagenen Zusatz einem solchen seiner Natur nach uns unbekannten Ministerium?" — — „Der dritte Satz sagt sodann, daß hinsichtlich aller Friedensschlüsse jene Zustimmung der Kammern nicht erforderlich sei, wenn auch durch den Friedensschluß Einzelnen oder der Gesammtheit Lasten und Verpflichtungen auferlegt werden. Alle derartigen Verpflichtungen sollen ohne Mitwirkung der Kammern vom Lande anerkannt und vollzogen werden müssen. Das m. H., scheint mir aber in der That eine vollständige Umwälzung alles konstitutionellen Staatsrechtes zu enthalten, hiermit ist alles Recht in Frage gestellt. Fürs Erste, m. H., ist es nicht allein die Finanzfrage — es handelt sich nicht bloß darum, daß auf Grund einer derartigen Bestimmung Besitz und Eigenthum der Staats=

bürger vermittelst eines Friedensschlusses beeinträchtigt werden kann, auch nicht bloß darum, daß dem Staate, dadurch doppelte Last auferlegt werden könne und daß neue Steuern oder Anleihen nöthig werden — sondern es handelt sich hierbei um Nichts mehr und Nichts weniger, als um das ganze politische und bürgerliche Recht des Staates."

„Ich sage nichts außerhalb dem Bereiche der Möglichkeit Liegendes, wenn ich die Eventualität in Aussicht stelle, daß etwa einem Nachbarn das in Preußen bestehende System der Preßfreiheit nicht sonderlich angenehm sein könnte und daß dieser Nachbar vielleicht Veranlassung nimmt, eine Beschränkung oder gar eine Aufhebung dieses Systems als Friedensbedingung zu fordern. — Ein anderer Grenznachbar kann sich seinerseits in einem Friedensschlusse die Bedingung stipuliren, daß seine Waaren und Produkte zollfrei eingehen, daß seine Schiffe den Schiffen anderer Nationen vorgezogen werden. Alles dieses würde auf Grund des Kommissionsantrages in einem Friedensschluß durch die Exekutiv-Gewalt ohne Mitwirkung der Kammern geschehen können. Es würde damit aber das ganze Staats- und Privatrecht des Landes in Frage gestellt sein."

Darauf sprach für die jetzige Fassung v. Seckendorff das. S. 338.:

„ — . . Nach dem Staatsrechte wird das Recht, Verträge mit auswärtigen Staaten zu schließen, nicht angesehen als ein Akt der gesetzgebenden Gewalt." — „Wenn sie daher bloß an den Akten der Legislative die Kammern Theil nehmen (lassen) wollen, so werden sie dem Könige das Recht, Verträge zu schließen, auch bei uns nicht entziehen, nicht schmälern dürfen. Das ist auch die Grundidee des betreffenden Artikels der Verfassungs-Urkunde, und sie ist ebenso in dem Vorschlage der Verfassungs-Kommission als Regel anerkannt, indem diese sagt, daß das Recht, Verträge zu schließen, dem Könige gebühre, und nur eine Ausnahme davon macht, nämlich Zoll- und solche Verträge, welche dem Lande oder einzelnen Staatsbürgern Lasten auflegen, der Genehmigung der Kammern unterwirft. Ganz unabhängig von dieser Ausnahme und damit nicht im Zusammenhange steht das Recht, Krieg anzufangen oder Frieden zu schließen."

Darauf Simson (l. c. S. 338) für die unbedingte Beibehaltung des unveränderten Artikels 46 (jetzt 48) und gegen den Zusatzantrag der Kommission:

„Man hat endlich — die Besorgniß ausgesprochen, es könne einmal bei Gelegenheit eines solchen Friedensschlusses die ganze Verfassung eskamotirt werden oder ein so erhebliches und unentbehrliches Stück derselben, wie ohne Zweifel die Preßfreiheit ist. M. H., wenn das geschähe — dann wären wir von der quaestio juris in die via facti geworfen."

Sodann Scherer, (l. c. S. 339 f.):

„Wir sind der Ansicht gewesen — daß das Recht, Krieg zu erklären, Friedens- und andere Verträge mit fremden Staaten zu errichten, nicht ein Ausfluß der legislativen, sondern der exekutiven Gewalt sei. Daraus würde aber nothwendig von selbst folgen, daß bei allen Verträgen als Regel gelte, daß sie der Zustimmung der Kammern nicht bedürfen. Die Ausnahmen würden sich aber eben so sehr von selbst ergeben, da nämlich, wo diese Verträge in die verfassungsmäßigen Befugnisse der Kammern eingreifen, in das Recht der Steuerbewilligung und das Recht der Teilnahme an der inneren Gesetzgebung, da liegt die Grenze, wo auch die Zustimmung der Kammern eintreten muß." —

„Jeder einzelne Vertrag kann nur für soweit der Zustimmung der Kammer unterworfen sein, als er in die ihr verfassungsmäßig zustehenden Gerechtsame eingreift."

Es ist hier nicht der Ort, die Frage zu entscheiden, ob überhaupt alle lästigen oder nur solche Verträge, die in das Gebiet der Gesetzgebung eingreifen, nach Art. 48 der Verfassung den Kammern vorzulegen sind. Ich stimme hier mit Anschütz S. 172 darin überein, daß der Vorbehalt in Art. 48 den Zweck hat, Gesetz und Verordnung von einander abzugrenzen (Gneist, Gutachten über die Auslegung des Art. 46 in den Sten.Ber. des Abg.H. 1868/69, Anl. Bd. III Aktenstück Nr. 236 S. 1317, E. Meier über den Abschluß von Staatsverträgen S. 231 f., H. Schulze, Preuß. Staatsr. Bd. II § 271, Arndt, Komm. zu Art. 48 der preuß., und zu Art. 11 der Reichsverfassung, Arndt, Reichsstaatsrecht S. 711 f. u. a. m. Ganz mit Recht fordert Reichensperger, daß durch Staatsverträge nicht die Preßfreiheit oder andere verfassungsmäßige Rechte der Bürger aufgehoben oder Gesetze, z. B. Zollgesetze, geändert oder dem Staate oder den Einzelnen Geld- oder Steuerlasten auferlegt werden. Es handelt sich darum, daß nicht in das Gebiet der Gesetzgebung eingegriffen werde, nicht aber darum, was in das Gebiet der Gesetzgebung gehöre. Wenn es nun richtig wäre, was die herrschende Lehre behauptet, daß Rechtsnormen irgend welcher Art der Gesetzesform bedürfen, so müßten alle Verträge, die irgend welche Rechtsnormen aufstellen, auch wenn die Verfassung kein Gesetz für sie fordert, den Kammern zu ihrer Genehmigung vorgelegt werden. Das ist aber nicht der Fall. Thatsächlich wird die Enumerationstheorie befolgt. Nur da, wo die Verfassung ein Gesetz erfordert, geschieht die Vorlegung. Bekanntlich hat Gneist eine Aufzählung der nicht vorgelegten Staatsverträge in seinem vorangezogenen Gutachten gegeben. Es sind insbesondere in Preußen nicht vorgelegt die Freizügigkeitsverträge, die Eisenbahn-, Post und Telegraphenverträge, die mannigfachen Verträge zur Handhabung der Rechtspflege und der Polizei, zur Uebernahme der Jurisdiktion der Gemeinheitstheilungs- und Ablösungsgeschäfte, die Konventionen wegen Uebernahme von Vagabunden und Ausgewiesenen, die Verträge über Verpflegung hülfsbedürftiger Staatsangehöriger mit den deutschen Staaten und der Schweiz, der Paßkartenvertrag, die Etappenstraßenkonvention, ferner nicht die Auslieferungsverträge, die Gothaer Konvention vom 22. August 1864. Niemand wird leugnen, daß diese Verträge wohl ausnahmslos auch Rechtsnormen enthalten, ganz gewiß thun dies die Auslieferungsverträge.

Wäre also die herrschende Theorie richtig, so müßten alle diese Verträge, wenigstens soweit sie Rechtsnormen enthalten, verfassungswidrig sein. Das wird aber von der communis opinio nicht angenommen. Somit liefert die Praxis auf dem Gebiete der Staatsverträge einen neuen Beweis für die Unrichtigkeit der herrschenden Theorie. Es werde hier noch bemerkt, daß, sobald es sich z. B. bei den Post- und Eisenbahnverträgen darum handelte, formelle Gesetze abzuändern, es nöthig wurde, sie wie Gesetze, d. h. mit Zustimmung der gesetzgebenden Körperschaften, zu erlassen. Deshalb wurden im Reiche der Weltpostvertrag vom 15. Juni 1897 [1]) und der Welt-

[1]) Arndt, Reichsstaatsrecht S. 296, Erk. d. R.G. in Strafs. Bd. 30 S. 424, s. auch Bd. 12 S. 38.

(Berner) Eisenbahnvertrag [1]) dem Bundesrath und dem Reichstage zur Genehmigung mit vorgelegt. Rechtsnormen waren schon in den früheren Post- und Telegraphenverträgen vorhanden, ebenso wie noch im heutigen Welttelegraphenvertrage. Nicht davon, ob es sich um Rechtsnormen handelt, sondern davon, ob es sich um einen formellen Eingriff in das der Legislative zugewiesene Gebiet handelt — davon allein hing oder hängt es ab, ob Staatsverträge den gesetzgebenden Körperschaften zur Genehmigung mit vorzulegen sind.

So ist denn mit Dank der Hinweis auf Art. 48 der preuß. Verfassung und die Reichensperger'sche Rede zu acceptiren und hinzuzufügen, daß jedes weitere und tiefere Eindringen in den Rechtszustand nur immer mehr und immer wieder die totale Haltlosigkeit der herrschenden Theorie darthut. Niemand hat bei Berathung des Art. 48 gesagt, daß, wenn es sich um Rechtssätze irgendwelcher Art handelt, soll die Krone Verträge nur unter Genehmigung der Kammern abschließen, sondern nur wenn es sich um gewisse Rechtssätze handelt, um die verfassungsmäßig geschützten Rechte, da soll diese Zustimmung nöthig sein.

Ich komme zu der Rede, die von Daniels am gleichen Tage wie Kisker gehalten hat (Sten. Ber. der I. Kammer 1849 S. 149). Anschütz, S. 145, meint, die Ansicht v. Daniels erkläre sich sehr einfach als eine unrichtige Uebertragung französischer und insbesondere belgischer Institutionen auf das preußische Staatsrecht. Dem mit französisch-belgischen Verhältnissen wohlvertrauten rheinischen Juristen konnte nicht unbekannt sein, daß man in Belgien das Polizeiverordnungsrecht als integrirenden Bestandtheil des pouvoir executif ansieht, daß in Folge dessen der König durch die Verfassung als stillschweigend ermächtigt gelte, Polizeiverordnungen zum Schutze der öffentlichen Sicherheit und Ordnung zu erlassen. Die (nach Anschütz unrichtige) Ansicht von Daniels sei also die: 1. durch Art. 45 der preuß. Verf. sei dem Könige ein Polizeiverordnungsrecht stillschweigend delegirt; 2. das v. Daniels für die Krone prätendirte Verordnungsrecht bezwecke nur die „Erhaltung", d. h. nicht die Fortbildung, des bestehenden Rechtszustandes.

Warum läßt Anschütz nicht v. Daniels selbst sprechen? Seine Leser wollen und sollen sich doch ein eigenes Urtheil bilden

[1]) Arndt l. c. S. 712, Entsch. d. R.G. in Civils. Bd. 22 S. 181.

dürfen. Zunächst wird vorzutragen sein, was v. Daniels in seinen sonstigen Schriften zu unserer Frage bemerkt.

A. v. Daniels, geheimer Ober-Revisionsrath und Professor der Rechte, Lehrbuch des gemeinen preußischen Privatrechtes, Berlin 1851, Bd. V S. 132.

I. „Quelle der Gesetzgebung.

1. Der preußische Staat ist ein wesentlich monarchischer. Die gesammte Staatsgewalt vereinigt sich daher in der Person des Königs (A.L.R. II, 13 § 1). Das Recht, Gesetze und allgemeine Polizeiverordnungen zu geben, dieselben wieder aufzuheben und Erklärungen darüber mit gesetzlicher Kraft zu ertheilen, ist als Ausfluß dieser höchsten Staatsgewalt ein Majestätsrecht (A.L.R. II Tit. 13 § 6). Jedoch erleidet die Ausübung desselben wesentliche Beschränkungen durch die verfassungsmäßige Mitwirkung der Kammern (Verf.Urk. Art. 62).

II. Begriff und Unterschied der Gesetze.

2. Der Umfang, in welchem den Kammern an der Ausübung der landesherrlichen Gesetzgebungsgewalt eine Mitwirkung zusteht, ist bedingt durch Grundsätze des inneren Staatsrechtes.

3. Gesetz in dem allgemeinen Wortsinne, insbesondere in dem privatrechtlichen, ist daher eine jede von dem Könige ausgegangene Bestimmung, welche eine Rechtsvorschrift für gleiche Fälle der Zukunft ertheilt.

4. Nach der verfassungsmäßigen Art der Zustandekunft sind zu unterscheiden:

I. Gesetze, d. h. Rechtsvorschriften, zu welchen die Entwürfe in beiden Kammern mit Stimmenmehrheit angenommen worden sind, wenn sie durch die Kundgebung der Königlichen Entschließung in den gesetzlich vorgeschriebenen Formen für die Staatsangehörigen mit der Kraft, verbindlich zu werden, versehen worden sind.

II. Königliche Verordnungen.

5. Hierher gehören: A. Allgemeine Polizeiverordnungen, d. h. Vorschriften, welche der König in Ausübung der ihm unumschränkt zustehenden Vollziehungsgewalt, also Kraft seines höchsten Gebots- und Verbotsrechtes, erläßt, zur Erfüllung des landesherrlichen Berufes, sowohl Jeden bei dem

Ringen gegen Gewalt und Störungen zu schützen, und für Anstalten zu sorgen, durch welche das Wohlsein und Fortkommen der Staatsunterthanen gefördert wird. Nur alsdann gehen Ordnungen dieser Art in das Gebiet der Gesetzgebung, welche eine ständische Betheiligung erfordert, über, wenn durch sie gesetzlich festgestellte Einrichtungen geändert, erworbene Rechtsansprüche beschränkt, umgewandelt oder aufgehoben, endlich wenn durch die sog. grundrechtliche, d. h. durch Verfassungsbestimmungen unbedingt oder mit Vorbehalt einschränkender Gesetze zugesicherte bürgerliche oder staatsbürgerliche Freiheiten entzogen werden sollen.

6. — K. Verordnungen, welche zu der Ausführung der bestehenden Gesetze nothwendig sind.

7. Erlaß von Verordnungen mit provisorischer Gesetzeskraft.

8. Die Benennung „Gesetz" bleibt jetzt den in Uebereinstimmung mit den Kammern erlassenen gesetzlichen Anordnungen vorbehalten, ohne bei denselben andere von Form oder Inhalt entnommene Benennungen, z. B. Ordnungen, Patente u. s. w., auszuschließen. Die ohne Mitwirkung der Kammern von dem Könige erlassenen Vorschriften führen in der Regel die Benennung „Verordnungen", wenn sie unter Mitwirkung des Staatsministeriums, „Befehle, Ordres, Erlasse", wenn sie unter der bloßen Mitwirkung einzelner Minister ergehen. Doch läßt sich eine feste Regel hierüber nicht aufstellen. Für die Wirksamkeit ist die Benennung gleichgültig."

Aus dieser Darstellung ergeben sich folgende Anschauungen:

1. Noch immer, auch noch nach Emanation der Verfassung, sieht v. D. in den Vorschriften, Th. II Bd. 13, §§ 1, 6, die Quelle der Königlichen Befugnisse, also nicht in der Verfassung, beziehungsweise in einer Uebertragung von Seiten der Kammern oder des Volks.

2. Im absoluten Staate erachtet v. D. als Gesetz jede vom Könige ausgegangene Bestimmung, welche eine Rechtsvorschrift für gleiche Fälle der Zukunft enthält, nicht bloß eine solche allgemeiner Natur, welche eine Veränderung in den Eigenthums- und Freiheitsrechten der Staatsangehörigen betrifft.

3. Keineswegs faßt er die selbstständigen Verordnungen als bloße Ausführungsverordnungen, als Normen intra legem auf;

denn er bringt die Ausführungsverordnungen besonders unter Nr. 6. Die Auffassung des Verordnungsrechts im Sinne v. D.'s als eines Verordnungsrechts intra legem würde die Sachlage auf den Kopf stellen; denn nicht dann ist dies Verordnungsrecht statthaft, wenn es sich intra legem bewegt, sondern stets, auch wenn es sich praeter legem bewegt; es ist ja nur alsdann ausgeschlossen, wenn gesetzlich, d. i. durch die höchste Gewalt festgestellte, Einrichtungen geändert, erworbene Rechtsansprüche beschränkt oder wenn durch Verfassungsbestimmungen zugesicherte staatsbürgerliche Freiheiten entzogen werden sollen. Die Beschränkung wohlerworbener Rechte fällt unter den Begriff der Enteignung, ist somit nach Art. 9 (auch weil sie einen unmittelbaren Eingriff in das Eigenthum enthält) dem Verordnungswege entzogen. Ich bemerke dabei, daß aus eben diesem Grunde die Aufhebung der auf selbstständigen Verordnungen beruhenden Portofreiheiten im Gesetzeswege 1869 vorgenommen worden ist.

4. Wie v. Daniels so thöricht und unwissend sein sollte, eine unrichtige Uebertragung französischer oder belgischer Institutionen auf das preußische Staatsrecht vorzunehmen, ist unerfindlich.

5. Eine vollständige Verkennung des belgischen Rechts wäre es, wenn man annehmen wollte, daß der König der Belgier Alles befehlen könnte, was nur nicht den Gesetzen oder den verfassungsmäßig garantirten Rechten widerspricht; vielmehr darf er nur befehlen, so oft und soweit ihm dazu von der höchsten über ihm stehenden Gewalt, der gesetzgebenden, die Ermächtigung ertheilt ist.

6. Vor Allem aber versteht v. D. das allgemeine Polizeiverordnungsrecht nicht im heutigen oder im belgischen Sinne als Recht, sicherheitspolizeiliche Anordnungen zu treffen, sondern zugleich im älteren, landrechtlichen, positiven Sinne, nämlich auch „für Anstalten zu sorgen, durch welche das Fortkommen der Staatsunterthanen gefördert wird". Wenn der König der Belgier unter dem Vorgeben, das Fortkommen der Belgier zu fördern, ohne gesetzliche Ermächtigung dazu, irgend Etwas anordnen würde, z. B. neue Schulregulative, Post- oder Telegraphenordnungen, Ehrengerichte für Offiziere mit der Befugniß, Offiziere aus Brod und Ehre zu stoßen, Tagegelder oder Reisekosten für Militärs oder Beamten, erhöhte Pensionen für Beamten, Wohnungsgelder oder Umzugsgelder für Militärs, Prisenreglements, so würde er Art. 78 der belgischen Verfassung und seinen Verfassungseid verletzen, kein Minister würde überhaupt solche Anordnung gegenzeichnen, kein Gericht, keine Staatskasse, keine Kammer,

kein Rechnungshof sie respektiren. Man muß also schon seine Leser geradezu beleidigen, wenn man ihnen vortragen wollte, daß v. Daniels in Belgien als durchaus in konstitutionell geltende Einrichtungen in die preußische Verfassung hineintragen oder aus Art. 45 derselben herauslesen zu dürfen glaubte. Zwar citirt v. D. in einer Fußnote Art. 45 die preuß. Verf., aber aus diesem Artikel allein folgt ganz gewiß kein selbstständiges Verordnungsrecht, sondern ein sich auf Art. 45 stützendes Verordnungsrecht kann doch immer nur ein Ausführungsverordnungsrecht sein, was v. D. nicht unter 5, sondern unter 6 vorträgt. Ferner Art. 45 entspricht durchaus dem belgischen Recht; der König der Belgier hat aber, obgleich er die Exekutivgewalt und die Befugniß besitzt, die zur Ausführung der Gesetze nothwendigen Ausführungsverordnungen zu erlassen, keineswegs die Befugniß, wohlfahrtspolizeiliche Anordnungen zu treffen und überhaupt Alles zu befehlen, was nur den Gesetzen oder der Verfassung nicht widerspricht. Offenbar leitet v. D. das Recht, das er dem Könige von Preußen beilegt, nicht bloß aus dem in der Fußnote angezogenen Art. 45, sondern aus dem unter 1 Vorgetragenen ab, daß Preußen ein wesentlich monarchischer Staat, daß die gesammte Staatsgewalt in der Person des Königs vereinigt, daß das Recht, Gesetze und allgemeine Polizeiverordnungen zu geben, Ausfluß dieser höchsten Gewalt ist, welche nur in Bezug auf ihre Ausübung durch die (in gewissen Fällen vorgeschriebene) Mitwirkung der Kammern Beschränkungen erleidet.

Nunmehr bitte ich die Rede v. D.'s zum heutigen Art. 63 am 3. November 1849 (Sten. Ber. der I. Kammer in den Stenographischen Berichten S. 1315 f. oder in v. Rönne's Reichsstaatsrecht S. 169 f.) nachzulesen und man wird sich sofort davon überzeugen, daß die Zahl derer, die sich im Grabe umdrehen müssen, wenn sie die Anschütz-schen Schriften lesen, wiederum vermehrt ist. In dieser wegen ihrer Länge nicht nochmals abgedruckten Rede heißt es wörtlich: „Nur darin hat das Königliche Gebotsrecht seine Grenze, daß nicht ein gegebenes gesetzliches Recht geändert werden darf durch einseitige Verordnungen. Es dürfen solche Verordnungen nicht enthalten, was den verbrieften, auf Handvesten beruhenden, verfassungsmäßigen Freiheiten, den gegebenen Rechten des Volkes zuwider wäre" — also kein bloßes Verordnungsrecht intra, sondern ein volles Verordnungsrecht praeter legem! Der Landesherr hat nicht bloß die Exekutivgewalt und darin die Befugniß, Ausführungsverordnungen zu erlassen (wie auch in Belgien), sondern: „Es ist in Deutschland ein von jeher anerkanntes, geschichtlich unbestreitbares Recht, daß der Landesherr das Recht des Gebotes und Verbotes hat. Der Landesherr ist mehr als eine gewöhnliche Obrigkeit, er ist die höchste, angestammte, erbliche Obrigkeit. Darin liegt für ihn die Pflicht, überall einzuschreiten, wo das öffentliche Wohlsein Sorge fordert, wo ohne dieselbe der innere Frieden nicht erhalten, die gemeine Wohlfahrt und gute Ordnung mehr gewahrt werden könnte." „Nur darin u. s. w.", s. oben. Kommentar überflüssig! Wenn es wahr wäre, was Anschütz behauptet, daß man darin einig und klar gewesen, Regierung wie Kammern, Rechtsnormen können nur noch durch Gesetz oder auf Grund Gesetzes erlassen werden, dann hätte doch Jemand von den hervorragenden Juristen: Bornemann, Goltdammer, Frech, Seligo, Walter, Bauerband, Stahl, Simson, Dahlmann, Reichensperger, Kisker, Gierke, Heffter, Wentzel, v. Ammon, v. Bernuth u. s. w. in jener so redelustigen Zeit einem Manne von der Bedeutung v. D.'s erwidert, z. B. Stahl, der am gleichen Tage hinter v. D. sprach: „Sie irren sehr, der König hat nicht mehr allein[1]) die Befugniß, Recht zu setzen — auch nicht zu dem Zwecke, um für das öffentliche Wohlsein Sorge zu tragen, noch um den inneren Frieden zu erhalten, noch um die gute Ordnung oder sogar um die gemeine Wohlfahrt zu wahren; vielmehr kann jede Rechtsnorm nur noch vom Gesetzgeber unmittelbar oder mittelbar ausgehen; durchaus aber ist Ihnen in dem Satze zu widersprechen, daß das Recht des Königs, zu gebieten oder zu verbieten, nur an den Gesetzen oder der Verfassung eine Grenze findet; vielmehr ist die Verfassung nicht bloß Grenze, sondern Ursprung und Grund des Königlichen Gebots- und Verbotsrechts."

Ein anderer Redner vom gleichen Tage kommt bei Anschütz, S. 147, noch schlechter weg. Er wird in seiner „Verordnungsfreudigkeit"

---

[1]) Sten. Ber. S. 1323. Er sagte u. A.: „In einem wohlgeordneten konstitutionellen Staatswesen kann eine solche Ausnahme-Gewalt, wie die des Art. 105, nur den Sinn haben, daß Verwaltungsmaßregeln gestattet seien, welche in das Gebiet des Rechts sowie der Gesetzgebung hineingreifen, nicht aber, daß es eine Ausnahmegewalt gebe, vermöge welcher die Regierung allein dauernde Rechtszustände regele und organische Einrichtungen schaffe. Aber einmal ist doch auch damit angenommen, daß es nothwendige Ausnahmemaßregeln giebt, welche den Rechtszustand aleriren, und daß man deshalb die Regierung hierzu ermächtigen muß."

verhöhnt und mit dem Satze abgethan, daß seine angeblich vereinzelt gebliebene Aeußerung in ihrer Prämisse, wie in den etwa gezogenen Folgerungen sicherlich unrichtig ist und daß Anschütz sich mit ihr nicht weiter zu befassen brauche. (Wie bequem!)

Fischer, Justizkommissar in Breslau, sagte (gegen die Octroyirungsbefugniß):

> „Vermöge des der Regierung zukommenden unbeschränkten Verwaltungsrechts kann es keinem Zweifel unterliegen, daß ihr die Befugniß zusteht, Verordnungen, welche die Verwaltung betreffen — und dazu gehören die im Berichte bezeichneten Verordnungen, wie Pferde-Ausfuhrverbote, Zolleinrichtungen u. s. w. — zu erlassen."

Zunächst ist interessant, daß Fischer, wie in jener Zeit auch bei Stahl und sonst üblich, Verwaltung gleich ausführende Gewalt, Verwaltungsrecht gleich Recht der Ausführung, Verwaltungsvorschrift gleich Ausführungsvorschrift, als eine von der Verwaltung erlassene Rechtsvorschrift begreift, also in einem Sinne, der von der herrschenden Anschauung ganz verschieden ist. Dies ist auch von der Frankfurter Verfassungskommission geschehen. Sonach ist hervorzuheben, daß Fischer der Regierung ohne Weiteres, ohne gesetzliche Ermächtigung, eben schon aus dem ihr zukommenden Verwaltungsrecht, die Befugniß zuspricht, Pferde-Ausfuhrverbote und Zolleinrichtungen zu erlassen, d. h. auch Rechtsnormen aufzustellen. Beiläufig bemerkt, hat Niemand Fischer dahin belehrt, auch nicht der bald darauf sprechende Stahl, daß er ja Rechtssätze zu erlassen der Regierung einräume, daß aber ein solches Recht gemäß Art. 62 der Verfassung nur der Legislative zustehe. Zur Klarstellung der Situation am 3. November 1849 muß noch bemerkt werden, die Regierungsfreunde, insbesondere Stahl, v. Daniels u. A. hatten das Bestreben, die Octroyirungsbefugniß der Regierung als eine unbedingte Nothwendigkeit hinzustellen, da ohne diese Befugniß die Regierung gewisse Anordnungen von Wichtigkeit in dringenden Fällen nicht erlassen dürfe, namentlich nicht solche, welche durch die Gerichte zur Anwendung gebracht werden sollen. Die Gegner der Regierung, die Liberalen, führten demgegenüber aus, daß die Regierung auch ohne einen Octroyirungsartikel aus ihrem sonstigen und allgemeinen Rechte schon das Erforderliche anordnen könnte, daß es daher nicht nöthig und nicht opportun sei, die Regierung auf Octroyirungen geradezu hinzuweisen und sie zu solchen ausdrücklich zu ermächtigen, anstatt daß die Regierung in solchen Fällen auf eigene Verantwortlichkeit, ohne ausdrückliche verfassungsmäßige Ermächtigung, in Hoffnung auf eine spätere Indemnitätsbill vorgehe (wie in England). So erklärt es sich, daß bei dieser Gelegenheit die konservativen Männer die Regierungsgewalt eher zu klein, die liberalen sie eher zu groß hinstellen, d. h. also, daß die Konservativen liberal und die Liberalen konservativ scheinen. Anschütz verhöhnt übrigens ganz mit Unrecht den Abgeordneten Fischer, der seine liberale Gesinnung durch seine Verordnungsfreudigkeit dargethan habe. Hätte Anschütz die Verhandlungen gründlich gelesen, so würde er den Spott zurückziehen, Fischer hat gegen das Nothverordnungsrecht gesprochen und gestimmt.

Die gleiche Wahrnehmung, daß die Liberalen anscheinend konservative Reden halten und umgekehrt, kann man bei Berathung über Art. 106 (Proposition XIII) machen. Der Regierung lag sehr daran, den Gerichten das Prüfungsrecht der Gültigkeit bei Königlichen Verordnungen und Gesetzen zu entziehen. Zwar spricht sie allgemein von „Behörden"; der Verwaltungsbehörden war sie aber — wie ihr bemerkt wurde und wie sie selbst nicht bezweifelte — auch ohne die Annahme ihres Vorschlages, also des heutigen Artikels 106, sicher. Ein Interesse, die Abgeordneten dadurch stutzig zu machen, daß sie ausführte, in wie großem Umfange sie ein Verordnungsrecht in Anspruch nehme, hatte sie nicht; sie mußte und wollte ihren Vorschlag als nicht sehr gefährlich hinstellen. Von einem selbstständigen Verordnungsrecht spricht sie nicht; sie läßt die Frage, ob ein solches statthaft sei, trotzdem diese Frage thatsächlich angerührt war, offen und gebraucht im Uebrigen den allgemeinen und recht unbestimmten Ausdruck Verordnungen, „welche die Vollziehung der Gesetze vermitteln", für „Ausführungsverordnungen". Sie brauchte aber auch gar nicht von dem selbstständigen Verordnungsrechte zu sprechen, weil dieses — wenigstens damals — nicht zur unmittelbaren Anordnung durch die Gerichte bestimmt war. Daß sie aber thatsächlich ein solches Recht beanspruchte und ausübte, konnte ja der Landtag aus der Gesetzsammlung 1849 und dem Staatsanzeiger selbst ersehen. Umgekehrt, gerade diejenigen, die der Proposition XIII widersprachen, hatten das Interesse, auf ihre besondere Gefährlichkeit hinzuweisen. Und so erklärt es sich, daß der Oppositionsredner, damalige Oberlandesgerichts-Präsident Kisker (frühere liberale Justizminister), darauf hinweist, daß es neben den Noth- und den Ausführungsverordnungen auch noch eine andere (selbstständige) Art von Verordnungen gab, Königliche Befehle, daß unter Verordnungen schlechtweg nicht bloß Vollzugs- oder Nothverordnungen, sondern überhaupt alle ohne Theilnahme aller legislativen Faktoren, ohne Mitwirkung von Ständen, einseitig erlassene Königliche Befehle verstanden werden und daß solche, auch wenn sie nicht Nothverordnungen sind, Alles, nur nicht eine Veränderung im Rechtszustande der Staatsangehörigen anordnen dürfen und der Verfassung wie den Gesetzen nachstehen. Niemand, auch nicht der damalige Justizminister, hat Kisker dahin belehrt, daß es neben Vollzugs- und Nothverordnungen überhaupt keine anderen Verordnungen geben dürfe. Man unterließ dies, hatte aber andererseits auch keinen Grund, Kisker ausdrücklich beizutreten, um die Annahme der Proposition nicht zu erschweren und um deren Tragweite nicht überschätzen zu lassen. Man hätte aber doch, wenn man bei dieser Frage anderer Meinung gewesen wäre, Kisker widersprechen müssen.

---

§ 9.

Unterrichtswesen und Kirchenwesen.

Wir wenden uns nunmehr den „klassischen Gefilden" des selbstständigen Verordnungsrechts zu und werden zu zeigen versuchen, wie wenig der in diese Worte gekleidete Spott begründet ist.

Es ist allen Kennern des preußischen Staatsrechts, insbesondere dem Landtage, v. Rönne (Bd. II §§ 171 ff.) u. A., niemals verborgen geblieben, daß Vieles auf dem Gebiete des Unterrichts, was in konstitutionellen Staaten durch Gesetz geregelt ist, dessen Regelung im Verordnungswege vielleicht einst den Hauptanlaß zur Losreißung Belgiens von Holland gab, in Preußen wie in Bayern von der Krone und ihren Organen allein oder, wie man zu sagen pflegt, „von der Verwaltung" geregelt wird. Abgesehen von der Dauer der Schulpflicht und den (unmittelbaren) Lasten des Schulwesens, gehört in Preußen mit vereinzelten Ausnahmen das ganze ungeheure Gebiet des Unterrichtswesens zur Domäne der Verwaltung. Ob die Volks- und die Bürgerschulen, ob die Gymnasien und Realschulen, die Universitäten und Akademien kirchlichen, konfessionellen oder konfessionslosen Charakter tragen, ob und wann Simultanschulen zuzulassen, welche Gegenstände zu unterrichten oder zu lernen sind, ob die Volksschulen einklassig oder mehrklassig, ob die Volksschüler weltliche oder geistliche Kenntnisse erhalten, ob sie denken oder beten lernen, gläubig bleiben oder ungläubig werden sollen, welche Vorbildung Gymnasiasten, Studirende, Lehrer haben müssen, wann Gymnasiasten oder Studirende wider ihren Willen entfernt werden sollen, dies und viel Anderes von unendlicher Wichtigkeit wird in Preußen, Bayern u. s. w., anders wie Belgien, Frankreich, Italien u. s. w., ohne gesetzliche Ermächtigung dazu, von der Verwaltung geregelt. Während ferner das Versorgungswesen, namentlich die Pensionen, die Wittwen- und Waisenunterstützungen im Deutschen Reiche und in Preußen für Militärpersonen, Reichs-, Staats- und Kommunalbeamte gesetzlich bestimmt sind, fehlt es auch jetzt noch bezüglich der Universitätslehrer an anderen als Verwaltungsnormen, wie u. A. die Kgl. Verordnung vom 20. Mai 1889 ergiebt. So wenig wie diese Verordnung auf gesetzlicher Ermächtigung beruht, läßt sich eine solche Ermächtigung für die Schulregulative vom 1., 2., 3. Oktober 1854, vom 15. Oktober 1872, 1. Juli 1901 ausfindig machen oder für die Kgl. Verordnung betreffend Honorarabzüge bei Universitätslehrern.

Bei Gelegenheit der Frage, ob die Bezirksregierungen mit ministerieller Ermächtigung weibliche Handarbeiten als obligatorischen Unterrichtsgegenstand einführen dürfen, hat das Oberverwaltungsgericht in dem Urtheile vom 26. September 1876 (Entsch. Bd. I S. 174 f.) Erörterungen angestellt, die hier besonders interessiren. Anschütz hat es verblüffend gefunden, daß ich zum Beweise des selbstständigen Verordnungsrechts auf dieses Urtheil Bezug genommen habe. Vielleicht doch nicht; denn ich habe dieses oberverwaltungsgerichtliche Erkenntniß angezogen, weil es die Falk'schen Regulative, eine unzweifelhaft selbstständige Rechtsverordnung, als welche sie stets gegolten hat und als welche sie alsbald nachgewiesen werden soll, als eine unzweifelhaft gültige Rechtsnorm — allerdings ohne Begründung — anerkannt und angewandt hat. Umgekehrt könnte man in der Citirung des oberverwaltungsgerichtlichen Urtheils durch Anschütz eine verblüffende Thatsache erblicken, indem Anschütz gar nicht wahrgenommen hat, daß seine Theorie mit der des Oberverwaltungsgerichts absolut unvereinbar ist. Anschütz gründet seine Theorie nämlich auf die Behauptung, Gesetz oder Rechtssatz oder Rechtsnorm sei, was die Verhältnisse der Privatpersonen unter einander oder zum Staate regele, und er sieht u. A. in dem Gesetz vom 5. Juni 1823 nicht eine Theilung, sondern eine Definirung des Gesetzesbegriffs. Das Oberverwaltungsgericht bezeichnet in den Entscheidungsgründen aber die Regierungs-Instruktion vom 23. Oktober 1817, die Verordnung über die Ministerialverfassung vom 27. Oktober 1810 und die Verordnung vom 3. November 1817 als gesetzliche Vorschriften, obwohl diese alles andere, nur nicht Verhältnisse der Privatpersonen unter einander oder zum Staate regeln, sich auch nicht, was Anschütz als Charakteristikum des Gesetzes oder des Rechtssatzes erklärt, mit Gebot oder Verbot an die Unterthanen wenden. Das Oberverwaltungsgericht schüttelt sonach, wie Anschütz in seiner vornehmen Ausdrucksweise sagen würde, Anschütz und seine Theorie von sich ganz und unbedingt ab und bekennt sich zu der von dem vermeintlich „zur Strecke gebrachten kühnen Springer" Arndt vertretenen, daß Gesetz im Sinne des absoluten Preußen jede vom Könige erlassene Vorschrift ohne Rücksicht auf ihren Inhalt ist, daß zum Mindesten die Regelung der Rechtsverhältnisse von Privatpersonen nicht alleiniger Inhalt und Charakteristikum des Gesetzes sei.

Das oberverwaltungsgerichtliche Urtheil ist aber über das Erwähnte hinaus interessant, weil es zeigt, daß, wenn man nicht die Praxis auf dem Gebiete des Unterrichts, wie dies Jahrzehnte hindurch von oppositioneller Seite allerdings mehrfach geschehen ist, für verfassungswidrig und ungültig erklären will, nothwendig zu der Annahme eines selbstständigen Verordnungsrechts gelangen muß. Das Oberverwaltungsgericht stützt sich außer auf die Falk'schen Regulative vom 15. Oktober 1872 noch auf besondere gesetzliche Delegationen, die es in § 1 Thl. II Tit. 12 A.L.R. und u. A. in § 18 der Regierungs-Instruktion finden will; mit Unrecht, wie sich zeigen wird.

§ 1 Thl. II Tit. 12 A.L.R.: „Schulen und Universitäten sind Veranstaltungen des Staates, welche den Unterricht der Jugend in nützlichen Kenntnissen und Wissenschaften zur Absicht haben." Solche Anstalten sind sie auch in allen anderen Staaten, ohne daß daraus die Verwaltung das Recht für sich abzuleiten wagt, neue obligatorische Unterrichtsgegenstände einzuführen. Unmöglich wird man aus dem Satze: „die Gerichte sind Veranstaltungen des Staates, welche die Aburtheilung strafbarer Handlungen zur Absicht haben", ableiten wollen, daß die Justizverwaltung neue Strafprozeßnormen setzen darf. Auch aus dem ferner angezogenen Satze in § 18 der Instruktion vom 23. Oktober 1817, daß den Regierungen „die Leitung und Beaufsichtigung des gesammten Schulwesens“ oder „die Aufsicht und Verwaltung des gesammten Elementarschulwesens“ übertragen ist, folgt nicht das Recht, neue Unterrichtsgegenstände obligatorisch einzuführen. Oder wer würde aus dem Satze: „den Regierungen ist die Leitung und Beaufsichtigung des Polizeiwesens übertragen“ oder „die Aufsicht und die Verwaltung des Polizeiwesens“ folgern wollen, daß sie die Gegenstände der polizeilichen Regelung erweitern, abändern oder ergänzen dürfen oder aus dem Satze: „dem Finanzminister ist die Verwaltung, Leitung und Beaufsichtigung des gesammten Steuer- und Finanzwesens übertragen“, daß er neue Besteuerungsgegenstände rechtswirksam bezeichnen könne? Verwalten, Leiten, Beaufsichtigen sind ganz etwas Anderes als Etwas einführen. Oder wer folgert aus dem Satze: „die Verwaltung der Zölle und Verbrauchssteuern bleibt jedem Bundesstaate überlassen“, Art. 36 der Reichsverfassung, daß die einzelnen Bundesstaaten Zölle oder Verbrauchssteuern neu einführen oder alte von Grund aus ändern dürfen?

Von anderer Seite (Anschütz) hat man sich auf Art. 45 der preußischen Verfassung bezogen: „Dem Könige steht die vollziehende Gewalt zu — — Er erläßt die zur Ausführung der Gesetze erforderlichen Verordnungen“.

Allein abgesehen davon, daß, was dem Könige zusteht, noch lange nicht den Bezirksregierungen zusteht, so ist auch hier zu beachten, daß es sich nicht um Vollziehung oder Ausführung eines Gesetzes handelte; denn ein Gesetz, das den Regierungen oder sonst wem die Ermächtigung ertheilte, Alles, was sie für nützlich halten, als obligatorischen Unterrichtsgegenstand einzuführen, fehlt durchaus. Der König der Belgier wie der Präsident der französischen Regierung haben gleichfalls die vollziehende Gewalt und das Recht, Gesetze auszuführen; ganz gewiß dürfen sie, wenn sie nicht die dringendste Gefahr laufen wollen, ihren Platz zu verlieren, ohne gesetzliche Ermächtigung keine neuen obligatorischen Unterrichtsgegenstände einführen oder, wie dies die Schulregulative in Preußen thaten, von Grund aus das ganze Schulwesen umgestalten.

Die Entscheidung des Oberverwaltungsgerichts läßt sich sonach nur rechtfertigen, wenn man die Rechtsverbindlichkeit der Regulative vom 15. Oktober 1872 annimmt, wie dies der Gerichtshof indirekt wenigstens gethan hat. Diese Regulative und nur diese Regulative rechtfertigen die Anordnung der Regierung, weil sie als Gegenstand des Volksschulunterrichts auch weibliche Handarbeiten bezeichnen und somit in Verbindung mit der Instruktion vom 23. Oktober 1817 der Regierung das Recht beilegen, mit ministerieller Genehmigung weiblichen Handarbeitsunterricht obligatorisch einzuführen. Um diese Regulative allein handelt es sich für unsere Untersuchung. Auch Anschütz erkennt dieselben als gültig an mit der Begründung (S. 73), „daß die genannten und ähnliche ministerielle Verordnungen, Dienstbefehle, schlechterdings nichts Anderes seien; sie richten sich nicht an die Unterthanen, das Publikum, sondern an die Behörden. Sie enthalten verallgemeinerte, abstrakt gefaßte Anweisungen, in und mit denen der Minister den ihm unterstellten Regierungen den Dienst vorschreibt. Es sind Produkte der vollziehenden, nicht der gesetzgebenden Gewalt, Normen, aber keine Rechtsnormen — u. s. w." Zunächst ist richtig, sie sind thatsächlich in Preußen Produkte der vollziehenden, nicht der gesetzgebenden Gewalt. Die Frage ist aber, ob sie Rechtsnormen enthalten und ob die vollziehende Gewalt sie ohne gesetzliche Ermächtigung erlassen konnte. Sehen wir uns an, was in den Regulativen von 1854 und von 1872 steht: Beseitigung oder Einführung dieses oder jenes Unterrichtsgegenstandes, totale Aenderung des ganzen Charakters der Volksschule, i. J. 1854 vollständige Zurückdrängung des weltlichen Unterrichts in den Raumer'schen Regulativen, Aufprägung eines absolut kirchlichen Charakters, Beseitigung aller Realien, der Weltgeschichte zu Gunsten der biblischen, Zurückdrängen des Rechnens, Schreibens und Lesens zu Gunsten des Religionsunterrichts u. s. w., wie die Opposition zu sagen pflegte, ein zielbewußtes System, im Gegensatze zu § 1 Thl. II, 12 A.L.R. nützliche Kenntnisse auszuschließen und unnützliche zu lehren, „nicht klug, sondern dumm zu machen" u. s. w.

Gewiß haben alle Schulbehörden die Weisung, nach den Rechtsnormen zu verfahren (Anschütz S. 74), sind diese Rechtsnormen nicht von der höchsten Gewalt, dem Gesetzgeber, sondern von der Verwaltung erlassen, gewiß stehen sie den Gesetzen nach; folglich ist es selbstverständlich und widerspricht der Arndt'schen Theorie durchaus nicht, daß die in den Regulativen enthaltenen Rechtsnormen von Schülern, Eltern, Lehrern, Regierungen u. s. w. nur anzuwenden sind, „insoweit nicht gesetzliche Bestimmungen ein Anderes verordnen";

aber daraus folgt doch nicht, daß die Regulative überhaupt keine Rechtsnormen enthalten.

Die Frage ist, enthalten die Regulative nur einen Dienstbefehl an die Lehrer oder sind sie auch für Schüler und Eltern verbindliche Rechtsnormen. Letzteres ist ganz gewiß; die Kinder, die den in Regulativen befohlenen Unterricht nicht besuchen, werden zwangsweise vorgeführt, die Eltern, die ihre Kinder nicht in solchen Unterricht schicken, weil sie etwa sagen, die Schulen sollen nach § 1, II, 12 A.L.R., wie man 1854 sagte, nützliche Kenntnisse verbreiten, nicht bloß Psalmen und Bibelverse lehren, sie sollen den Verstand schärfen und nicht das Gedächtniß mit Memorirstoff aus der heiligen Schrift überladen (die bekannte Klage über die Regulative von 1854), vor Allem „nicht zielbewußt verdummen", es sei gar nicht um Ausführung, sondern um Vernichtung des § 1 Thl. II Tit. 12 A.L.R., nämlich keineswegs um nützliche Kenntnisse, zu thun. Es handelt sich bei den Regulativen also sogar um Normen, welche die Rechtsverhältnisse der Privatpersonen zum Staate regeln, sich mit Gebot und Verbot in die Sphäre der Individuen wenden — ganz gewiß also, wie eng man diesen Begriff auch auslegen mag — um Rechtsnormen. Mit derselben Logik könnte man behaupten, daß die Strafgesetze keine Rechtsnormen für die Unterthanen, sondern nur Dienstbefehle für die Richter seien, darnach zu judiziren, oder daß die Steuergesetze nur Dienstbefehle an die Steuerbeamten seien, diese Gesetze auszuführen.

Auch die Universitätsstatuten sind objektive Normen des positiven Rechts, sie wenden sich übrigens auch mit Gebot und Verbot an Alle, die es angeht. Das Oberverwaltungsgericht wird auch nicht den mindesten Zweifel haben, die Entscheidung eines Bezirksausschusses, die auf der unrichtigen Anwendung oder der Nichtanwendung eines ministeriellen Schulregulativs oder eines Universitätsstatuts beruht, wegen Rechtssatzverletzung aufzuheben. Sind hiernach, wie jedem Juristen unzweifelhaft, die Schulregulative wie die Universitätsstatuten Rechtsnormen, so giebt es nur zwei Möglichkeiten: entweder ist die herrschende Theorie, daß Rechtssätze irgend welcher Art nur vom Gesetzgeber ausgehen können, richtig, dann muß man diese Vorschriften für rechts- und verfassungswidrig halten, oder man hält sie mit Arndt für gültig. Dann fort mit einem Doktrinarismus, der durchaus verkennt, daß das Staatsrecht nichts Erdachtes, a priori Konstruirtes, nichts aus allgemeinen Obersätzen für alle Staaten in gleicher Weise Abgeleitetes, sondern ein Gewordenes, ein Geschichtliches, ein Gewachsenes ist, das von Staat zu Staat verschieden und besonders in Belgien verschieden vom preußischen ist! In Belgien würden die Regulative unter Umständen dem Könige den Thron kosten; er kann Nichts befehlen lassen außer auf Grund gesetzlicher Ermächtigung, geschweige denn so Einschneidendes, so für Gegenwart und Zukunft der Nation Wichtiges wie das Unterrichtswesen, weil in Belgien die Krone nur abgeleitete Rechte hat. In Preußen hat der König alle ihm nicht entzogenen Rechte; er muß also das Recht, das Unterrichtswesen zu regeln, bewahrt haben, soweit es ihm nicht besonders entzogen ist. Durch Art. 62 der Verf., auf den sich die herrschende Theorie stützt, ist es ihm nicht entzogen; denn der hat wie der entsprechende Art. 26 der belgischen nur formale Bedeutung. Uebrigens ist zwar sehr vielfach die Gesetzwidrigkeit der Schulregulative behauptet, ohne daß man sich für diese Behauptung auf Art. 62 bezogen hat, vielmehr hat man sie nur auf Art. 26 und 112 gestützt. Andererseits hat die Staatsregierung nicht für die Gültigkeit den Satz negirt, daß die Regulative keine Rechtsnormen seien. Man ist in Preußen darüber einig, daß die Verwaltung den Schulzwang nicht erweitern (das schulpflichtige Alter nicht heraufsetzen) kann, weil dies einen unmittelbaren Eingriff in die persönliche Freiheit bedeuten würde, der nach Art. 5 der Gesetzesform bedürfte und übrigens, da er nur durch Strafnorm wirksam werden könnte, schon aus Art. 8 ein Gesetz nöthig machen müßte. Auch die unmittelbaren pekuniären Schullasten können nur durch Gesetz auferlegt werden, wegen Art. 9, wie denn auch das Gesetz, betreffend den Bau und die Unterhaltung der Schul- und Kirchenhäuser, vom 21. Juli 1846 (G.S. 1846 S. 392) als in die Eigenthumsrechte unmittelbar eingreifend, den Ständen zur Berathung mit vorgelegt war. Was dagegen andere Dinge des Unterrichtswesens, namentlich Art, Inhalt und Charakter des Unterrichts, Höhe des Schulgeldes, anlangt, Zulassung zu höheren Schulen, Entlassung aus solchen u. s. w., so sollte hierüber ein das ganze Unterrichtswesen regelndes Gesetz ergehen. Gewiß ist, daß dieses zusammenfassende Gesetz nicht durch eine Verwaltungsvorschrift, d. h. eine von der Regierung ausgehende Norm, eine Verordnung, ersetzt werden kann. Aber es ist fraglich, ob bis zum Erlaß dieses umfassenden Gesetzes Theile eines zukünftigen Rechts, die dringend der Regelung bedürfen, im Verordnungswege ergehen dürfen, und zwar um so mehr, weil es nach Art. 112 bis zum Erlaß des in Art. 26 vorgesehenen Unterrichtsgesetzes bei den bestehenden gesetzlichen Bestimmungen bewenden soll. Auf diese Vorschriften in Art. 26 und 112, also auf die Enumerationstheorie, nicht etwa auf die durch Art. 62 begründete herrschende Theorie, daß Rechtssätze irgend welcher Art nur noch vom Gesetzgeber ausgehen dürfen, stützte man sich, um die Ungültigkeit der Schulregulative zu behaupten.

Im Bericht der Unterrichtskommission vom 15. Mai 1860 (Aktenstück Nr. 156 S. 1119) heißt es (Berichterstatter Fubel, Vorsitzender v. Auerswald): Es sei die Verfassungswidrigkeit behauptet, da die Regulative an die Stelle des Gesetzes in Art. 112 getreten (also nicht etwa, weil überhaupt Rechtsnormen nur auch vom Gesetzgeber gemäß Art. 62 ausgehen dürfen). Die Regulative seien aber nur als Verordnungen, Instruktionen, Anweisungen aufzufassen („sonder Zweifel", wie der Präsident Taddet am 21. Mai 1860 sagte, weil sie der Zustimmung des Landtages ermangelten, nicht etwa, weil sie keine Rechtsnormen seien), ja sie erscheinen theilweise als pädagogische Abhandlungen. Ob nicht dessenungeachtet durch die Regulative einzelne Bestimmungen und Anordnungen zutreffen werden, welche auch als Bestandtheile des Unterrichtsgesetzes angesehen werden können, das lasse sich nur durch ein genaues Eingehen und kritisches Sondern des Stoffes feststellen und werde immerhin bis zum Erlaß jenes Gesetzes disputabel sein. Es sei unzweifelhaft,[1]) daß Art. 112 dem Unterrichtsminister nach Maßgabe der über die Befugnisse der Unterrichtsbehörden bestehenden gesetzlichen Bestimmungen das Recht vindizire, Verordnungen und Instruktionen für das Unterrichtswesen zu erlassen.[2]) Art. 112 beschränke keineswegs das Unterrichtswesen ausschließlich auf den Komplex der bis dahin vorhandenen Bestimmungen, er erhalte vielmehr auch das Recht der Regierungen aufrecht, bis zum Erlaß des Unterrichtsgesetzes neue Verordnungen ausgehen zu lassen. Allgemein wurde beklagt, daß v. Raumer den Weg betreten, den Erlaß des Unterrichtsgesetzes in weite Ferne gestellt, das Bedürfniß der Nothwendigkeit desselben bestritten und durch Erlaß der drei Regulative als Ministerialverordnungen dem ganzen Unterrichtswesen der Volks-

[1]) Arndt im Arch. f. öff. Recht 1886 S. 535 a. a. O.

[2]) Das Recht, neue Unterrichtsgegenstände obligatorisch einzuführen und von Grund aus den Charakter der Volksschule umzugestalten, ist dem Ministerium oder den Regierungen in keinem vorkonstitutionellen Gesetze übertragen, auch nicht in der Verordnung vom 27. Oktober 1810.

schule eine wesentliche Umgestaltung gegeben habe. Die gebührende Rücksicht auf die Verfassung fordere vielmehr, daß dem Erlaß der Regulative das Unterrichtsgesetz hätte vorausgehen müssen. Wäre dies geschehen, so würden Zweifel darüber, ob die Regulative sich an Stelle des Gesetzes selbst setzen wollten, oder ob sie mit demselben in einzelnen Bestimmungen im Widerspruche ständen, leicht zu lösen und zu beseitigen sein. Dazu komme, daß die Regulative selbst — mit Nachdruck betonen, daß sie auf dem Grunde der gewonnenen Erfahrungen „gemeinsame Normen" aufstellen wollen, wodurch „Abgelebtes und Irriges ausgeschieden, Berechtigtes zur Geltung und Gestaltung gelangen kann", und „es sei daher an der Zeit, das Ueberflüssige, Unberechtigte und Irreführende auszuscheiden und an seiner Stelle Dasjenige nunmehr auch amtlich zur Befolgung vorzuschreiben, was seit lange als dem Volke wahrhaft frommend und als ausführbar erprobt worden". Demgemäß erging der einstimmige Beschluß der Kommission dahin, daß mit Rücksicht auf die Bestimmung des Art. 112 der Verfassung (also nicht darauf, daß etwa nach Art. 62 Rechtsnormen nur noch vom Gesetzgeber ausgehen können) 1. der vor Feststellung des in Art. 26 vorgesehenen Unterrichtsgesetzes bewirkte Erlaß der Regulative vom 1., 2., 3. Oktober 1854 als verfassungswidrig nicht zu erachten sei, 2. daß es jedoch, da diese Regulative auch solche Bestimmungen enthalten, welche Gegenstand des Unterrichtsgesetzes sein müssen, richtiger und zweckmäßiger gewesen wäre, die dadurch bewirkte Umgestaltung des Elementarunterrichts bis nach dem Erlaß des Unterrichtsgesetzes auszusetzen. Diesem Beschlusse trat die altliberale Mehrheit des Plenums am 21. desselben Monats im Wesentlichen bei.

Es mag, als für unsere Untersuchung unerheblich, hier dahingestellt bleiben, ob die Regulative etwa dem Art. 112 der Verfassung widersprechen, weil sie es nicht bei den bestehenden gesetzlichen Zuständen bewenden ließen; so viel ist gewiß, daß diese Vorschriften wenigstens in vielen Punkten selbstständige waren, da sie die Umgestaltung des Unterrichts nicht auf Grund irgend welcher gesetzlicher Ermächtigung vornahmen, und daß, wenn man sie für gültig und nicht dem Art. 112 widersprechend hält, man dies nur aus der Erwägung thun darf, daß die Krone und ihre Delegatare auf dem gesetzfreien Gebiete, d. h. hier solange das in Aussicht gestellte umfassende Unterrichtsgesetz noch nicht ergangen ist, das Recht der Rechtsetzung haben. Sind die Falk'schen Regulative gültig, was das Oberverwaltungsgericht zwar anscheinend nicht geprüft hat, aber doch annimmt, so ist auch ohne Weiteres die am 26. September 1876 getroffene Entscheidung gerechtfertigt, weil in den Regulativen der Regierung ausdrücklich die Befugniß ertheilt war, weibliche Handarbeiten als obligatorischen Unterrichtsgegenstand einzuführen (§ 14 ff. der Allgemeinen Verfügung vom 15. Oktober 1872, Min.-Verf. der inneren Verwaltung S. 273 ff.).

Bezüglich der Universitätsstatuten habe ich nur noch hinzuzufügen, daß aus dem Satze in § 68 II 12 A.L.R., die inneren Rechte der Universitäten werden durch die vom Staate genehmigten Statuten bestimmt, keineswegs mit Anschütz das Recht für den König zu folgern ist, nunmehr solche Statuten selbst festzusetzen. Denn Genehmigen und Erlassen sind ganz verschiedene Dinge. Oder wer wagt zu behaupten, daß, weil städtisches Eigenthum nur mit Genehmigung des Bezirksausschusses veräußert werden kann, der Bezirksausschuß auch ohne und selbst wider den Willen der Stadt solches Gut veräußern kann, oder daß, weil Unfallverhütungsvorschriften der Genehmigung des Reichs-Versicherungsamtes bedürfen, das Reichs-Versicherungsamt solche allein erlassen kann? Gesteht man der Krone das Recht zu, Universitätsstatuten zu erlassen und vorhandene abzuändern, so läßt sich auch dies nur auf dem Grund der Anschauung rechtfertigen, daß bis zum Erlaß des allgemeinen Unterrichtsgesetzes die Krone noch die Befugniß der Rechtssetzung im Unterrichtswesen hat.

Auf die selbstständigen Verordnungen, die das Befähigungs- und Besoldungswesen betreffen, soll beim Abschnitt vom Beamtenrecht eingegangen und hier nur noch eine mehr persönliche Sache auseinandergesetzt werden.

Im Archiv für öffentliches Recht 1886 S. 512 ff., bes. S. 531 ff. war eingehend von mir dargethan und aus der Entstehungsgeschichte wie späteren Landtagsverhandlungen belegt, daß durch Art. 112 eine stückweise Regelung des Unterrichtswesens nicht ausgeschlossen und daß auch die im vorkonstitutionellen Recht enthaltenen Ermächtigungen zum Erlaß von Rechtsverordnungen aufrecht erhalten seien. Diesen Satz hat ohne nähere Begründung Anschütz wiederholt, ohne Beweis- oder Quellenangabe oder ohne Bezugnahme auf meine Abhandlung. Er hat dann in einer Fußnote nur bemerkt, daß sich Beispiele bei Arndt finden. Der Fall liegt also so, als ob Jemand z. B. die Theorie vom formellen und materiellen Gesetze nach Laband ohne dessen Namensnennung vorträgt und in einer Fußnote beiläufig bemerkt, Beispiele formeller Gesetze s. bei Laband! Dadurch kann doch der Schein entstehen, als ob das Alles eigenes Geistesprodukt und bei Laband so zufällig einige Beispiele stehen. Natürlich Laband gegenüber thut dies Niemand, denn der ist zu bekannt; Arndt gegenüber ist es gut; dem geschieht schon genug Ehre, wenn das Ergebniß seiner Untersuchung reproduzirt wird. Wenn ich mir denken könnte, daß ich mit Anschütz die Rollen tauschte, würde ich es für meine unbedingte Pflicht gehalten haben, nicht bloß in einer Fußnote zu bemerken, daß sich Beispiele bei Anschütz finden, sondern daß sich der ganze Gedankengang, die dogmatische und historische Darlegung bereits bei Anschütz finden; sonst würde ich besorgen, daß man mir Unangenehmes nachsagt. Was würde Anschütz im umgekehrten Falle Alles wohl gesagt haben? Das „auch" bezieht sich auf noch andere Vorfälle der gleichen oder noch viel stärkeren Art, auf die ich später kommen muß. Wenn Anschütz glaubt, daß ich mich über sein Verschweigen etwaiger Verdienste von mir mit dem Worte „auch" beklagt habe, so erwidere ich, daß ich auf die Anerkennung von Anschütz selbstredend den denkbar größten Werth lege, daß es mir, einem so scharf Angegriffenen, aber darauf nicht in diesem Falle wie in anderen Fällen angekommen ist, sondern darauf, mein geistiges Eigenthum zu schützen.

In Bayern gehört das Unterrichtswesen in noch weiterem Umfange als in Preußen zur Domäne der Verwaltung. Wäre die herrschende Theorie richtig, daß es auf die Begriffe von Rechtssatz und Rechtssatzung ankäme, so müßte doch auch das Schulrecht überall gleich sein. In Bayern gehörte zum Bereiche der Gesetzgebung Alles, was allgemeinen Rechtscharakter hat und die Personen- oder Eigenthumsverhältnisse betrifft, dazu gehört oder gehörte wenigstens das Schulwesen nicht. Seydel in seinem Bayerischen Staatsrecht VI S. 354 führt selbst aus, die Verfassung bestimme an sich Nichts über das Schulwesen, betrachte allerdings (S. 352) die Schulen als staatliche Einrichtungen. Selbst die Schulpflicht sei durch Verordnungen geregelt worden, S. 358, S. 389, und er bemerkt S. 302, in dem Landtagsabschied vom 23. Mai 1846 sei angeführt: „die Festsetzung sowohl der Gehaltsbezüge der Schullehrer als der Dauer der Werktags- oder Feiertagsschulpflichtigkeit gehört nicht zu jenen Gegenständen, bezüglich deren die Verfassungsurkunde den Ständen des Reiches ein Mitwirkungsrecht eingeräumt hat".

Ich komme zum Staatskirchenrecht. Die Frage, ob die Anrufung der Staatsgesetzgebung bez. Regelung des Kirchenwesens im konstitutionellen Staate Preußen nach den Grundsätzen der herrschenden Theorie oder nach dem Enumerationsprinzip erfolgt ist, kann hier nur in verhältnißmäßiger Kürze behandelt werden. Ich halte mich der Kürze halber in der äußeren Darstellung zunächst an v. Rönne, § 165: Wie in den meisten deutschen evangelischen Landeskirchen, habe auch in den Brandenburg-Preußischen Staaten die gesetzliche Entwickelung den Landesherrn an die Spitze der evangelischen Kirche gestellt. In seinen Händen ruhte das äußere Regiment derselben, welches mit Hülfe landesherrlicher kirchlicher Behörden, wenngleich nicht in weltlicher Weise, sondern auf dem eigenen Grunde der Kirche geführt wurde. — Ich füge hinzu, daß im absoluten Staate Brandenburg-Preußen auch die Kirchengesetzgebung dem Landesherrn zustand. Das A.L.R. steht auf diesem Boden. Dem widerspricht es nicht, worauf v. Rönne l. c. hinweist, daß die landrechtliche Gesetzgebung von einer tief eingreifenden Bedeutung für die evangelische Kirchenverfassung nicht gewesen sei, weil dieses Gesetzbuch in dieser Beziehung wesentlich nur auf die bestehenden Kirchenverfassungen nach den in den einzelnen Provinzen und Departements geltenden Konsistorial- und Kirchenordnungen verweise (die bei der Redaktion des A.L.R. beabsichtigte Kirchenordnung ist nicht zu Stande gekommen). In den östlichen Provinzen habe sich die Kirchenverfassung für die Lutheraner als Konsistorial-, für die Reformierten als Presbyterialverfassung entwickelt. Das Publikandum vom 16. Dezember 1808 und die Verordnung vom 26. Dezember 1808 haben die Leitung des Kirchenwesens den besonderen Kirchenbehörden entzogen, diese aufgehoben und die Attributionen dem Minister des Innern und den Bezirksregierungen übertragen. Das 1817 geschaffene Kultusministerium habe in der sachlichen Kompetenz gegen das Publikandum vom 16. Dezember 1808 Nichts geändert; doch habe die Verordnung vom 30. April 1815 die Provinzialkonsistorien allerdings als vom Staate eingesetzte evangelische Kirchenbehörden wiederhergestellt. Als solche haben sie bis zur Verfassung im Wesentlichen unverändert fortbestanden. Nachdem Art. 15 der Verfassung die Selbständigkeit der Kirche ausgesprochen hatte, handelte es sich um die Maßregeln, die der evangelischen Kirche eine Vertretung ihrer Rechte und ihres Interesses gegenüber dem Staate und den übrigen Religionsgesellschaften, sowie eine selbstständige Leitung ihrer Angelegenheiten verschaffen. Das Fortbestehen des landesherrlichen Kirchenregiments neben und nach Art. 15 wurde allseitig anerkannt.[1]) Man hat nun nicht etwa, was ich bemerken muß, gesagt, seit Erlaß der Verfassung könne der König Rechtsnormen irgend welcher Art nur noch mit Zustimmung der Landesvertretung setzen, das folge aus Art. 62; soweit es sich also um Rechtsnormen handele, das seien Rechtssätze, die die Verhältnisse der Privaten untereinander oder zum Staate regeln, müsse die Gesetzgebung eintreten. Keineswegs. Ich fahre in der geschichtlichen Entwickelung (der Kürze halber) wieder nach v. Rönne fort. Schon durch Allerhöchsten Erlaß vom 29. Juni 1850 (G.S. 1850 S. 343) hatte Friedrich Wilhelm IV. dem Entwurfe einer „Gemeindeordnung für die evangelischen Kirchengemeinden der östlichen Provinzen" die Genehmigung ertheilt. Die Einführung dieser Kirchenordnung wurde indeß nur zum Theil ins Werk gesetzt. Durch Allerhöchsten Erlaß vom 27. Februar 1860 wurde die Einrichtung eines kirchlichen Gemeinderaths (Presbyterium, Gemeindekirchenrath), wo ein solcher nicht bestand, angeordnet. Der Allerhöchste Erlaß vom 5. Juni 1861 ordnete darauf in sämmtlichen Diözesen der Provinz Preußen regelmäßige Kreissynoden an, der vom 5. April 1862 in Posen, vom 21. Juni 1862 in Pommern, vom 13. Juni 1864 in Brandenburg, Schlesien und Sachsen. Der Allerhöchste Erlaß vom 5. Juni 1869 bestimmte die Abhaltung außerordentlicher Provinzialsynoden, denen die Revision der bisher ergangenen Verordnungen über die Gemeinde- und Kreissynodalverhandlung, sowie die zu treffenden Anordnungen über die Einrichtung von Provinzialsynoden zur Begutachtung vorzulegen seien. Diese Provinzialsynoden sind zusammengetreten und haben ihre Gutachten abgegeben. Aber erst nach Entlassung v. Mühler's erhielt das Werk weiteren Fortgang. Aus den Berathungen des Oberkirchenraths (einer nicht staatlichen, sondern rein kirchenregimentlichen Behörde) und den Berathungen desselben mit dem Ministerium der geistlichen Angelegenheiten ging hervor der „Entwurf einer Kirchen-

---

[1]) Vgl. auch Motive zu der Denkschrift: Allerh. Erlaß v. 29. Juni 1850, betreff. die Grundzüge einer Gemeindeordnung für die evangelischen Kirchengemeinden u. s. w. Berlin 1850 S. 24, 25.

gemeinde- und Synodalordnung für die Provinzen Preußen, Brandenburg, Pommern, Posen, Schlesien, Sachsen". Der König erklärte in dem durch Falk kontrasignirten Erlaß vom 10. September 1873, G.S. 1873 S. 417, daß er „kraft der ihm als Träger des landesherrlichen Kirchenregimentes zustehenden Befugnisse" diesem Entwurfe seine Sanktion ertheile und diese Kirchengemeinde- und Synodalordnung als kirchliche Ordnung verkünde. Zur Ausführung der neuen Ordnung beauftragte der gedachte Erlaß, soweit dieselbe nicht zu ihrer Regelung vorab noch einer Mitwirkung der Landesgesetzgebung, wie insbesondere hinsichtlich der Vermögensverwaltung der Gemeinden und der Betheiligung des Patronats bei derselben,[1]) bedürfe, den evangelischen Oberkirchenrath, im Einverständniß mit dem Kultusminister das Weitere zu veranlassen, und bestimmte zugleich, daß behufs vollständigen Abschlusses der Arbeiten für die evangelische Kirchenverfassung der nicht älteren Provinzen die außerordentliche Generalsynode zusammentreten solle, über deren Aufgabe, Zusammensetzung und Thätigkeit der König durch die dem Erlaß vom 10. September 1873 beigefügte Verordnung (G.S. 1873 S. 445) die erforderlichen Anordnungen traf. Durch die Allerhöchste Ermächtigung vom 10. Januar 1874 war der Kultusminister beauftragt, den Entwurf eines Gesetzes, betreffend die evangelische Kirchengemeinde- und Synodalordnung, vom 10. September 1873 für die Provinzen Preußen u. s. w. dem Landtage zur verfassungsmäßigen Beschlußnahme vorzulegen. Die Motive (Sten. Ber. des Abgeordnetenhauses 1873 S. 1166ff.)[2]) führen aus, daß die neue Ordnung die Aufgabe habe, den evangelischen Kirchengemeinden durch Bildung geeigneter Organe zu einer selbstständigen Betheiligung an der Verwaltung ihrer besonderen und gemeinsamen Angelegenheiten mehr als bisher Gelegenheit zu geben, und daß, soweit sie sich hierbei auf das kirchliche Gebiet beschränkt, also rein kirchlichen Inhalts ist, ihre Festsetzung nach Art. 15 der Verfassungsurkunde lediglich der kirchlichen Gesetzgebung anheimfalle, daß indeß, um sie nach allen Seiten in Vollzug zu setzen, ihre kirchliche Konstituirung nicht ausreicht. Durch die geschichtliche Entwickelung sei

[1]) Also nicht weil und soweit es sich um irgend welche Rechtsnormen handele, Art. 62 der Verf.

[2]) Drucksachen des Abgeordnetenhauses, 1873, Nr. 168.

ein großer Theil der rein kirchlichen Ordnung in die Hände des Staates gelangt, durch staatliche Gesetze geregelt worden, und keine neue kirchliche Anordnung habe als solche die Kraft, diese formell bestehenden Staatsgesetze außer Geltung zu setzen. Soweit die letzteren reichen, sei daher die Autonomie der Kirche behindert und die Wirksamkeit ihrer Normen von einem Akte abhängig, welcher die mit ihnen unvereinbaren älteren auf staatlicher Grundlage beruhenden kirchlichen Ordnungen im Wege der Staatsgesetzgebung beseitigt. Jede neue Rechtsbildung der Kirche finde ferner — nach Art. 15 der Verfassungsurkunde — ihre gewiesene Grenze in dem Kreise des inneren kirchlichen Gebiets; sie ende, wo das Rechtsgebiet des Staates beginnt. Soweit daher die neue Ordnung das letztere berühre, bedürfe sie der staatlichen Anerkennung, beziehungsweise einer Sanktion, welche die betreffenden Vorschriften mit staatsgesetzlicher Wirksamkeit bekleidet und dadurch zu einem Theile des öffentlichen Rechtes gestaltet. Eine solche Berührung finde bei der neuen Ordnung in vier Richtungen statt; nämlich bei den Vorschriften, welche a) die Vertretung der Gemeinden nach Außen und in vermögensrechtlicher Beziehung, b) die Verwaltung des Kirchenvermögens, c) die Rechtsverhältnisse des Patronats und d) das kirchliche Besteuerungsrecht, beziehungsweise die Pflicht der Gemeinden und Kircheninteressen zur Aufbringung der für kirchliche Zwecke erforderlichen Mittel regeln. Die Mitwirkung des Staates bei Ausführung der Kirchengemeinde- und Synodalordnung habe sich demnach theils negativ, theils positiv zu äußern, nämlich negativ, insofern es gilt, der kirchlichen Autonomie auf dem ihr eigenthümlichen Gebiete durch Hinwegräumung der älteren landesgesetzlichen Vorschriften durch eine generelle Kassation derselben freie Bahn zu schaffen, und positiv bezüglich derjenigen Bestimmungen, welche, weil sie nicht auf ausschließlich kirchlichem Gebiete belegen sind, auch nicht allein von der Kirche in rechtliche Wirksamkeit gesetzt werden können, und hier bedürfe es einer ausdrücklichen, die betreffenden Vorschriften der neuen Ordnung im Einzelnen genehmigenden Sanktion durch die Staatsgesetzgebung.

Das Abgeordnetenhaus erklärte sich mit dieser Auffassung der Staatsregierung einverstanden, bestätigte indeß vorläufig — nur die Gemeindeordnung, wogegen die Bestätigung der Kreis- und Provinzialsynodalordnung bis zur Verständigung über die Generalsynodalordnung verschoben wurde (Sten. Ber. 1873, Anl. Bd. IV. Aktenst. Nr. 303 Nr. 180 ff.). Das Herrenhaus trat den betreffenden Beschlüssen des Abgeordnetenhauses bei (vgl. Sten. Ber. 1873 Bd. VI. Aktenst. 102 S. 540 und Vhdl. v. 16. Mai 1873, Sten. Ber. S. 341—368).

Art. I des Gesetzes vom 25. Mai 1874, betreffend die evangelische Kirchengemeinde- und Synodalordnung für die Provinzen u. s. w., G.S. 1874 S. 147 ff., bestimmte, daß die Vertretung der evangelischen Kirchengemeinden, sowie die Verwaltung des Kirchenvermögens nach Maßgabe der Bestimmungen der §§ 2 ff. auf die im § 1 der Kirchengemeinde- und Synodalordnung vom 10. September 1873 bestimmten Organe (nämlich die Gemeindekirchenräthe und die Gemeindevertretungen) übergehe.

Durch Allerhöchsten Erlaß vom 20. Januar 1876, betreffend die Einführung einer Generalsynodalordnung für die acht älteren Provinzen der Monarchie, G.S. 1876 S. 8, ertheilte der König „Kraft der ihm als Träger des landesherrlichen Kirchenregiments zustehenden Befugnisse“ der als Anlage beigefügten Generalsynodalordnung seine Sanktion und verkündete diese als kirchliche Ordnung. Die Punkte, welche in die staatliche Rechtsordnung eingreifen, waren der staatlichen Gesetzgebung vorbehalten. Diese Punkte sind in den Art. I Nr. 18 des Entwurfs eines Gesetzes, betreffend die evangelische Kirchenverfassung u. s. w., vom 12. Februar 1876 (Anl. Bd. I, Aktenstück Nr. 31 S. 375 zu den Sten. Ber. des Abg.Hauses 1876) enthalten und beruhen auf den gleichen Gesichtspunkten, wie solche zum Gesetze vom 2. Mai 1874 ausgeführt waren. Die Art. 19 bis 26 des Entwurfs betrafen eine neue Formulirung des staatlichen Aufsichtsrechts und eine Neuregelung der Ressortverhältnisse zwischen den Staatsbehörden einerseits und den Kirchenbehörden andererseits. Der Entwurf wurde in veränderter Form als Gesetz vom 3. Juni 1876, G.S. 1876 S. 25, verabschiedet (vgl. auch Vhdl. des Herrenh. 1876 S. 180/199 ff. und des Abg.Hauses vom 30. Mai 1876). Sowohl das Gesetz vom 25. Mai 1874, wie das Gesetz vom 3. Juni 1876 enthalten die kassatorische Klausel, daß alle diesen beiden Gesetzen entgegenstehenden Bestimmungen im A.L.R., den Provinzialgesetzen oder in Lokalgesetzen, Lokalordnungen u. s. w. außer Kraft treten.

Zur Vertretung der Kirchengemeinden werden Gemeindekirchenräthe (in den westlichen Provinzen Presbyterien) gebildet, die von der Gemeinde gewählt werden. In kleineren Gemeinden werden wichtigere Beschlußnahmen daneben durch die Gemeindeversammlung, in größeren durch eine Gemeindevertretung vorgenommen. Die Gesammtheit der in einer Diözese belegenen Gemeinden wird durch die Kreissynode vertreten, die evangelische Kirche der Provinz durch die Provinzialsynode. Art. 21 des Ges. v. 3. Juli 1876 erkennt das früher (wegen Art. 15. außer anderen Gründen) in Zweifel gezogene und angefochtene landesherrliche Kirchenregiment ausdrücklich an; der König erscheint aber auf diesem Gebiete nicht als Monarch oder Oberhaupt des Staates, sondern als „Träger bestimmter auf die Leitung der Gesammtgemeinde bezüglicher Befugnisse". Kirchliche Gesetze sind nicht mehr mit Landesgesetzen vermischt und werden vom Könige, kraft seines Rechtes als Träger des Kirchenregiments, nach Zustimmung der Generalsynode erlassen. Soweit kirchliche Gesetze mit einem Landesgesetze in Widerspruch stehen, sind sie rechtsungültig (Art. 13 des Ges. v. 3. Juni 1876). Der Generalsynode und dem Synodalvorstande sind in finanzieller Beziehung wichtige Rechte beigelegt. Sowohl die Einzelgemeinde wie die Kreissynode haben wie die Provinzial- und Generalsynode ein Besteuerungsrecht für kirchliche Zwecke erhalten, die evangelische Landeskirche das Recht einer juristischen Person. Es ist ergänzend zu v. Rönne noch hervorzuheben: Zu den Art. 1, 2, 4, 5 des Ges. v. 1874 (S. 7 des Aktenstückes Nr. 168) ist in den Motiven darauf hingewiesen, daß den gegenwärtigen Gemeindekirchenräthen ein allgemeines Vertretungsrecht der Gemeinde in internis et externis nicht zustehe (also erst landesgesetzlich übertragen werden müsse), zu Art. 3 (S. 7, 8), daß das Recht des Patrons durch das Gesetz betroffen bezw. abgeändert werden soll, zu Art. 4 und 7 (S. 8), daß das kirchliche Besteuerungsrecht in Form zwangsweiser Verfügung, das keiner Korporation aus eigenem Rechte zustehe, übertragen und staatliche Hülfe bei Ausübung dieses Rechtes geleistet werden soll, zu Art. 6 und 8 (S. 8, 9), daß sie die staatliche Anerkennung der Kreis- und Provinzialsynoden auf den Bereich der zur Ausführung der Gemeindeordnung unerläßlichen Befugnisse beschränken, zu Art. 19, daß Aenderungen der Kirchengemeinde- und Synodalordnung, durch welche die in den Art. 2 bis 8 staatsgesetzlich genehmigten Vorschriften berührt werden, nur mit staatsgesetzlicher Sanktion rechtsgültig vorgenommen werden können; nur soweit es sich um rein kirchliche Bestimmungen handelt, werde die kirchliche Rechtsbildung fortan auf die Autorität der eigenen Ordnung der Kirche gestellt.

S. 6 der Druckschrift Nr. 168 ist noch besonders betont, daß das Recht, die für kirchliche Zwecke erforderlichen Mittel auf die Gemeindemitglieder mit rechtlicher Verbindlichkeit umzulegen und die Beitreibung solcher Umlagen eventuell zwangsweise herbeizuführen, auf staatlicher Konzession beruhe.

Der Berichterstatter Miquel am 1. Mai 1874 (Sten. Ber. S. 1350) bemerkte, daß die Kommission des Abgeordnetenhauses in dem Gesetze von 1874 eine Ausführung des Art. 15 der Verfassung erblicke: die Kommission verhalte sich zustimmend zu dem gesammten Vorgehen der Staatsregierung. Sie spreche die Nothwendigkeit aus, daß auch auf den weiteren Stadien der Entwickelung der evangelischen Kirchenverfassung die Gesetzgebung mitwirke und zugleich die Bereitwilligkeit dazu. Sie beschränke aber vorläufig die Legalisirung des Werkes, soweit dieselbe überhaupt erforderlich sei, und dies sei ja negativ der Fall, insofern, als eine Reihe gesetzlicher Bestimmungen aufgehoben werden müsse, damit das neue Werk in Kraft treten könne, und positiv, insofern gewisse Befugnisse den neuen Kirchenorganen nur durch Gesetze übertragen werden können.

Der Abgeordnete Bruel, einer der ausgezeichnetsten Juristen, bemerkte (Sten. Ber. S. 1354), daß man in Hannover und Sachsen sich bloß mit einer generellen Klausel der landesgesetzlichen Beistimmung begnügt habe.

Hiernach werfe ich die Frage auf: Haben Krone oder Landtag geprüft, was ist Rechtssatz? und haben sie erklärt, überall da, wo es sich um Rechtssätze handele, müsse nach Art. 62 der preußischen Verfassung ein Staatsgesetz ergehen? Keineswegs. Sie haben vielmehr gewußt, daß zahllose Rechtssätze von der Kirche werden aufgestellt werden, ohne daß dazu im Staatsgesetze Ermächtigung ertheilt werde. Sie haben vielmehr nach dem Enumerationsprinzip verfahren, nämlich einfach, wie folgt: Nach Art. 17 der Verfassung soll über das Kirchenpatronat ein Gesetz ergehen, Verordnung genügt nicht; folglich konnten die in dem Gesetze getroffenen und die in Gemäßheit des Gesetzes zutreffenden Aenderungen des Patronats nur durch Gesetz ergehen. Steuern kann nach der Verfassung nur noch der Gesetzgeber vorschreiben. Steuern sind Zwangsbeiträge. Folglich können Gemeinden, weltliche wie kirchliche, nur vom Gesetzgeber mit dem Rechte ausgerüstet werden, Steuern auszuschreiben. Nur der Gesetzgeber kann gemäß Art. 105 a. a. O. die Gemeinden verpflichten, für Dritte Steuern zwangsweise einzuziehen, nur der Gesetzgeber kann vorschreiben, wen die Gerichte als Vertreter des

Kirchenvermögens anzusehen haben; da nur der Gesetzgeber das Besteuerungsrecht übertragen kann, kann er auch über die Bedingungen seiner Geltendmachung (Beschlußfassung, Zusammensetzung der die Steuern beschließenden Behörde) Bestimmungen treffen. Formelle Gesetze kann keine Verordnung aufheben; folglich bedurfte es eines (kassatorischen) Gesetzes, um entgegenstehende Gesetze aufzuheben oder um Kirchenorgane zu ermächtigen, selbst solche Beschlüsse zu fassen, die älteren Gesetzen widersprechen. Es ist nicht der Ort, auf alle Einzelheiten hier einzugehen; es genügt, hier zu zeigen, daß es sich nicht darum gehandelt hat: Rechtssatz oder nicht, sondern um bestimmte und konkrete Fragen. Es mag jedoch noch auf die Artt. 13 und 31 der Verf. hingewiesen werden.

§ 10.

Beamtenwesen und organisatorische Verordnungen.

Die preußische Verfassung enthält nähere Bestimmungen über die Anstellung der Richter: Art. 86, sie sollen unabhängig sein [1]), sie sollen auf Lebenszeit ernannt werden (87); sie können, von Organisationsveränderungen abgesehen, nur durch Richterspruch, und zwar aus Gründen, welche die Gesetze, d. h. unter Mitwirkung der Landesvertretung ergehende Vorschriften, vorgesehen haben, ihres Amtes entsetzt oder zeitweise enthoben werden. Auch die vorläufige Amtssuspension, welche nicht kraft des Gesetzes eintritt, und die unfreiwillige Versetzung an eine andere Stelle oder in den Ruhestand können nur aus den Ursachen und in den Formen, welche im Gesetze angegeben sind, und nur auf Grund eines richterlichen Beschlusses erfolgen. Nach Art. 88 dürfen den Richtern andere besoldete Aemter fortan nicht übertragen werden. Ausnahmen sind nur auf Grund eines Gesetzes zulässig. Nach Art. 90 darf zu einem Richteramte nur der berufen werden, welcher sich zu demselben nach Vorschrift der Gesetze befähigt hat. (Gesetze auch hier wiederum wie in Art. 87

[1]) Beiläufig bemerkt, spricht sich auch v. Rönne dahin aus, daß Richter selbstständigen Verordnungen nicht unterworfen seien; s. auch oben § 7.

und 88, die unter Zustimmung der Volksvertretung erlassene oder, soweit sie 1850 fehlte, zu erlassende Norm.)

Ueber die Disziplinirung der richterlichen Beamten war im Jahre 1849 eine Nothverordnung erlassen; an deren Stelle das Gesetz, betreffend die Dienstvergehen der Richter und die unfreiwillige Versetzung derselben auf eine andere Stelle oder in den Ruhestand, vom 7. Mai 1851, G.S. 1851 S. 218, getreten ist.

Ueber die nicht zum Richterstande gehörigen Beamten enthielt der Regierungs-Entwurf vom Mai 1848 keine Bestimmung. Die Kommission der National-Versammlung schlug einen besonderen Artikel 94 vor: „Die besonderen Rechtsverhältnisse der nicht zum Richterstande gehörigen Staats-Beamten, einschließlich der Staats-Anwälte, sollen durch ein Gesetz geregelt werden, welches, ohne die Regierung in der Wahl der ausführenden Organe zweckwidrig zu beschränken, den Staats-Beamten gegen willkürliche Entziehung von Amt und Einkommen angemessenen Schutz gewährt", d. i. der heutige Art. 98. Die Motive zu dem vorgeschlagenen Art. 94 und dem Art. 95 (jetzt Art. 117) lauten:

> Mit Rücksicht auf die speziellen Bestimmungen, welche über die Rechtsverhältnisse des Richterstandes zur Aufnahme in die Verfassungs-Urkunde vorgeschlagen werden, hat es der Verfassungs-Kommission erforderlich erschienen, daß auch der Rechtsverhältnisse der nicht zum Richterstande gehörigen Staats-Beamten darin gedacht werde.
>
> Es muß als eine unzweifelhafte Konsequenz der verfassungsmäßigen Verantwortlichkeit der Minister angesehen werden, daß der Regierungsgewalt ein freierer Spielraum in der Wahl ihrer ausführenden Organe zu gewähren ist und daß insbesondere die Minister in der Anstellung und Entlassung der an der Spitze der Verwaltungs-Behörden stehenden Beamten, welche vorzugsweise zu einer einflußreichen politischen Thätigkeit berufen sind, nicht zweckwidrig beschränkt werden. Allein es ist kein Grund vorhanden, hieraus eine allgemeine und willkürliche Absetzbarkeit der Verwaltungs-Beamten ohne Unterschied ihres Berufskreises herzuleiten oder den Ministern gar das Recht einzuräumen, durch die aus politischen Gründen gebotene Versetzung oder Entlassung der Verwaltungs-Beamten zugleich das Einkommen derselben zu schmälern. Die Verfassungs-Kommission

glaubt vielmehr, daß in einer gewissen, mit den konstitutionellen Formen sehr wohl zu vereinigenden Selbstständigkeit der Verwaltungs-Beamten eine erwünschte Garantie für ihre gesetzliche und volksthümliche Amtsverwaltung zu finden sei, daß die Sorge für ihren Nahrungsstand und das entsittlichende Bewußtsein der Rechtlosigkeit ihnen durch angemessene Regelung und Sicherstellung ihres Rechtsverhältnisses ferngehalten werden müsse. Nur dann wird man darauf rechnen können, daß der Beamten-Stand sich die volle Integrität und das Selbstgefühl eines würdigen Berufes erhalten werde, welches die sicherste Bürgschaft gegen den Mißbrauch des Amtes enthält. Die Kommission bescheidet sich aber, daß die Organisation der inneren Verwaltung erst in ihren Grundzügen feststehen muß, bevor sich die Einzelheiten eines Staatsdienergesetzes erörtern lassen. Sie hat es deshalb der künftigen Gesetzgebung überlassen wollen, diese Verhältnisse zu ordnen, indem sie sich darauf beschränkt, den Grundsatz schrankenloser Willkür in Versetzung und Entlassung der Staats-Beamten durch die Verheißung entgegenzutreten, daß pflichtgetreuen Beamten gegen willkürliche Entziehung von Amt und Einkommen verfassungsmäßiger Schutz gewährt werden soll (Rauer, Protokolle S. 134).

Das in Art. 98 verheißene Beamtengesetz ist noch nicht ergangen, dagegen zahlreiche Spezialgesetze, so das Gesetz, betreffend die Dienstvergehen der nicht richterlichen Beamten, vom 21. Juli 1852, G.S. 1852 S. 463.

Zunächst ist die Frage: handelt es sich im Beamtenrecht um „Rechtsgeschäfte" oder um „Rechtsnormen"? Die Antwort ist dem „geschärften Blick" und der vierzigjährigen Praxis (nämlich der seit 1861, dem Jahre der Zulassung des ordentlichen Rechtsweges) keinen Augenblick zweifelhaft. Es handelt sich um positive Normen des objektiven Rechtes, ja großentheils um zwingende, durch Vertrag regelmäßig nicht abänderbare Normen, um revisibele Rechtsnormen. Die Gesetze oder die anderen Vorschriften über Beamtenrecht, über Anstellung, Gehalt, Alters- und Funktionszulagen, Reisekosten und Tagegelder, Pension, Wittwen- und Waisenversorgung verpflichten kraft positiver Norm des objektiven Rechts die Exekutive z. B. gewisse Beträge zu zahlen und berechtigen kraft positiver Norm des objektiven Rechts den Beamten oder seine Hinterbliebenen, die dem objektiven Rechte entsprechenden Beträge einzuziehen und seit Zulassung des Rechtsweges durch Gesetz vom 24. Mai 1861 auch vor dem ordentlichen Gericht einzuklagen. Es handelte sich um so mehr um Rechtsnormen, als die in Frage stehenden Vorschriften nicht lediglich der Beamten wegen erlassen sind, sondern um den Bürgern eine erwünschte Garantie für volksthümliche und gesetzliche „Amtsverwaltung“ zu geben und die sicherste Bürgschaft gegen den Mißbrauch der Amtsgewalt zu verschaffen. An den Anstellungsbedingungen, die ein Privater seinen Privatbeamten stellt, hat der Staat, hat die bürgerliche Freiheit kein Interesse; diese sind Rechtsgeschäfte, die vom Staate zu befolgenden dagegen Rechtssätze. Die Vorschriften über Beamtenwesen, ihre Besoldung, deren Einklagbarkeit sind ebenso Rechte nicht bloß dieser Beamten, sondern des ganzen Volkes, aller Privatpersonen, und ebensowenig Vertragsnormen wie die Vorschriften über die Lehrfreiheit der Professoren oder die Unabsetzbarkeit der Richter. Gleichwohl findet sich, daß bis zu den siebziger Jahren und theilweise sogar noch heute ein sehr großer Theil dieser Rechtsnormen durch Verordnung ohne gesetzliche Ermächtigung ergangen ist: die Pensionen, Wittwen- und Waisengelder, Tagegelder und Reisekosten u. s. w. Das Pensionswesen, die Wittwen- und Waisenversorgung der Universitätsprofessoren sind noch heute durch Verordnung, die Wittwen- und Waisenversorgung z. B. durch die Kgl. Verordnung vom 20. Mai 1889 geregelt. Um Rechtsgeschäfte handelt es sich nicht; die Verordnung vom 20. Mai 1889 so gut wie das Pensions-Reglement vom Jahre 1857 enthält zwingendes Recht; eine Verletzung giebt zweifellos einen Revisionsgrund (s. auch Entsch. des Reichsgerichts in Civils. Bd. 37 S. 160, S. 225, Bd. 34 S. 181, Bd. 43 S. 124 u. a. m.).

Ist dies zulässig?

Die Praxis in Preußen war sich sehr wohl bewußt und wurde ja durch die Judikatur seit Zulassung des Rechtsweges tagtäglich darauf hingewiesen, daß es sich überall um Rechtssätze handelt. Gleichwohl hat diese Rechtssätze, soweit nicht gesetzliche Regelung eintrat (welche der Landtag durch sein Geldausgabenbewilligungsrecht später vielfach zu erzwingen wußte), nicht das Gesetz, sondern der König gegeben. Wenn irgendwo, zeigt sich gerade hier die

Richtigkeit des Satzes, daß auf dem gesetzfreien Gebiet — bis zum Erlaß des vorgesehenen allgemeinen Beamtengesetzes oder bis zur spezialgesetzlichen Regelung — die Krone Preußen noch die Rechtssetzung hatte und hat. Beweis sind auch die Verordnung vom 20. Mai 1889 über die Wittwen- und Waisenversorgung der Universitätsprofessoren, das viel erörterte und bald zu besprechende Pensions-Reglement vom Jahre 1857, das die Staatskasse bereits im ersten Jahre seiner Geltung mit 1 ½ Million Thaler beschwerte. Noch heute bestimmt der König ohne gesetzliche Ermächtigung die Rangklassen, obgleich davon u. A. Mehrbelastungen der Staatskasse beim Umzug, für Reisekosten und Diäten entstehen. Es wird von keiner Seite heute bemängelt (abgesehen von der Etatsfrage), wenn der König z. B. die Sätze in der Verordnung vom 20. Mai 1889 erhöhen würde.

Werfen wir einen Blick auf Belgien und das Deutsche Reich!

Wenn der König der Belgier, der doch auch die vollziehende Gewalt und das Beamtenanstellungsrecht hat, ohne gesetzliche Ermächtigung die Pension der Beamten erhöhen wollte (wie dies Friedrich Wilhelm III. im Jahre 1857 oder König Wilhelm II. bezüglich der Professoren am 20. Mai 1889 that), so würde ihm gesagt werden „il faut que chacque arrêté prenne sa source dans une loi“. Kein Minister würde eine solche ordonnance oder arrêté gegenzeichnen, keine Kasse sie respektiren, die Kammern und der Rechnungshof würden die Rechnungen nicht dechargiren, die Gerichte sie nicht in Prozessen anwenden dürfen. Das Gleiche würde gelten, wenn er die Reisekosten oder Tagegelder ohne gesetzliche Ermächtigung änderte oder mit der Wirkung Rangerhöhungen vornimmt, daß dadurch für die Staatskasse Mehrausgaben an Umzugskosten, Tagegeldern, Wohnungsgeldzuschuß, Reisekosten u. s. w. entstehen. Das Gleiche gilt für den deutschen Kaiser, dem nach Art. 18 der Reichsverfassung die Befugniß zusteht, die unmittelbaren Reichsbeamten (den kleineren Theil der Reichsbeamten) zu ernennen. Die Höhe der Reisekosten, Tagegelder u. s. w. wird durch Verordnung bestimmt, aber gemäß Art. 18 des Reichsbeamtengesetzes nur auf Grund gesetzlicher Ermächtigung. Der Kaiser bestimmt Titel, Rang und Uniform der Reichsbeamten, aber er ist durch Art. 17 des Reichsbeamtengesetzes dazu ermächtigt. Pension, Wittwen- und Waisengeld sind reichsgesetzlich geregelt. Es ist ausgeschlossen, daß der Kaiser etwa für eine neue Beamtenkategorie ohne gesetzliche Ermächtigung solche normirt oder auch nur, daß er ohne gesetzliche Ermächtigung Normen erläßt, die auf Art und Höhe der Pension, der Wittwen- und Waisenversorgung Einfluß haben.

Mit allgemeinen Prinzipien läßt sich hier Nichts ausrichten. Es liegt eine Abweichung des preußischen Rechtes vom Reichsrecht vor, eine Abweichung, die sich genau ebenso, ja in noch viel stärkerem Grade, im bayerischen Recht zeigt.[1])

Wie haben sich nun, da dem preußischen Landtage die Ausübung des selbstständigen Verordnungsrechts auf diesem Gebiete nicht entgehen konnte, schon wegen der Rechnungslegung, der Landtag einerseits und die Staatsregierung andererseits dazu gestellt, „im hellen Tageslichte der Praxis“? Hat der Landtag gesagt, es seien Rechtssätze, also fordere er nicht nur gesetzliche Regelung pro futuro und erkläre auch pro praeterito et pro praesente die Königlichen Verordnungen für ungültig und hat die Regierung dies etwa mit der Anschütz'schen Begründung bestritten, es seien keine Rechssätze, sondern nur Verwaltungsnormen, Anstaltsordnungen, nichts Anderes wie Lieferungsbedingungen eines Unternehmers, nicht Rechtssätze, sondern Rechtsgeschäfte, nur Dienstbefehle an die Staatskassen? Keine Ahnung! Beide Theile haben sich auf das Enumerationsprinzip gestellt. Der Landtag hat darauf Bezug genommen (gleichviel, ob mit Recht oder Unrecht) oder richtiger, es ist im Landtage darauf Bezug genommen worden, daß das Pensions-Reglement von 1857 ein Gesetz des absoluten Staates Preußen, nämlich ein Königliches Reglement vom 30. April 1825, in von Kamptz Annalen Bd. 14 S. 843 f., abändere (also vermeintlich Art. 62 verletze), daß die Staatskasse mit 1 ½ Million Thaler jährlich (und offenbar steigend) mehrbelastet werde (also Art. 99) und daß die Verfassung ein Gesetz in Aussicht gestellt habe (Art. 98). Die Regierung ihrerseits stellte sich auf den Boden, daß, wie die Festsetzung der Besoldungen und sonstigen Bezüge der Beamten, so auch die Regelung der Pension ein Recht der Krone sei (nicht, weil es sich dabei um keine Rechtssätze handele, sondern weil Solches der Krone noch durch kein Gesetz verschränkt sei).

---

[1]) Rehm in Hirth's Annalen 1901 S. 655; M. Seydel, bayer. Staatsr. VI S. 354, 362 a. a. O.; v. Moy, bayer. Staatsrecht § 45 a. a. O. u. Pözl, bayer. Verwaltungsrecht § 204 a. a. O.

Doch sehen wir näher zu!

Schon im Jahre 1857 hatte die Budgetkommission des Abgeordnetenhauses, wie v. Rönne zutreffend erzählt, Aufl. 5 I. S. 539, in ihrem Berichte vom 11. Februar 1857 (Sten. Ber., Aktenstück Nr. 36 S. 109 f.) bei dem Hause beantragt, „die Erwartung auszusprechen, daß die Staatsregierung wegen Regelung des Pensionswesens der Beamten baldmöglichst das Erforderliche im Wege der Gesetzgebung veranlassen möge“ (also nicht auszusprechen, daß das Pensionsreglement vom Jahre 1857, weil Rechtsnormen enthaltend, gegen Art. 62 der Verfassung verstoße und demgemäß nichtig sei). Das Plenum lehnte den Antrag der Kommission in der Sitzung vom 20. Februar 1857 ab (Sten. Ber. S. 248 f.), war also keineswegs der Ansicht, daß das Pensionsreglement, weil ohne gesetzliche Ermächtigung ergangen, rechtsungültig sei. Für die Unzulässigkeit des Reglements vom Jahre 1857 sprach sich Hasselbach aus, weil das Reglement vom Jahre 1825 dadurch, daß es in § 65 der Städteordnung vom 30. Mai 1853 allegirt, ein formelles Gesetz geworden und also durch die Krone allein nicht abänderbar sei.

Die Regierungskommission hatte erklärt, — hier wie bei Umzugskosten, Reisekosten und Diäten handele es sich um Verwaltungsmaßregeln (d. h. von der Exekutive allein zu treffenden Vorschriften) und nicht bedürfe es in der Regel des Weges der Gesetzgebung, „da die früheren Bestimmungen über diesen Gegenstand nicht durch die Gesetz-Sammlung (nämlich nur in v. Kamptz Annalen) publizirt, mithin“ (d. h. also wegen dieser Form, nicht wegen ihres Inhalts) „reglementarischen Charakters seien und dem Rechte der Krone allein anheimfielen, wogegen die Mitwirkung des Landtages erst dann eintrete, wenn auf diese Bestimmungen Etats-Erhöhungen gegründet werden, da die Etats durch ein Gesetz festgestellt werden müssen“.

Die Budgetkommission des Herrenhauses sprach sich in ihrem Bericht am 26. März 1857 (Sten. Ber. S. 149) dahin aus, „daß das Pensionsreglement vom 30. April 1825, obgleich nicht durch die Gesetzsammlung publizirt, doch als ein Gesetz betrachtet werden müsse“.[1]) Das Plenum des Herrenhauses nahm in der Sitzung am

---

[1]) Da das Pensionsreglement nicht Rechte der Privatpersonen unter einander oder zum Staate betrifft, so wäre es, wie Anschütz selbst anerkennt, im Anschütz'schen Sinne selbst dann kein Gesetz, wenn es in der Gesetzsammlung verkündet wäre. Daß die Herrenhaus-Kommission anderer Meinung ist und

20. April 1857 (Sten. Ber. S. 243 f.) die Resolution an, „an die Staatsregierung den Antrag zu richten“ (nicht das Reglement von 1857, als gegen Art. 62 verstoßend, sofort aufzuheben, sondern de lege ferenda) daß „zur gesetzlichen Regelung des Pensionswesens den Häusern des Landtages in der nächsten Sitzungsperiode eine Vorlage gemacht werde“.

Bereits im folgenden Jahre beschäftigte sich das Abgeordnetenhaus von Neuem mit dem Gegenstande. Am 11. März 1858 sagte der Abgeordnete v. Patow (Sten. Ber. S. 250): „Es ist aber bekannt, daß im vorigen Jahre dem Hause die Kompetenz bestritten wurde, über diese Maßregel ein Urtheil abzugeben, weil bei uns bisher das Pensionswesen nicht zu den Gegenständen der Gesetzgebung gehört habe und daher höchstens darin eine Mitwirkung des Hauses erforderlich sein könne, wenn die ohne Zuziehung des Hauses getroffenen Anordnungen auf den Etat Einfluß haben sollten. — Der Fall liegt jetzt vor. Die im vorigen Jahre getroffene Anordnung führt jetzt direkt zu einer Erhöhung des Etats.“ Nachdem der Finanzminister v. Bodelschwingh darauf das Gebiet des Pensionswesens für den Verordnungsweg in Anspruch genommen hatte, replizirte v. Patow: „Ich habe es nämlich für unmöglich gehalten, daß eine Abänderung der Pensionsgrundsätze, welche eine Mehrausgabe herbeiführte, anders ins Leben treten konnte als im Wege der Gesetzgebung. Daher habe ich auch früher das Bedürfniß einer gesetzlichen Regelung des in Rede stehenden Gegenstandes nicht empfunden.“ Noch einmal ergriff v. Patow das Wort, um zu bemerken, es wäre „die ganze Mitwirkung der Landesvertretung bei unserem Finanzwesen“ (nicht schlechthin bei Rechtsnormsetzung) „mehr oder weniger illusorisch, wenn ohne Genehmigung der Landesvertretung Bestimmungen ergehen könnten, welche auf die Etats einen wesentlichen Einfluß ausüben“ (Sten. Ber. l. c. S. 251). Darauf erfolgte die Annahme des bereits mitgetheilten Antrages. Dieser hatte, wie bekannt, lange Jahre keinen Erfolg. In der Sitzung am 9. März 1859 befaßte sich das Plenum des Abgeordnetenhauses wiederum mit dem Gegenstande auf Antrag v. Rönne's (Sten. Ber. S. 332). Dieser Antrag ging dahin, „die Staatsregierung aufzufordern, den

also auch ihrerseits die Anschütz'sche Theorie von Grund aus ablehnt, ist hiernach klar — wie man sich sonst auch zu ihrem Standpunkt stellen mag.

Gegenstand der Pensionirung der Beamten baldmöglichst durch ein der Landesvertretung zur Beschlußnahme vorzulegendes Gesetz vollständig zu ordnen". (also nicht etwa, daß das Pensionsreglement von 1857, weil es Rechtsnormen aufstelle, ungültig sei). v. Rönne sprach seine (offenbar irrige Privat-) Ansicht dahin aus, daß das Pensionsreglement vom 20. April kein Gesetz sei, sondern lex contractus, er bezog sich nun nicht etwa darauf, daß die Regierung überhaupt nur auf Grund gesetzlicher Ermächtigung irgend welche Anordnungen treffen dürfe (wie im Jahre 1865 das Abgeordnetenhaus beim Prisenreglement), sondern er bezog sich auf die Art. 98 und 117, welche die Regelung des Beamtenwesens im Gesetzeswege fordern. Damals also war v. Rönne wie die ganze Welt ein Vertreter des Enumerationsprinzips und trug noch offenbar Scheu, solche Theorien, wie er sie etwa in der 4. Auflage seines Staatsrechts lehrt, den gesetzgebenden Körperschaften vorzutragen. Damals lebten ja auch die Männer in voller Thatkraft, die die Verfassung mitgeschaffen hatten.

Das Pensionirungsgesetz ist erst am 27. März 1872 ergangen. Bis dahin galten Verordnungen. Weder die Gerichte noch die Rechnungskommission des Abgeordnetenhauses, noch die beiden Häuser des Landtages haben jemals die Ungültigkeit des Pensionsreglements vom Jahre 1857 oder anderer Königlicher Verordnungen ausgesprochen. Und heute noch ist der Gegenstand für Universitätslehrer durch selbstständige Verordnungen geregelt, ohne daß meines Wissens irgendwie oder von irgendwem (z. B. der Rechnungskommission des Abgeordnetenhauses) die Ungültigkeit behauptet wäre.

Beim Militär sind durch selbstständige Verordnungen in Preußen geregelt: 1. die Naturalverpflegung (i. J. 1888, Arndt, Reichsstaatsrecht S. 580), Tagegelder, Kilometergelder ꝛc. (Kab.O. v. 31. März 1889 bei Arndt l. c. S. 581), Umzugskosten (V. v. 21. März 1889, bei Arndt l. c. S. 583), Marschgebühr (Arndt l. c.), das Besoldungswesen (K.O. v. 7. März 1889 bei Arndt S. 585), Abzüge, persönliche Zulagen, Kommandozulagen, während gesetzlich der Wohnungsgeldzuschuß (9. u. 30. Juni 1873) und seit 1871 die Pensionen, die Wittwen- und Waisenversorgung geregelt sind.

Was organisatorische Verordnungen anlangt, so halten einzelne Staatsrechtslehrer solche für Rechtsnormen, Hänel, das Gesetz S. 223 ff.,

S. 284 f.; Brie S. 15; Otto Mayer, Verwaltungsrecht, u. A. auch das Reichsgericht im Erk. vom 26. März 1901, Entsch. in Civils. Bd. 48 S. 84 ff., Andere dagegen, z. B. Laband, Georg Meyer, für Verwaltungsnormen. Das mag man nun halten, wie man will: weder der König der Belgier, noch der deutsche Kaiser können Organisationen (Einsetzungen von Aemtern mit behördlichem Charakter) anders als auf Grund gesetzlicher Ermächtigung vornehmen [1]); wohl aber der König von Preußen für den preußischen Staat, soweit nicht der Gesetzesweg gefordert wird. Die Verfassung schließt die Verordnung aus für die Veränderung der Grenzen des Staates (Art. 2), nicht der Kreise, Regierungsbezirke und Provinzen. Daher kann der König die Grenzen der Regierungsbezirke noch heute ändern und konnten die Grenzen der Kreise und Provinzen bis zur Einführung der Kreisordnung von 1872 und Provinzialordnung von 1875 durch Verordnung geändert werden. Dies ist oft genug geschehen. Nach Art. 89 soll die Organisation der Gerichte durch Gesetz bestimmt werden; folglich Ausschluß des Verordnungsrechts. Art. 89 bezog sich nur auf ordentliche Gerichte, nicht auf Militär- und Prisengerichte, was Pape vor dem Abgeordnetenhause bei Verhandlung über das Prisenreglement vom Juni 1864 ausführte. [2]) Daher sind die Organisationen dieser Art Gerichte in Preußen stets im Verordnungswege erfolgt. Art. 96 bestimmt, daß die Kompetenz der Gerichte und Verwaltungsbehörden, d. h. die Kompetenz zwischen Gerichts- und Verwaltungsbehörden, die Grenzscheidung, durch Gesetz geregelt werden soll. Beim Schweigen der Verfassung konnte der König daher die Ministerialressorts, die Bezirke der Eisenbahn- und Oberpostdirektionen, Eisenbahnbetriebsämter, Eisenbahnkommissariate, Postämter, Telegraphenämter, Oberbergämter, Generalkommissionen, Bezirksregierungen u. s. w. durch Verordnung regeln und hat dies sehr häufig gethan. Allerdings ist ihm das Recht dazu mitunter, z. B. bei der Aenderung der Ministerialressorts im Jahre 1872 und 1878/79, bestritten worden — aber nicht, weil es sich dabei um Rechtsnormen gehandelt habe, sondern aus dem Enumerationsprinzip, namentlich, weil bereits die Organisation gesetzlich geregelt gewesen sei. Man stützte sich zuweilen irrig auf

---

[1]) Dies ist in Theorie und Praxis unstreitig; s. Arndt, Verordnungsrecht S. 152 f., Reichsstaatsrecht S. 637.

[2]) S. weiter unten.

Art. 96, indem man daraus folgerte, daß überhaupt die Kompetenz der Verwaltungsbehörden durch Gesetz bestimmt werden dürfe, so Lasker am 16. Dezember 1867, Sten. Ber. Abg.H. 1867 S. 472, so Windthorst am 27. März 1878, Sten. Ber. Abg.H. S. 1993, oder bei Aenderung der Ministerialressorts 1872 (Veterinärwesen vom Kultusminister abgezweigt) oder 1878 (Theilung des Handelsministeriums in zwei), daß dadurch die Verordnung vom 27. Oktober 1818, oder das Eisenbahngesetz vom 3. November 1838, ein Gesetz des absoluten Staates, abgeändert sei in § 38, das nicht von einem Minister der öffentlichen Arbeiten, sondern einem Handelsminister spreche,[1]) so Hänel am 3. Dezember 1878, Sten. Ber. des Abg.H. S. 156, P. Reichensperger am gleichen Tage, l. c. S. 160; Virchow am 6. Juni 1872, Sten. Ber. S. 1558; Lasker am 27. März 1878, Sten. Ber. S. 1981; ganz besonders stützte man sich auf das Geldausgabenbewilligungsrecht; die Krone habe, „sofern nicht entgegenstehende Gesetze vorhanden sind, denn an die ist auch die Krone gebunden", das Organisationsrecht, wo aber die Krone ohne Gesetz, nur in Ausübung ihres Organisationsrechts, also im Verordnungswege, ein neues Ministerium schaffe, „wo lediglich die Exekutive als solche handele", — „da sind wir (der Landtag) berechtigt, die Ausgabe zu verweigern" (so Miquel am 3. Dezember 1878, Sten. Ber. S. 151 ff.[1]) — gegen Gneist, der damals in seiner Schrift „Gesetz und Budget" dem Landtage das Recht bestritt, die Mittel für das neue Ministerium der Regierung vorzuenthalten.[2]) Immer wieder und wieder also finden wir das Enumerationsprinzip, kein Scholastizismus, keine allgemeine Erörterung, ob Rechtsnorm oder nicht, immer Bezugnahme auf das positive Recht, anstatt auf Phantasiegebilde weltfremder Gelehrter! Was die Befähigungsbedingungen für Aemter anlangt, so kann auch hier darüber Streit obwalten, ob darin Rechtsnormen enthalten seien oder nicht. Ich neige der ersten Ansicht zu, und zwar schon aus nachfolgendem Grunde: Die Befähigungsvorschriften sollen gegeben werden keineswegs bloß im Interesse der Exekutive, sondern gerade oft gegen die Exekutive, um deren Willkür zu brechen, um den Bürgern Rechtsgarantien dafür zu geben, daß die Gesetze von dazu befähigten Per-

---

[1]) Bismarck am 23. März 1878, Sten. Ber. Abg.H. 1878 S. 1960, „ein etwas speziöser Grund".

[2]) S. auch weiter unten.

sonen im Sinne ihrer Urheber und volksthümlich, nicht aber nach Laune und Willkür der jeweiligen Machthaber, gehandhabt werden. Was nützt es der Volksfreiheit, wenn man die liberalste Civil- und Strafgesetzgebung, die freiheitlichste Prozeßordnung hat, die Exekutive hätte es aber in der Hand, diese Gesetze durch wen sie wollte, ohne Rücksicht auf Qualifikation, anwenden zu lassen? Ich bezweifele nicht, daß eine Verletzung der Vorschrift über die Qualifikation der Richter oder der Berufsbeamten im Kreisausschusse oder Bezirksausschüsse oder in den Militärgerichten als eine Rechtssatzverletzung vom Reichsgericht, dem Oberverwaltungsgericht oder dem Reichsmilitärgericht angesehen würde. Nun besteht andererseits auch darüber kein Zweifel, daß für die Frage, ob Befähigungsbedingungen im Gesetz- oder im Verordnungswege zu erlassen sind, in Preußen wie in Bayern das Enumerationsprinzip entscheidet, d. h., daß wo ein Gesetz nicht besteht oder, wie für richterliche Beamte oder Staatsanwälte, nicht erfordert wird, die Krone noch die Befähigungsvorschriften erläßt und erlassen kann, so für Offiziere, Sanitäts- und Ingenieuroffiziere, Baubeamte, Bergbeamte, Gymnasial-, Seminar-, Bürger-, Volksschullehrer u. s. w. Der König der Belgier kann ohne gesetzliche Ermächtigung Solches nicht thun, der König von Preußen und der König von Bayern können es thun, weil sie alle Rechte bewahrt haben, die sie nicht durch die Verfassung oder auf Grund der Verfassung verloren haben. Also, wieder Enumerationsprinzip! Mit Untersuchungen, ob Rechtsnorm oder nicht, kommt man nirgends aus. Oder, wer behauptet, daß es sich um Rechtsnormen handelt bei der Qualifikation von Regierungsassessoren, dagegen nur um den Typ Rechtsgeschäft oder Dienstbefehl oder Verwaltungsnorm bei der Qualifikation von Baumeistern, Bergmeistern u. s. w., obwohl diese nicht bloß administrativ, sondern auch technisch besonders wichtige Aufgaben im Interesse des Gemeinwohls zu lösen haben?

Von besonderem Interesse ist die Thatsache, daß, während in Preußen, wo Gesetze nicht entgegenstehen, Befähigungsvorschriften aller Art im Verordnungswege erlassen werden, im Deutschen Reiche umgekehrt stets der Gesetzweg nöthig ist wo die Verordnung nicht durch Gesetz oder Verfassung besonders zugelassen ist. § 7 des Gesetzes, betreffend die Organisation der Bundeskonsulate u. s. w., vom 8. November 1867 (B.G.Bl. 1867 S. 137) enthält gesetzliche Bestimmungen über die Befähigung zu den Konsulatsämtern und ermächtigt den Bundeskanzler, die näheren Bestimmungen zu erlassen. In Preußen konnte Solches durch selbstständige Verordnung geregelt werden. § 29 der Reichs-Gewerbeordnung ermächtigt den Bundesrath, über die Qualifikation der Aerzte und Apotheker die nöthigen Bestimmungen zu erlassen. Es ist bereits erwähnt, daß, um Titel, Rang und Uniform der Reichsbeamten durch den Kaiser bestimmen zu lassen, trotz Art. 18 der Reichsverfassung eine besondere gesetzliche Ermächtigung, § 17 des Reichsbeamtengesetzes, für nöthig erschienen ist. Das Gleiche ist bezüglich des Urlaubes der Reichsbeamten zu erwähnen, § 14 des Reichsbeamtengesetzes.

Nach Art. 63 und 64 der Reichs-Verfassung hat der Kaiser den Oberbefehl über das Heer, wie ihn auch der König der Belgier über das belgische Heer führt. Während aber der König von Preußen im Wege selbstständiger Verordnungen Bestimmungen über die Zulassung zu den Stellen und Aemtern des Heeres, sowie über das Aufrücken in die höheren Stellen erläßt, bedarf es für den Kaiser wie für den König der Belgier einer besonderen gesetzlichen Ermächtigung dazu, s. § 7 des Reichs-Militärgesetzes u. s. w.

Es soll nunmehr auf die Organisation der Provinz Hannover eingegangen werden, nicht als ob etwas Neues dazu gesagt werden könnte, sondern nur, um zu erörtern, ob aus diesem Anlaß, wie Anschütz S. 153 ff. meint, die preußische Staatsregierung „ganz prinzipiell“ die Frage nach einem selbstständigen Verordnungsrecht habe vor dem Herrenhause beantworten wollen. Vorweg muß bemerkt werden, daß „ganz prinzipiell“ die Frage, ob im Zweifel die Organisationsgewalt der Krone zustehe, sehr wiederholt im Landtage wie in der Presse behandelt ist (s. mein Verordnungsrecht S. 146 ff.), so bei der Organisation in den Hohenzollernschen Landen 1852, der Einsetzung der Generalkommission in Merseburg 1853 (Sten. Ber. des Abg.H. 1854 S. 731), der Organisation der neuen Provinzen 1867 (Sten. Ber. des Abg.H. 1867 S. 426, 447, 436), dann der Regierungen in Hannover 1869 — die hier besonders zu erwähnen sind —, 1872 bei Aenderungen im Kultus- und landwirthschaftlichen Ministerium (Sten. Ber. des Abgeordnetenhauses S. 153) und am weitaus ausführlichsten in Theorie und Presse wie in Landtagsverhandlungen in den Jahren 1878/1879, als die Staatsregierung, anstatt den Nationalliberalen die in Aussicht gestellten Ministerposten zu übertragen, unter Abschwenkung nach rechts, das Ministerium für Handel, Gewerbe und öffentliche Arbeiten theilte. Letzterer Gegenstand bildet den Ausgangspunkt mehrerer Gneist'scher Schriften, die gerade gegen die eigenen Parteigenossen geschrieben waren und diese zu lebhaftester Bekämpfung Gneist's in der Presse, der Fraktion und von der Tribüne (namentlich durch Miquel und Lasker) veranlaßten. Für jetzt handelt es sich um das Jahr 1869. Die Provinz Hannover zählt erheblich weniger Einwohner als der eine Regierungsbezirk Düsseldorf; sie ist auch bei der Gleichartigkeit seiner Verhältnisse weit leichter als dieser zu verwalten. Abgesehen von der Stadt Hannover giebt es keine Ortschaften, die sich auch nur im entferntesten mit Städten wie Düsseldorf, Krefeld, Essen, Duisburg, Oberhausen, Mühlheim-Ruhr, Ruhrort, München-Gladbach, Rheydt, Solingen, Remscheid u. s. w. vergleichen könnten. Nach alledem glaubte man den Wünschen der Hannoveraner schon weit über das billige Maaß Konzessionen zu machen und die übrigen Steuerzahler zu beschweren, wenn man (aus den sechs Landdrosteien) drei Regierungen in Hannover einrichtete. Das Abgeordnetenhaus setzte die Mittel für sechs Regierungen ein (Triumvirat Bennigsen, Miquel, Windthorst). Die Staatsregierung ließ sich dies gefallen. Hiergegen lehnte sich das Herrenhaus, und nicht ohne Grund, auf. Es wollte nicht das Etatsgesetz deswegen zu Fall bringen, sondern sprach, wozu es unzweifelhaft berechtigt war, den Wunsch aus, daß bei Aenderungen „in den Landespolizeibehörden" die Staatsregierung in Zukunft ein Gesetz vorlegen müsse (damit auch das Herrenhaus zu Wort komme). Jeder Eingriff in das Organisationsrecht der Krone lag dem Herrenhause im Jahre 1869 ebenso fern wie 1852, 1853, 1854, 1867, 1878, 1879. Seine Desiderien richteten sich dagegen, daß das Abgeordnetenhaus sein Geldausgabenbewilligungsrecht dazu gebrauchte oder nach der damals fast allgemeinen Ansicht des preußischen Volkes gröblich mißbrauchte, um den Steuerzahlern die doch immerhin erheblichen Kosten für 3 bis 5 ganz unnöthige Behörden aufzubürden und damals wenigstens minimale Landstädtchen wie Aurich, Stade u. dergl. auf Kosten der preußischen Steuerzahler in dem Range und der kostspieligen Stellung von Regierungssitzen zu belassen. Gleichzeitig hatte man im Auge, daß die Staatsregierung damals für Schleswig-Holstein 2 (statt 1) Regierungen eingerichtet hatte. Bei dieser Gelegenheit, so glaubt Anschütz, habe die Staatsregierung es für angemessen und nöthig erachtet, das, was sie sonst stets behauptet hat, das selbstständige Verordnungsrecht, „ganz prinzipiell“ aufzugeben und „ganz prinzipiell“ zu erklären, daß sie Rechtsnormen ohne gesetzliche Ermächtigung nicht mehr geben, daß der König allein nicht mehr Recht setzen könne. Anschütz hatte die Verhandlungen natürlich bis zur 2. Auflage überhaupt nicht gelesen, wie daraus erhellt, daß er nur eine Eulenburg'sche Rede aus „den Reden des Grafen Eulenburg“, die sich bei Schulze citirt findet, in der ersten Auflage seiner Schrift angeführt hat. Nur durch meine Replik wurde er auf die eingehendere Wolff'sche Rede hingewiesen, die ich bereits 1884 im Verordnungsrecht citirt hatte (S. 151) und in der er nunmehr das obige Resultat entdeckt wissen will.

Ich möchte nicht in den Anschütz'schen Ton verfallen. Aber ich frage, ob es nur irgend denkbar ist, daß die preußische Staatsregierung durch einen Geheimrath v. Wolff nicht bloß zu der vorliegenden Frage, ob die Staatsregierung drei oder sechs Landespolizeibehörden i. e. Bezirksregierungen einrichten darf, sondern zu einer Frage von allgemeinster und unübersehbarer Tragweite aus dem beregten Anlaß hat Stellung nehmen wollen, nämlich zu der Frage, ob die Krone überhaupt auf gesetzfreiem Gebiet noch Anordnungen irgend welcher Art erlassen darf und dies in einer Weise, die allen früheren und späteren Erklärungen und Handlungen der Staatsregierung schnurstracks zuwider läuft? Ich frage, ob man nicht mit mehr Recht, als umgekehrt Anschütz von meinen Ausführungen sagt, glauben darf, daß eine solche Behauptung gar keiner ernstlichen oder auch nur scherzhaften Widerlegung bedarf. Was hat also A. v. Wolff gesagt (Sten. Ber. des Herrenhauses 1869 S. 1711):

> „Sr. Maj. dem König ist durch Art. 45 der Verfassungs-Urkunde die vollziehende Gewalt eingeräumt. Ausfluß der vollziehenden Gewalt ist nothwendig die Organisationsgewalt. —
>
> Diese Prorogative der Krone ist aber in verschiedener Beziehung durch die Verfassungs-Urkunde und Gesetze des Landes beschränkt. Namentlich ist sie beschränkt durch Art. 89 Verfassungs-Urkunde, in Bezug auf die Organisation der Gerichte.
>
> Ferner ist diese Gewalt beschränkt durch das Budgetrecht der Landesvertretung insofern, als diejenigen Behörden,

die die Staatsregierung einzusetzen beabsichtigt, mehr oder andere Mittel erfordern, als der Staatshaushalt gewährt und als mithin der Regierung disponibel sind. Falls eine Organisation lediglich in diesem Sinne eine Mitwirkung der Landesvertretung erheischt, daß die Staatsregierung mehr Geld bedarf, ohne daß die Anordnung selbst in der Form eines Gesetzes erlassen zu werden braucht, dann genügt nach der Ansicht der Staatsregierung die Einbringung der Sache bei Gelegenheit des Staatshaushalts.

Es ist aber die Organisationsgewalt ferner beschränkt durch Art. 110, welcher dahin lautet, daß —. Damit ist gesagt, daß, sobald eine Verwaltungs-Organisation Behördenverfassungen ändere, die in bestehenden Gesetzen angeordnet sind, dann eine Mitwirkung der Landesvertretung im Wege der Gesetzgebung erforderlich ist. Welche der bestehenden Behörden auf gesetzlichen Anordnungen beruhen, ist eine Sache der thatsächlichen Prüfung im Einzelfalle und wird in Bezug auf die nach dem Erlaß der Verfassungs-Urkunde errichteten Behörden wesentlich nach der Form des Zustandekommens der früheren Anordnung und der Art ihrer Publikation zu beurtheilen sein. Für die Zeit vor dem Erlaß der Verfassungs-Urkunde dagegen, da die Form des Erlasses nicht entscheidend sein kann, wird der materielle Inhalt des früheren Gesetzes geprüft werden müssen.[1])

Die Organisationsgewalt hat endlich noch eine selbstverständliche Beschränkung, nämlich die, daß die materielle Regierungsgewalt, also Inhalt und Umfang der in der Staatsgewalt begriffenen Hoheitsrechte, nicht eingeschränkt oder verändert werden kann ohne einen Akt der Gesetzgebung, daß also, wenn in dieser materiellen Regierungsgewalt Abänderungen getroffen werden sollen, diese nur unter gesetzmäßiger Mitwirkung der Landesvertretung möglich sind.

Soweit durch die von mir soeben angedeuteten Punkte

[1]) Dies ist fraglich und entsprach auch schon 1878 nicht mehr der Ansicht der Staatsregierung. Die Gesetzesform für Organisationen richtet sich lediglich nach der Verf.Urk., wo diese die Gesetzesform nicht erfordert (wie bei Gerichten) oder wo nicht schon ein konstitutionelles Gesetz entgegensteht (wie bei Kreis- und Provinzänderungen) ist stets der Verordnungsweg zulässig; s. weiter unten.

das Recht der Krone nicht eingeschränkt ist, soweit hat die Regierung nach ihrer Ansicht die Befugniß, selbstständig die Organisation der Verwaltungsbehörden vorzunehmen. Es wird sich diese Befugniß hauptsächlich und wesentlich erstrecken auf: die Bestimmung und Bezeichnung des Wirkungskreises der Verwaltungsbehörden in territorialer Beziehung, auf den Sitz der Behörde, auf die ressortmäßige Unterordnung, auf ihren Geschäftsgang."

Bald darauf hat Graf zu Eulenburg die Erklärungen seines Kommissars dahin zusammengefaßt (Sten. Ber. S. 188, bereits citirt Verordnungsrecht S. 151 Anm. 3):

„Beruht die Organisation einer Behörde auf Gesetz, so kann sie bloß durch Gesetz abgeändert werden. Soll in dem Umfang der materiellen Regierungsrechte etwas geändert werden, eine Einschränkung oder Erweiterung derselben eintreten, so kann dies nur im Wege der Gesetzgebung geschehen."

Anschütz legt (S. 158) Werth darauf, daß weder v. Wolff noch Graf Eulenburg von einer speziellen Behördenkategorie, sondern von den Behörden, den Organen der vollziehenden Gewalt in ihrer Gesammtheit reden. Ich muß dies bestreiten; sie haben von Militär-, Schul-, Kirchen-, Post-, Telegraphen-, Eisenbahnbehörden u. s. w. nicht gesprochen, nicht sprechen wollen, nicht sprechen dürfen, nicht sprechen können.

Oder hätten v. Wolff und Graf Eulenburg Folgendes sagen können?

„Im Jahre 1864 hat die Staatsregierung nicht bloß ein Prisengericht eingesetzt, sondern auch vorgeschrieben, daß in den Fällen, die durch das im Wege selbstständiger Verordnung erlassene Prisenreglement näher festgesetzt sind, Eigenthum preußischer und außerpreußischer Staatsangehöriger dem Staate verfallen sind. Zu Ersterem war sie kraft ihrer Organisationsgewalt befugt, zu Letzterem nicht, denn Vorschriften darüber, ob Schiff und Ladung ihrem bisherigen Eigenthümer verloren gehen und dem Staate zufallen, sind Rechtsnormen, greifen mit Gebot und Verbot in die Eigenthums- und Rechtssphäre der Unterthanen ein, ändern den Rechtsstand u. s. w. Wir, A. v. Wolff und Fr. zu Eulenburg, können demgemäß das Verhalten der preußischen Staatsregierung nicht billigen."

Oder:

„Die preußische Staatsregierung hält sich, wie noch 1867 im Reichstage erklärt ist (und wie wenige Monate später am 8. Mai 1869 Namens der verbündeten Regierungen der Präsident Delbrück erklärt hat), für befugt, auf dem Gebiete des Telegraphenwesens Gebühren zu erhöhen, zu erlassen und zu ermäßigen, die Garantiepflicht der Telegraphen-Verwaltung zu bestimmen u. s. w. Obwohl hierin eine Aenderung in dem Umfang der der Telegraphenverwaltung zustehenden Gewalt liegt, so hält sich die Staatsregierung hierzu für ermächtigt (nicht etwa, weil dies keine Rechtsnormen seien, sondern einzig und allein, weil kein Gesetz entgegensteht, kein Gesetz durch die Verfassung erfordert wird und das — nämlich die Regelung im Verordnungs- oder Verwaltungswege — thatsächlich stets so in Preußen gehandhabt wurde). Wir, v. Wolff und Graf Eulenburg, erklären dies für grundfalsch. Die preußische Staatsregierung und jetzt das Bundes-Präsidium könne zwar Telegraphendirektionen einrichten und bestehende umändern, nicht aber kann sie an dem Umfange der diesen Behörden und der Telegraphenverwaltung zustehenden Befugnisse, auch nicht an der Art und Höhe der Gebühren, Garantiepflicht, etwas ändern."

Oder: „Gegen den Abgeordneten Wigard hat Graf Roon Namens der preußischen Regierung und ihrer Verbündeten im verfassungsberathenden Reichstage konstatirt, daß überall da, wo thatsächlich in Militärsachen der Verordnungsweg in Preußen bestanden hat, er auch noch in Zukunft zulässig sein soll. Das ist falsch. Die Krone kann Armee-Inspektionen, Marine-Inspektionen und dergl. neu einrichten und verändern. Sie kann aber an den materiellen Befugnissen Nichts ändern: keine neuen und anderen Disziplinarstrafen androhen, keine Vorschriften mehr darüber, ob und in welchen Fällen Jemand im militärehrengerichtlichen Verfahren aus Ehre, Brod und Stellung gebracht werden kann, treffen, keine prozessualen Vorschriften für Marine-Gerichte geben, nicht das Beschwerde-, Strafvollstreckungs-, Militär-Verpflegungs-Besoldungswesen anders regeln u. s. w. Wir desavouiren hiermit den Grafen Roon und die verbündeten Regierungen."

Oder.

„Die preußische Staatsregierung kann zwar den Regierungsbezirk Düsseldorf, falls ihr das Geld dazu bewilligt wird, theilen. Aber an den obligatorischen Unterrichtsgegenständen in der Volksschule kann sie Nichts ändern, nicht z. B. den Religionsunterricht zu Gunsten des Rechnens, Lesens vermindern. Zwar hat Solches die Staatsregierung bisher so lange als ihr Recht behauptet, bis das in den Art. 26 und 112 verheißene Unterrichtsgesetz zu Stande gekommen sein wird. Hierin befand sie sich aber, wie wir hiermit erklären, im Irrthum."

Oder.

„Die Staatsregierung kann zwar die Bezirke der Eisenbahnbehörden ändern und diese Behörden neu organisiren. Will sie aber den Eisenbahnen, was die öffentliche Meinung, die Handelstage u. s. w. fordern, ein strengeres, deren Haftung in geringerem Maaße ausschließendes Betriebsreglement auferlegen, so hat sie dazu ein Gesetz nöthig."

Alles dieses ist den Regierungskommissaren im Januar 1869 gar nicht in den Sinn gekommen. Ihre Erklärung konnte und durfte sich nur auf die Regierungsrechte beziehen, also darauf, daß nicht neue Gegenstände der polizeilichen Regelung unterworfen werden dürfen, nicht neue oder schärfere Polizeizwangsmaßnahmen zulässig sind u. s. w. Daß die Bezirksregierungen ein selbstständiges Verordnungsrecht haben, daß sie überhaupt andere Anordnungen als auf Grund gesetzlicher Ermächtigung treffen dürfen, ist noch von Niemandem in Preußen behauptet worden. Dies ist dem Herrenhause 1869 zu seiner Beruhigung gesagt worden. Nicht ist ihm gesagt worden, daß die Krone Preußen das selbstständige Verordnungsrecht, das sie bisher thatsächlich auf mehreren Gebieten ausgeübt hat, nunmehr aufgeben wolle, daß man sich von der Irrigkeit und Verfassungswidrigkeit ihres bisherigen Vorgehens überzeugt habe und den darauf gerichteten Wünschen und Ansichten der Linken nachgebe. Daß dem so ist, geht luce clarius gleich aus dem Eingang der Rede des Grafen Eulenburg hervor:

„Es ist ja ein alter Satz, der vom Herrenhause am wenigsten bestritten wird, daß alle Rechte des Königs, welche nicht durch die Verfassungs-Urkunde beschränkt worden sind, in der Hand des Königs bleiben, als noch sein Exekutivrecht."

Das ist, wie ich glaube, genau der Standpunkt, den meine Ausführungen und, was wichtiger ist, die Staatsregierung stets eingenommen haben.

Es ist für die Wissenschaft ja nicht entscheidend, was die Staatsregierung im Jahre 1869 vor dem Herrenhause hat erklären wollen.

Da aber Anschütz, wie ich anerkenne, doch einigen Werth darauf, wie auf „das helle Tageslicht der Praxis“ nimmt, so kann er sich ja erkundigen im Staatsministerium, im Ministerium des Innern und im Justizministerium, und er wird ganz unzweideutig erfahren, daß die Erklärungen genau und haarscharf so gemeint waren und aufzufassen sind, wie dies von mir geschehen ist.

Und selbst wenn nicht. Was folgt daraus? Höchstens, daß man im Januar 1869 zur Abwehr über das Ziel hinausgeschossen ist.

§ 11.

Post- und Telegraphenwesen, Eisenbahnwesen.

Post- und Telegraphie sind im Deutschen Reiche vom Staate (vom Reiche, Bayern und Württemberg) unterhaltene Staatsverkehrsanstalten. Dies sind sie in fast allen Kulturstaaten. Folgt daraus, daß im Verordnungswege die Gebühren für die Benutzung festgesetzt werden dürfen oder daß der Staat im Verordnungswege seine Garantiepflicht normiren darf? Keineswegs. Anschütz sagt S. 97: „Eine Aufstellung von Gebührentarifen für die Benutzung und Inanspruchnahme der Staatsanstalten sei kein Akt der Rechtsetzung, involvire daher den Weg der Gesetzgebung nicht und könne durch die Verwaltung ohne gesetzliche Grundlage geschehen.“ Ich frage, ob dieser Satz in Belgien, Frankreich, dem Deutschen Reiche anerkannt ist? Wenn der König der Belgier oder der Präsident der französischen Republik sich auf den Anschütz'schen Boden stellen wollten, würde man ihnen zurufen: „il faut que chaque arrêté prenne sa source dans une loi“. Kein Privatmann in Frankreich und Belgien wird die nur von der Exekutive ohne gesetzliche Ermächtigung festgesetzten Gebühren zahlen, kein Gericht sie für gesetzlich begründet halten, die Parlamente und die Rechnungsführer würden die Festsetzung der Gebühren durch die Exekutive ohne gesetzliche Ermächtigung in keiner Weise anerkennen. Ich habe nicht den mindesten Zweifel daran, daß die Gebührennormen für Telegramme ebenso Rechtsnormen sind wie die Gebührensätze für Aufnahme gerichtlicher Testamente und daß die Vorschriften über die Garantie der Telegraphenanstalten für nicht oder nicht ordnungsmäßig beförderte oder bestellte Telegramme ebenso Rechtsnormen sind, wie die über die Haftpflicht der Eisenbahnen für nicht beförderte oder auf dem Transport verloren gegangene oder verspätete Sendungen. Ich glaube auch, daß kein Gericht und daß vor Allem weder das Reichsgericht, noch das Oberverwaltungsgericht dies bezweifeln oder bestreiten wird. Der Fall liegt doch rechtlich ganz anders als wie Anschütz meint, nämlich als ob ich Teller aus der Königlichen Porzellanfabrik kaufe. Ich bin rechtlich nicht gezwungen, die Teller aus der Königlichen Porzellanmanufaktur zu kaufen; ich kann sie aus jeder anderen Fabrik des In- oder Auslandes oder überhaupt nicht kaufen. Ich bin rechtlich nicht gezwungen, die mir für die Teller abgeforderten Preise zu zahlen, die mir etwa zudiktirte Lieferungsfrist, Garantieleistung, Gewährleistung u. s. w. zu acceptiren. Die Preise für die Teller stellt die Exekutive, die Fabrik, selbstständig fest, sie sind ihr weder vom Gesetzgeber unmittelbar noch mittelbar aufgezwungen, wie das z. B. bei den Porti der Fall ist. Es findet keine Mitwirkung der Volksvertretung weder unmittelbar, noch mittelbar statt. Die Verletzung der Lieferungsbedingungen, welche die Porzellanfabrik stellt, giebt keinen Revisionsgrund, es handelt sich um den Typ „Rechtsgeschäft", nicht „Rechtssatz". Die Verletzung der Post- und Telegraphenordnungen, der Gebührensätze für Brief- oder Telegrammbeförderung, der Garantiepflichten der Post oder Telegraphie giebt einen Revisionsgrund. Es handelt sich hier um objektive Normen des positiven Rechts. Selbst wenn man als das Wesen des Rechtssatzes ansieht, daß er mit Gebot oder Verbot in Jemandes Rechtssphäre eingreift, so liegt ein Rechtssatz nicht vor, wenn es sich um die Garantiepflichten und die Preise der Porzellanmanufaktur handelt; denn ich bin rechtlich vollkommen frei, andere Preise und andere Garantiepflichten mir auszubedingen, nicht aber bin ich frei bezüglich der Preise und Garantiepflichten der Post und Telegraphie; denn kraft positiver Norm des objektiven Rechts muß ich die festgesetzten Gebühren zahlen und muß ich mir die normirten Garantiepflichten bezw. die Beseitigung der Garantie gefallen lassen. Umgekehrt kann eine Königliche Porzellanfabrik, eine Königliche Grube oder eine Königliche Brauerei oder Tabackmanufaktur, ohne daß sie rechtlich daran gehindert werden kann, andere Preise und andere Garantiepflichten als die urbi et orbi bekannt gegebenen in Einzelfällen zugestehen. Laband wie Anschütz verkennen von Grund aus das Wesen der Post- und Telegraphenverwaltung, wenn sie diese mit einer Kgl. Brauerei, Porzellanfabrik u. s. w. gleichstellen. Wenn Ersterer mir „veraltete Bureaukratismen", „elementare Fehler" vorwirft, so könnte ich mit mehr Recht sagen, daß Jene längst veraltete manchesterliche Anschauungen vertreten. Doch es wird darauf für unsere Frage nicht unbedingt ankommen; daher will ich nur feststellen, daß das Oberverwaltungsgericht in dieselben elementaren Fehler wie ich verfallen ist und die Post rechtlich ganz anders qualifizirt als selbst die Eisenbahn, geschweige denn einen staatlichen Steinbruch, eine Königliche Porzellan- oder Cigarrenfabrik oder Brauerei, wie sich u. A. aus den Erkenntnissen des Oberverwaltungsgerichts in den Entscheidungen Bd. 25 S. 151, Preuß. Verwaltungsbl. Bd. 17 S. 123 ergiebt. Ebenso sehen die Entsch. des Reichsgerichts in Strafsachen Bd. 12 S. 323 Bd. 26 S. 118 und Bd. 30 S. 238, in Civilsachen Bd. 19 S. 107, Bd. 43 S. 99 a. a. O. in den Post- und Telegraphenordnungen nicht den Typ Rechtsgeschäft, sondern den Typ Rechtssatz. An der zuletzt angezogenen Stelle führt das Reichsgericht aus, daß die Postordnung die rechtliche Natur und Wirksamkeit einer allgemeinen Rechtsnorm habe. Es würde damit nicht in Widerspruch stehen, wenn man annimmt, daß die Postordnung gemäß § 50 des Postgesetzes zugleich die Wirksamkeit eines Vertrages habe. Denn es kann Etwas zugleich als objektiver Rechtssatz gelten, was auch Vertragscharakter hat. Man kann ja alles Recht auf Vertrag, das Staatsrecht auf den contrat social, das Strafrecht auf einen Abbüßungsvertrag zurückführen. Man denke ferner an Staatsverträge wie Auslieferungsverträge, die sowohl den Charakter von Verträgen, wie von Rechtsnormen haben!

Ich will jedoch auf alles dies keinen entscheidenden Werth legen, auch davon absehen, daß von einer Vertragsnorm doch nur im Postrecht gemäß § 50 des Postgesetzes, nicht aber im Telegraphenrecht die Rede sein kann, wo eine dem § 50 des Postgesetzes entsprechende Vorschrift fehlt; ich will einen Augenblick sogar zugestehen, die Normirung der Post- und Telegraphengebühren und die Garantiepflicht der Telegraphenverwaltung, der Portofreiheiten und Telegraphengebührenfreiheiten seien nicht, wie das Reichsgericht annimmt, Akte der Rechtsetzung, sondern bloße Verwaltungsnormen im Sinne der Laband-Anschütz'schen Theorie. Was wäre dadurch erreicht für die Laband-Anschütz'sche Theorie? Nicht das Mindeste. Wenn der König der Belgier oder der Präsident der französischen Republik sagen würden, solche Normirung von Gebühren und Gebührenfreiheiten, von Garantiepflichten seien Akte der Verwaltung und sie seien demgemäß befugt, eine solche Normirung ohne gesetzliche Ermächtigung, einseitig, vorzunehmen, kraft ihres Exekutivrechtes, so würde man sie entweder nicht verstehen oder nach ihrer Legitimation fragen, solche Verwaltungsakte ihrerseits ohne gesetzliche Ermächtigung zu erlassen. Kein Minister würde eine solche Verordnung gegenzeichnen, kein Gericht, keine Behörde, keine Kasse, keine Kammer und kein Rechnungshof sie respektiren. Genau auf dem Boden des französisch-belgischen Rechts steht hier wiederum die deutsche Reichsgesetzgebung, diese verwirft von Grund aus die Anschütz'sche Theorie. Nach dieser Theorie liegt oder lag nach der Natur des Gegenstandes keine staatsrechtliche Nöthigung vor, Gebührentarife und andere Bedingungen der Inanspruchnahme der Post im Gesetzeswege zu normiren. Die Verfassung des Norddeutschen Bundes und die des Deutschen Reichs sind gerade von der entgegengesetzten Rechtsanschauung ausgegangen, nämlich von der, daß die Verwaltung des Norddeutschen Bundes bzw. des Deutschen Reichs (ebenso wie die französische und belgische) erst einer besonderen gesetzlichen Ermächtigung bzw. verfassungsmäßigen Ermächtigung bedürfe, um derartige Dinge im Verordnungswege zu regeln. Es heißt deßhalb in Art. 48 Abs. 2 der Norddeutschen Bundesverfassung: „Die im Art. 4 vorgesehene Gesetzgebung des Bundes in Post- und Telegraphen-Angelegenheiten erstreckt sich nicht auf diejenigen Gegenstände, deren Regelung nach den gegenwärtig in der Preußischen Post- und Telegraphenverwaltung maßgebenden Grundsätzen der reglementarischen Festsetzung oder administrativer Anordnung überlassen ist." Die Verfassung ertheilte mit anderen Worten dem Präsidium (Art. 50) erst die Ermächtigung, ohne Rücksicht darauf, ob es sich um Rechts- oder Verwaltungs- oder was immer für Normen handelte, alles das, alle die Gegenstände, die bisher thatsächlich in Preußen im Verordnungswege oder im Verwaltungs-, d. h. nicht auf gesetzlichem Wege, geregelt wurden, auch im Norddeutschen Bunde ohne Gesetz zu regeln.

Die Bundes- und Reichsverfassung erkennt somit an, daß ohne die besondere Ermächtigung in Art. 48 die Exekutive keinerlei selbstständige Bestimmungen im Post- und Telegraphenwesen erlassen dürfe, daß also somit doch wohl an sich eine staatsrechtliche Nöthigung vorgelegen hat. Daß dies in der That die Ansicht und die Absicht der Verfassung war, soll bald noch näher gezeigt werden. Ich freue mich übrigens, in Seydel einen unverdächtigen Zeugen zu finden (Komm. 2. Aufl. S. 287): „Man stellte die Behauptung auf, die Bestimmung der norddeutschen Verfassung sei dahin zu verstehen, daß Gegenstände der Post- und Telegraphenverwaltung alles das seien, was nach dem preußischen Verfassungsrecht ihr zustehe, nicht aber, was sie verfassungswidrig sich angeeignet habe. Diese Auslegung widerspricht jedoch dem Wortlaute der Verfassung; denn diese redet von „maßgebend gewesenen“ Grundsätzen, nicht von denen, die hätten maßgebend sein sollen. War man sich im verfassungsberathenden Reichstage über die Tragweite des Ausdruckes vollkommen klar; es war vom Regierungstische deutlich genug ausgesprochen worden, was man wollte — u. s. w.“ [1])

Die Frage dürfte sich am besten klären lassen, wenn man sich vorhält, daß viele Dinge im Postwesen durch Gesetz oder auf Grund besonderen Gesetzes geregelt sind, für welche auf dem Gebiet des Telegraphenwesens selbstständige Verordnungen bestehen, ohne daß auch nur der allerentfernteste sachliche Unterschied zwischen dem einen und dem anderen Gegenstand zu entdecken wäre. Oder wer kann behaupten, daß zwischen Brief- und Telegrammgebühren, zwischen Porto- und Telegraphen-Gebührenfreiheiten ein sachlicher Unterschied bestände? Nun sind die Portogebühren schrittweise vom Verordnungswege auf den Gesetzesweg gezogen. Die Garantie der Post ist gleichfalls längst gesetzlich geregelt; die Portofreiheiten wurden bis 1869 durch Verordnung oder Vertrag (nicht durch Gesetz) bestimmt; die Telegraphengebühren beruhen ebenso wie die Freiheit von solchen noch heute auf Verordnungen.

Im Jahre 1869 wollten die Regierungen die Portofreiheiten beseitigen; die auf Verordnung beruhenden glaubten sie durch bloße Verordnung beseitigen zu können (obgleich dies doch im Sinne der Anschütz'schen Theorie Eingriffe in fremden Rechtsstand darstellt), nicht aber die durch Vertrag titulo oneroso begründeten, die wohlerworbenen, um diese aufzuheben, glaubten sie ein Gesetz nöthig zu haben. Da aber einmal ein Gesetz doch nicht zu vermeiden war, erschien es ihnen angemessen, das Gesetz auch

---

1) Ebenso Thudichum, Verfassungsrecht des Norddeutschen Bundes, S. 335.

auf diejenigen Freiheiten auszudehnen, die, weil auf einfacher Verordnung beruhend, eigentlich ohne Gesetz hätten aufgehoben werden können. Ich stehe nicht an, das Vorgehen der Regierungen auch vom Standpunkte des preußischen Rechts richtig zu finden; denn wenn Jemand titulo oneroso durch besonderes Rechtsgeschäft vom Staate eine Befreiung von einer Last erworben hat, so stellt die Entziehung dieser Befreiung, die Aufhebung eines solchergestalt erworbenen Rechts, eine Enteignung im Sinne des Art. 9 der preuß. Verfassung vor, also Gesetz nöthig! Es kommt jedoch hierauf an dieser Stelle vielleicht nicht unbedingt an; denn es kommt doch wenigstens zunächst Bundesrecht zur Anwendung. Telegraphenfreiheiten bestanden 1869 auch; diese beruhten auf Verordnung. Die Vorlage der Regierung bezog sich aber nur auf die Beseitigung der Portofreiheiten. Und nun wurde im Reichstage und sonst geprüft, ob denn die Freiheiten von Telegraphengebühren, da sie nur auf Verordnung beruhen, überhaupt zu Recht bestehen und ob sie nicht auch, selbst wenn sie als zu Recht bestehend gelten müßten, aufzuheben seien. Demgemäß stellte am 8. Mai 1869 der Abgeordnete Dr. Becker (Dortmund) zu dem Entwurfe eines Gesetzes über Aufhebung der Portofreiheiten den Antrag, auch die Telegraphenfreiheit zu beseitigen (Sten. Ber. S. 878). Darauf bemerkte Delbrück:

> „Es ist eine Thatsache, daß zur Zeit des Erlasses der Verfassung und noch heute die Regelung der Telegraphengebühren und die Bestimmung über die Befreiung von diesen Gebühren eine Sache der administrativen Anordnung, daß also dieser Gegenstand durch die Bundesverfassung selbst aus dem Kreise der Bundesgesetzgebung ausgeschlossen ist, — mit anderen Worten, der Antrag Becker, soweit er sich auf diese Seite der Sache bezieht, involvirt eine Abänderung der Verfassung durch eine Beschränkung der der Verwaltung zustehenden Rechte. Ich glaube, daß auf eine solche Ausdehnung des Rahmens des vorliegenden Gesetzes, welche eine wesentliche Erweiterung der gesetzgebenden Befugnisse und eine wesentliche Beschränkung der administrativen Befugnisse involvirt, von Seiten der Bundesregierungen nicht eingegangen werden wird."

Für den Antrag Becker sprachen darauf Ziegler und v. Kirchmann nicht etwa, weil Telegraphengebühren an und für sich Rechtsnormen und daher begriffsgemäß nur durch Gesetz normirt und daher auch nur durch Gesetz aufgehoben werden können, sondern weil diese Gebühren, wie ihre theilweise Außeranwendungssetzung den Etat, das Budgetgesetz bzw. Art. 70 der Reichsverfassung, tangiren. Ziegler suchte (l. c. S. 878) auszuführen, daß man bei Art. 48 der Norddeutschen Verfassung an Gesetze, die auf das Budget Einfluß haben, gar nicht gedacht habe; im Uebrigen bezog er sich auf Art. 70, wonach die Ueberschüsse aus dem Post- und Telegraphenwesen zur Bestreitung der Bundesausgaben dienen (also nicht zur willkürlichen und freigebigen Verfügung der Regierungen stehen). v. Kirchmann führte aus, daß doch nur die nach preußischem Recht rechtsgültigen reglementarischen Festsetzungen in Betracht kommen. In Preußen aber brauchte man Exemtionen nicht anzuerkennen, die in Bezug auf das Telegraphenwesen geeignet sind, die Einnahmen des Staates wesentlich zu beschränken.

Während Ziegler nochmals auf das Budgetrecht verwiesen hatte, führte Delbrück aus, zu Art. 48 der Bundesverfassung hätte s. Z. (also schon 1867) Dr. Becker beantragt: „Die Bedingungen für die Benutzung dieser Anstalten (der Post und Telegraphie) werden durch ein Gesetz geregelt." Darauf habe Graf Itzenplitz (preußischer Handelsminister und Regierungskommissar) damals erwidert:

> „In Bezug auf Telegraphen sind die Sätze für die Depeschen nicht durch Gesetze bestimmt; ich habe sie deshalb vor Jahr und Tag, weil ich eben freie Hand hatte und ich übersehen konnte, daß eine Mindereinnahme nicht erfolgen würde, ohne Weiteres heruntersetzen können."

Delbrück fährt dann fort:

> — „Die Festsetzung der Telegraphengebühren in sehr verschiedener Weise ist eine lange Reihe von Jahren unter der Herrschaft der preußischen Verfassung von dem preußischen Handelsminister einseitig erfolgt, ohne daß dagegen Widerspruch erhoben worden ist.
>
> Anders liege dies beim Briefporto. Denn Briefporto ist durch Gesetz geregelt.
>
> Darin hat der Abgeordnete v. Kirchmann Recht, daß die Gewährung von Portofreiheiten als eine Sache der Administration in Preußen behandelt ist und insofern auch unter das zweite Alinea des Art. 48 fällt. Es würde aus diesem Grunde eine Veranlassung, den gegenwärtigen Gegen-

stand zu einer gesetzlichen Regelung zu bringen, überhaupt nicht vorgelegen haben, wenn man nicht gegenübergestanden hätte wohlerworbenen Privatrechten. Diese wohlerworbenen Privatrechte, die kann die Verwaltung nicht einseitig aufheben, und indem sie davon ausging, daß es unrichtig sein würde, diejenigen Portobefreiungen, die im Verwaltungswege verliehen sind, allein im Verwaltungswege zurückzunehmen, dagegen die auf Privatrechtstiteln, auf wohlerworbenen Rechten beruhenden daneben fortbestehen zu lassen. Aus diesem Grunde und aus diesem Grunde allein haben die verbündeten Regierungen das vorliegende Gesetz dem Reichstage vorgelegt."

Sehr richtig bemerkte Lasker (Sten. Ber. S. 881):

„Daraus (aus der Vorschrift in Art. 48 Abs. 2) folgt aber nicht etwa die verfassungsmäßige Inkompetenz, Gesetze über dergleichen Angelegenheiten zu machen" (die bisher in Preußen dem Verordnungswege unterstanden haben, nämlich u. A. Telegraphengebühren), „sondern daß die Verwaltung uns mit Recht erwidern kann, sie wolle über diesen Gegenstand kein Gesetz machen, und sobald sie diesen Einwand erhoben hat, sind wir, die Verfassung respektirend, verpflichtet, von diesem Gegenstande der Gesetzgebung abzusehen."

Lasker begrüßt mit Freuden, daß die Portofreiheiten (wenn auch nicht die Freiheit von Telegraphengebühren) nunmehr 1869 dem Verordnungswege entzogen werden sollen. Er sagte:

„Weil es (der vorliegende Gesetzentwurf) einen Gegenstand, der bisher leider der Verwaltung überlassen ist, nunmehr auch unter das Geltungsgebiet des Gesetzes bringt, und der eine Paragraph, der in dem Gesetz enthalten ist, daß Portofreiheiten fortan nur durch ein Gesetz begründet werden können, ist mir soviel werth, daß ich das Gesetz durchaus anzunehmen wünsche."

Dem Wunsche wurde willfahrt und der Antrag Becker abgelehnt (Sten. Ber. S. 885).

Sowohl Becker wie Ziegler, der spätere wie der ehemalige Oberbürgermeister haben an den Verfassungsarbeiten d. J. 1848 bedeutenden Antheil gehabt. v. Kirchmann wie Delbrück und Lasker waren gleichfalls hervorragende Juristen. Keiner von ihnen weiß aber Etwas von der Betrachtungsweise der heutigen Theorie. Diese ist ihnen ganz fremd. Sie operiren mit Thatsachen, mit bestimmten Verfassungsvorschriften, nicht mit der Theorie, daß Rechtsnormen irgend welcher Art nur auf Gesetz beruhen dürfen. Der eine Theil behauptet nicht und der andere Theil bestreitet nicht, daß es sich um Rechtsnormen handele. Die ganze Argumentation von Anschütz ist freies Produkt moderner Phantasien und findet nirgends in der Welt der realen Thatsachen einen Boden.

Ist solchergestalt das Vorhandensein eines selbstständigen Verordnungsrechts auf dem Gebiete des Post- und Telegraphenwesens festgestellt, so muß nunmehr gezeigt werden, ob in den Ausführungen von Anschütz S. 93 auch nur ein Körnchen Richtiges vorhanden ist. Dort heißt es: „Nach der Arndt'schen Theorie hätte hiernach, abgesehen von dem der Legislative ausdrücklich überwiesenen Punkte des Briefgeheimnisses, die Regierung vollkommen freie Hand gehabt, auf postalischem Gebiete Rechtsnormen im Verordnungswege, und zwar als selbstständige Verordnungen, aufzustellen. Die Staatsregierung scheint jedoch anderer Ansicht gewesen zu sein. Jedenfalls hat sie von den ihr vindizirten Verordnungsbefugnissen keinen Gebrauch gemacht" (wir werden gleich sehen, doch, soweit ihr solche Befugnisse nach der Arndt'schen Theorie zugestanden haben), „hat sich gesetzlich binden lassen, wo sie — nach Arndt — hätte selbstständig verordnen dürfen. Sie hätte z. B. Rechtsnormen über den Umfang des Postregals und des Postzwangs, über die besonderen Vorrechte der Post im Verordnungswege geben dürfen. Jedoch that sie dies nicht —"

Wir werden sobald zeigen, daß diese Ausführungen das ihrem Urheber eigene Maß von Wissen und Urtheil zeigen.

Das Postgesetz vom 5. Juni 1852 ersetzt die §§ 141—228 Thl. II Tit. 15 A.L.R. und ist auch zur Anwendung theils durch den Straf-, theils durch den Civilrichter bestimmt. Schon deshalb ist nach der Enumerationstheorie Gesetzesweg nöthig (Art. 86). Ferner betrifft eine Aufhebung der Gewerbefreiheit einen Eingriff in die persönliche Freiheit (also nach Art. 5 Gesetzesweg nöthig!); nämlich in den und jenen Fällen sollst du dich der Beförderung von Briefen und Personen enthalten, du sollst den ordentlichen Posten ausweichen, keine Selbstpfändung an Postpferden u. s. w. vornehmen, die Thor- und sonstigen Brücken ihnen schleunigst öffnen, ihnen im Nothfall Spanndienste leisten. Und weiter. Alles dies ist durch Strafnormen geschützt, ist ohne solche nicht durchführbar, §§ 42 ff. Also nach Art. 8 Gesetzesweg nöthig! In dem Gesetz sind strafprozessuale Normen vorhanden, auch civilprozessuale, z. B. § 47: Was ein Briefträger oder Postbote über die von ihm geschehene Bestellung auf seinen Diensteid anzeigt, ist so lange für wahr und richtig anzunehmen, bis das Gegentheil überzeugend nachgewiesen wäre" (also recht eigentlich der Fall des Art. 86). Weiter. Das für Postangelegenheiten angeordnete Strafverfahren weicht ab von der (zum Gesetz erhobenen) Nothverordnung vom 2. Januar 1849 — wiederum Gesetz nöthig!

Das Gesetz enthält sodann das Verbot an den Richter, das Inventarium der Posthaltereien mit Arrest zu belegen (§ 20), also u. A. schon nach Art. 86 Verf.Urk. Gesetz nöthig! Fraglich könnte es höchstens sein, ob die §§ 10 und 11, die von der Garantie der Post i. e. des Staates handeln, der Gesetzesform bedurft hätten. Aber auch diese Frage ist zu bejahen: 1. Abänderung des A.L.R. und Anwendung durch den ordentlichen Richter, 2. Uebernahme von Garantie zu Lasten des Staats (Art. 103).

Die Absteckung des Grenzzuges zwischen Gesetz und Verordnung sei nun, so behauptet Anschütz S. 94, im Sinne seiner Grundauffassung normal, m. a. W. so bewirkt, daß die postalischen Rechtsvorschriften durch das Gesetz selbst gegeben sind, der Erlaß der Verwaltungsvorschriften dagegen grundsätzlich der Postverwaltung überlassen ist. Daß der Erlaß der Verwaltungsvorschriften der Verwaltung überlassen ist, heißt weiter nichts, als daß Anschütz eben Anschütz ist, oder Arndt eben Arndt ist, eine von der Verwaltung erlassene Vorschrift ist — ohne Rücksicht auf ihren Inhalt — eben eine Verwaltungsvorschrift, oder administrative Anordnung — ecce nomen! Offenbar meint Anschütz mit Laband, daß Verwaltungsvorschriften den Gegensatz zu den Rechtsvorschriften bilden. Darin fehlt er weit. Selbstredend wird er das bestreiten und den Fehler mir vindiziren. In der Welt der Thatsachen aber kommt es weder auf das an, was Anschütz, noch auf das, was Arndt meinen; sondern darüber, ob etwas eine Rechtsvorschrift sei, befinden am letzten Ende die Gerichte und diese sind unbewußt und bewußt der Ansicht, daß auch die Verwaltungsvorschriften Rechtsvorschriften sein können (Oberhandelsgericht Bd. 21 S. 60, Reichsgericht Bd. 48 S. 84 ff. u. v. a. m.), und daß insbesondere die von der Post- und Telegraphenverwaltung erlassenen Vorschriften den Charakter allgemeiner Rechtsnormen haben (u. A. Entsch. des R.G. für Civils. Bd. 43 S. 99 a. a. O.). Wir haben überdies gesehen, wie sowohl die Gegner des Erlasses von Verwaltungsvorschriften (Ziegler, Becker, v. Kirchmann), wie deren Vertheidiger (Graf Itzenplitz, v. Philippsborn, Delbrück, Lasker) nicht mit dem Unterschiede von Rechts- und Verwaltungsvorschriften operirten.

Anschütz sagt (S. 95): „Soll aber die Anstalt und ihr Geschäftsbetrieb nach Außen hin, Dritten gegenüber, in eine privilegirte Rechtsstellung gebracht, sollen der Anstalt bzw. dem Staate für seine Anstalt besondere Rechte beigelegt und besondere Pflichten auferlegt, sollen die von der Anstalt abzuschließenden Transportgeschäfte unter ein Sonderrecht gestellt werden, welches zwingende Normen des Civilrechts abändert, so kann dies nur durch Gesetz geschehen."

Nun sind Post und Telegraphie, sagen wir i. J. 1852, in eine solche privilegirte Rechtsstellung gebracht und sind ihnen besondere Rechte und besondere Pflichten auferlegt worden — nämlich auch durch Verordnung, die Höhe der Gebühren zu regeln, einzelner Post-, aller Telegraphengebühren. Die Porzellanmanufaktur hat nicht das Recht, noch die Pflicht, ganz bestimmte Preise zu nehmen; ihre Forderungen sind auch nicht im Verwaltungs-, sondern nur im Rechtswege eintreibbar; dagegen haben die Post- und Telegraphenverwaltung andere, also besondere Rechte.[1]) Nach Anschütz wäre also Gesetz nöthig gewesen. Die Staatsregierung scheint anderer Meinung gewesen zu sein; sie hat den Verordnungsweg für ausreichend erachtet. Sie hat das ganze Telegraphenwesen damals im Verordnungswege geregelt; z. B. ob und welche Telegramme anzunehmen oder zurückzuweisen sind, ob und welche Gebühren dafür zu erheben und daß keine Garantie für unterlassene oder ungenügende Beförderung zu leisten ist. Es lag hier keine Kodifikation vor, wie sie z. B. für das Gebiet des A.L.R. bezüglich des Postwesens bestand, die abzuändern gewesen wäre; es handelte sich auch nicht um Strafnormen, noch bezüglich der Gebühren um Eingriffe in die persönliche Freiheit, noch bei der Nichtübernahme von Garantie um den Fall des Art. 103 der Verf. Die Normen sind in der Sache ebenso gewiß Rechts-

---

[1]) Nach preußischem Rechte waren die Post- und Telegraphengebühren nach allgemeinen Rechtsregeln im Zwangswege einziehbar und der — durch § 25 des Reichspostgesetzes bzw. die Fernsprechgebühren-Ordnung vom 20. Dezember 1897 eingeführte — Rechtsweg ausgeschlossen.

normen, wie die für die Post, und doch konnten sie nach der Arndt'schen Theorie im Verordnungswege erlassen werden. Kein Mensch hat gesagt: bei der Post betreffe die Garantiepflicht Rechtssätze, bei der Telegraphie nicht; sondern bei der letzteren blieb Art. 103 der Verfassung außer Frage. Ferner war über die Frage, ob Telegramme zu befördern seien oder nicht, ob Garantie zu leisten, der ordentliche Richter nicht zur Entscheidung berufen. Insbesondere unterlagen, damals wenigstens, alle Gebühren der Beitreibung im Verwaltungswege, und während später durch Reichsgesetze der Rechtsweg bei Post- und Telegraphengebühren eingeführt wurde, war damals der Rechtsweg bezüglich dieser Gebühren ausgeschlossen (vgl. Entscheidungen des Gerichtshofs zur Entscheidung der Kompetenzkonflikte vom 30. Oktober 1852, Just.Min.Bl. 1853 S. 28; s. ferner ebenda 1860 S. 359, Min.Bl. f. d. ges. innere Verwaltung 1860 S. 210, Centralbl. der Abgabengesetzgebung 1860 S. 273; Justiz-Min.Bl. 1866 S. 125, 1870 S. 352, Min.Bl. für die ges. innere Verwaltung 1871 S. 64, Just.Min.Bl. 1873 S. 113, innere Verw. 1873 S. 7; s. ferner Deutsche Juristen-Zeitung 1901 S. 120, Erk. des R.G. v. 22. Januar 1901 im Just.Min.Bl. 1891 S. 141, bei Gruchot Bd. 35 S. 1071; ferner Erk. d. R.G. v. 22. Sept. 1892, Entsch. in Civils. Bd. 30 S. 2061; s. ferner Oppenhoff, Ressortverhältnisse S. 67 Anm. 186; rheinisches Ressortreglement vom 20. Juli 1818 § 15 u. s. w.; s. auch Stölzel, Rechtsweg und Kompetenzkonflikt in Preußen, S. 165 f.). Die Ansicht Stölzel's, daß die Transportgelder der Eisenbahn- und Postverwaltung anders zu behandeln, d. h. dem Rechtswege unterworfen seien, war (und ist) für die Eisenbahn richtig, unrichtig für die Post. Stölzel verkennt von Grund aus das Wesen der Post, wenn er sie mit der Eisenbahn (namentlich für die Zeit vor dem Handelsgesetzbuch v. 10. Mai 1879) identifizirt (vgl. übr. Entsch. d. Oberverwaltungsgerichts Bd. 4 S. 11, Bd. 15 S. 427 a. a. O., Arndt, Reichsstaatsrecht, Aufl. 2, zu Art. 41 und 48). Daß der Rechtsweg für Porti und Fernsprechgebühren nunmehr geöffnet ist, folgt nicht aus allgemeinen Rechtsnormen, sondern war eine positive Vorschrift des Bundes- bzw. Reichsrechts, die das bis dahin bestandene preußische Recht abänderte.

Wir werden sogleich sehen, daß die Regierung, wo das Gesetz vom 5. Juni 1852 oder eine Verfassungsvorschrift nicht entgegenstand, Normen über Post- und Telegraphenwesen aufstellte, so z. B.

in der V. über die Verabreichung und Benutzung von Postfreipässen und der in einzelnen Fällen an Stelle derselben zulässigen Geldvergütung vom 21. Juni 1849, im Staats-Anzeiger 1849 S. 1153; s. ferner das Telegraphen-Regulativ und Tarif im Staats-Anzeiger 1849 S. 1759, die V. über die Weiterbeförderung telegraphischer Depeschen durch die Post, im Staats-Anzeiger 1849 S. 1929. Dahingegen erging (wegen Art. 8 der Verf.) am 15. Juni 1849 eine Nothverordnung, betreffend Bestrafung der Vergehen gegen die Telegraphenanstalten. Dahingegen ergingen wiederum im Wege selbstständiger Verordnung das Telegraphenreglement vom 10. Dezember 1858 (Min.Bl. f. die ges. innere Verw. 1859 S. 17), s. auch ebendort 1863 S. 220. Ueberall, wo im Post-Gesetzesrecht eine Lücke geblieben war, setzte die Verordnung ein; so wurden im Verwaltungswege die Bedingungen durch generelle Vorschrift darüber festgestellt, was, um eventuell Bestrafung oder Höherberechnung zu vermeiden, bei Streif- und Kreuzbandsendungen geschrieben werden darf — nicht weil dies keine Rechtsnormen, sondern obgleich dies Rechtsnormen. Und deshalb hielt sich wegen Art. 48 Abs. 2 der Reichsverfassung, nicht aus der Anschütz'schen Theorie, die Reichspostverwaltung auch noch im Jahre 1867 befugt, Solches im Verordnungs-(Verwaltungs-)wege anzuordnen (v. Philippsborn in den Sten. Ber. des Reichstages 1867 S. 516).

Ich kann Anschütz darin Recht geben, daß § 50 des Postgesetzes die Befugnisse der Postverwaltung mehr deklarirt als konstituiert (S. 99). Wenn er aber meint, daß die Postordnung keine Rechtsnormen aufstellt, so setzt er sich mit der Sachlage und der Auffassung der Gerichte in Widerspruch. Von zwei Dingen also Eines: Entweder man nimmt an: die Anschütz'sche Theorie sei richtig; dann muß man anerkennen, daß die Postordnung als rechts- und verfassungswidrig erlassen ist, nachdem und sobald durch Richterspruch endgültig (und an einen solchen ist im heutigen Rechtsstaate das Reich gebunden) und wiederholt festgestellt wurde, daß es sich dabei um Rechtssätze handelt. Die Reichsregierung scheint also doch anderer Meinung wie Anschütz zu sein und hält bzw. muß, wenn sie nicht die Achtung und die Pflichten, die ihr der Judikatur gegenüber obliegen, auf das Gröblichste außer Acht lassen will, die Anschütz'sche Theorie für falsch halten — da sie sonst sich eine andere, nämlich eine gesetzliche, eine gesetzlich-konstituirende Grundlage für ihre Praxis holen müßte. Nun darf man sich nicht einen Augenblick wundern, daß das Telegraphenmonopol vom Reiche nicht durch Verordnung, sondern durch Gesetz (nämlich vom 6. April 1892) eingeführt ist. Ein solches Monopol drückt eine Beseitigung der Gewerbefreiheit, einen Eingriff in die persönliche Freiheit aus (Art. 5 der preuß. Verf.).[1]) Aber es kommt darauf nicht einmal an, da das deutsche Reich kein selbstständiges Verordnungsrecht besitzt, also selbstständige Anordnungen nur durch Gesetz treffen kann (Arndt, Verordnungsrecht S. 16 f.). Aus dem letzteren Grunde, außer aus anderen Gründen, konnte der Inhalt des Telegraphenwegegesetzes vom 18. Dezember 1899 (R.G.Bl. 1899 S. 705) auch nur durch Gesetz vom Reiche angeordnet werden.

Ich hoffe daher, gegen Anschütz, S. 101, den Beweis erbracht zu haben, daß auch hier, wie überall im Post- und Telegraphenrecht, „die Praxis allerdings den Weg gewandelt ist, den sie nach Arndt's Theorie hätte gehen dürfen und gehen müssen, und nicht den, welchen sie nach der herrschenden Lehre gehen müßte". Wäre Letzteres der Fall, so hätte sie die Rechtsnormen enthaltenden — wenigstens nach der maßgeblichen Ansicht der Gerichte Rechtsnormen enthaltenden — Telegraphenreglements und (Theile der) Postordnung nur durch Gesetz oder auf Grund gesetzlicher Ermächtigung treffen dürfen.

Uebrigens, wie erklärt die herrschende Theorie, daß das Post- und Telegraphenwesen so verschieden von einander geregelt sind, da doch „begrifflich" und „logisch" in dem einen so viel und so wenig Rechtsnormen wie im anderen enthalten sind, wie erklärt sie, daß die Männer, die als Parlamentarier und Staatsmänner ihr Leben großentheils den konstitutionellen Fragen im Allgemeinen und dem Postwesen im Besonderen gewidmet haben, von den Gedankengängen der herrschenden Theorie nie Etwas haben verlauten lassen und diese als offenbar belanglos und der Traumwelt angehörig betrachtet haben?

Aber noch einige Belege.

Enthalten ganz generelle Vorschriften, daß Staatsauflagen, seien dies Steuern, Gerichtskosten, Gebühren, in gewissen Fällen, z. B. in persönlichen Angelegenheiten von Militärpersonen, Fürsten u. dergl., außer Hebung bleiben, daß in diesen und jenen Fällen Abgabenfreiheit eintritt, Rechtsnormen? Niemand wird das bestreiten. Während sonst bei Steuern, Gerichtsgebühren u. s. w. solche Vorschriften nur im Ge-

[1]) Außerdem bedurfte es zu seiner Durchführung der im Gesetze (§§ 9, 10) enthaltenen Strafbestimmungen.

setzeswege oder auf Grund Gesetzes ergehen, weil es sich um Exemtionen von Gesetzen handelt, ergingen sie bis 1869 bezüglich des Porto im reinen Verordnungswege, weil es sich zwar um Exemtionen von Rechtsnormen, aber nur von solchen im Verordnungswege, handelte. Die Freiheiten von Telegraphengebühren beruhen noch heute auf solchen selbstständigen Verordnungen.

Weiter.

Warum hat man nur zuerst am 21. Dezember 1849 begonnen, einen Theil des Postportos durch Gesetz zu regeln?

Hätte man der Anschütz'schen Theorie gehuldigt, so lag dazu kein Grund vor, ebensowenig wie zur etwaigen Ermäßigung der Preise für K. Teller, Kohlen, Kalksteine. Hielt man ferner die Gebührenvorschriften für Rechtsnormen und war der Ansicht, daß solche nicht mehr von der Exekutive allein erlassen werden können, so hätte man alle Gebühren durch Gesetz normiren müssen. Nach keiner Richtung und in keiner Weise hat sich der Gesetzgeber also auf den Anschütz-schen Boden gestellt. Dagegen hat er dem Enumerationssystem Rechnung getragen. Es handelte sich 1849 wie in den folgenden Jahren nicht bloß um Normirung, sondern um Ermäßigung oder Aufhebung der Portogebühren, nämlich im Gesetz betr. Ermäßigung der Briefporto-Taxe v. 21. Dezember 1849, Gesetz betr. Ermäßigung der Güterporti bei Postsendungen, 21. März 1869, wegen Aufhebung des Ortsbriefbestellgeldes. Hierzu hielt man ein Gesetz nöthig, weil das Etatsrecht in Mitleidenschaft gezogen wurde. Man erinnere sich an die Reden von Ziegler, v. Kirchmann und Dr. Becker am 8. Mai 1869 und denke daran, daß Graf Itzenplitz erklärt hat, er habe sich nur deswegen zur Ermäßigung der Telegraphengebühren berechtigt erachtet, weil er übersehen konnte, daß eine Mindereinnahme nicht erfolgen würde.[1])

Die Postordnung und Telegraphenordnungen sind gültig publizirt, obgleich sie nicht im R.G.Bl., sondern im R.C.Bl. verkündet sind (R.G. in Civils. Bd. 48 S. 48), nicht weil § 50 des Postgesetzes den Art. 2 der Reichsverfassung abgeändert hat oder hätte abändern können,[2]) sondern weil Art. 2 der Reichsverfassung nur gemäß Art. 5 zu Stande gekommene Reichsgesetze, nicht andere Rechtsnormen betrifft.

---

[1]) Sten. Ber. des Nordd. Reichstags 1867 S. 516.

[2]) Sydow im Postarchiv 1891 S. 520.

Was nun besonders interessant ist, das ist der Umstand, daß die Norddeutsche Bundesverfassung, die Reichsverfassung Delbrück, Lasker u. A. als den Gegensatz zur „administrativen Anordnung“, „Verwaltung“, „Verwaltungsvorschrift“ nicht, wie dies die herrschende Theorie thut, die Rechtsvorschrift, sondern das (formelle) Gesetz ansehen. Sie helfen also mir darin, den Begriff der Verwaltungsvorschrift zu „verfälschen“, sie fälschen mit. Wann endlich fällt den Männern der herrschenden Theorie die Binde, die sie vor den Augen tragen?

Auf dem Gebiete des Eisenbahnwesens gab es selbstständige Verordnungen nur insoweit, als sie den Eisenbahnen gewisse Pflichten auferlegten, nämlich die, ihr sollt eure Haftung überhaupt nicht oder nur bis zu einer bestimmten Grenze ausschließen. Nach der Rechtsprechung der höchsten Gerichtshöfe stand fest, daß an sich die Eisenbahnen berechtigt waren, über das Maaß ihrer Haftung Abmachungen genereller und spezieller Art zu treffen (Arndt in den preuß. Jahrb. 1901 S. 321 ff.). Insbesondere war es sowohl mit dem Eisenbahngesetze vom 3. November 1838, wie dem Handelsgesetzbuch v. J. 1861 wohl vereinbar, wenn sie sich ausbedungen, daß sie in gewissen Fällen überhaupt nicht, in anderen nur bis zu einer bestimmten Höhe haften.[1])

Selbst wo der Frachtvertrag nach den strengeren Prinzipien des receptum beurtheilt wurde, ging die Judikatur z. B. des Rheinischen Kassationshofes und des Ober-Tribunals dahin (z. B. Erkenntniß vom 8. März 1853 im Rheinischen Archiv Bd. 48 S. 40, bei Bessel und Kühlwetter II S. 513), daß im Allgemeinen Abreden über die Haftung als statthaft galten. Nur soweit galten sie als ungültig, wo sie absoluten Gebots- oder Verbotsgesetzen widersprachen, z. B. dem Verbot, seine Haftung für eigenen dolus oder eigene culpa lata (d. h. der Direktionsmitglieder dolus oder culpa lata) auszuschließen. Abreden dahin, daß bei Verspätung der Lieferung höchstens Frachterlaß zu gewähren, bei dem Tode oder der sonstigen Verletzung eines Menschen durch den Betrieb einer Eisenbahn nur die Beerdigungs- und Kurkosten, bei Verlust einer Sendung in maximo für jeden Centner nur wenige Thaler zu ersetzen seien, bestanden in unanfechtbarer Gültigkeit. Demgegenüber rief man um

---

[1]) S. auch L. Goldschmidt in seiner Zeitschr. f. Handelsrecht IV S. 580, 589 a. a. O. Koch, Deutschlands Eisenbahnen II S. 37, 312.

Staatshülfe. Gerade die Liberalsten der Liberalen waren es, die den Staat aufforderten, im Wege der Verwaltung, also ohne Gesetz, zu helfen und den Eisenbahnen ein quos ego zuzurufen, d. h. ihnen im Verwaltungs-(Verordnungs-)wege zu befehlen, daß sie ihre Haftung gar nicht oder doch nicht über eine gewisse Grenze ausschließen dürfen. Handelt es sich hierbei um Rechtsnormen? Man muß unterscheiden: im Verhältniß zum Publikum sollte es sich dabei nicht um Rechtsnormen handeln; für das Publikum sollten die Normen nur durch Vertrag, nur dadurch, daß es sich ihnen unterwarf, gültig werden. Anders gegenüber den Eisenbahnen; diesen gegenüber sollten es Rechtsnormen sein, zwingende Vorschriften, Gebote und Verbote, die in die Rechtssphäre der Eisenbahnen eingreifen. Ihr sollt eure Haftung in den und den Fällen überhaupt nicht, in jenen Fällen nur bis zu einer gewissen Grenze ausschließen! Seid ihr ungehorsam, so können euch zwar die Privaten, deren Güter oder Personen ihr nach anderen Abreden befördert, vor den Gerichten Nichts anhaben, vielmehr seid ihr privatrechtlich nicht gehindert, die Gerichte zum Schutze dieser Abreden anzurufen und diese müssen euch gegen die Privaten helfen. Aber der Staat, die Verwaltung, wird dies nicht leiden; man erzwingt mit Exekutivstrafen gegen euer Personal, mit steigenden und sich fort und fort wiederholenden Strafen — wogegen euch kein Rechtsweg zusteht —, am letzten Ende mit Androhung und Ausführung der Konzessionsentziehung, wogegen ihr erst recht keinen Schutz bei den Gerichten findet, daß ihr euere Lieferungsabreden so abschließt, nicht, wie ihr dies wollt und nach der Ansicht der Gerichte auch privatrechtlich dürft, sondern wie der Staat dies im öffentlichen Interesse, zum Schutze des Publikums, fordert. Es handelt sich somit um Rechtsnormen den Eisenbahnen gegenüber.

Was that der Staat, als die öffentliche Meinung, Handelstage, Handelskammern u. s. w. ihn nach dem Erlaß solcher Rechtsnormen anriefen? Er sagte nicht: „Nein, das kann ich nicht, es fehlt ein Gesetz, das mich ermächtigt, in die Rechtssphäre der Eisenbahnen einzugreifen. In den Konzessionsbedingungen habe ich mir den Erlaß solcher Vorschriften auch nicht vorbehalten. Also bedaure ich, euch nicht helfen zu können." Andererseits that er auch nicht entfernt so viel, wie die öffentliche Meinung von ihm erforderte, nicht aus rechtlichen Bedenken, sondern, wie ihm vorgeworfen wurde, aus fiskalischen Gründen, weil sehr bald der Staat selbst Eisenbahnen betrieb und er sich das Frachtgeschäft nicht selbst verderben, die Einnahmen daraus nicht vermindern wollte. Daß der Staat berechtigt war, trotz der Judikatur der höchsten Gerichtshöfe, welche Abreden über den Frachtvertrag für zulässig erklärten, den Eisenbahnen Vorschriften über den Inhalt des Frachtvertrages durch Verordnung vorzuschreiben, galt früher für ganz unzweifelhaft. Ich citire hierfür L. Goldschmidt l. c. S. 390 (1861): „Die übrigens allgemein anerkannte Befugniß des Staats, kraft seines Hoheitsrechts den Privatunternehmungen die Bedingungen ihres Betriebes vorzuschreiben, die von ihnen ausgegangenen Transportbedingungen zu prüfen und nach Bedüfniß zu ändern" —, ferner S. 641: „Die Abhülfe in Administrativmaßregeln[1]) der Regierung zu suchen, deren Zulässigkeit freilich keinem Zweifel unterliegt, erschien (wegen des finanziellen Interesses des Staates) unzweckmäßig; deshalb sei gesetzliche Hülfe zu suchen." Die gleichen Ansichten über die Zulässigkeit administrativer Anordnungen finden sich u. A. bei Pohl, Aktiengesellschaften S. 88ff., 102ff., Reyscher VIII S. 279, Rau, Volkswirthschaftspolitik S. 260, 261, R. v. Mohl, Polizeiwissenschaft II S. 169, Zachariä, Deutsches Staats- und Bundesrecht II S. 106, 171, Bessel und Kühlwetter II S. 1ff., 14ff., 68ff., 141ff., 204ff., 241ff., Koch, Deutschlands Eisenbahnen I S. 267, II S. 482ff., 582, Beschorner, Eisenbahnrecht S. 7ff., 13ff., 215ff. Worauf stützte man die Behauptung vom Recht des Staates? Etwa auf eine spezielle Gesetzesvorschrift, die die Exekutive dazu ermächtigte? Nein. Auf sein „allgemeines Hoheitsrecht". Dies ist falsch. Auf das allgemeine Hoheitsrecht läßt sich nicht eine Norm stützen, die mit Gebot und Verbot in die Rechtssphäre der Eisenbahnen eingreift. Das Oberverwaltungsgericht, wenn es zuständig wäre, würde eine Anordnung, die sich lediglich auf das allgemeine Hoheitsrecht des Staates stützte, nicht für zuläſſig erachten.

Das Eisenbahngesetz vom 3. November 1838 war ohne Anhörung der Stände ergangen; Beweis dafür, daß es nach Ansicht des Gesetzgebers keine Veränderungen in den allgemeinen Eigenthumsrechten hervorrief. Deshalb läßt sich schließen, daß eine Beschränkung der Eisenbahngesellschaft in Bezug auf den Abschluß

[1]) Also auch L. Goldschmidt sieht in Administrativmaßregeln nicht den Gegensatz zu Rechtsvorschriften, sondern zu Gesetzesvorschriften — wiederum ein Fälscher!

ihrer Frachtverträge auch kein Eingriff in allgemeine Freiheitsrechte ist, also nicht unter Art. 5 der Verfassung fällt. Da sonst, abgesehen von Art. 5, kein Verfassungssatz einem Betriebsreglement entgegensteht, so läßt sich die Gültigkeit solcher Reglements nach preußischem Recht vertreten. In Bayern gilt vollständig das Nämliche. Die Frage hat heute ihre praktische Bedeutung dadurch verloren, daß die Reichsverfassung in den Artt. 42 ff. den Erlaß solcher Reglements im Verordnungswege nicht bloß für zulässig erachtet, sondern geradezu dem Bundesrath (den Regierungen) zur Pflicht gemacht hat. Eine weitere Ausführung dieses Satzes gehört nicht in diese Abhandlung; den Nachweis habe ich dafür an verschiedenen Stellen erbracht, ohne daß bislang der Versuch gemacht ist, ihn sachlich zu widerlegen. Aber ich will ganz von mir absehen. Nachdem das Oberhandels-Gericht in den Entscheidungen Bd. 21 S. 60 und das Reichsgericht in zahllosen Entscheidungen in Straff. Bd. 10 S. 326, Bd. 15 S. 266, Bd. 24 S. 319, in Civilf. Bd. 13 S. 147, 156 a. a. O. die Gültigkeit der vom Bundesrath zur Ausführung der Art. 42 ff. der Reichsverfassung ergangenen Verordnungen anerkannt hat, mag es an dieser Stelle genügen, darauf hinzuweisen, daß, da Verwaltungsvorschriften im Sinne des Art. 7 ², wie der Artt. 37 und 38 der Reichsverfassung, alle von der Verwaltung erlassenen Vorschriften sind, aus dem Worte „Verwaltungsvorschriften“ in Art. 7 keineswegs die Unstatthaftigkeit des Erlasses von Rechtsvorschriften folgt. Eher wird man den Olymp auf den Ossa versetzen, als die Gültigkeit der bezüglichen Verwaltungsvorschriften aus der Welt schaffen. Darüber wird man sich nicht länger täuschen dürfen.

Jedoch mögen noch einzelne Ausführungen gestattet sein![1])

Der jüngste Schriftsteller auf diesem Gebiete (W. Rosenberg in Hirth's Annalen, 1902, S. 13) erkennt an, daß ich „in überzeugender Weise dargethan“, wie der Bundesrath gemäß Art. 7 ² der Reichsverfassung auch Rechtsnormen erlassen dürfe. Ich bin sogar fest davon überzeugt, daß kein Civil- und kein Strafsenat des Reichsgerichts, noch die Oberreichsanwaltschaft hierin anderer Meinung sind, wie ich. Nun sollte man meinen, daß Rosenberg zu dem nämlichen Ergebniß wie ich gelangt, nämlich zur Annahme der Gültigkeit der Bundesrathsverordnungen. Keineswegs. Rosenberg

---

[1]) Vgl. auch 2. Aufl. meines Komm. z. Reichsverf., Artt. 41 ff., bes. S. 220, in Preuß. Jahrb. 1901, S. 321 ff. a. a. O.

entfernt sich nicht so weit von der herrschenden Theorie. Verwaltungsvorschriften im Sinne von Rechtsvorschriften könne der Bundesrath zur Ausführung von Reichsgesetzen erlassen, nur nicht, so meint er, zur Ausführung der Reichsverfassung. Man fragt erstaunt, warum nicht? Die Verfassung des Deutschen Reichs ist doch ein Reichsgesetz, vom 16. April 1871. Ferner ist doch in dubio, wie selbst Seydel zugesteht, Komm. S. 143, und das Oberhandelsgericht, Entsch. Bd. 21 S. 61, zutreffend ausgeführt hat, der Bundesrath stets das Organ, welches die Verfassung und die Gesetze des Reiches auszuführen hat. Auch hat der Bundesrath unangefochten die zur Ausführung der Artt. 34, 36, 37, 38, 39, 40, 54 der Reichsverfassung erforderlichen Ausführungsverordnungen erlassen. Sodann bedarf es gar nicht so weitzielender Argumente. Art. 42 verpflichtet die Regierungen, also die im Bundesrath vertretenen Regierungen, die Vorschriften zu erlassen. „Sich verpflichten“ ist gesagt, weil das Recht der Regierungen, solche Reglements zu erlassen, der damaligen Zeit in Preußen, Bayern u. s. w. unstreitig erschien und es dem Reichstage, insbesondere den liberalen Antragstellern (Michaelis, Miquel, Lasker, v. Rabenau u. s. w.) der Artt. 42 ff. darauf ankam, daß die Regierungen, d. h. der Bundesrath im Organismus des Reiches, endlich Ernst machten, ihr Recht auch ausübten und sich verpflichteten, die vom Reichstage, dem Handelstage u. s. w. geforderten Reglements zu erlassen. „Sich verpflichten“ ist gesagt, weil doch nicht dadurch allein, daß der Reichstag die Pflicht vorschrieb (die Artt. 42 ff. einschob), diese Pflicht existent wurde, sondern nur dadurch, daß die Regierungen die Artt. 42 ff. annahmen und durch die Annahme „sich verpflichteten“. Von einem Vertrage, nach Art der Zollverträge (wie Laband, Hänel meinen), ist nicht die Rede; denn diese Verträge konstituirten nur völkerrechtliche Pflichten, Artt. 42 ff. dagegen eine staatsrechtliche Pflicht, die die Regierungen verfassungsmäßig dem Reichstage gegenüber eingingen. Wenn es in der preußischen Verfassung heißen würde (Art. 54): „Der König verpflichtet sich, das eidliche Gelöbniß zu leisten“ statt „leistet — das eidliche Gelöbniß“, so hätte dadurch die preußische Verfassung doch nicht den Charakter eines völkerrechtlichen Vertrages erlangt!

Endlich übersieht Rosenberg, daß gerade der Reichstag u. A. 1869 den Erlaß der Vorschriften durch den Bundesrath gefordert hat; er wandte sich an den Bundeskanzler, in dessen Eigenschaft als Vorsitzender des Bundesraths (s. auch Bekker in den Sten.Ber. des Reichstages 1869, S. 828), hierauf hatte bereits das Oberhandelsgericht hingewiesen.

Wenn nun Laband, Rosenberg und Seydel den Satz von Hänel, Reichsstaatsrecht I S. 656, citiren, niemals würde es der gewagtesten Interpretation gelingen, den Wortlaut des Verfassungstextes soweit zu beugen, daß darin die Ermächtigung gefunden werden könnte, von Reichswegen eine einheitliche Rechtsverordnung für das ganze Reich zu erlassen, so haben die Gerichtshöfe diese Interpretation gewagt, so haben die Urheber des Wortlautes diese Interpretation als die einzig richtige hingestellt (z. B. Miquel) und ich glaube mit Recht. Aber, so fragt man, wo war dann Hänel z. B. am 5. Mai 1869 und in der ganzen Zeit, während dessen dieser Gegenstand im Reichstage berathen wurde, als die ihm nahestehenden und seine eigenen Parteigenossen von Reichswegen eine einheitliche Rechtsverordnung für das ganze Reichsgebiet nicht nur für zulässig erklärten, sondern geradezu forderten? Warum sagte er damals nicht: nein, das ginge nicht, das verletzt die Verfassung, selbst der gewagtesten Interpretation kann es nicht gelingen, den Wortlaut des Verfassungstextes soweit zu beugen! Bei aller Hochachtung, die ich vor Hänel empfinde, glaube ich bestimmt, daß er mit einer solchen Ausführung selbst bei der eigenen Partei keinen durchschlagenden Erfolg erzielt hätte. Laband, III S. 113, tadelt mich hierbei, weil ich verschweige, daß der Bundesrath am 21. April 1870 den Bundesrath zur Vorlage eines Gesetzes u. A. auch über solche Reglements aufgefordert habe. Indeß ist diese Thatsache mit Recht vom Oberhandelsgericht im angezogenen Urtheile wie von mir nicht angeführt worden, weil sich der Beschluß vom 21. April 1870 nicht bloß auf diese Reglements, sondern zugleich auf andere Dinge miterstreckt, die nur durch Gesetz geregelt werden können, z. B. über die Konzessionsbedingungen.[1]) Keineswegs hat der Reichstag damit, in Abänderung seines Beschlusses vom 3. Febr. 1869, sagen wollen, daß kein einziger der im Beschlusse vom 21. April 1870 bezeichneten Gegenstände nach seiner Ansicht im Verordnungswege geregelt werden dürfe. Laband steht zu hoch, als daß seine Abstreitungen des Sonnenlichts ihm Etwas schaden

---

[1]) Ganz klipp und klar hat dies der Antragsteller Miquel am gleichen Tage ausgesprochen, Sten.Ber. 1870 S. 788; s. bereits Verordnungsrecht S. 103.

könnten — der Staatsrechtswissenschaft nützen diese Abstreitungen aber auch Nichts.

Wie dem auch sein mag, die von der preußischen Staatsregierung erlassenen Betriebsreglements (heute Verkehrsordnungen) gehören — aber nicht die von ihr auf Grund gesetzlicher Ermächtigung erlassenen Bahnpolizeireglements — zur Kategorie der selbstständigen Rechtsverordnungen.

Nun möchte ich noch eine Frage beantworten, die dahin aufgeworfen werden könnte, ob z. B. das Gesetz über Kleinbahnen und Privatanschlußbahnen vom 28. Juli 1892, G.S. 1892 S. 225, im Verordnungswege hätte ergehen können. Die Frage ist zu verneinen. Denn das Gesetz schreibt vor, daß Niemand (selbst nur) eine Kleinbahn anlegen kann, ohne polizeiliche Erlaubniß bzw. staatliche Konzession, § 2, welche bei den mit elementarer Kraft betriebenen vom Regierungspräsidenten in Gemeinschaft der Eisenbahndirektion ertheilt wird, § 3. Sollte Jemand ohne eine solche Erlaubniß oder Konzession eine Kleinbahn bauen oder betreiben, so findet gegen ihn polizeilicher Zwang statt. Dieser Zwang wäre ein unmittelbarer gegen die Person. Man würde schließlich durch polizeiliche Zwangsmaßnahmen die Anlage entfernen und hindern, daß darauf Personen oder Güter befördert werden. Es ist also der Fall des Art. 5 der Verfassung gegeben. Die Sache liegt genau ebenso, wie bei Beschränkungen der Gewerbefreiheit, die nach der zutreffenden Ansicht der Urheber der preußischen Verfassung als unmittelbare Eingriffe in die persönliche Freiheit erscheinen und daher gemäß Art. 5 nur im Gesetzeswege oder auf Grund Gesetzes zulässig sind. Weiter: Das Gesetz giebt unter Umständen dem Staate das Recht, Kleinbahnen zu erwerben, §§ 30 ff., d. h. es zwingt die Eigenthümer, ihr Eigenthum an den Eisenbahnen zu den im Gesetze normirten Bedingungen an den Staat abzutreten. Es handelt sich sonach um einen Fall der Expropriation, also nach Art. 9 Gesetz nöthig! Ich führe dann ferner an, daß das Gesetz Zuständigkeitsbestimmungen des Gesetzes über die Polizeiverwaltung vom 11. März 1850 (G.S. S. 265) abändert — also wiederum Gesetz nöthig. § 40 führt eine Besteuerung ein (also Art. 100). Die §§ 6 und 7 regeln einen Enteignungsfall (also Art. 9).

Eine fernere Frage betrifft das Reichsrecht. Bedarf es eines Reichsgesetzes, um das Eisenbahnwesen im Reiche zu regeln? Die Antwort geht dahin: Handelt es sich nur um die Ausübung der Befugnisse, welche die Artt. 42 ff. der Reichsverfassung dem

Reiche einräumen, so ist ein Gesetz entbehrlich.[1]) Bei einem Reichseisenbahngesetz wird es sich aber vornehmlich handeln um die Konzessionirung, deren Bedingungen, Inhalt u. s. w., um die Fälle, daß der Bundesstaat oder gar das Reich einen gewissen Einfluß auf die Tarifstellung gewinnen, um die Bedingungen, unter denen das Eigenthum an der Eisenbahn auf den Bundesstaat oder das Reich übergehen kann u. s. w. In den Artt. 42 ff. ist von diesen Gegenständen nicht die Rede. Folglich kann das Reich nur gemäß Art. 4 bzw. 78 im Gesetzeswege vorgehen.

---

§ 12.

Das Prisen-Reglement vom 20. Juni 1864.

Die erste Frage, die sich bei der Prüfung der Gültigkeit des Allerhöchsten Erlasses vom 20. Juni 1864, betreffend die Genehmigung eines Prisenreglements, sowie der Bestimmungen über das Verfahren in Prisensachen aufwirft, ist die, ob es sich um Rechtsnormen handelt oder nicht. Die Antwort auf die Frage wird dadurch erleichtert, daß Prisenreglements in den verschiedenen Staaten verschieden behandelt sind; während nämlich das Reglement in Preußen 1864 durch Verordnung, und zwar durch selbständige Verordnung, erlassen wurde, ergehen sonst solche Reglements durch Gesetz, beziehungsweise auf Grund Gesetzes. So ist die Materie z. B. für das Deutsche Reich auf eine gesetzliche Grundlage gestellt worden. Das Gesetz vom 3. Mai 1884 bestimmt: § 1. Die Entscheidung über die Rechtmäßigkeit der in einem Kriege gemachten Prisen erfolgt durch besondere Gerichte (Prisengerichte). § 2 verfügt sodann, daß Zusammensetzung der Gerichte, das Verfahren vor denselben, überhaupt alles Weitere, durch Kaiserliche Verordnung bestimmt werde.

Der Reichsgesetzgeber ist sonach nicht von der Ansicht ausgegangen, die Anschütz, S. 153 a. a. O., und Gneist, Sten. Ber. des Abg.Hauses 1865, S. 2021, vertreten, daß es sich bei Erlaß eines Prisenreglements nur um eine Anweisung an die Streitmacht

---

[1]) So schon Miquel in den Sten.Ber. des Reichstags, 1870, S. 788.

des Staates darüber handele, wie sie das dem Staate völkerrechtlich zustehende Seebeuterecht ausüben solle — um nichts Anderes und Nichts mehr —; solche Anweisungen seien in allen Staaten Sache der vollziehenden, nicht aber der gesetzgebenden Gewalt. Der Reichsgesetzgeber hat es demgegenüber für nöthig erachtet, von den vermeintlich allen Staaten eine Ausnahme zu machen und die vollziehende Gewalt erst und besonders mit der erforderlichen gesetzlichen Ermächtigung zu versehen.

Schon bei den Landtagsverhandlungen i. J. 1865 war festgestellt (Sten. Ber. des Abg.H. 1865, S. 2079), daß zu den „allen Staaten“ auch nicht Oesterreich gehörte. Ferner ist hervorzuheben, daß Block in seinem Dict. de l'Adm. franç. comparée den Gegenstand gleichfalls zur „legislation“, s. m. „prises maritimes“, nr. 6, nr. 36 a. a. O., nicht zur „administration“ zieht; in Frankreich handelt es sich dabei theilweise um Akte des Konvents und des Napoleons, bei denen der Charakter, ob Gesetz oder Verordnung, allerdings auf die erste Betrachtung hin zweifelhaft erscheinen kann. Ebenso unterliegt es keinem Bedenken, daß der König der Belgier nicht ohne gesetzliche Ermächtigung ein Prisenreglement erlassen kann.

Mit so allgemeinen Sätzen, wie „Anweisung an die Streitmacht des Staates“, ist sonach wenig bewiesen; sonst könnte man auch behaupten, daß das Strafrecht und Strafverfahren nur Anweisungen an die Strafgerichte, das Steuerrecht nur Anweisungen an die Steuerbehörden enthalte und also nicht der Gesetzes-, sondern nur der Verordnungsform bedürfen.

Sehen wir uns an, was im Prisenreglement steht!

§ 1 betrifft die Berechtigung zur Aufbringung feindlicher und verdächtiger Schiffe (letztere können ja auch solche sein, die Inländern gehören). § 2 bestimmt, was anzuhalten und aufzubringen ist. Nach § 3 sollen neutrale Schiffe nur in den Fällen der §§ 4, 5 und 6 aufgebracht werden. § 4 schreibt vor, daß ohne Unterschied der Nationalität (also auch heimische Schiffe!) anzuhalten und aufzubringen sind: 1. Schiffe, deren Ladung aus Kriegskontrebande besteht, 2. Schiffe, die sich mit Gewalt der Anhaltung widersetzen. Gemäß § 5 sind ohne Unterschied der Nationalität als verdächtig anzuhalten: 1. Schiffe, die doppelte oder wahrscheinlich falsche oder gefälschte Papiere führen, 2. Schiffe, die keine Papiere führen, 3. Schiffe, die der Aufforderung, zu stoppen, nicht nachkommen u. s. w. § 6. Der Anhaltung und Aufbringung unterliegen, ohne Unterschied der

Nationalität, auch diejenigen Schiffe, welche über ihre Nationalität sich nicht genügend auszuweisen vermögen. § 7. Für gute Prise gelten: 1. die feindlichen Schiffe, 2. die Schiffe, deren Ladung aus Kriegskontrebande besteht, nebst der letzteren (also auch heimische Schiffe und heimische Waaren!), 3. die Schiffe, welche sich mit Gewalt der Anhaltung widersetzen.

Ich meine, daß man hierin Rechtssätze zu finden hat, wie eng und streng man diesen Begriff auch auffassen mag, selbst in dem Sinne, daß es sich nur um Normen handeln darf, die mit Gebot und Verbot in die Rechtssphäre der Privatpersonen eingreifen. Ihr sollt gewisse Gegenstände nicht dem Feindeslande oder blockirten Häfen zuführen, ihr sollt gewisse Papiere bei euch führen, anhalten auf Aufforderung, nicht in blockirten Häfen anlanden u. s. w.! Sodann enthält das Reglement ein vollständiges Prozeßverfahren.

Nun könnte man behaupten, daß im Falle eines Krieges aus dem Rechte der Kriegführung ohne Weiteres die Befugniß folge, Dinge anzuordnen, die sonst nur durch Gesetz angeordnet werden können. Eine solche Behauptung würde aber dem positiven Rechte widersprechen. Die Kriegsleistungen waren in Preußen und sind im Deutschen Reiche durch Gesetz normirt.[1] Die Administrative oder die Heeresverwaltung konnte in Preußen und kann im Reiche nicht sagen: es ist Krieg und im Kriegsinteresse kann ich thun, was mir nöthig erscheint; noch weniger kann sie sagen: ich ertheile der Kriegsmacht die Anweisung (ohne gesetzliche Ermächtigung), Personen festzuhalten, Schiffe aufzubringen, Vermögensgegenstände oder Sachen irgend welcher Art fortzunehmen. Mit so allgemeinen Sätzen läßt sich also nicht operiren, wie dies durch Gneist und Anschütz geschehen ist, zumal dann unerklärt bleibt, warum in Preußen ein Prisenreglement durch selbstständige Verordnung, sonst nur durch Gesetz oder auf Grund Gesetzes ergehen konnte. Es ist auch nicht richtig, was Gneist l. c. S. 2072 a. a. O. anscheinend auszuführen versuchte, daß es sich beim Erlaß eines Prisenreglements um Gegenstände handelt, die auf dem Wege der Gesetzgebung nicht festgestellt werden konnten und in allen großen seemächtigen Staaten nicht im Wege der Gesetzgebung festgestellt seien; es genügt ja, daß

---

[1] Vgl. z. B. Gesetz über die Kriegsleistungen vom 13. Juni 1873, R.G.Bl. 1875 S. 129. Preuß. Ges. wegen der Kriegsleistungen und deren Vergütung vom 11. Mai 1851 (G.S. 1851, S. 362).

der Gesetzgeber eine Ermächtigung zum Erlaß in blanco aufstellt, um das konstitutionelle Prinzip in Belgien, im Deutschen Reiche u. s. w. zu wahren. Auch der Satz, den Gneist citirt: „Parliament cannot alter the law of nations“ ist nicht beweiskräftig. Gewiß, der preußische Landtag kann einen Satz des Völkerrechts nicht abändern; daraus folgt aber doch nicht, daß, wenn das Völkerrecht einen Gerichtshof fordert, dieser ohne Landtagsgenehmigung errichtet werden kann. Der Reichstag kann auch einen Handelsvertrag nicht einseitig aufheben; aber ein Handelsvertrag kann nur unter Zustimmung des Reichstages gültig abgeschlossen werden. Der Deutsche Reichstag änderte nicht das Völkerrecht ab, als er im Gesetze vom 3. Mai 1884 den Kaiser ermächtigte, die Zusammensetzung eines Prisengerichts zu bestimmen. Zutreffend bemerkt Gneist l. c., daß das Prisenreglement von 1864 eine Ausführung des Völkerrechts sei; aber daraus folgt nicht, daß eine solche Ausführung im Wege der selbstständigen Verordnung ergehen durfte. Auch giebt es keinen Satz im Völkerrecht, daß jeder Staat ein Prisengericht haben muß, sondern nur, daß, wenn er fremde Schiffe als Beute behalten will, er dazu des Ausspruchs eines Prisengerichts bedarf. Das Völkerrecht bezieht sich auch nur auf fremde, nicht eigene Schiffe. Gerade aber um diese letzteren war es dem preußischen Abgeordnetenhause zu thun; diese, so meinte man, könnten nicht auf Grund bloßer Verordnung den preußischen Eigenthümern abgesprochen werden.

Nach alledem muß ich erklären, daß die Gründe, welche Gneist und Anschütz für die Gültigkeit des Prisenreglements vom 20. Juni 1864 angeführt haben, nicht stichhaltig sind und daß sich Anschütz mit sich selbst in schärfsten Widerspruch setzt. Es ist bei Anschütz immer dieselbe Art der Beweisführung. Will Anschütz klugerweise die Gültigkeit einer selbstständigen Verordnung nicht bemängeln, so behauptet er, daß sie keine Rechtsnormen enthalte. Ich meine, daß selbst der ungeschärfteste Blick in dem Prisenreglement Rechtsnormen erblickt, zumal ja dieses, wie bemerkt, auch noch eine vollständige Prozeßordnung und eine Aufzählung der zur Kontrebande gehörigen Gegenstände enthält.

Prüfen wir nun, welche Ansichten von der Mehrheit des Abgeordnetenhauses gebilligt wurden!

Im Kommissionsberichte, d. h. vom Professor John, findet sich folgender Satz:

„Es kann nicht bestritten werden, daß, wenn es sich um

die Aufstellung allgemeiner Normen handelt, welche Rechte und Pflichten der Staatsangehörigen zu regeln bestimmt sind, der von der Verfassung für das Zustandekommen der Gesetze vorgeschriebene Weg einzuhalten ist."

„Deutlicher und schärfer", meint Anschütz, „als diese (von dem Plenum des Abgeordnetenhauses adoptirten!) Berichtsausführungen kann man den Standpunkt, daß jede Rechtsnorm der Gesetzesform bedarf, Rechtsverordnungen nur auf Grund gesetzlicher Ermächtigung zulässig seien, nicht vertreten". Ich bestreite zunächst, daß diese Berichtsausführungen vom Plenum adoptirt sind — und zwar schon aus zwei Gründen: 1. weil im theoretischen Sinne (und darum handelt es ja für uns) gar keine Mehrheit vorhanden war, 2. weil für die etwa vorhandene Mehrheit offenbar ganz andere Momente maßgebend waren, Momente, die in der Diskussion in den Vordergrund traten, während dieser allgemeine Satz John's von keinem der maßgebenden Redner in den Vordergrund gestellt oder auch nur reproduzirt, ja von allen eher reprobirt wurde.

Zunächst bemerke ich, daß der Kommissionsantrag bei der Auszählung mit 103 gegen 94 abgelehnt und erst in der namentlichen Abstimmung mit 103 gegen 100 Stimmen (von 352) angenommen wurde. Man wird also unmöglich allzu viel theoretischen Werth auf diese Meinungsäußerung des Abgeordnetenhauses legen dürfen. Praktisch hatte sie erst recht keine Bedeutung, da sie an der Wirksamkeit des Prisenreglements auch nicht das Mindeste änderte.

Und weiter. Der Angriff auf das Prisenreglement ging von dem Abgeordneten von Rönne aus, der sich am 31. Januar 1865, Sten. Ber. S. 84 ff., auf Artt. 86 und 89 der Verfassung, nicht auf den Art. 62, bezog; es handele sich um eine Gerichtsorganisation, die (Enumerationsprinzip!) der Gesetzesform bedürfe, um Gerichte, die über Mein und Dein entscheiden, ein Unterschied zwischen den Gerichten besteht nicht. Sodann seien durch das Reglement Vorschriften des Allgemeinen Landrechts, z. B. Thl. I Tit. 9 § 197, geändert.

Ebenso haben Twesten und Lasker, die doch weit mehr Einfluß als John hatten, sich nicht den generellen Satz des Berichts angeeignet. Twesten meinte, Artt. 89 und 91 der Verfassung seien verletzt, nur als „Kniff" müsse es bezeichnet werden, wenn man die Prisengerichte als Prisenräthe bezeichne; auch betreffe das Reglement „preußisches Staatseigenthum" und enthalte

Sätze, welche nicht kriegs- oder völkerrechtlicher Art seien (Sten. Ber. S. 2080 ff.).

Was nun Lasker anlangt, den nach der Ansicht von Anschütz, S. 152, der ich nicht widersprechen will, hervorragendsten Redner, so verwirft er, soweit dies Jemand thun kann, der sich im Endergebniß mit John zusammenfindet, von Grund aus dessen Argumentation. Ehe wir dies feststellen, müssen wir zunächst sehen, wie die Staatsregierung das Prisenreglement vertheidigt hat, da Lasker auf diese Vertheidigung in seiner Rede Bezug nimmt. Dem König stehe die Kriegshoheit zu. Folglich dürfe er Alles thun, was zum Kriegführen erforderlich sei. (Ich bestreite dies wenigstens in der Allgemeinheit, in der dies ausgesprochen ist; der König kann z. B. nicht zum Zwecke der Kriegführung Personen einberufen, die weder zum stehenden Heere, noch zur Landwehr, noch zum Landsturm gehören; er kann auch nicht willkürlich Privateigenthum verletzen; wohl aber kann der König Alles thun und thun lassen, was die kriegerische Aktion erfordert; so können trotz Art. 5 preußische Häuser beschossen werden, in denen preußische Bürger sich aufhalten, wenn sich Feinde darin befinden; es können preußische Brücken und Häuser — trotz Art. 9 — bei der militärischen Aktion vernichtet werden, wenn sie sonst dem Feinde als Stützpunkt dienen. (Zum Kriegführen (ich würde sagen zur kriegerischen Aktion) gehört das Beutemachen zur See und (wie ich hinzufüge) die Wegnahme von Kriegsmaterial, das dem Feinde zugeführt wird. Habe der König das Recht, alles Nothwendige über die Kriegführung (die kriegerische Aktion) zu bestimmen, so habe er das Recht, anzuordnen, daß die Beute im Seekriege nur erworben sein solle, wenn die Kondemnirung der Prise durch eine hierzu eingesetzte Behörde erfolgt sei, sowie ferner, diese Behörde einzusetzen; desgleichen das von ihr zu befolgende Verfahren vorzuschreiben. Ich meine allerdings ja, weil der König alle Rechte hat, die ihm durch die Verfassung nicht entzogen sind. Die Verfassung schreibt nun vor, daß die Gerichte nur dem Gesetze, nicht der selbstständigen Verordnung unterworfen sein sollen (Art. 86) und daß die Organisation der Gerichte auf Gesetz beruhen soll. Die Verfassung meint damit, wie früher von mir dargethan und wie Pape damals vor der Kommission und vor dem Plenum auseinandersetzte, aber nur die ordentlichen Gerichte.

Daraus ergiebt sich bei Zugrundelegung des Enumerationsprinzips, daß der König ebenso wie die Organisation der Marinegerichte und das Verfahren vor denselben, so auch die Organisation der Prisengerichte und das Verfahren vor denselben selbstständig regeln durfte. Der deutsche Kaiser kann dies nicht; er hat eben nur die Rechte, die ihm durch Reichsgesetz übertragen sind — ebensowenig kann dies der König der Belgier. Der König von Preußen kann (Enumerationsprinzip!) über Staatseigenthum verfügen, soweit ein Gesetz nicht entgegensteht, der deutsche Kaiser und der König der Belgier können dies nicht; also im Reich wie in Belgien Gesetz nöthig, wenn über Staatseigenthum, über die vom Staate erworbenen Schiffe verfügt werden soll! Die Vorschriften des A.L.R. über Beute sind nicht entscheidend; denn es giebt keinen Satz (Enumerationsprinzip!), der bestimmte, daß alle im A.L.R. enthaltenen Normen, auch solche, die nicht zur Anwendung durch den ordentlichen Richter bestimmt sind, nur durch Gesetz abänderbar seien (s. weiter unten!).

Da nun die Kommission ausgeführt und beantragt hatte, zu erklären: „die Krone ist nicht berechtigt, andere Verordnungen zu erlassen, als diejenigen, die zur Publikation eines Gesetzes oder zur Ausführung eines Gesetzes erforderlich sind" — das ist genau der Standpunkt der herrschenden Theorie — so wandte sich Graf zur Lippe, nicht nur für seine Person, auch nicht bloß als Justizminister, sondern als Beauftragter und Vertreter des Königs, der gesammten Staatsregierung, gegen diese Verfassungsauslegung. Auch Anschütz, S. 149, wendet sich gegen die Kommission. Ihr Standpunkt sei „viel zu eng und einseitig. Man vergißt hierbei", wofür er Jellinek citirt, „das ganze breite Gebiet der Verwaltungsverordnungen, welche nicht zur Vollziehung gesetzgeberischer Befehle, sondern zur Vollziehung des intra legem in freier Zweckmäßigkeit sich bewegenden Verwaltungswillen dienen, welche inhaltlich durch das Gesetz nicht bestimmt, sondern nur begrenzt sind." Da es sich aber bei dem Prisenreglement nicht um eine Verwaltungsverordnung im Sinne der Theorie, d. h. nur eine Verordnung für die Verwaltung, sondern um eine Verordnung, die von der Verwaltung erlassen ist, und um Rechtsnormen handelt, so widerruft Anschütz implicite Alles, was er gegen mich auszuführen versucht hat. Das Prisenreglement v. J. 1864 stellt eine Rechtsverordnung vor, die über Mein und Dein, die an alle In- und Ausländer, an Privatpersonen wie an Militärpersonen, an die kriegführende Macht wie an die Prisengerichte zwingende Normen richtet, die Begriffsbestimmungen über Kontrebande enthält, die den heimischen und fremden Schiffen und Schiffern Befehle ertheilt u. s. w. Keine Ahnung von einer bloß „organisatorischen, instruktionellen Anstaltsordnung" (Anschütz S. 149), weshalb diese Normen nach der konstitutionellen Schablone in Frankreich, Belgien und im Deutschen Reiche eine gesetzliche Grundlage nöthig haben und nur deswegen eine solche in Preußen entbehren durften, weil der Satz, daß Rechtsnormen jedweder Art nur auf Grund Gesetzes ergehen dürfen, in Preußen nicht besteht (Enumerationsprinzip!).

Graf Lippe bemerkte (ich wiederhole dies — nicht als Privatmann, sondern als Justizminister und Namens der preußischen Staatsregierung) gegen den Kommissionsstandpunkt: diese Auslegung der Kommission beeinträchtige ganz wesentliche Rechte der Krone, mehr als nach dem verfassungsmäßigen Regiment überhaupt zulässig erscheine. Die Staatsregierung nehme für die Krone auf Grund der Verfassungsurkunde, auf Grund des in der Verfassungsurkunde der Krone ausdrücklich beigelegten Rechtes der vollziehenden Gewalt die Befugniß in Anspruch, auch andere als sogenannte Vollzugsverordnungen zu erlassen (Zachariä, Bluntschli, Stein). Bereits S. 70 meines Verordnungsrechts habe ich ausgeführt, daß das Recht, ein selbstständiges, nicht zur Ausführung eines Gesetzes dienendes, jeder gesetzlichen Grundlage entbehrendes Prisenreglement zu erlassen, nicht aus der vollziehenden Gewalt gefolgert werden kann; diese steht u. A. auch dem König der Belgier und dem Präsidenten der französischen Republik zu, welche eine solche Anordnung nicht treffen dürfen.

Es ist aber nicht zutreffend, daß Graf Lippe einzig und allein sich auf die Vollzugsgewalt gestützt hat; dies zeigt schon der Umstand, daß er sich u. A. auf Lorenz von Stein bezieht, der sagt (Verwaltungslehre I S. 70ff., 135ff., 209, Handbuch der Verwaltungslehre S. 30ff.): „Wo dagegen kein Gesetz vorhanden oder soweit es nicht vorhanden ist, da ist die Verordnung der geltende Staatswille." Vor Allem aber ist auf die weiteren Ausführungen des Grafen Lippe zu rücksichtigen (Verordnungsrecht S. 70, Sten.Ber. 1865, S. 2070). Graf Lippe bezieht sich nicht bloß auf den Art. 45, sondern wie v. Daniels oben S. 134 auch auf die Vorschriften in Thl. II Tit. 13 A.L.R. und den Satz, daß die Krone noch alle nicht ihr entzogenen Rechte habe. Er sagt noch: „Es wird auch kaum nöthig sein, darauf aufmerksam zu machen, daß seit dem Bestehen der Verfassung fortwährend von Seiten der Krone noch andere Verordnungen als bloße Vollzugsverordnungen (das sind also die selbstständigen) erlassen werden, ohne daß dagegen Widerspruch erhoben ist. — Gewisse Materien werden ganz unzweifelhaft zur Gesetzgebung gehören, ich rechne dahin alle sogenannten Rechtsgesetze" (d. h. die zur unmittelbaren Anwendung durch die ordentlichen Gerichte gegebenen Stimmen, die gemäß Art. 86 der Gesetzesform bzw. der gesetzlichen Grundlage bedürfen), „ferner Aenderungen oder Deklarationen von Gesetzen, die mit Zustimmung beider Häuser des Landtages erlassen sind" (also Art. 62), „ich rechne dahin alle diejenigen Materien, welche von der Verfassungs-Urkunde ausdrücklich der Gesetzgebung vorbehalten worden sind". Sonst sei in jedem einzelnen Falle zu prüfen. Zwar nicht ganz klar, aber dem Sinne nach unverkennbar, ist es die von mir vertretene Ansicht, die Graf Lippe als diejenige der Staatsregierung erklärt, die er allerdings hätte kürzer fassen können; denn daß auch „Rechtsgesetze" dem Verordnungswege entzogen sind, folgt aus der Verfassung selbst, nämlich aus Art. 86. Keineswegs sagt der Graf Lippe, wie Anschütz und die herrschende Theorie: „Die gesetzgebende Gewalt steht nach Art. 62 der Krone und dem Landtage gemeinschaftlich zu. Gesetzgebende Gewalt ist rechtsetzende Gewalt. Das Prisenreglement enthält keine Rechtssätze." (Letzteres hätte ihm kein Abgeordneter geglaubt; ich halte es auch für geradezu unmöglich, daß das preußische Staatsministerium damals oder 1865 oder heute den Rechtsnormcharakter des Prisenreglements bestreiten sollte; Anschütz mag ja einmal im Justizministerium oder beim Reichsgericht nachfragen.) Der Sinn der Ausführungen des Grafen Lippe geht dahin, ob ein Gegenstand in Preußen durch Gesetz oder Verordnung geregelt werden muß, hänge vom positiven Recht, vom Inhalte der Verfassung ab; es sei unrichtig, daß die Krone Preußen wie die von Belgien, Italien u. s. w. (oder der Bundesrath des Deutschen Reichs) nur Ausführungsverordnungen bzw. nur Verordnungen auf Grund Gesetzes erlassen dürfe, vielmehr könne sie, wo die Verfassung nicht entgegensteht, auch selbstständige Verordnungen erlassen; bezüglich der zur Ausführung durch die Gerichte bestimmten Gegenstände (Rechtsgesetze), ferner wo bereits ein konstitutionelles Gesetz bestehe und endlich wo die Verfassung ausdrücklich auf den Gesetzesweg verweise, da und da allein sei der Verordnungsweg ausgeschlossen. Kürzer und mit anderen Worten: die Verordnung ist noch da zugelassen, wo die Verfassung kein Gesetz erfordert.

Es ist nun durchaus unzutreffend (Anschütz S. 151), daß Graf Lippe „in seinen späteren Lebensjahren" seine Ansicht von 1865 über die Gegenstände der Gesetzgebung modifizirt habe, nämlich in einem von ihm als Mitglied des Herrenhauses erstatteten Kommissionsbericht vom 12. Februar 1879 (Sten. Ber. des Herrenhauses 1878/79, II, S. 522). Vielmehr hat er diese, genauer die der preußischen Staatsregierung, insbesondere des Fürsten Bismarck, nur wiederholt. Noch weniger zutreffend ist, daß der Bericht des Grafen Lippe von 1879 (der übrigens schon in meinem Verordnungsrecht wiederholt angezogen war, u. A. S. 67) lediglich den Werth der Privatmeinung eines einzelnen Herrenhausmitgliedes in seinen späteren Jahren hat. Vielmehr handelt es sich um die Ansicht der Kommission, die aus den höchsten Staatsbeamten (Schumann, v. Dechend), liberalen Oberbürgermeistern (Hasselbach, Theune) zusammengesetzt war und da Niemand ihr widersprach,[1]) auch um die des ganzen Herrenhauses. In dem Berichte ist, was Anschütz nicht mit anführt, hervorgehoben, daß die Artt. 62, 45, 106 formale Definitionen enthalten; d. h. doch, daß nach Ansicht des Herrenhauses Art. 62 nicht die rechtsetzende Gewalt als die gesetzgebende Gewalt hinstellen wollte, also genau das Gegentheil von der herrschenden Theorie!

In dem Bericht heißt es: In der Verfassungsurkunde wird auf die Regelung im Wege der Gesetzgebung verwiesen, bald in der Rücksicht, daß es nicht einer Verfassungsänderung, sondern nur der einfachen Gesetzgebung bedürfe (z. B. Artt. 2, 27, 55), bald in der Absicht einer Verheißung, zu deren Erfüllung die Faktoren der Gesetzgebung sich gewissermaßen verpflichteten (z. B. Artt. 17, 19, 26, 33, 40, 61), bald in der Rücksicht, daß auch das bestehende Recht als ein solches bezeichnet wird, welches nur im Wege der Gesetzgebung geändert werden könne, z. B. Artt. 3, 4, 5, 6, 7, 8, 9, 13, 28, 31, 34, 35, 36, 37, 42, 50 Abs. 2, 87, 89, 90, 96. Gerade diese letztere Reihe von Bestimmungen enthält das entscheidende Gewicht. (Das ist doch m. Er. das Enumerationsprinzip!) S. 523: — „Alle Majestätsrechte im Sinne des A.L.R. sind der Königlichen Majestät verblieben, soweit Er sie nicht in der Verfassung oder durch spätere Gesetze zur gemeinschaftlichen Ausübung mit der Landesvertretung gebracht hat."

[1]) Auch nicht die Vertreter der Universitäten; s. Sten.Ber. d. Herrenh. 1879 S. 243.

Welche Materien der Regelung durch die Gesetzgebung unterliegen, mit anderen Worten die Umgrenzung des Gebietes der gesetzgebenden Gewalt, bleibe aus den Bestimmungen der Verfassungsurkunde zu entnehmen. Anschütz fügt m. Er. zutreffend hinzu (S. 152), daß Graf Lippe mit diesen Bestimmungen die in der Verfassung angegebenen Spezialklauseln meint; Art. 86 V.U. zählt er, meint Anschütz, mit Recht, nicht zu diesen die Kompetenz der Legislative begründenden Klauseln; abgesehen hiervon, decke sich seine Ansicht mit der Arndt'schen Theorie. Art. 86 hat allerdings Graf Lippe nicht nominatim aufgeführt, aber thatsächlich gemeint, wenn er außer den Spezialklauseln auch die Rechtsgesetze vom Verordnungswege ausgeschlossen erklärt.

Was hat nun Eduard Lasker auf die vorerwähnten Ausführungen des Grafen Lippe bzw. der Staatsregierung erwidert?

Man sollte meinen, er hätte das ganze Volk an die Schanzen rufen sollen zur Vertheidigung der Verfassung. Keine Ahnung! Er sagt nicht, was er hätte sagen müssen, wenn „der bedeutendste Redner“ Anschütz'scher Theorie gehuldigt hätte: M. Hr.: „Die Auslegung, welche Graf Lippe der Verfassung giebt, steht im Widerspruch mit allen Gesetzen der Logik, mit den Aussprüchen aller Männer, die bei ihrer Ausgestaltung mitgewirkt haben, mit den von Reichensperger, Kisker, Stahl. Art. 62 enthält keine formale Definition, sondern spricht aus, daß Rechtssätze irgend welcher Art nur noch die Gesetzgebung, d. h. nicht mehr der König allein, geben darf. Die Artt. 3, 4, 5, 6 u. s. w. sind nur Exemplifikationen des Art. 62 oder bedeuten ein Arbeitsprogramm, so ein Stück Thronrede. Es ist durchaus verfassungswidrig, anzunehmen, daß Rechtssätze über Materien, die nicht von der Verfassung dem Gesetzeswege vorbehalten oder die nicht Rechtsgesetze sind oder die nicht konstitutionell erlassene Gesetze abändern, noch von der Krone allein gegeben werden könnten. Die Ansicht des Grafen Lippe ist krypto-, wenn nicht sogar offenbar absolutistisch. Es kann sich also nur um die Frage handeln, enthält das Prisenreglement Rechtssätze? Diese Frage ist zu bejahen; denn 1. es enthält auch Verbote und Gebote allgemeiner Art, die allen Schiffsführern und allen preußischen Staatsbürgern auferlegt wurden: gewisse Handlungen vorzunehmen, gewisse zu unterlassen, und es knüpft an die Uebertretung dieser Verbote und Gebote schwere Rechtsfolgen, nämlich den Verlust von Schiff und Ladung, 2. es enthält ein vollständiges Prozeßverfahren u. s. w.“

Was sagt Lasker in Wirklichkeit? „Ich stelle mich dabei, namentlich bei der Frage, ob ein Gegenstand nur im Wege der Gesetzgebung oder auch im Wege der Verordnung behandelt werden kann, ganz auf den Standpunkt des Justizministers.“ Wenn Lasker zu einem anderen Endergebniß gelangt, so geschieht dies, weil er einen Satz dem Minister entgegenhält, nämlich den, daß das Allgemeine Landrecht als ein Gesetz nur wieder durch Gesetz geändert werden könne, es seien aber durch das Prisenreglement geändert Thl. I Tit. 9 §§ 190, 200 und Thl. II Tit. 8 § 2036.

Es mag vorerst dahingestellt bleiben, ob Lasker in seiner Argumentation Recht hat und ob nicht vielmehr solche Sätze des A.L.R., die nicht zur Anwendung durch den ordentlichen Richter bestimmt sind und auch ferner nicht dem Gesetzeswege durch die Verfassung vorbehaltene Materie betreffen, noch jetzt im Verordnungswege erlassen werden dürfen. Jedenfalls schüttelt auch Lasker die Theorie von sich ab, welche in Art. 62 eine materielle Begriffsbestimmung erblickt und aus diesem Artikel folgert, daß Rechtsnormen irgend welcher Art nur im Gesetzeswege ergehen dürfen. [1])

Wenn man nun die Mehrheitsredner v. Rönne, Lasker, Twesten wiegt gegenüber John und die geringe Mehrheit berücksichtigt, so darf man wohl behaupten, daß die Mehrheit des Abgeordnetenhauses i. J. 1865, als sie das Prisenreglement für verfassungswidrig erklärte, nicht der Anschütz'schen Theorie gehuldigt hat, sondern sich bestimmen ließ durch die Annahme, Artt. 86, 89, 91 seien verletzt (Reden v. Rönne's und Twesten's) und bzw. oder ein formelles Gesetz, nämlich das A.L.R., könne nicht durch Verordnung abgeändert werden. Aber selbst John bzw. der Kommissionsbericht hat nicht ausgesprochen, daß Rechtssätze irgend welcher Art gemäß Art. 62 nur noch durch Gesetz gegeben werden können, denn gesetzgebende Gewalt sei rechtsetzende Gewalt, sondern er sagt nur:

> „Es kann nicht bestritten werden, daß, wenn es sich um die Aufstellung allgemeiner Normen handelt, welche Rechte

---

[1]) Auch in der Schrift: Zur Verfassungsgeschichte Preußens stellt Lasker nicht den Satz auf, daß Rechtsnormen nur noch durch Gesetz ergehen können; er sagt vielmehr S. 39, der preußischen Verfassung liege eine „unkritische Sonderung“ zwischen Gesetzen einer-, Reglements und Instruktionen andererseits zu Grunde. Unter letzteren beiden begreift er augenscheinlich die Verordnungen.

und Pflichten der Staatsangehörigen zu regeln bestimmt sind, der von der Verfassung für das Zustandekommen der Gesetze vorgeschriebene Weg einzuhalten ist."

Er reklamirt für den Gesetzesweg also nicht jede Rechtsnorm, nämlich zunächst nicht solche, welche Rechte und Pflichten Staatsfremder regeln, auch nicht solche, welche Rechte und Pflichten des Staates, der Gemeinden u. s. w. regeln.[1]) Er spricht sich auch nicht einmal darüber aus, ob er im Sinne des Februarpatentes von 1847 bzw. des Gesetzes vom 5. Juni 1823 nur solche Rechtsnormen meint, die unmittelbar in den Rechtsstand eingreifen, also z. B. nicht Prozeßgesetze u. s. w. Der Satz, daß gesetzgebende Gewalt gleich rechtssetzende Gewalt und daß daher, da die gesetzgebende Gewalt nicht mehr allein der Krone zustehe, sie auch irgend welche und irgend wie Rechtsnormen nicht mehr allein aufstellen könne, ist weder im Kommissionsbericht, noch von John ausgesprochen worden. Uebrigens ist aus der John'schen Rede auch dasjenige klar, woraus er folgern will, „daß das Königliche Verordnungsrecht nach der preußischen Verfassungsurkunde nur in Anwendung gebracht werden kann, um Gesetze zur Ausführung zu bringen und diejenigen Anstalten zu treffen, welche durch die Gesetze zu treffen für nothwendig erachtet wird" — nämlich aus der von ihm behaupteten Untheilbarkeit der Souveränität, aus dem von ihm aufgestellten Satze, es gebe keine Befugniß der Krone, die nicht durch Befugnisse des Landtages beschränkt sei — m. a. W. aus dem demokratischen Prinzip. Ich meine, Gneist hat darnach durchaus Recht, wenn er den Satz aufstellt, daß die Lehre, es gäbe kein selbstständiges Verordnungsrecht auf gesetzfreiem Gebiet, aus der konstitutionellen Schablone bzw. dem demokratischen Prinzip bzw. dem Prinzip der Volkssouveränität gefolgert werde, was nicht ausschließt, daß Männer, die diesem Prinzip sonst nicht huldigen oder nicht zu huldigen glauben, die es jedenfalls weit von sich ablehnen, bêtes rouges zu sein, inkonsequenter Weise ein selbstständiges Verordnungsrecht in Preußen abstreiten. Zum Schlusse also Eins: Entweder erkennt man das Prisenreglement als gültig an, dann läßt sich dies nur mit der Staatsregierung auf der Grundlage der Arndt'schen Theorie thun,

[1]) Auch nur „allgemeine" Normen, d. h. nach der Auffassung z. B. des bayer. Rechts, des preuß. Ges. v. 5. Juni 1823 und des Februarpatentes v. 1847, nicht solche, die nur die Eisenbahn, die Post, Militärpersonen, Beamte betreffen.

oder man verwirft diese und behauptet mit der herrschenden Theorie, daß Rechtssätze gemäß Art. 62 nur noch durch Gesetz ergehen können; dann muß man das Prisenreglement für ungültig erklären. Ferner: entweder erkennt man an, daß der König alle ihm nicht durch die Verfassung entzogenen Rechte hat, und dann muß man ihm auf dem gesetzfreien Gebiete das Verordnungsrecht zugestehen, oder man bestreitet dieses, dann muß man sich darüber klar werden, daß man sich damit auf den Boden der belgisch-konstitutionellen Schablone, d. i. auf den Satz stellt, daß auch der König von Preußen, so gut wie der König der Belgier, nur noch die ihm in der Verfassung übertragenen oder belassenen Rechte hat. Tertium non datur.

---

§ 13.

Militärwesen.

Kein Gebiet im öffentlichen Recht ist in Bezug auf die Absteckung des Grenzzuges zwischen Gesetz und Verordnung so schwierig, wie das des Militärwesens — nicht um deswegen, wie sich zeigen wird, weil es sich dabei um begriffliche und logische, sondern nur deswegen, weil es sich um geschichtliche und konkrete Entwickelung und Fortentwickelung handelt — weil Fragen, nicht der Aufklärung und der juristischen Dialektik, sondern der Machtvertheilung, weil historische Thatsachen ausschlaggebend waren. Verschieden ist der Grenzzug abgesteckt im englischen, französischen, belgischen Recht einerseits und in den deutschen Rechten andererseits, verschieden in Preußen und in Bayern, verschieden wiederum im Reich einerseits und in Preußen und Bayern andererseits. Da ich für meine Person mich nicht dem Vorwurfe aussetzen will, ich hätte Anschütz'sche Anführungen verschwiegen oder für belanglos gehalten, weil ich zu ihrer Widerlegung mich außer Stande fühle, so will ich zunächst referiren, welche Lehren von Anschütz aufgestellt sind.

Anschütz sagt S. 72: „— auch hier (in Militär- und Marinesachen) verfällt er (nämlich Arndt) dem oft festgestellten Grundirrthum: der Verwechselung von Rechtssatz und Verwaltungsvorschrift." (Daß diese Verwechselung gar nicht begangen werden kann, ist bereits festgestellt; denn Rechtssatz und Verwaltungsvorschrift sind gar keine Gegensätze: die Ein- und Ausfuhrverbote, die Bestimmungen über Abgabenfreiheit von Salz, Branntwein u. s. w. wegen Denaturirung oder Verwendung zu Heilzwecken, die Begleitscheinregulative in Zollsachen, die Post- und Telegraphenordnungen, die Eisenbahn-, Verkehrs-, Betriebs-, Signalordnungen, die Freiheiten von Porto- und Telegraphengebühren sind ebensowohl Verwaltungsvorschriften wie Rechtsnormen. Der Grundirrthum von Anschütz oder richtiger einer seiner Grundirrthümer besteht darin, daß er in der Verwaltungsvorschrift den Gegensatz zum Rechtssatze erblickt.) „Was er“ (Arndt), so fährt Anschütz fort, „uns vorführt, sind entweder keine „selbstständigen“, d. h. ohne gesetzliche Ermächtigung ergangene Verordnungen, oder, wenn sie „selbstständig“ sind, sind es keine Rechts-, sondern Verwaltungsverordnungen, welche der besonderen gesetzlichen Grundlage überall nicht bedürfen.“ („Ueberall“ ist jedenfalls falsch, im belgisch-französischen Rechte bedürfen sie, auch wenn man den Unterschied zwischen Rechts- und Verwaltungsverordnungen anerkennen würde, allerdings der gesetzlichen Grundlage; denn es gilt da der Satz „il faut que chaque arrêté — mag dies eine Rechts- oder Verwaltungsan- oder Verordnung sein — prenne sa source dans une loi“. Ebenso gilt für das deutsche Reichsrecht der Satz, daß jede An- oder Verordnung des Kaisers oder des Bundesraths, mag sie selbst von dem oder jenem Professor nur für eine Verwaltungs- und nicht für eine Rechtsverordnung gehalten werden, z. B. die Post- und Telegraphenordnung, die Eisenbahnverkehrsordnung u. s. w., der gesetzlichen bzw. verfassungsmäßigen Grundlage bedarf.)

Anschütz fährt fort: „So glaubt er (Arndt), mich mit dem Allerh. Erlaß, enthaltend Bestimmungen wegen der den Militärs u. s. w. zu gewährenden Tagegelder, vom 28. Dezember 1848 (G.S. 1849 S. 85) in die Enge zu treiben, beweist aber durch die Hervorhebung gerade dieses Faktums nur, daß er meine Ausführungen total mißverstanden hat und daß er selbst außer Stande ist, zwischen solchen Normen zu unterscheiden, welche Rechtsnormen sind und solchen, die es nicht sind.“ (Da die sog. Verwaltungsverordnungen, d. h. die von der Verwaltung im Gegensatze zur Legislative erlassenen Vorschriften, auch Rechtsverordnungen sind oder doch sein können, so bin ich allerdings außer Stande, die Unterscheidung zu machen. Die vorbezeichneten Verordnungen (Ein- und Ausfuhrverbote, Denaturirungsvorschriften, Verkehrs-, Post-, Telegraphenordnungen) sind eben Beides, sowohl Rechts- wie Verwaltungsvorschriften, wie dies ja u. A. das Reichsgericht, das Ober-Handelsgericht, die Norddeutsche Bundes-, die Reichsverfassung, Delbrück, Lasker, Goldschmidt u. A. annehmen. Auch diese wie die Reichs- und Landesgesetzgeber sind mit mir außer Stande, die von Anschütz gewünschte Unterscheidung zu machen, weil diese nicht in der Welt der Thatsachen, sondern nur in der Phantasie einiger Personen besteht.)

Anschütz fährt fort, indem er mich citirt: „Dieselben Kammern, welche die Verfassung beriethen und feststellten, haben jenen Tagegelder-Erlaß gewiß gelesen und lesen müssen. — Obgleich nun dieser Erlaß ohne (besondere) gesetzliche Delegation ergangen sei, hätten die Kammern doch nicht „resolvirt, der Erlaß vom 28. Dezember 1848 sei verfassungswidrig und nichtig". Eine dahingehende Landtagsresolution wäre — so sagt Anschütz — sehr thöricht gewesen und hätte sich staatsrechtlich nicht begründen lassen. — — „Denn, so zweifellos es Arndt erscheint, daß die in Rede stehenden Verordnungen Rechtsnormen enthalten, so zweifellos ist mir das Gegentheil." — „Greift diese Vorschrift mit Befehl und Zwang in die Freiheit der Unterthanen ein? Nein. Legt sie ihnen Lasten und Leistungen im Interesse der bewaffneten Macht auf? Sicherlich nicht. Also ist von einer „Rechtsvorschrift" in keinem Sinne die Rede." (Dem Reichsgericht, dem Ober-Tribunal u. s. w. ist unzweifelhaft, daß es sich hier um eine Rechtsvorschrift in jedem Sinne handelt.[1]) Anschütz begeht den ferneren Grundfehler, daß er glaubt, weil ein gewisser Gegenstand nach dem Gesetze vom 5. Juni 1823 bzw. der bayerischen Verfassung von 1818 den Ständen nicht mit vorzulegen war, weil er also keine allgemeinen Veränderungen in den Personen- und Eigenthumsverhältnissen der Privatpersonen hervorruft, deshalb sei die Regelung dieses Gegenstandes keine Rechtsvorschrift.)

Anschütz fährt fort: „Der Tagegelder- und Reisekosten-Erlaß ist vielmehr eine Verwaltungsverordnung in optima forma" (ganz gewiß, weil er nicht von der Legislative erlassen ist, stellt er

---

[1]) Wenn heute der Kaiser ohne gesetzliche Ermächtigung die Tagegelder und Reisekosten bzw. die Pensionen der Reichsbeamten erhöhen würde, so wäre es keineswegs „sehr thöricht", sondern sehr wahrscheinlich und juristisch gerechtfertigt, wenn der Reichstag resolviren würde, daß solche Kaiserliche Verordnungen nicht zu Recht bestehen.

eine Verwaltungsvorschrift, ein règlement administratif vor). „Eine rein interne Dienstanweisung, die sich nicht an die Unterthanen im Allgemeinen, nicht einmal an die Armee im Allgemeinen, auch nicht an die Gesammtheit der dienstlich reisenden Militärpersonen, sondern lediglich an die Militärkassen richtet, mit dem Dienst- (nicht Rechts-) Befehl, in bestimmten Fällen gewisse Zahlungen zu leisten. Ich (Anschütz) sehe nicht ein, warum und wieso die Verausgabung vorhandener Fonds und die Dienstanweisung über die Vornahme dieser Voraussetzung ein Gegenstand der Legislative sein soll und nicht vielmehr im eigentlichen Sinne eine Kompetenz der Exekutive, hier also insbesondere ein Ausfluß der militärischen Organisations- und Kommandogewalt. Hier herrscht das, innerhalb der gesetzlichen Schranken, freie administrative Ermessen; es kann sich nach Belieben bethätigen durch konkrete Handlungen und Dienstbefehle (Verfügungen) oder durch abstrakte — Vorschriften." — — „Ich (Anschütz) stehe nicht an, die Frage, ob auch die Bestimmungen über rechtlich gleichartige Bezüge der Civilbeamten im Verordnungswege erlassen werden könnten und können, zu bejahen." — „Ich (Anschütz) gehe aber weiter und behaupte ganz allgemein, daß überhaupt das ganze Besoldungswesen im weitesten Sinne die Festsetzung des Inhalts, der Pensionen, sowie aller sonstigen Belohnungen, Dienstmolumente und Dienstunkostenentschädigungen an und für sich Gegenstand der Gesetzgebung nicht ist." (Was Gegenstand der Gesetzgebung ist, bestimmt sich in Preußen nach dem positiven Recht, namentlich nach der Verfassung. An und für sich ist Alles und Nichts Gegenstand der Gesetzgebung.) In einer Anmerkung auf S. 83 fügt dann Anschütz hinzu: „Wie derjenige, welcher mit einem Lieferanten kontrahirt, sich etwa den von jenem für seinen Geschäftsbetrieb festgesetzten allgemeinen Lieferungsbedingungen oder Vertragsbedingungen unterwirft, so unterwirft sich der Staatsbeamte, wenn er sich anstellen läßt, den allgemeinen Anstellungsbedingungen. Solche Anstellungsbedingungen gehören, wie der geschärfte juristische Blick nicht verkennen wird, in die Kategorie Rechtsgeschäfte, nicht in die Kategorie Rechtssatz."

Es ist bereits nachgewiesen, wenn es eines solchen Nachweises für Juristen je bedurft hätte, daß in diesen Sätzen ebensoviel Behauptungen wie Irrthümer enthalten sind. Die Verwaltungsbehörde erläßt die Pensions-, Gehaltsvorschriften nicht; sie sind ihr von einer höheren Stelle auferlegt; die Behörde darf nicht andere Anstellungsbedingungen normiren, etwa dahin, du bekommst gar keine oder eine geringere Pension, oder geringere oder höhere oder gar keine Reise- und Umzugskosten. Solche Bedingungen sind in der Regel null und nichtig, solche Rechtsgeschäfte sind actus inanes, die Vorgesetzten, die sie abschließen, haben die Pflichten verletzt, die ihr Amt ihnen auferlegt, und sind zu disziplinieren. Das Staatsinteresse, die bürgerliche Freiheit, vor Allem die preußische Verfassung (Art. 98) fordern gebieterisch, daß es sich hier um Rechtssätze, um zwingende Normen handelt; die Verwaltung soll und darf nicht nach eigener Laune, Willkür, Ermessen sagen: du bekommst mehr, du weniger, du gar keine Pension, Tagegelder, Reisekosten u. s. w.

Nun besteht die Verschiedenheit: Im Deutschen Reiche, in Belgien und Frankreich müssen alle diese Rechtsbefehle von der Legislative bzw. mit besonderer Ermächtigung der Legislative erlassen werden. In Preußen und Bayern können sie noch im Verwaltungswege erlassen werden, soweit sie nicht spezialgesetzlich diesem Wege allmählich entzogen sind — nicht weil es keine Rechtsverordnungen sind, sondern in Bayern, weil sie nach dessen positivem Verfassungsrecht nicht allgemeine, d. h. Jedermann betreffende Veränderungen in Personen- und Eigenthumsverhältnissen hervorrufen oder, noch anders und klarer ausgedrückt, weil die Krone Bayern, als sie eine Verfassung gab, sich in das Militär- und Beamtenwesen nicht hineinreden lassen wollte, weil sie zu stark war, um auch über Militär- und Beamtenwesen dem Landtag ein Mitbestimmungsrecht einzuräumen; in Preußen, weil, solange das in Art. 98 der Verfassung vorgesehene umfassende Gesetz nicht zu Stande gekommen ist, dieser Gegenstand nicht zu denjenigen gehört, welche durch diese Verfassung dem Verordnungswege entzogen sind (Enumerationsprinzip). Aber auch die Regulative für die Reisekosten und Gehälter u. s. w. der Militärpersonen sind Rechtsnormen. Solange sie nicht von der Krone aufgehoben sind, müssen sie befolgt werden und es findet z. B. nach aufgelöstem Aktivitätsverhältnisse der Rechtsweg darüber statt; auch liefert ihre Verletzung einen Revisionsgrund. Sonderabreden der militärischen Vorgesetzten sind nichtig. Es handelt sich nicht bloß um interne Dienstbefehle an die Kassen, wie, z. B. wenn ein Vorgesetzter vorschreibt, wieviel Bogen ein Kanzlist täglich schreiben oder wieviel Journalnummern ein Registrator täglich eintragen oder wie viel Stunden langsamer Schritt gemacht werden soll, sondern um eine beide Theile bindende, durch Vereinbarung unabänderbare, zwingende Rechtsnorm. Das ist gerade einer der obersten Grundsätze unseres Staatslebens, daß alle Emolumente der fr. Art nicht nach Gutdünken der Vorgesetzten, sondern nach Recht und Pflicht, für Jedermann nach den ihm rechtlich zukommenden Sätzen verabfolgt werden.

Ich lasse nun wieder Anschütz das Wort (S. 84): „Ich (Anschütz) wende mich wiederum zu den Militärverordnungen. Was von solchen Verordnungen sonst noch, abgesehen von den auf die Geldverpflegung bezüglichen Erlassen, der herrschenden Theorie entgegengehalten wird oder werden könnte, charakterisirt sich, wie jene Erlasse, als Verwaltungsverordnung und daher als ein zur Bekämpfung des Satzes: „Rechtsverordnung nur intra legem“ untaugliches Mittel.“ (Daß es sich überall um Verwaltungsverordnungen handelt, ist klar; denn diese Verordnungen entbehren der gesetzlichen Form. Wenn aber Anschütz unter Verwaltungsverordnung den Gegensatz zur Rechtsverordnung versteht, so begeht er den oft gerügten Fehler. Die fr. Erlasse v. J. 1848, 1849, die Pensionsreglements von 1825 und 1857, die für die Armee bis 1871 galten, sind Rechtsvorschriften, die zweifellos nicht intra legem lagen; denn es fehlt jedes Gesetz, das z. B. den König von Preußen ermächtigte, Reisekosten und Tagegelder festzusetzen oder 1889 die Pensionen für Professoren zu erhöhen.)

Anschütz fährt fort: „Zwei große Gruppen von militärischen Verwaltungsverordnungen giebt es: Armeebefehle und Armeeverordnungen. — Zur Kategorie Armeebefehl gehören alle Verordnungen der Kommandogewalt, Verordnungen, welche sich auf die Organisation und Formation des Heeres beziehen, sowie insbesondere alle Vorschriften, deren nächster Zweck die Einübung und Ausübung des Waffenhandwerks ist. Also: Organisatorische Bestimmungen aller Art, sowie Formation der durch das Gesetz nicht etwa festgelegten Kadres, Bestimmungen über militärische Ehrengerichte, Exerzierreglements, Felddienstordnungen, Schießvorschriften u. s. w. Sind das Rechtsverordnungen? Kein Gedanke! Es sind einfach militärische Dienstbefehle i. e. S., deren allgemeine, abstrakte Fassung das Urtheil nicht beirren darf, Aeußerungen der Kommandogewalt, nicht weniger noch mehr. Vorschriften, deren Geltungskraft sich auswirkt und erschöpft innerhalb der großen Anstalt, die sich Armee nennt — innerhalb des Verhältnisses des militärischen Vorgesetzten zu seinem

Untergebenen. Das ganze enorme Verordnungsmaterial vom Typus „Armeebefehl“ ist also, wenn wir an die Zeit vor Gründung des Reiches denken, staatsrechtlich legitimirt und gedeckt durch den Art. 46: der König führt den Oberbefehl über das Heer; heute, zu Reichszeiten, ist es der Kaiser, welchem die Kommandogewalt über alle deutschen Streitkräfte und insoweit (aber auch nur insoweit) das militärische Verordnungsrecht übertragen ist. Den Typus „Armeeverordnungen“ verkörpern im Gegensatz zu jenen Aeußerungen der Kommandogewalt, den Armeebefehlen, alle Verordnungen, welche die Militärverwaltung i. e. S. betreffen, also organisatorische und instruktionelle Bestimmungen betreffen über die Herstellung der Vorbedingungen und Mittel dazu, behufs Bethätigung der Kommandogewalt — es gehören hierher alle die Hunderte und Aberhunderte von Verordnungen über „Administration, Verpflegung, Bewaffnung und Ausrüstung“ der Armee, unter vielen anderen, also auch die oben besprochenen Normen über das Besoldungs- und sonstige Geldverpflegungswesen.“

Ich falle hier wieder ein.

Das souveräne Volk der Belgier, der Congrès national, die volonte générale übertrug in der belgischen Verfassung dem König den Oberbefehl über das Heer und damit das Recht, nach den vom Gesetze, der volonte générale, vom Volke erlassenen Vorschriften, Offiziere anzustellen, zu besolden, auszubilden u. s. w. Die Ermächtigung, seinerseits die Qualifikationsvorschriften oder die Besoldungsvorschriften im weitesten Sinne dieses Wortes oder die Verpflegungsvorschriften, oder Disziplinarvorschriften, oder Ehrengerichtsvorschriften, Transportvorschriften oder die Vorschriften über Krankenbehandlungs-, Militärgefangenen-, Beschwerde-, Militärstrafvollstreckungs-, Militärtransportwesen u. s. w. selbst, ohne délégation des Gesetzgebers, zu erlassen, hat sie ihm damit nicht übertragen und der König darf Verordnungen solcher Art nur erlassen, wenn und soweit ihm dazu spezialgesetzliche Vollmacht ertheilt ist. Andere Vorschriften darf kein Minister gegenzeichnen, keine Behörde, vor Allem nicht der Rechnungshof, anerkennen. Denn das Heer ist nicht sein, sondern Volks- bzw. Staatsheer; es schwört auf die Verfassung, d. h. darauf, daß sein höchster Chef das souveräne Volk und dessen Wille ist, sowie dieser sich durch die Staatsgesetze darstellt. Was Anschütz also begrifflich und logisch aus dem Oberbefehlsrecht folgern will, trifft an sich und für Belgien keineswegs zu.

Genau wie in Belgien liegt es in Frankreich. Auch der Präsident der französischen Republik kann ohne spezialgesetzliche Ermächtigung keine der (oder doch nicht alle) vorbezeichneten Vorschriften erlassen. Für das Militär- wie für das Civilwesen gilt in Frankreich wie in Belgien der Satz: il faut que chaque arrêté prenne sa source dans une loi. Z. B. Block, Dict. de l'Adm. franç. sous armée nr. 130: „La loi prescrit les conditions de temps de service que le militaire doit avoir accompli dans le grade inférieur pour être apte à concourir pour l'obtention du grade supérieur. (In Preußen und Bayern bestimmt und bestimmte Solches dagegen der König ohne besondere gesetzliche Ermächtigung.) Nach nr. 137 bestimmt das Gesetz, in welchen Fällen Jemand seine Stelle als Offizier verliert. In Preußen und Bayern kann der König jederzeit Offiziere entlassen bzw. zur Disposition stellen, ohne daß ihm dieses doch an und für sich mit dem Oberbefehl nicht verbundene und dem Civilchef des Staates fehlende Recht besonders übertragen ist. Ebenso beruhen in Frankreich auf Gesetz und bzw. gesetzlicher Ermächtigung die Vorschriften, wonach par mesure disciplinaire ein Offizier ohne Pension entfernt werden kann. In Preußen bestehen solche Vorschriften, aber es fehlt an einer solchen gesetzlichen Ermächtigung, weil der König einer solchen nicht bedurfte, noch bedarf, um die diesbezüglichen Vorschriften über die militärischen Ehrengerichte im Verordnungswege zu erlassen. Das Gleiche gilt für Bayern. Was in Preußen und Bayern durch Ersatz-Instruktionen (jetzt Wehr- und Heer-Ordnungen) ohne gesetzliche Ermächtigung geregelt wurde, beruht in Belgien und Frankreich auch hierbei theils auf Gesetzen, theils auf solchen Vorschriften, die en vertu solcher Gesetze gegeben sind — also wiederum am letzten Ende auf dem Willen des souveränen Volks, in Preußen und Bayern einzig und allein auf dem Willen des Königs, der hierbei in den Gesetzen nicht seine Ermächtigung, sondern seine Schranke findet. S. hierüber den Art. „recrutement" bei Block. In Preußen und Bayern beruhte die Organisation des Heeres auf selbstständiger Königlicher Verordnung, in Belgien und Frankreich, wie größtentheils im Reiche dagegen auf gesetzlicher Grundlage. Das Disziplinarwesen will ich vorerst bei Seite lassen.

Ich frage nun, welche Erklärung liefert Anschütz, um diese gewaltigen Unterschiede zwischen dem preußischen und bayerischen Rechte einer-, dem belgisch-französischen und dem Reichsrechte andererseits nur irgendwie zu rechtfertigen? Keine. Seine Argumentation ist so abstrakt, so allgemein gehalten, daß sie für alle Staaten und alle Heere in gleicher Weise gelten müßte! Ich frage, kann der Kaiser, trotz des ihm beigelegten Oberbefehls in Krieg und Frieden, auch abgesehen vom Geldpunkte, eine Heeresreorganisation vornehmen, wie der König von Preußen — und mit Recht — 1859, 1860, 1861 vorgenommen hat? Für die Marine hat der Kaiser ein umfassendes, für das Heer ein geringeres Organisationsrecht, auch ersteres aber nur, weil und soweit es ihm in Art. 53 besonders übertragen ist. Der König von Preußen dagegen hatte und übte dieses Recht, soweit es nicht ihm durch gesetzliche Vorschriften eingeschränkt war. Der Kaiser kann aus seinem Oberbefehl über das Heer und seinem Organisations- und Verwaltungsrecht keine Vorschriften über militärische Ehrengerichte, Militärdisziplinarrecht, Strafvollstreckung, Qualifikation, Transport-, Krankenwesen, Kommandozulagen, Geld- und Naturalverpflegung, Meldewesen, das gesammte Militärstrafrecht und Militärstrafverfahren u. s. w. erlassen. Das kann er als Kaiser nur, soweit ihm spezialgesetzlich, z. B. im Reichs-Militärgesetz oder Kontrolgesetz, dazu besondere Ermächtigung ertheilt ist. Als Kaiser kann er dies Alles nur für die Kriegsmarine auf Grund besonderer verfassungsmäßiger Ermächtigung, weil ihm da die Verfassung in Art. 53 alle Organisationsgewalten u. s. w. übertragen hat, die der König von Preußen besaß. Abgesehen von besonderen gesetzlichen Ermächtigungen, kann heute nur der König von Preußen solche Vorschriften erlassen und nur der König von Preußen erläßt sie thatsächlich auf Grund des preußischen Rechts, weil nach diesem Rechte der König von Preußen noch alle Befugnisse in Bezug auf das Heer hat, die ihm nicht durch besondere Verfassungs- oder Gesetzesvorschrift entzogen sind. Auf Grund der Vorschrift in Art. 63 Abs. 5 der Reichsverfassung bzw. des Bündnißvertrages mit Bayern erlassen die übrigen Kontingentsherren mit den preußischen inhaltlich gleiche Verordnungen für ihre Kontingente als bayerische u. s. w. Aus dem angeführten Grunde kann der König von Preußen Vorschriften über die militärischen Ehrengerichte, über Beschwerde, Strafvollstreckung, Qualifikation, Disziplin u. s. w. erlassen, nicht, weil irgendwie ihm die Ermächtigung dazu vom Gesetzgeber ertheilt wäre, auch nicht, weil das Recht dazu schon aus dem Oberbefehle folgt — denn sonst hätte dieses Recht ja auch der deutsche Kaiser, der König der Belgier und der Präsident der französischen Republik —, sondern weil der preußische König ein solches Recht bei Erlaß der preußischen Verfassung sich bewahrt, d. h. nicht mitübertragen hat.

Noch weitergehende Befugnisse als der König von Preußen hat auf Grund des bayerischen Rechts der König von Bayern, deren Ausübung allerdings jetzt durch den Inhalt des Bündnißvertrages eingeschränkt ist.

Handelt es sich nun beim Militärstrafgesetz, der Militärstrafprozeßordnung, der Verordnung über das ehrengerichtliche Verfahren, der Strafvollstreckung, der Beschwerdeordnung, der Kontrolevorschrift u. s. w. um Rechtsnormen? Die Antwort ist nicht zweifelhaft. Zwar handelt es sich nicht um solche Normen, welche die Krone Bayern 1818, die Krone Preußen 1823 nur noch mit Zustimmung bzw. nach Anhörung der Stände regeln durfte — aber doch um Rechtsnormen im strengsten und eminentesten Sinne, um Vorschriften, die sich mit Gebot und Verbot an Alle wenden, die es angeht. Es steht nirgends geschrieben und es ist reine Phantasie, zu meinen, es sei eine Vorschrift deshalb keine Rechtsvorschrift, weil sie nur Militärpersonen und nicht alle Civilpersonen betrifft. Der Rousseau'sche Satz von der Allgemeinheit und Gleichheit des Gesetzes ist für unser deutsches Recht nicht maßgebend, aber auch dieser Satz steht der Annahme der Rechtsnormnatur nicht entgegen; denn er will nur dem Gesetzgeber zur Pflicht machen, für bürgerliche Militärs kein anderes Recht zu setzen als für adelige, für reiche kein anderes als für arme, nicht z. B. nur arme Leute der allgemeinen Wehr- und Kontrolpflicht zu unterstellen, die Strafen anders zu gestalten, je nachdem es sich um höher oder niedriger geborene Personen handelt.

Da es sich im Militärwesen, abgesehen von der Militärversorgung, um Gebiete handelt, auf denen auch heute noch implicite wie explicite der ordentliche Rechtsweg verschlossen ist, so lassen sich zur Erhärtung des Vorstehenden gerichtliche Entscheidungen nicht aufführen. Ich führe jedoch an, daß das Reichsgericht die Heer- und Wehrordnung stets für Rechtsnormen angesehen hat,[1]) und ich bezweifele nicht, daß z. B. das Reichs-Militärgericht einer Norm um deswegen nicht den Charakter als Rechtsnorm absprechen wird, weil sie sich mit Gebot und Verbot nur an Militärpersonen wendet. Ich möchte aber noch hervorheben, daß die Kontrolevorschriften sich doch auch mit Gebot und Verbot an Nichtmilitärs wenden, daß das Militär-

---

[1]) Vgl. Entsch. in Strafs. Bd. 34 S. 302.

strafrecht und das Militärstrafverfahren auch Nichtmilitärs, z. B. den Armeetroß, betreffen, daß die Militär-Disziplinarordnungen auch Civilpersonen angehen, nicht bloß bei der Musterung, Kontrole u. s. w., sondern vorher und nachher, am ganzen Tage.

Die Theorie hat einmal wieder zu sehr verallgemeinert; aus dem, was 1818 Gegenstand der Machtertheilung in Bayern war, hat sie sich ein ganzes System zurechtgemacht.

Tit. VII § 2 der bayerischen Verfassung besagt: „Ohne den Beirath und die Zustimmung der Stände des Königreichs kann kein allgemeines neues Gesetz, welches die Freiheit der Personen oder das Eigenthum der Staatsangehörigen betrifft, erlassen, auch ein schon bestehendes abgeändert, authentisch erläutert oder aufgehoben werden." Den Gegensatz zu den allgemeinen Gesetzen in diesem Sinne bilden die Gesetze, die nur für bestimmte Theile der Bevölkerung, wie Dissidenten, Militärs oder Beamte, gegeben sind oder die nur besondere Einrichtungen betreffen, wie das Post- oder Eisenbahnwesen. Obwohl es sich auch bei dieser Art von Gesetzen um Rechtsnormen und um Gesetze handelt, behielt sich also 1818 die Krone Bayern vor, solche Gesetze, die nicht im angegebenen Sinne allgemeine sind, auch ohne den Beirath und die Zustimmung der Stände zu geben, zu ändern u. s. w. Deshalb, nicht weil es sich dabei um keine Rechtsnormen handelt, hat sie nach wie vor Erlaß der Verfassung das Militärwesen ebenso wie das Post- und Eisenbahn- und das Beamtenwesen grundsätzlich ohne die Stände geregelt, und dies in einer so umfangreichen Weise, daß es zuweilen schwer hält, es noch mit der Vorschrift in VII § 2 zu vereinigen. Noch i. J. 1840 konnte v. Moy (das Staatsrecht des Königreichs Bayern, I. Thl. S. 150) sagen, daß der König (ohne Gesetz) die Unterthanen zum Waffendienst im Heer anhalten, sie zur Landesvertheidigung und zu allen dafür erforderlichen Diensten je nach ihren Fähigkeiten auffordern, daß er u. A. auch Grundstücke für Militärzwecke in Anspruch nehmen und eine Benutzung untersagen kann, die dem Zwecke der Vertheidigung entgegen ist, Lieferungen u. s. w. im Falle der Noth für die Truppen von den Unterthanen fordern darf, S. 153. Die Militärgewalt war damals nur beschränkt: a) hinsichtlich der Aushebung der für das Heer erforderlichen Mannschaften (d. h. die Präsenzziffer, die Höhe der auszuhebenden Zahl, hatten die Stände mit festzusetzen), b) hinsichtlich der Verwendung der Steuern des Landes (d. h. die Geldmittel mußten bewilligt werden). Beides war gesetzlich geregelt und es konnte das gesetzliche Maß ohne Zustimmung des Landtages weder überschritten, noch abgeändert werden.

Später ist das Verordnungsrecht der Krone Bayern weit mehr eingeschränkt worden. So sind die Quartier- und Vorspannleistungen durch Gesetz vom 25. Juli 1850 geregelt worden. Ich stehe auch nicht an, mit Rehm VII § 2 dahin auszulegen, daß generelle Vorschriften, wer und wie lange er militärpflichtig ist, nur unter Zustimmung des Landtages ergehen können. Dagegen ist es gewiß, daß Alles, was die Militärpersonen anlangt, selbst das Militärstrafrecht und Militärstrafverfahren, ebenso das Militärdisziplinarstrafrecht, Beschwerdewesen, Strafvollstreckung bei Militärpersonen, militärisches Ehrengerichtswesen, Qualifikationswesen, von der Vorschrift in VII § 2 nicht ergriffen wird und also grundsätzlich noch dem Verordnungswege unterworfen ist (s. auch Seydel, bayer. Staatsrecht III S. 567). Die Krone Bayern war 1818 einerseits zu stark und andererseits nicht gewillt, die Regelung dieser Gegenstände dem Landtage mit zu überlassen. Hiernach handelt es sich bezüglich der angeführten Materien in Bayern um Vorschriften, die die Krone noch allein regeln kann, trotzdem es Rechtsnormen sind, eben deshalb, weil sie das Recht, diese Gegenstände allein zu regeln, nicht aufgegeben hat. Die Krone Bayern hat die Befugniß der Rechtssetzung auf diesen Gebieten bewahrt, sie besitzt insoweit ein selbstständiges Verordnungsrecht.

Gehen wir nun auf Preußen über!

Das Gesetz vom 5. Juni 1823, Ziffer 2, entspricht dem VII § 2 der bayerischen Verfassung. Nur die Entwürfe solcher allgemeinen Gesetze, welche (unmittelbare) Veränderung in Personen- und Eigenthumsrechten und in den Steuern zum Gegenstande haben, sollen den Ständen zur Berathung vorgelegt werden. Gesetze, die nur Militärpersonen betreffen, wie das Militärstrafgesetzbuch, die Militärstrafgerichtsordnung, die Ersatz-Instruktion, militärische Ehrengerichte (Kab.Ordre vom 20. Juli 1843 bei von Helldorf, Dienstvorschriften, Thl. III, 1858, S. 199) u. s. w., Militärdisziplinarwesen (Kab.O. vom 21. Oktober 1841 bei von Helldorf III S. 496), sind zwar Gesetze und enthalten Rechtsnormen, nur nicht solche, die unter die Vorschrift in Nr. 2 des Ges. vom 5. Juni 1823 fallen.

Was bestimmt nun die Verfassung?

Anschütz und die herrschende Theorie meinen, Art. 62 bedeute, daß die Gewalt, Recht zu setzen, von der Krone nur noch in Gemeinschaft mit den Kammern ausgeübt werden kann. Daß es sich aber in Art. 62 nur um allgemeine Rechtsnormen handelt, ergiebt sich aus Sinn und Wortlaut des Artikels nicht. Im Gegentheil: Art. 62 sollte sich auf die „gesammte Gesetzgebung" beziehen, er wollte, daß die Zustimmung zu allen Gesetzen, also auch z. B. zu Militärgesetzen, dem Landtage zustehen sollte, im Unterschiede vom bisherigen Rechte, s. oben S. 53. Anschütz widerspricht sich also selbst, wenn er einerseits die gesetzgebende Gewalt in Art. 62 als rechtsetzende Gewalt hinstellt und andererseits behauptet, daß nur zu den die Privatpersonen betreffenden Rechtsnormen der Gesetzesweg erfordert werde. Bedeutete in der That, was Anschütz meint, gesetzgebende Gewalt so viel wie rechtsetzende Gewalt, so müßte nach Art. 62 der Gesetzesweg erfordert werden auch zu den Rechtsnormen, welche nur Militärpersonen betreffen. Darnach wären also alle die Rechtsnormen — welche auch nur für Militärpersonen bestimmt sind — z. B. über militärische Ehrengerichte, Strafvollstreckung, Kontrole, Versorgung u. s. w. verfassungswidrig, vorausgesetzt daß — was ich allerdings bestreite — Rechtsnormen irgendwelcher Art, gemäß Art. 62 der Verfassung, nur noch im Gesetzeswege bzw. auf Grund des Gesetzes ergehen dürfen. Aber selbst wenn man Anschütz das Unmögliche concediren könnte, nämlich dieses, daß Rechtsnorm nur sei, was die Rechtsverhältnisse der Privatpersonen unter einander oder zum Staate regele, so müßten dann z. B. die Kontrolevorschriften, die Vorschriften über die Ehrengerichte (die doch auch beurlaubte Reserve- und Landwehroffiziere betreffen), die Disziplinarbestimmungen, da sie alle Privatpersonen am Tage der Gestellung und Kontrole betreffen, ungültig sein, weil sie vor wie nach der Verfassung ohne Anhörung und Zustimmung des Landtages aus dem alleinigen Rechte der Krone ergangen sind (cf. z. B. Kab.Ordres vom 4. Juni 1837 bei v. Helldorf III S. 354, vom 16. November 1850, ebendort III S. 421).

Wäre die Anschütz'sche Theorie richtig, daß gesetzgebende Gewalt rechtsetzende Gewalt, so wäre Satz 2 in Art. 34 der Verfassung: „der Umfang und die Art der Wehrpflicht bestimmt das Gesetz", absolut unverständlich und überflüssig; denn, daß die Bestimmungen über Umfang und Art der Wehrpflicht (also wer dienstpflichtig ist und wie lange, bei der Linie oder Landwehr) Rechtsnormen sind, ist unbestreitbar. Man kann vielleicht, ich sage vielleicht, behaupten, dies seien nicht allgemeine Normen, aber daß es Rechtsnormen sind, kann nicht bestritten werden.

Art. 34 der preuß. Verfassung schreibt vor, daß der Umfang und die Art der Wehrpflicht durch das Gesetz bestimmt wird; dies bedeutete, daß namentlich das Gesetz, betreffend die allgemeine Verpflichtung zum Kriegsdienste, vom 3. September 1814 (G.S. 1814 S. 79) nur unter Zustimmung der Stände abgeändert werden durfte. Was sich nicht auf Art und Umfang der Wehrpflicht bezieht, ist durch Art. 34 dem Verordnungswege nicht entzogen. Nach wie vor hat also trotz Art. 34 die Krone sich das Recht gewahrt, Militärverhältnisse, die nicht die Art und den Umfang der Wehrpflicht betreffen, durch Verordnung zu regeln: also namentlich (unbeschadet des Budgetrechts) das Militärversorgungswesen mit Einschluß der Vorschriften über Civilversorgung der Militärpersonen, das Ehrengerichts-, Qualifikations-, Beschwerde-, Strafvollstreckungswesen, Organisationen aller Art.

Beschränkt ist die Krone im Interesse der bürgerlichen Freiheit durch Art. 36 dahin, daß die bewaffnete Macht nur in den gesetzlich bestimmten Fällen zur Unterdrückung innerer Unruhen und zur Ausführung der Gesetze verwendet werden darf. Art. 37 beschränkt ferner die Krone im ersten Absatz dahin, daß der Militärgerichtsstand durch Gesetz bestimmt werden soll.

Wie steht es mit dem Militärstrafrecht? Fällt dieses unter Art. 8? Anscheinend hat man bei Art. 8 nur an die Strafen gedacht, die von den ordentlichen Gerichten verhängt werden. Jedoch hat diese Frage, nachdem der Gegenstand inzwischen reichsrechtlich, nämlich durch das Militärstrafgesetzbuch vom 20. Juni 1872, das Militärgesetz vom 2. Mai 1874 und das Kontrolgesetz vom 13. Februar 1875, geregelt ist, keine aktuelle Bedeutung mehr.

Die Krone Preußen hat 1848 bis 1850 auf einen wesentlichen Theil ihrer Rechte verzichtet, auch auf das Recht, allein Umfang und Inhalt der Wehrpflicht zu regeln oder über den Militärgerichtsstand, über die Verwendung des Militärs zur Unterdrückung innerer Unruhen allein zu bestimmen. Soweit sie keinen Verzicht erklärt hat, soweit ein solcher aus der Verfassung nicht folgt, hat sie noch das Recht des Gebots und Verbots. So hat sie 1854 Marinegerichte eingesetzt, das Pensions-, Gerichtswesen u. s. w. für die Kriegsmarine im Wege der selbstständigen Verordnung geregelt.

Dabei muß man sich hüten, mit allgemeinen Redewendungen

zu operiren, die Alles und Nichts beweisen; z. B. mit der, daß es sich hierbei nur um Dienstbefehle oder um Anstaltsordnungen oder um Anweisungen an die bewaffnete Macht handele. Denn erstlich kann auch der bewaffneten Macht das nur befohlen, angeordnet und sie dazu angewiesen werden, wozu man ein Recht hat, und sodann handelt es sich darum, ob der andere Theil, z. B. die Bürger, die sich der Kontrole stellen, oder die Militärpersonen, die wegen Verletzung der Beschwerde- oder Disziplinarordnung in den Arrest gesteckt werden sollen, verpflichtet ist, den Dienstbefehl, die Anstaltsordnung, die Anweisung gegen sich gelten zu lassen. Eine solche Verpflichtung kann im Reiche nach Reichsrecht, in Belgien und Frankreich nur durch Gesetz, in Preußen und Bayern kann sie in den vorbezeichneten Fällen auch durch Verordnung begründet werden. Wenn Jemand, weil er betrunken oder schmutzig zur Kontrolversammlung gekommen ist, in Arrest gelegt wird, wenn ein Reserveoffizier, weil er nach dem Spruche des Ehrengerichts und der Sentenz des Kriegsherrn aus dem Offizierstande entlassen, ein Berufsoffizier aus gleichem Grunde aus Ehre und Brod gestoßen oder wenn (früher) eine Strafe vom Militär- oder Marinegericht verhängt und (auch heute noch) in gewisser Weise vollstreckt wird, will man ihn da mit dem Satze trösten: es handele sich nicht um eine Rechtsverordnung, auf Grund deren er leidet, sondern um eine bloße Verwaltungsverordnung, eine bloße Anstaltsordnung u. s. w., „um nicht mehr und nicht mehr als Etwas, das sich abspiele in dem großen Organismus Armee“? Ich glaube, daß darin der Betroffene nur Hohn erblickt. Vor Allem aber — warum dürfen solche An- und Verordnungen, Dienstbefehle, Anstaltsordnungen nicht vom König der Belgier, noch vom Präsidenten der französischen Republik, noch vom deutschen Kaiser aus seinem Recht des Oberbefehls, sondern nur von der Krone Preußen oder der Krone Bayern gegeben werden? Auch die Theorie von Stahl versagt hier. Man kann allerdings mit Stahl sagen: das Prinzip, wenigstens das primäre Prinzip, aller dieser Ver- und Anordnungen sei nicht die Gerechtigkeit als solche, sondern nur, um in der bewegten Welt der Thatsachen einen bestimmten Erfolg zu erzielen, Menschen zu beherrschen u. s. w. Aber mit einem solchen Satze kann man schließlich allen und jeden Eingriff, jede Vernichtung der bürgerlichen Freiheit vertheidigen. Weder das Reichsgericht, noch das Oberverwaltungsgericht, noch irgend ein anderer Gerichtshof würden eine solche Argumentation wie die von Stahl anerkennen, zumal ja auch Stahl bei Berathung der Materie in den Revisionskammern, also dum loqui potuit atque debuit, sehr verständiger Weise vorgezogen hat, seine Theorie über die Abgrenzung des Gesetzes- vom Verordnungswege für sich zu behalten.

Die Sache liegt viel einfacher und klarer:

Der moderne Individualismus, oder sagen wir die konstitutionelle Theorie, verlangt grundsätzlich, daß jeder Eingriff in die persönliche Freiheit überall und auch auf militärischem Gebiete nur durch Gesetz oder auf Grund Gesetzes, d. h. am letzten Ende mit, oder doch in Uebereinstimmung mit dem Volkswillen, erfolgen dürfe. Dieses Verlangen ist in Belgien und Frankreich vollständig verwirklicht; in Preußen und Bayern nur unvollständig, weil die Krone Preußen und die Krone Bayern diesem Verlangen nur theilweise nachgaben, weil sie zu stark waren und gegen ihren Willen nicht gezwungen werden konnten, einem solchen Verlangen stattzugeben. Wie weit sie dem Verlangen der Zeitströmung nachgaben, läßt sich nur durch das positive Recht feststellen. Dabei ist hervorzuheben, daß das Ausgabenbewilligungsrecht des Landtages und des Reichstages auch auf dem Gebiete des Militärwesens dahin geführt hat, daß viele Gegenstände, welche noch nach der Verfassung von der Krone allein geregelt wurden, jetzt gesetzlich geregelt werden und also dem Verordnungswege entzogen worden sind.

Vielleicht legt sich nun Anschütz die Frage vor, ob i. J. 1850 Jemand der Krone Preußen gesagt haben wird: „du darfst auch im Militärwesen keine Rechtsnormen mehr aufstellen, dies folgt schon aus Art. 62; du mußt nicht nur dasjenige unterlassen, was wir dir in den Artt. 34 ff. ausdrücklich untersagen (was du also nur mit Zustimmung des Landtages thun darfst), sondern du darfst überhaupt nichts mehr anordnen, was einen Rechtssatz enthält, du darfst ebensowenig wie der König der Belgier andere An- und Verordnungen im Heerwesen erlassen, sei dies über Qualifikation der Offiziere, Versorgung, Ehrengerichte, Disziplinarwesen, Strafvollstreckung u. s. w., als wozu wir dir im Gesetze ausdrückliche Ermächtigung ertheilen.“ Vielleicht legen sich die Herren auch die Antwort zurecht, die damals auf eine solche Rede erfolgt wäre.

Dies mag man vielleicht bedauern. Aber ich habe doch die Verfassung nicht gemacht und bin für deren Inhalt nicht verantwortlich. Es mögen hier noch folgende Gegenstände erörtert werden:

1. Warum schreibt Art. 46 besonders vor, daß der König den Oberbefehl über das Heer führt? Zunächst kann man sagen, da sehe man ja, wie Jellinek, Gesetz und Verordnung, S. 373, sagt, daß andere als verfassungsmäßige Rechte auch die Krone Preußen nicht habe. Das scheint so; aber es scheint auch nur so. Der allerwichtigste Satz des preußischen Staatsrechts steht z. B. nicht in der Verfassung, worauf schon damals hingewiesen wurde, nämlich, daß König Friedrich Wilhelm IV. Oberhaupt des preußischen Staates ist. Und doch galt und gilt mutatis mutandis dieser Satz. Auch daß der König den Oberbefehl über das Heer führen darf, wenn Art. 46 nicht geschrieben stände, ist gewiß. Warum hat man zwar nicht den Satz, daß der König Oberhaupt des Staates, wohl aber den Satz, daß er den Oberbefehl über das Heer führt, in die Verfassung aufgenommen? Ich meine, zu einem ganz bestimmten Zwecke, nämlich um damit auszusprechen, daß, obgleich die höchste Gewalt, nämlich die gesetzgebende, dem Könige nur noch in Gemeinschaft mit den Kammern zustehe und nicht mehr der König allein über Art und Umfang der Wehrpflicht, über Militärgerichtsstand, Verwendung des Militärs zu gewissen Zwecken, Militärausgaben verfügen darf, dies das Heer in seiner Stellung zur Krone nicht berührt, daß dieses auf die Verfassung nicht vereidete Heer verfassungsmäßig dem Könige und nur dem Könige als seinem Oberbefehlsherrn zu gehorchen hat. Dies wird klar, wenn man an die Beschlüsse der Verfassungskommission über das Heer und die Beschlüsse der Nationalversammlung (allen Offizieren, die sich auf den modernen konstitutionellen Standpunkt nicht stellen wollten, sollte die Ehrenpflicht auferlegt werden, aus ihren Stellungen auszuscheiden) erinnert.

Und nunmehr komme ich nochmals zum zweiten Satze in Art. 37: „Die Bestimmungen über die Militärdisziplin im Heere bleiben Gegenstand besonderer Verordnungen.“

Dieser Satz erklärt sich nicht bloß, trotz der Enumerationstheorie, aus dem Gegensatz, in den er zu dem Kommissionsentwurf der Nationalversammlung und der Verfassung vom 5. Dezember 1848 gestellt ist, s. oben S. 86 f., sondern auch noch aus zwei anderen Erwägungen: Man könnte behaupten, Disziplinarstrafen sind immerhin Strafen, und zwar nicht bloß Disziplinarstrafen in dem Sinne, wie dieses Wort bei Civilbeamten verstanden wird, sondern sogar eigentliche Strafen, die auf militärische Uebertretungen und die leichteren militärischen Vergehen gesetzt sind (Kab.Ordre vom 21. Oktober 1841 § 1 bei v. Helldorf, Dienstvorschrift, Bd. II S. 496; s. ferner Einführungsgesetz zum Militär-Strafgesetzbuch für das Deutsche Reich vom 20. Juni 1872 (R.G.Bl. 1872 S. 174), ferner den Artikel Militärdisziplin in von Stengel's Wörterbuch Bd. II S. 106 f., und Ergänzungsband III S. 172). Man könnte also sagen: auch Militärdisziplinarstrafen dürfen gemäß Art. 8 der Verfassung nicht mehr einseitig von der Krone angedroht werden. Ein etwaiger Zweifel ist also durch die Aufnahme von Satz 2 in Art. 37 beseitigt.

Näher liegt noch folgende Erwägung: Der erste Absatz in Art. 37 lautet: „Der Militärgerichtsstand des Heeres beschränkt sich auf Strafsachen und wird durch Gesetz geregelt." Es kann immerhin fraglich sein, ob nicht auch das Disziplinarstrafwesen einen Theil der Militärgerichtsbarkeit ausmacht, ob also die Frage, wo und von wem disziplinare Vergehen abzuurtheilen sind (z. B. der Kontrole-Meldepflichtigen, Landwehrleute) nicht durch Gesetz zu regeln sei. Die vorhandenen Zweifel werden abgeschnitten durch den Satz, daß Alles, was die Militärdisziplin im Heere anlangt, nach wie vor von der Krone allein und ohne Mitwirkung des Landtages bestimmt werden darf.

Nicht ohne allgemeines und juristisches Interesse ist die Frage nach der Rechtsgültigkeit der Militärorganisation König Wilhelms des Ersten, abgesehen von dem Geldpunkte. Diese Frage darf von mir schon deswegen nicht unbeantwortet bleiben, weil ich mich gegen den Vorwurf vertheidigen muß (Anschütz S. 60), ich hätte den Zweck verfolgt (der als Entstellung bezeichnet wird), „Gneist's politische Gesinnung zu diskretitiren und insbesondere seine Haltung in dem Verfassungsstreit der sechziger Jahre als so unterwerthig hinzustellen, daß dagegen selbst der Standpunkt der äußersten, wirklich demokratischen Linken als leidlich verständlich und plausibel erscheint". Ich bemerke, daß ich weder die Haltung Waldeck's, noch die Gneist's, noch die irgend eines Anderen in dem Verfassungsstreit als voll- oder minder- oder garnichtswerthig hingestellt habe, daß es mir in einer wissenschaftlichen Kontroverse nur auf die rein juristische Frage ankommt, angekommen war und ankommen konnte, nämlich nur darauf, ob die Rechtsauffassung Waldeck's oder die Gneist's juristisch haltbar oder unhaltbar ist, daß ich mir übrigens niemals das Recht vindizirt habe, über die politische oder meritorische Seite der Frage oder über den Werth oder Unwerth von Gneist oder Waldeck ein öffentliches Urtheil abzugeben.

Was war nun die Haltung Waldeck's, Virchow's, Lasker's, Twesten's, überhaupt der Fortschrittspartei? Gneist sagt es uns selbst [1]) und die Landtagsverhandlungen lehren es uns, diese Partei hatte die Frage lediglich als eine Budgetfrage aufgefaßt. Waldeck ist sogar, wie uns Gneist selbst berichtet, bezüglich der konstitutionellen Frage, wie sie Gneist bezeichnet, also bei der Frage, ob — abgesehen von der budgetrechtlichen Seite — die Militärorganisation verfassungswidrig sei, namentlich weil sie gegen die Landwehrordnung von 1819 verstoße, auf die Seite des Grafen Roon und der Staatsregierung getreten; m. a. W. Waldeck hatte die Militärorganisation an und für sich nicht als verfassungswidrig angesehen. Auch Twesten ist schon im September 1862 der Gneist'schen Auffassung über die Militärorganisation unter dem Beifall der Rechten im Abgeordnetenhause entgegengetreten. Nun mag man noch so liberal oder reaktionär sein, Niemand kann bestreiten, daß Ausgaben für gesetzlich nicht fest gelegte Organisationen nur auf Grund Landtagsbewilligung geleistet werden dürfen. Man mag es ferner noch so sehr beklagen, daß sich das altliberale Ministerium die Geldbewilligung für die Heeresreorganisation nur als eine provisorische, für die Zukunft unverbindliche, als Extraordinarium, gefallen ließ und daß sich das Abgeordnetenhaus 1859 bis 1862 auf diesen Standpunkt gestellt hat; man kann aber nicht verabreden, selbst wenn man mit Anschütz keinen Tropfen demokratischen Oels empfangen zu haben glaubt, daß wenn eine provisorische Bewilligung nicht wiederholt, wenn ein Extraordinarium und die Bewilligung der Geldmittel für eine ausdrücklich nur im Extraordinarium bezüglich der Geldmittel provisorisch bewilligte Reorganisation ausdrücklich versagt werden, dann die Staatsregierung sich vom Boden des Art. 99 der Verfassung entfernte, als sie trotzdem die nicht bewilligten und ausdrücklich abgelehnten Ausgaben dafür leistete. König Wilhelm I. selbst hat dies in der Thronrede vom 5. August 1866 feierlich anerkannt, die Adresse des Abgeordnetenhauses vom August und das Indemnitätsgesetz vom September 1866 haben dies gleichfalls ausgesprochen. Man kann also politisch noch so sehr den Standpunkt Waldeck's verurtheilen, juristisch ist ihm das zuzugeben, daß die Staatsregierung zur

[1]) Gesetz und Budget S. 227.

Verausgabung der Kosten für die Heeresorganisation von 1863 bis 1866 nicht befugt war bzw. daß diese der nachträglichen Genehmigung bedurften.

Weder hat die Krone jemals anerkannt, daß die Militärorganisation als solche nur mit Genehmigung des Landtages, daß sie also nur durch Gesetz hätte ergehen dürfen und daß in ihrer Durchführung an sich eine Verfassungs- oder Rechtsverletzung zu finden ist, noch hat Solches das Abgeordnetenhaus 1866 ausgesprochen. Vielmehr erweist das Verhalten aller Faktoren der Gesetzgebung i. J. 1866, daß man die Reorganisation als solche und ihre Durchführung, abgesehen von dem Geldpunkte, als keineswegs gesetz- oder rechtswidrig ansah.

Nun Gneist, in Bezug auf dessen Haltung ich mich einer Entstellung schuldig gemacht haben soll!

Gneist erklärte die Reorganisation als solche für gesetzwidrig, namentlich weil sie gegen die Gesetze von 1814 und 1819 verstoße. Ich will seine genugsam bekannte Aeußerung nicht wiederholen, muß aber an diese erinnern, da sie zeigt, wie fest Gneist von der Rechtswidrigkeit der Reorganisation als solcher überzeugt war. Gneist hat in seiner Schrift: die Lage der preußischen Heeres-Reorganisation am 29. September 1862, Berlin 1862, wie in seinen Reden im Abgeordnetenhause, z. B. am 12. September 1862, Sten. Ber. S. 1635, ferner am 25. Januar 1864 und 5. Mai 1865 a. a. O. ausgeführt: Die Organisation des Heeres sei Sache des Landesherrn und der Gesetzgebung, die Formation Sache des Kriegsherrn und der laufenden Verwaltung. Die Organisation umfasse die gesammte Kombination der Menschen- und Geldkraft; dagegen gehören die inneren Fächer zur Formation, diese fallen erst dann in den Kreis der Organisation, wenn der Gesetzgeber sie für wesentliche, unabänderbarliche Theile des Ganzen erklärt, d. h. als formales Gesetz fixirt habe. Die Organisation umfasse als wesentliche Bestandtheile immer die Grundsätze, durch welche die Zwangspflicht des Volkes für die Armee normirt wird — nämlich a) Gesetz über die Wehrpflicht (Konscriptionsgesetz) und b) ein Kontingents-Rekrutirungs-Organisations-Gesetz, welches die Gesammtleistung der Nation an dienstpflichtigen Mannschaften normirt. (Was Gneist zu a sagt, ist richtig; dies folgt ganz klar und einfach aus Art. 34 der preuß. Verfassung, was er zu b sagt, ist dem damaligen Stande des preußischen Staatsrechts nicht entsprechend, findet in der Verfassung keine Begründung und enthält eine Anschauung, die 1866 von keinem der drei Faktoren der Gesetzgebung getheilt wurde.) Gneist behauptete nun, daß die Armee-Verfassung in Preußen 1862 auf zwei Gesetzen beruhe: a) dem vom 3. September 1814 und b) dem Kontingentsgesetz, welches der § 3 dieses Gesetzes enthalte. (Was zu a gesagt wird, ist richtig. Gemäß Art. 34 der Verfassung konnte der König Art und Umfang der Wehrpflicht und also, soweit diese im Gesetze vom 3. September 1814 normirt sind, auch dieses Gesetz nicht mehr einseitig ändern. Letzteres ist nicht nur nicht geschehen, sondern die Reorganisation, indem sie die in dem Gesetze vom 3. September 1814 vorgeschriebene, niemals gesetzlich abgeschaffte dreijährige Dienstzeit wieder in Wirksamkeit treten ließ, hat dieses Gesetz wieder zur thatsächlichen Geltung gebracht.) Gneist findet nun das zweite Gesetz, also Etwas, das die Krone einseitig nicht hätte abändern dürfen, in § 3 des Gesetzes vom 3. September 1814: „Die Stärke des stehenden Heeres und der Landwehr wird nach den jedesmaligen Staatsverhältnissen bestimmt." Diese Bestimmung habe der König getroffen, aber als Gesetzgeber; folglich könne, wenn und weil der König gemäß § 3 die Stärke bestimmt habe als Gesetzgeber, seit der Verfassung nur noch der Gesetzgeber, d. h. der König nicht ohne die Kammern, die festgesetzte Stärke abzuändern.

Ich kann dieser Ausführung nicht und in keiner Weise beipflichten.[1]) Weil der König gemäß § 3 des Gesetzes die Stärke nach den jedesmaligen Staatsverhältnissen bestimmen sollte, bestimmen wollte und bestimmte, bald höher, bald niedriger, deshalb braucht doch erst nicht eine solche Bestimmung, wenn sie einmal vom König getroffen ist, nur wieder vom Gesetzgeber geändert zu werden. Das Gesetz hat die Stärkefestsetzung in das Ermessen des Königs gestellt; die Verfassung hat daran Nichts geändert und (abgesehen von der Geldfrage) Nichts ändern wollen; denn man war vor und bei Emanation der Verfassung ausdrücklich und erklärter Maßen der Ansicht, daß das Gesetz vom 3. September 1814 fortbesteht, also auch, daß der König nach wie vor (abgesehen vom Geldpunkt) die Präsenzstärke bestimmt. Und der König hat diese anstandslos von 1850 an alljährlich festgestellt, ohne daß dagegen Einspruch erhoben wäre. Wenn Gneist in der Abgeordnetenhaus-Kommission noch behauptete, daß auch die

---

[1]) Auch nicht der Auffassung, daß „der Normalfall für Ministeranklagen" vorgelegen habe.

in der Gesetzsammlung 1820 S. 5 publizirte Kabinets-Ordre vom 22. Dezember 1819 (Landwehrorganisation) verletzt sei, so ist diese Behauptung alsbald von Dr. Waldeck und dem Grafen Roon bestritten und widerlegt worden. Es bedarf keines näheren Eingehens hierauf, weil es alsbald rathsam befunden wurde, diesen Differenzpunkt zurückzustellen,[1]) d. h. diesen Grund der Rechtswidrigkeit nicht anzuführen. Ich koncedire Gneist, daß es de lege ferenda zweckmäßig ist, wenn die Organisation des Heeres, auch die Präsenzstärke, wegen des parlamentarischen Ausgabebewilligungsrechts, auf Gesetz gestellt werden.[2]) Ein irgendwie annehmbares Gesetz war 1862 aber erst recht nicht zu erzielen; denn noch weniger wie die Kosten für 1863 hätte das Abgeordnetenhaus damals für immer (durch gesetzliche Festlegung der Organisation) diese Kosten bewilligt. Man wollte die zweijährige Dienstzeit.

Hiernach halte ich die Ansicht, daß die Heeresreorganisation König Wilhems I., d. h. die Kabinets-Ordres vom 28. Juli und 24. November 1859, 15/26. Januar, 23. Februar, 23. März, 7., 12., 23. Mai, 2., 3. und 29. Juni, 31. Juli 1860 und vom 2. März und 16. Oktober 1861 an und für sich, d. h. ohne die Budgetfrage durchaus verfassungsgemäß und keineswegs ohne „den ewig grünen Lorbeer" waren und daß die sog. konstitutionellen Bedenken, welche Gneist und auf seine Autorität hin später die Kommission des Abgeordnetenhauses (Anlage Nr. 12 zu den Sten. Ber. 1865; s. allerdings auch schon Aktenstück Nr. 126 von 1862) erhoben hat, nicht begründet waren.

Ob ich oder ein Anderer eine „Entstellung" begangen habe, das mag Jeder, der noch juristisch denken kann, hiernach beurtheilen.

Bevor wir diesen Abschnitt verlassen, ist es nöthig, noch auf die Vorschriften in den Art. 61 und Art. 63 Abs. 5 der Reichs-Verfassung einen Blick zu werfen.

Erstere Vorschrift bestimmt:

> „Nach Publikation dieser Verfassung ist in dem ganzen Reiche die gesammte preußische Militärgesetzgebung einzuführen, sowohl die Gesetze selbst, als die zu ihrer Ausführung, Erläuterung oder Ergänzung erlassenen Reglements, Instruktionen und Reskripte, namentlich also das

---

[1]) Gneist, Gesetz und Budget S. 228.

[2]) S. auch v. Roon, Sten. Ber. des Abg.H. 1863 Bd. III S. 1638.

Militär=Strafgesetzbuch vom 3. April 1845, die Militär=Strafgerichtsordnung vom 3. April 1845, die Verordnung über die Ehrengerichte vom 20. Juli 1843, die Bestimmungen über Aushebung, Dienstzeit, Servis= und Verpflegungswesen, Einquartirung, Ersatz von Flurbeschädigung, Mobilmachung u. s. w. für Krieg und Frieden."

Betrachtet man näher, was hiernach ungesäumt einzuführen sein sollte, so zeigt sich ein sehr großes Material, das theils die Form konstitutioneller Gesetze hat, z. B. 1. das Gesetz, betr. die Unterstützung der bedürftigen Familien zum Dienste einberufener Reserve= und Landwehrmannschaften, vom 27. Februar 1850 (Gesetzesform nöthig wegen Art. 99 — Geldausgabenbewilligungsrecht des Landtags), 2. das Gesetz wegen der Kriegsleistungen und deren Vergütung vom 11. Mai 1851 [nöthig a) weil eine vom Landtage genehmigte Nothverordnung vom Jahre 1849 dadurch abgeändert wurde, b) weil es unmittelbare Eingriffe in die Freiheit der Person und des Eigenthums enthielt — ihr müßt Vorspann leisten, Truppen in eure Wohnungen aufnehmen, das Eigenthum von Pferden, Brod, Fleisch, Holz, Stroh u. s. w. hingeben; die Gemeinden sind berechtigt (§ 12), zwangsweise sich in den Besitz der erforderlichen Zaumstücke und anderer Gegenstände zu setzen — (also Artt. 5 und 9), c) weil es auf der anderen Seite dem Staate Ausgaben dafür auferlegte (Art. 99)]. Ein ferneres konstitutionelles Gesetz ist 3. das über die Versorgung der Militär=Invaliden u. s. w., vom 6. Juli 1865, 4. das Gesetz, betr. die Pensionserhöhung u. s. w., vom 16. Oktober 1866 — die Gesetze zu 3. und 4. waren wegen Art. 99 nöthig.

Von den vorkonstitutionellen Vorschriften kann man die unterscheiden, welche in der Gesetz-Sammlung standen und nach der allseitigen Annahme[1]) Gesetze im Sinne des absoluten Staatsrechts waren. Hierzu gehören das Edikt wegen Aufhebung des Vorspanns

[1]) In dieser Annahme begegneten sich alle Parteien von der äußersten Rechten bis zur äußersten Linken. So Virchow am 6. Juni 1872 (Sten.Ber. des Abg.H. 1872 S. 1558) — „will ich konstatiren, daß von dem ersten Augenblicke an, wo in Preußen verfassungsmäßig regiert worden ist, auch die am meisten reaktionären Minister immer anerkannt haben, daß eine Königliche Ordre, die in der Gesetzsammlung bis zum Jahre 1849 publizirt ist, ein wirkliches Gesetz war". Man sieht, auch Virchow theilt also nicht die Ansicht von Anschütz, wonach nur dasjenige Gesetz gewesen sein soll, was Veränderungen in den Personen= oder Eigenthumsrechten zur Folge hatte.

vom 28. Oktober 1810 (G.S. S. 77) nebst Ergänzungen, das Edikt über die Aufhebung der Natural-, Fourage- und Brod-Lieferung vom 30. Oktober 1810 (G.S. S. 78), das Regulativ über das Verfahren bei baulichen Anlagen u. s. w. innerhalb der nächsten Umgebungen bei Festungen vom 10. September 1828, G.S. S. 120.

Einzuführen waren dann noch unzählige Vorschriften, die sich in Verordnungsblättern oder in Helldorff's Militärgesetzen verkündet finden; z. B. über die Ehrengerichte, Disziplinar-, Beschwerde-, Meldewesen, Transport-, Mobilmachungs-, Kontrole-, Ersatz-, Transport-, Medizinal-, Lazareth-, Aushebungs-, Untersuchungswesen u. s. w.

Man ist nun bei Berathung des Art. 61 auf die rechtliche Natur der preußischen Bestimmungen eingegangen. Der fortschrittliche Abgeordnete Forkel (Sten.Ber. des verfassungberathenden Reichstages S. 581) sprach sich am 5. April 1867 dahin aus, daß die Vorschriften der preußischen Militärgesetzgebung nicht integrirende Theile der Verfassung durch Art. 61 werden sollten. Darauf bemerkte Graf Roon zugleich im Namen der übrigen Kommissarien und aller Regierungen: [1])

> „Es hat keine andere Absicht vorgelegen als diejenige, die eben der Herr Vorredner als zweckmäßig bezeichnet hat. Wir wollen die preußischen Gesetze und die preußischen Verordnungen, Reglements und Instruktionen aufgenommen wissen in allen denjenigen Armeetheilen, die dem Bundesheere neu zugehen, und wir wünschen, daß sie in volle Geltung durch diese Verfassung gesetzt werden; natürlich auch insoweit es Instruktionen, Vorschriften und Reglements sind, selbstverständlich nur insoweit, als es zweckmäßig ist, sie für die Folge immerhin beizubehalten. Natürlich muß dem Bundesfeldherrn in Bezug auf Vorschriften und Reglements die Hand frei erhalten werden. Es geht nicht an, daß diesem Artikel die Deutung beigelegt werde, daß mit seiner Annahme nun alle Reskripte auf einmal Bundesgesetz wären. Das war nicht die Absicht."

Art. 61 wurde darauf angenommen, nachdem und trotzdem der demokratische Abgeordnete Wigard (Sten.Ber. S. 582) darauf aufmerksam machte, daß in der preußischen Militärgesetzgebung auch Bestimmungen enthalten sind, die eigentlich keine Gesetzeskraft zu

---

[1]) S. Staatsanzeiger 1867 S. 1411 f.

beanspruchen berechtigt sind und doch als Gesetze gehandhabt werden, und Wigard aus diesem Grunde sich gegen die Annahme erklärt hatte — die u. A. von v. Vincke, v. Kehler, Twesten und Gneist empfohlen wurde.

Was Wigard mit seiner Bemerkung sagen wollte, ist klar. Von seinem Standpunkte aus sollten Anordnungen des Königs, die nicht von den Kammern genehmigt sind oder die nicht auf Grund gesetzlicher Ermächtigung vom Könige erlassen sind, keine verbindliche Kraft beanspruchen. Dahin würden alle seit 1849 ergangenen selbstständigen Verordnungen gehören, über Versorgungswesen, Disziplinarwesen, Ehrengerichte u. s. w., von denen es ganz gewiß ist, daß sie der König der Belgier nur auf Grund spezieller gesetzlicher Delegation hätte gültig erlassen können. Wigard, ein alter Parlamentarier und Herausgeber der Verhandlungen der Frankfurter National-Versammlung, stand auf dem Boden, irgendwelche selbstständige An- oder Verordnung (d. h. nicht aus einem Gesetze oder der Verfassung unmittelbar oder mittelbar gerechtfertigte) könne der König von Preußen so wenig wie der König der Belgier erlassen. Trotzdem habe der König solche An- und Verordnungen erlassen, die danach eigentlich keine Gesetzeskraft beanspruchen sollten, jedoch in thatsächlicher Anwendung standen.

Was bedeuten nun die Erklärung des Grafen Roon und die Annahme des Art. 61 durch den Reichstag? Wäre Anschütz im Recht, so hätte doch irgend Jemand, Graf Roon, v. Vincke oder Gneist, damals erklären müssen:

> Rechtsnorm ist, was sich mit Gebot und Verbot an die Unterthanen wendet; solche Rechtsnormen können nicht mehr im Verordnungswege bzw. ohne gesetzliche Ermächtigung erlassen werden; denn gesetzgebende Gewalt ist rechtsetzende Gewalt, sie steht also gemäß Art. 62 der preußischen Verfassung bzw. Art. 5 der Reichsverfassung nur noch den gesetzgebenden Faktoren (nicht mehr allein dem Bundesfeldherrn) zu. Es muß also untersucht werden, was von der preußischen Militärgesetzgebung Rechtsnormnatur in dem angegebenen Sinne hat und was keine; ersteres könne nur noch von der Gesetzgebung geändert, letzteres könne auch noch in Zukunft vom Bundesfeldherrn geändert werden. [1])

---

[1] Das würde der heutigen Ansicht Laband's, IV S. 16, entsprechen.

Keineswegs ist eine solche Erklärung abgegeben. Im Gegentheil besagt die des Grafen Roon (i. e. der verbündeten Regierungen): Was thatsächlich Gesetz ist, kann nur im Gesetzeswege abgeändert werden, was thatsächlich kein Gesetz, was Verordnung, Reskript, Instruktion u. s. w. ist, kann vom Bundesfeldherrn einseitig abgeändert werden — letzteres selbst dann, wenn es vielleicht nicht im Verordnungswege hätte ergehen dürfen.[1]) Da nun thatsächlich in Preußen Disziplin, Ehrengerichte, Marschverpflegung, Kommandozulagen, Tagegelder, Reisekosten, Strafvollstreckung, Beschwerdewesen und Anderes, trotzdem es sich dabei um Rechtsnormen handelt, im Verordnungswege bis 1867 geregelt waren, so sollen sie auch fortan — bis zum Erlaß des in Aussicht gestellten umfassenden Reichs-Militärgesetzes — weiter in diesem Sinne geregelt werden dürfen, selbst wenn es wahr wäre, daß sie in Preußen nicht hätten im Verordnungswege geregelt werden dürfen.

Nun bestimmt Art. 63 Abs. 5:

> Behufs Erhaltung der unentbehrlichen Einheit in der Armee, in der Administration, Verpflegung, Bewaffnung und Ausrüstung aller Truppentheile des deutschen Heeres sind die bezüglichen künftig ergehenden Anordnungen für die preußische Armee den Kommandeuren der übrigen Kontingente — zur Nachachtung in geeigneter Weise mitzutheilen.

Was thatsächlich in Preußen Verordnung war, kann in Preußen auch noch seit der Bundesverfassung im Verordnungswege geregelt werden, jede derartige Regelung soll auch in den übrigen Kontingenten zur Einführung gelangen. Hat man hier die Unterscheidung zwischen Gesetz und Verordnung im Sinne der herrschenden Theorie gemeint — Rechtsnorm oder Verwaltungsnorm? Keine Ahnung! würde Anschütz sagen. Man hat an die thatsächliche Abgrenzung gedacht — die, wie früher nachgewiesen und jedem Kenner des preußischen Rechts nicht verborgen war, auf dem Enumerationsprinzip beruhte.

Beiläufig bemerke ich, daß daß Wort „Administration" in Art. 63 Abs. 5 den formellen Gegensatz zur Gesetzgebung ausdrückt; Alles,

---

[1]) S. hierzu meinen Kommentar zur Reichsverf., 2. Aufl., S. 268, und M. Seydel, Komm., S. 332, und in Hirth's Annalen 1879, S. 1418, der nach scheinbarer Polemik gegen mich doch anerkennt, daß man offenbar die im preußischen Rechte thatsächlich bestehende Grenze festhalten wollte. Vgl. auch Twesten am 9. März 1867 im verfassungberathenden Reichstage, S. 804.

was die vollziehende Gewalt ohne die Gesetzgebung regelt und regeln kann.[1])

Jedenfalls beweisen die Verhandlungen über Artt. 61 und 63 der Bundesverfassung, daß die Unterscheidung zwischen Rechtsnorm und Verwaltungsnorm im Sinne der herrschenden Theorie den Urhebern der Bundesverfassung offenbar ganz unbekannt war und daß Niemand damals auf den Gedanken gekommen war, diese Unterscheidung im preußischen Rechte zu finden. Lasker, der doch Einiges von der preußischen Verfassung verstand, sagte ja, die Grenzscheidung zwischen Gesetz und Verordnung sei unkritisch gezogen. Dies wäre sicher nicht der Fall, wenn sie im Sinne der herrschenden Theorie abgesteckt wäre. Es gilt hier in gewisser Hinsicht dasselbe wie über die Absteckung des Grenzzuges zwischen Gesetz und Verordnung in der gemeinschaftlichen Zoll- und Steuergesetzgebung.[2]) Auf Ersuchen des Abgeordneten Lasker am 7. Dezember 1870[3]) nach einer authentischen Interpretation, welche aus Art. 40 der Reichsverfassung angezogenen Vorschriften des älteren Rechts die Eigenschaft als Verfassungs- oder als einfache Gesetzes- oder als Verwaltungs- (Verordnungs-)Vorschriften haben, ob also ihre Abänderung zu erfolgen habe im Wege des verfassungändernden Gesetzes oder des einfachen Gesetzes oder im Wege der Verordnung, erwiderte Delbrück:[4]) „Der Vorredner geht mit Recht davon aus, daß er die Gesammtheit derjenigen Abreden, welche hier bezeichnet sind, als Zollvereinigungsvertrag vom 8. Juli 1867, für sehr umfangreich hält. Es ist diese Gesammtheit von Verabredungen zum Theil administrativer Natur, zum Theil legislativer und zum Theil verfassungsmäßiger Natur." „Ich glaube mit dem Inhalt dieser Verabredungen ziemlich genau bekannt zu sein — ich würde aber glauben, daß ich selbst, wenn ich nach diesen Gesichtspunkten den Inhalt dieser Verabredungen gruppieren sollte — dazu doch mehrere Tage ununterbrochenen Studiums brauchen würde. Ich glaube, daß alsdann eine Verständigung unter den Regierungen einen noch viel größeren Zeitraum erfordern würde."

In seiner Schrift (Der Artikel 40) ist Delbrück der Ansicht,

---

[1]) S. weiter unten § 14.

[2]) Vgl. hierzu Arndt, Reichsstaatsrecht, S. 356. Delbrück, Der Art. 40 der Reichsverfassung.

[3]) Sten.Ber. des Reichtages, II. außerordentl. Session 1870, S. 126.

[4]) Ebendort Bezold, Materialien III, S. 280.

daß für die Bestimmungen des staatsrechtlichen Charakters die älteren Vereinsverträge genügende äußere Merkmale nicht darbieten. Erst der Vertrag vom 16. Mai 1865 habe eine Eintheilung des Stoffes nach staatsrechtlichen Gesichtspunkten versucht, und zwar seien die Verabredungen legislativen Charakters in den Vertrag aufgenommen, die Verabredungen von vorübergehendem oder bloß reglementärem oder administrativem Charakter in das Schlußprotokoll verwiesen. Der Vertrag vom 8. Juli 1867 habe die Gesetzgebung dem Bundesrath des Zollvereins und dem Zollparlament überwiesen und die Beschlußnahme über die zur Ausführung jener Gesetzgebung dienenden Verwaltungsvorschriften und Einrichtungen übertragen. Im Uebrigen habe der Vertrag an dem staatsrechtlichen Charakter des bestehenden Rechts nichts geändert. Hieraus folgert Delbrück, die Vermuthung spreche dafür, daß die Bestimmung in den offenen Verträgen und in den beiden Verträgen von 1865 und 1867 staatsrechtlich Gesetz und daß die Bestimmungen in den beiden Schlußprotokollen von 1865 und 1867 staatsrechtlich Verwaltungsvorschriften seien.

Delbrück zieht sonach die Unterscheidung nicht nach dem Gesichtspunkte, ob es sich um Rechtsnorm handele oder nicht. Dies wäre auch unmöglich, da auch die Verabredungen von vorübergehendem oder bloß reglementarischem oder administrativem Charakter bzw. die auf deren Grund erlassenen Vorschriften Rechtsnormen sind, z. B. die Aus- und Einfuhrverbote (nach Delbrück, S. 24, Verwaltungsvorschriften auf Grund Art. 7 der Reichsverf.), die Vorschriften über Steuerfreiheit von Kalisalzen, denaturirtem Salz, denaturirtem Spiritus u. s. w. zweifellos Rechtsnormen sind.

Man ist demgemäß in der Welt der Thatsachen stets darüber einig gewesen, daß Gesetzesvorschrift das ist, was vom Gesetzgeber erlassen ist und in der Gesetzsammlung steht, Verwaltungs- (Verordnungs-) Vorschrift das, was nicht vom Gesetzgeber erlassen und auch nicht in der Gesetzsammlung steht.[1])

[1]) Vgl. auch Denkschrift zum Zollvereinsvertrage von 1865, Anlage zu den Verhandlungen des Abg.-Hauses 1865, IV, S. 1358.

§ 14.

Rechts- und Verwaltungsnorm.

Vielleicht ist der bisherigen Darstellung der Vorwurf gemacht, daß sie die Grundbegriffe, was Rechtsnorm und was Verwaltungsnorm sei, nicht genügend entwickelt habe. Dieser Vorwurf wäre unbegründet, da wir, gleichviel ob ein Unterschied zwischen Rechtsnorm und Verwaltungsnorm besteht, diesen für unser Problem nicht als erheblich halten können. Es handelt sich nämlich hier um die Frage nach dem letzten staatsrechtlichen Grunde, aus dem eine Vorschrift ihre verbindliche Kraft entnimmt. Ob es sich hierbei um eine allgemeine oder um eine besondere, um eine Rechts- oder um eine sogenannte Verwaltungsnorm handelt, erscheint deshalb unerheblich, weil jede dieser Normen, wie überhaupt jeder derartige Eingriff, unmittelbarer oder mittelbarer, in die Freiheit der Person und des Eigenthums, überhaupt jede Aeußerung der Staatsgewalt in den Staaten des Allgemeinen Landrechts und des codex Theresianus, in Belgien und Frankreich, endlich jede Aeußerung der Reichsgewalt, jede Verfügung von Reichswegen, auch z. B. über Reichseigenthum, sich am letzten Ende auf ein formelles Gesetz, d. i. im Gebiete des A.L.R. und des codex Theresianus auf den Landesherrn, in Belgien und Frankreich auf die volonté générale, im deutschen Reichsstaatsrecht auf die Reichsverfassung oder ein Reichsgesetz, zurückführen muß. Wie man allgemeine Polizeiverordnungen — also Rechtsnormen — auch schon vor 1848 nur erlassen durfte, die sich auf Gesetze nach ihrem Inhalt und ihrem Subjekt gründen ließen, d. h. also, daß der König die Ermächtigung dazu ertheilt hatte, z. B. in der Verordnung vom 26. Dezember 1808, so durfte man auch durch eine Einzelverfügung nur eine Auflage machen, die ihre Begründung im Königlichen Willen, in einem Gesetze, z. B. § 10 Thl. II Tit. 17 A.L.R., fand. Man konnte und kann sich also nicht helfen mit der Ausflucht, es liege nur eine Anstaltsordnung oder nur eine Verwaltungsverordnung oder ein Dienstbefehl vor. Es handelt sich ja um die Frage, warum muß das Publikum sich der Anstaltsordnung, dem Dienstbefehle, der Verwaltungsordnung unterwerfen, warum darf diese Anstaltsordnung, dieser Dienstbefehl erlassen werden, warum muß sie von der Verwaltung, von dem Dienstunterstellten befolgt werden. Kein Franzose und kein Belgier wird sich, wenn er auf Grund einer solchen Militärdisziplinarordnung in den Arrest abgeführt werden soll, die sich nicht auf die volonté générale stützen läßt, also nicht ihre source in dem loi findet, mit dem Hinweis darauf abfinden lassen, es handele sich ja nur um die Ausführung eines Dienstbefehls an den ihn abführenden Beamten, Dienstbefehle zu erlassen sei aber Sache der Exekutive. Er wird auch nicht Telegraphengebühren zahlen, die nur die Exekutive befohlen hat, weil ihm vorgehalten wird, anderenfalls dürfe an einen Beamten der Dienstbefehl ergehen, die Telegraphengebühren von ihm einzuziehen; es liege also keine Rechtsnorm vor. Er wird auch fordern, daß, wenn an irgendwen der Dienstbefehl ergeht, im obligatorischen Unterricht anstatt Rechnen Religionsunterricht oder Kirchengesang seinen Kindern ohne und wider seinen Willen zu ertheilen, dieser so flagrante Eingriff in seine Freiheit sich auf die höchste Gewalt, das loi und nicht bloß auf die Willkür der Exekutive oder der Dienstvorgesetzten stütze.

Es ist bekannt, daß, soweit nicht die selbstständige Verordnung statthaft ist, Alles dies auch im heutigen Preußen gilt. Um die Auflage zu machen: reiße dein Haus wegen drohenden Einsturzes nieder, reinige die Abwässer aus deiner Fabrik, stelle eine gewerbliche Anlage ein, räume deine Wohnung wegen Gesundheitsschädlichkeit u. s. w., bedarf es einer gesetzlichen Grundlage. Auch unter dem Titel Dienstbefehl, Anstaltsordnung, Verwaltungsnorm kann Nichts befohlen werden, braucht Nichts befolgt zu werden, als was sich nicht auf ein Gesetz oder sagen wir höchste Gewalt stützt. Dies ist insbesondere der Standpunkt des Oberverwaltungsgerichts.[1]) Die einzige Frage ist nun die, giebt es noch in den konstitutionellen Staaten Preußen, Bayern u. s. w. Anordnungen, die sich am letzten Ende nicht auf ein Gesetz, sondern einzig und allein auf den Willen und das Recht des Monarchen stützen. In Belgien, Frankreich und im deutschen Reichsstaatsrecht giebt es solche nicht. Das Recht des Kaisers, Krieg zu erklären und Frieden zu schließen, den Oberbefehl über das Heer zu führen, Beamte zu ernennen, Reisekosten und Tagegelder, Pension, Titel, Rang u. s. w.

---

[1]) Vgl. u. A. Entscheidungen Bd. 12 S. 400, vgl. auch E. Löning, Verwaltungsrecht, Anschütz im Verwaltungsarchiv Bd. 5 S. 406, Arndt, Verordnungsrecht, S. 225, Seydel, bayer. Staatsr. Bd. 3, S. 4.

für Beamte festzusetzen, eine Militär-Disziplinarordnung zu erlassen, Vorschriften über Befähigung von Konsuln und Offizieren zu geben, Telegraphen- und Postordnungen zu erlassen, gründen sich auf verfassungs- oder gesetzliche Bestimmungen; Reichverf. Artt. 11, 63, 64, Reichsbeamtengesetz § 17, Reichsmilitärgesetz §§ 7, 8, Reichsverfassung Artt. 48, 50 u. s. w. Weder der Präsident der französischen Republik noch der König der Belgier noch der deutsche Kaiser dürfen um deswegen Etwas anordnen, weil ihnen das Recht dazu nicht entzogen, sondern sie dürfen nur anordnen, wozu ihnen in der Verfassung ausdrücklich oder generell eine Ermächtigung ertheilt ist. Im französisch-belgischen Recht gilt dabei der Satz, daß, um eine Strafe oder eine Steuer oder eine richterliche Zuständigkeit anzuordnen, die Ermächtigung eine ausdrückliche und spezielle sein muß: aucune peine, aucun impôt, ni aucune compétence judiciaire ne peuvent être établies par décret. Il faut une délégation expresse du législateur (Block, Dict. de l'adm. fr. s. m. décret nr. 13). Es würde also nicht genügen, daß irgendwo vorgeschrieben wird, der Erlaß von Strafen bliebe vorbehalten, wie in Art. 37 der preuß. Verf., es ist vielmehr nöthig, zu sagen, daß dieser oder jener über ganz bestimmte Gegenstände ausdrücklich ermächtigt werde, Strafnormen aufzustellen. Ich glaube auch, daß der gleiche Satz sowohl im preußischen wie im Reichsrecht gilt.[1]) Zweifellos kann der Präsident in Frankreich, der König der Belgier, der deutsche Kaiser oder der Bundesrath auch nicht auf Sondergebieten (Militär-, Beamtenwesen) irgendwelche selbstständige, sich nicht auf ein Gesetz gründende, An- oder Verordnung erlassen. Der König von Bayern kann dies unzweifelhaft, weil den Ständen eine Mitwirkung nur bei den allgemeinen Gesetzen gegeben ist (bayer. Verf. VII § 2). Deshalb konnte und kann er das Militärstrafrecht, Beamtendisziplin, Eisenbahn-, Post-, Telegraphenwesen noch grundsätzlich allein im Wege der Verordnung regeln. Er hat ein Mitwirkungsrecht der Stände auch nur da anzuerkennen, wo es sich um Veränderungen, und zwar um unmittelbare Veränderungen in den allgemeinen Eigen-

---

[1]) Daher ist keine allgemeine Ausführungsverordnung zu sog. Rechtsgesetzen zulässig, überhaupt keine Verordnung zu diesen Gesetzen außer auf Grund spezieller Delegation, s. schon v. Rönne, Aufl. 1 S. 151 f. und oben S. 104 ff. — ein weiterer Beweis für die Richtigkeit der oben gegebenen Auslegung des Art. 86 der Verf.

thums- und Freiheitsverhältnissen, handelt; also nicht z. B. die Bestimmung der Gegenstände des obligatorischen Unterrichts, der Telegraphen- und Postgebühren, der Gebühren überhaupt. Das Gesetz vom 5. Juni 1823 in Preußen bestimmt nicht, daß Nichts mehr in Preußen an Rechts- oder Verwaltungsnormen, Anstaltsordnungen oder Dienstbefehlen angeordnet werden dürfe, was nicht am letzten Ende seine Quelle in einem Akte finde, bei dem die Stände wenigstens angehört seien. Vielmehr sollten die Stände nur in gewissen Fällen angehört werden. Seit der Verfassung sollen sie in allen Fällen, wo ein Gesetz ergeht, mag dies auch ein solches sein, bei dem früher in Preußen Zuziehung der Stände entbehrlich war und dies noch jetzt in Bayern ist. Wir haben solche Fälle, wo die An- und Verordnungen in Preußen und Bayern sich am letzten Ende nicht auf ein Gesetz zurückführen, gefunden: z. B. die Schulregulative, das Pensionsreglement von 1857, die Verordnung über Wittwen- und Waisenversorgung der Professoren, die preußischen Telegraphenreglements, die Militärdisziplinarordnung, die Regelung des militärischen Ehrengerichtsverfahrens, das Prisenreglement von 1864, Tagegelder und Reisekosten für Militärs, Beschwerdeordnung und Strafvollstreckung bei Militärs, Befähigungsvorschriften für Offiziere, Lehrer, Baubeamte. Es giebt kein Gesetz, auf das diese Verordnungen sich stützen könnten. Insbesondere ist ein solches nicht in der allgemeinen Vollziehungsgewalt oder im militärischen Oberbefehl enthalten; denn sonst müßte es ja auch in Frankreich, Belgien, nach dem deutschen Reichsstaatsrecht u. s. w. zustehen, was zweifellos nicht der Fall ist. Obwohl es nun für unsere Untersuchung hiernach kaum erheblich ist, ob die angeführten Verordnungen Rechts- oder bloße Verwaltungsnormen sind, soll doch nochmals und besonders gezeigt werden:

1. Sie sind Rechtsnormen und 2. die Bezeichnung „Verwaltungsvorschriften“, die zuweilen für sie gebraucht wird, schließt die Rechtsnormqualität nicht aus, da Verwaltungsvorschrift nicht bloß eine Vorschrift für die Verwaltung, sondern jede Vorschrift bedeutet, die von der Verwaltung, nicht vom Gesetzgeber, erlassen ist.

Rechtsnorm ist, wie das Reichsgericht definirt, Entsch. in Civils. Bd. 13 S. 215, „jede nach den Grundsätzen des öffentlichen Rechts des Deutschen Reichs und seiner Mitgliedstaaten über die Quellen des objektiven Rechts in gültiger Weise geschaffene Norm des objektiven Rechts“. Jellinek (der moderne Staat I S. 303): „Rechtsnormen sind Normen für das äußere Verhalten der Menschen zu einander, die von einer anerkannten äußeren Autorität ausgehen und deren Verbindlichkeit durch äußere Mächte garantirt ist". Zum Wesen der Rechtsnorm gehört nach einer verbreiteten, aber wohl nicht mehr herrschenden Ansicht der Zwang (so Jhering, Zweck im Recht I S. 240, 321; dagegen u. A. Thon in Grünhut's Zeitschr. Bd. VII, S. 244, Regelsberger, Pandekten, S. 61 ff.). Rechtsnorm, sagt Triepel, Völkerrecht und Landesrecht S. 28, ist kein Satz im grammatischen, kein Urtheil im logischen Sinne, nicht „Aussage" über bestehendes Recht, sondern der zum Zwecke der Abgrenzung menschlicher Willenssphäre erklärte Inhalt eines Willens, und zwar eines Willens, der menschliche Willen zu bestimmen in der Lage, dessen Inhalt für sie verbindlich ist, kürzer: eines dem Einzelwillen überlegenen Willens. Die Eigenschaft, Ausfluß eines überlegenen Willens zu sein, ist nach Triepel das Hauptmerkmal, das den Rechtssatz von anderen, für Menschen und ihre Beziehungen geltenden Regeln unterscheidet: das Einzige, wodurch sich Recht und Sitte, eines der wichtigsten, wodurch sich Recht und Moral unterscheiden, während nach Stammler, z. B. Theorie des Anarchismus, Berlin 1894 S. 20, Wirthschaft und Recht u. s. w., Leipzig 1896 S. 125 a. a. O., Recht sich dadurch von der Sitte unterscheidet, daß das Recht unabhängig von der Zustimmung der Rechtsunterworfenen gelten will. Zweifellos gehört zum Wesen der Rechtsnorm nicht, daß ihre Verletzung einen Revisionsgrund giebt, weil es bekanntlich viele sog. Sollvorschriften giebt, selbst in Gesetzen giebt (die unter Zustimmung des Parlaments zu Stande kamen), die auch unzweifelhaft Rechtsnormen sind und deren Verletzung doch nicht geeignet ist, das Urtheil, das auf ihrer Verletzung beruht, wegen „Gesetzesverletzung" aufzuheben. Umgekehrt läßt sich aber sagen: was einen Revisionsgrund giebt, muß eine Rechtsnorm sein. Stammler, Wirthschaft und Recht, S. 497, hält für ein Charakteristikum des Rechts, daß der Gebietende an die von ihm erlassene Regel selbst auch gebunden sein will. Wolle der Gebietende an den von ihm erlassenen Befehl nicht mehr gebunden sein, so muß er erst bewirken, daß jener Befehl wieder aufgehoben sei. Thue er das nicht, sondern handle jener Regel zuwider, so sei es willkürlicher Zwang, bloße Willkürgewalt, kein Recht.

Geht man hiernach an die Prüfung der Frage heran, ob es sich bei den sog. selbstständigen Verordnungen in Preußen und

Bayern um Rechtsnormen handelt, so ist diese Frage, auch wenn die strengsten Anforderungen gestellt werden, zu bejahen. Ueberall handelt es sich sogar um zwingendes Recht und, soweit die Revision an sich gegeben ist, um revisibele Normen. Der König kann zwar die Militär-Disziplinarordnung und die Vorschriften über Tagegelder aufheben, solange dies nicht geschieht, ist deren Inhalt für Verwaltung wie für den Unterthan verbindlich. Der Wille, der diese Anordnungen trifft, ist dem Anderen gegenüber ein überlegener. Auch für die Telegraphenordnung gilt dies und selbst in Hinsicht der Telegraphenverwaltung; denn die Ordnung wird von einem Willen erlassen, der rechtlich der Wille der Reichsverfassung selbst, nicht bloß derjenige der Telegraphenverwaltung ist (Artt. 48 und 50 der Reichs-Verfassung), weshalb der Reichskanzler dafür dem Reichstage verantwortlich ist. Die Reichspost ist daher an die Post- und Telegraphenordnung, an die Gebühren, Garantiepflicht gebunden, die Kgl. Porzellanmanufaktur, Brauereien, Gruben sind an ihre Lieferungsbedingungen rechtlich nicht gebunden, auch nicht thatsächlich, denn sie können Abweisungen jeder Zeit vornehmen. Diese Lieferungsbedingungen gehen den Abnehmern gegenüber von keinem höheren Willen aus. Einen solchen stellen aber die Post- und Telegraphenordnungen vor.

Zweifellos handelt es sich hierbei überall um objektive Normen des positiven Rechts, also überall um Rechtsnormen. Selbst, wenn man als das Kriterium der Rechtsnorm betrachten dürfte, daß sie sich mit Gebot und Verbot in die Rechtssphäre der Unterthanen wendet, so müßte man immer noch in den vorerwähnten Verordnungen, nicht in allen, aber doch in einigen, Rechtsnormen erblicken: du sollst dich so bei der Stellung, Musterung, Aushebung, Kontrole, im Dienste betragen, sonst erleidest du diese oder jene Strafen! Deine Kinder haben den oder jenen Unterricht zu nehmen, du mußt sie dorthin schicken, darfst sie nicht davon abhalten, auch wenn du glaubst, daß es deinen Kindern zuträglicher sei, Rechnen statt Psalmen zu lernen. Das militärehrengerichtliche Verfahren, das Beschwerde-, Strafvollstreckungsverfahren beim Militär u. s. w. enthält gleichfalls Imperative an Behörden nicht minder wie an Soldaten.

Es muß aber als grundfalsch bezeichnet werden, daß zum Begriffe der Rechtsnorm gehört, daß sie sich mit Gebot und Verbot an die Unterthanen wendet. Sonst wäre ja das dispositive Recht kein Recht in diesem Sinne. Auch daß Rechtsnorm nur sei, was die Rechtsverhältnisse der Privatpersonen unter einander oder zum Staate regele, ist eine willkürliche und grundverkehrte Auffassung. Danach würden das Staatsrecht und das Völkerrecht keine Rechtsnormen enthalten. Daß die Krone erblich, daß Preußen untheilbar ist und das Präsidium im Reiche führt, in gewissen Fällen ein Veto hat, wie Gesetze zu Stande kommen, wie gewählt wird, dies und vieles Andere wären danach keine Rechtsnormen! Solche und ähnliche Sätze von Anschütz, daß Rechtsnorm nur sei, was die Verhältnisse unter einander oder zum Staate regele, brauchen nur ausgesprochen zu werden; einer Widerlegung sind sie wahrlich nicht bedürftig.[1])

Was bedeuten nun die Ausdrücke „Verwaltungsvorschrift“, „Verwaltungsnorm“, „Verwaltungsmaßregel“, „Administrative Anordnung“ u. s. w.? bedeuten sie den Gegensatz zur Rechtsnorm, insbesondere eine Vorschrift, die nur für die Verwaltung und nicht (wenigstens nicht unmittelbar) vom Publikum befolgt zu werden braucht; bedeuten sie Vorschrift von der, oder bedeuten sie Vorschrift nur für die Verwaltung? Die Frage ist so wichtig, daß ich zum soundsovielten Male das von mir Ausgeführte,[2]) meist Todtgeschwiegene, wiederholen muß: Ich bemerke hierzu unter Bezug auf das Erkenntniß des Reichsgerichts vom 26. März 1901 (für Civils. Bd. 48 S. 84), daß der höchste Gerichtshof ebenso wie das Reichs-Oberhandelsgericht (Entsch. Bd. 21 S. 60) den in der Theorie gemachten Unterschied zwischen Rechts- und Verwaltungsvorschriften gleichfalls verwirft. Das Todtschweigen hat also Nichts genützt.[3]) Auch ist das Reichsgericht nicht H. Schulze gefolgt, der (Preuß. Staatsrecht II S. 26 ff.) geradezu behauptet, ich thäte der Reichsverfassung „Gewalt“ an, wenn ich in Verwaltungsvorschrift nicht den Gegensatz zur Rechtsvorschrift erblickte. Ich wiederhole hierbei, daß Verwaltungsvorschriften von Millionen und Abermillionen als Rechtsvorschriften befolgt sind, z. B. die Eisenbahnpolizeireglements, Schulregulative, daß sie noch stets als solche auch vor den Gerichten gegolten haben und daß das Erkenntniß

[1]) S. auch dagegen Erk. des Reichsger. vom 26. März 1901, Entsch. in Civils. Bd. 48 S. 84.

[2]) Verordnungsrecht S. 35 ff., Reichsstaatsrecht S. 200 f., Komm. 2. Aufl. zu Art. 7², Recht 1901 Nr. 4, Preuß. Jahrb. 1901 S. 321 ff..

[3]) Auch W. Rosenberg, Hirth's Ann. 1902, S. 13, erkennt an, daß meine Ausführungen überzeugend sind. Zorn hat auch hier von Anfang an die richtige Ansicht vertreten, längst vor mir; ebenfalls noch Andere. Nur die Begründung, nicht die Doktrin ist von mir.

des Reichsgerichts vom 26. März 1901 nur die Praxis der Gerichte gegen theoretische Bedenken aufrecht erhalten und nichts Neues statuirt hat. Man könnte mir dabei vorwerfen, daß ich zuviel in das Erkenntniß hineinlege. Daher bemerke ich noch, daß es andere Reichsgesetze als die, von denen in Art. 2 der Reichsverfassung gesprochen wird, nicht giebt und nicht geben kann, daß also, wenn das Reichsgericht Art. 2 so, wie es geschehen ist (in Uebereinstimmung mit mir), auslegt, es damit anerkennt, daß Reichsgesetze gemäß Art. 5 zu Stande gekommene, also formale Akte sind.

Art. 38 Abs. 2 der Reichsverfassung lautet dahin, daß von dem Ertrage der Zölle und der in Art. 35 bezeichneten Verbrauchsabgaben in Abzug kommen:

> 1. die auf Gesetzen oder allgemeinen Verwaltungsvorschriften beruhenden Steuervergütungen und Ermäßigungen.

Zweifellos kann die Verwaltung nicht aus eigenem Rechte Vergütungen oder Ermäßigungen bewilligen (Delbrück im verfassungberathenden Reichstage S. 501 f.). Die Zölle und Steuern beruhen auf Gesetzen, von Gesetzen kann nur der Gesetzgeber dispensiren; es kann also die Verwaltung (der Nichtgesetzgeber) nur dann „Ermäßigungen" und „Vergütungen", ich füge hinzu auch „Befreiungen", von Zoll- und Steuergesetzen bewilligen, wenn ihm vom Gesetze dazu die Ermächtigung ertheilt ist. Daraus ergiebt sich, was zweifellos ist, daß allgemeine Vorschriften über „Steuervergütung", „Steuerbefreiung" oder „Steuerermäßigung" nur auf Grund gesetzlicher bzw. verfassungsmäßiger Ermächtigung erlassen werden können.[1]) Dies schließt aber keineswegs aus, daß es sich dabei um Rechtsvorschriften handelt. Ja, es kann sich hierbei nur um Rechtsvorschriften handeln.[2]) Ich behaupte, daß Keiner das Gegentheil zu behaupten wagt.[3]) Solche „Verwaltungsvorschriften", von denen Art. 38 spricht, sind z. B. der Bundesrathsbeschluß vom 6. Juli 1878 über die Abgabenfreiheit der sog. Abraum(Kali)salze (R.C.Bl. 1878 S. 432), s. ferner im Centr.-Bl. für die preußische Abgaben-Gesetzgebung 1867 S. 71 (Abgabenfreiheit für Mutterlauge), Jahrb. für Zollgesetzgebung und Verwaltung 1869 S. 300, 319, 1873 S. 106. R.C.Bl. 1880 S. 153,

---

[1]) Verordnungsrecht S. 56.

[2]) S. auch Entsch. des Reichsger. in Straff. Bd. 34 S. 59.

[3]) S. selbst Laband 4. Aufl. II, S. 37.

1874 S. 481 u. s. w. Sie besagen z. B., daß Salze mit dem oder jenem Gehalt an Kalisalzen abgabenfrei, daß Spiritus oder Salz in den und jenen Fällen, ohne oder nach Denaturirung abgabenfrei, daß soviel Taragewicht bei der Bemessung des Zolls zu vergüten ist u. s. w. — Rechtsnormen, nichts als Rechtsnormen! Handelt es sich solchergestalt in Art. 38 Ziffer 2 bei dem Ausdrucke „Verwaltungsvorschriften" um Rechtsnormen, so kann dasselbe Wort in Art. 37 und in Art. 7 der Reichs-Verfassung nicht den Gegensatz dazu bedeuten; sondern es bedeutet in allen Fällen von der Verwaltung, d. h. nicht von der Gesetzgebung, in specie nur vom Bundesrath ohne den Reichstag erlassene Rechtsvorschriften. Denselben Sinn hat das Wort „Verwaltungsvorschriften" in Art. 8 § 12 des Zollvereinigungsvertrages vom 8. Juli 1867 (B.G.Bl. 1867 S. 8): „Der Beschlußnahme des Bundesraths (für den Zollverein) unterliegen: 2. die zur Ausführung der gemeinschaftlichen Gesetzgebung (Artikel 7) dienenden Verwaltungsvorschriften und Einrichtungen." Daß „Verwaltungsvorschriften" in diesem Sinne Rechtsvorschriften sind oder sein können, bezeugt Delbrück, der es doch wissen kann, wenn er in seiner Schrift, Der Artikel 40 S. 24, anführt, daß Einfuhr- und Ausfuhrverbote als „Verwaltungsvorschriften", nämlich auf Grund Art. 7 Ziffer 2 der Reichsverfassung, erlassen werden. Ein- und Ausfuhrverbote sind aber doch Rechtsnormen — gültig nicht bloß für die Verwaltung, sondern für Jedermann, Zuwiderhandelnde sind strafbar nach § 134 des Vereinszollgesetzes (vgl. Oppenhoff's Rechtsprechung des Ober-Tribunals in Strafsachen Bd. 13 S. 18, Bd. 18 S. 799, Bd. 20 S. 23 und S. 158, Entsch. des Reichsgerichts in Strafsachen Bd. II S. 269 u. s. w.).

In § 167, letzter Abs., des Vereinszollgesetzes vom 1. Juli 1869 (B.G.Bl. 1869 S. 317) heißt es: „Die zur Ausführung des Gesetzes erforderlichen Regulative und sonstigen Bestimmungen werden vom Bundesrath des Zollvereins festgestellt." Diese Worte zielen auf dasselbe ab wie „Verwaltungsvorschriften". Irrig ist die u. A. von Laband aufgestellte Behauptung, daß die Ein- und Ausfuhrverbote nicht auf Grund Art. 7 ² der Reichsverfassung, sondern gemäß dem angezogenen § 167 des Vereinszollgesetzes erlassen sind. Dies ergeben u. A. das Zeugniß von Delbrück, Der Art. 40 S. 24[1]),

[1]) Der Artikel 40, S. 24: „Ausfuhr-Verbote sind gegenwärtig auf Grund

der Wortlaut z. B. im B.G.Bl. 1870 S. 483, 487, 519, 523 u. s. w. (der Zollbundesrath war damals gar nicht versammelt).[1])

Den Sinn von Rechtsvorschriften hat „Verwaltungsvorschriften" in § 152 des Vereinszollgesetzes:

> Die Uebertretung der Vorschriften dieses Gesetzes, sowie der in Folge derselben öffentlich bekannt gemachten Verwaltungsvorschriften wird, sofern keine härtere Strafe angedroht ist, mit einer Ordnungsstrafe bis zu fünfzig Thalern geahndet.

Eine solche Ordnungsstrafe ist eine Kriminalstrafe, welche von dem ordentlichen Gerichte zu verhängen ist (Oppenhoff, Rechtsprechung des Ober-Tribunals, Bd. 16 S. 511 a. a. O.). Solche Verwaltungsvorschriften sind u. A. das Niederlageregulativ, die Regulative für Privatlager, für Theilungslager, Privattransitlager, Begleitscheinregulativ u. s. w., Centr.Bl. f. die preuß. Abgabengesetzgebung 1870 S. 67, 1871 S. 86, 376, 434, 1872 S. 86, R.C.Bl. 1880 S. 285, 305, 411 u. s. w. Ganz richtig bemerkt Laband, Aufl. 4 II S. 85, daß die Strafe, die auf Uebertretung einer solchen Verwaltungsvorschrift gesetzt ist, sich nicht auf die Verwaltung, sondern auf den Gesetzgeber stützt; denn Strafen können nur auf Grund Gesetzes angedroht und verhängt werden. Trotzdem bleibt doch die Vorschrift, auf deren Uebertretung das Gesetz eine Strafe androht, eine Rechtsvorschrift, ebenso wie die Aus- und Einfuhrverbote (obwohl die auf die Uebertretung gesetzten Strafen sich auf § 134 des Vereinszollgesetzes gründen) oder die Vorschriften des Kaisers zum Verhüten des Zusammenstoßens der Schiffe auf See, trotzdem die auf die Uebertretung gesetzten Strafen sich auf das Strafgesetzbuch § 145 gründen, und die Polizeiverordnungen, obgleich die darauf gesetzten Strafen sich auf das Gesetz über die Polizeiverwaltung vom 11. März 1850 (G.S. S. 265) gründen, u. s. w. Wer sich nicht der Wahrheit verschließen will, wird dies nicht verabreden.

Ich führe ferner an § 65 des Gesetzes, betreffend die Besteuerung

---

der Vorschrift in § 2 des Zollgesetzes in Verbindung mit Art. 7 Nr. 2 der Reichsverfassung nur vom Bundesrathe zu beschließen."

[1]) S. auch Arndt, Reichsstaatsr., S. 96. Die Behauptung von Laband, IV S. 422, sämmtliche Zoll- und Steuergesetze des Norddeutschen Bundes und Reiches enthielten zahlreiche und umfassende Delegationen für den Bundesrath, ist thatsächlich falsch, wie dies u. A. das Ges. betr. die Erhebung einer Abgabe von Salz v. 12. Oktober 1867 (B.G.Bl. 1867 S. 41) zeigt.

des Branntweins u. s. w., vom 8. Juli 1868 (B.G.Bl. 1868 S. 384): „Die Uebertretung anderer in diesem Gesetze enthaltenen Vorschriften und der in Gemäßheit derselben erlassenen und gehörig bekannt gemachten Verwaltungsvorschriften, auf welche keine besondere Strafe gesetzt worden, soll mit einer Geldbuße von 1 bis 19 Rthlr. geahndet werden"; ferner Gesetz wegen Erhebung der Brausteuer vom 31. Mai 1872 (R.G.Bl. 1872 S. 153) § 35: „Die Uebertretung der Bestimmungen dieses Gesetzes, sowie der dazu erlassenen Verwaltungsvorschriften wird, sofern nicht die Defraudationsstrafe verwirkt ist, mit einer Ordnungsstrafe bis zu 50 Thalern geahndet"; damit gleichlautend § 40 des Gesetzes, betreffend die Besteuerung des Tabacks, vom 16. Juli 1879 (R.G.Bl. 1879 S. 2451); sodann § 4 des Gesetzes, betreffend die Steuerfreiheit des Branntweins zu gewerblichen Zwecken, vom 19. Juli 1879 (R.G.Bl. 1879 S. 259): — „in Betreff der Feststellung, Untersuchung und Entscheidung von Zuwiderhandlungen gegen die Bestimmungen dieses Gesetzes und der dazu erlassenen Verwaltungsvorschriften u. s. w. finden die Vorschriften sinngemäße Anwendung u. s. w., — ferner § 36 des Gesetzes wegen Besteuerung des Braumalzes vom 4. Juli 1868 (B.G.Bl. 1868 S. 375): „Die Uebertretung der in Gemäßheit (der in diesem Gesetze gegebenen Bestimmungen) erlassenen Verwaltungsvorschriften, auf welche keine besondere Strafe gesetzt worden, soll mit einer Geldstrafe von 1 bis 10 Thalern geahndet werden"; endlich § 26 der im ganzen Reiche gültig gewesenen Verordnung der Besteuerung des im Inlande erzeugten Rübenzuckers betreffend, vom 7. August 1846 (Preuß. G. S. 335): „Die Uebertretung solcher in dieser Verordnung enthaltenen Bestimmungen und der in Gemäßheit derselben erlassenen und gehörig bekannt gemachten Verwaltungsvorschriften, auf welche keine besondere Strafe gesetzt werden, soll mit einer Geldbuße von 1 bis 10 Rthlr. geahndet werden" u. a. m.

In Ansehung der Verordnungen bei der gemeinschaftlichen Zoll- und Steuergesetzgebung ist schon früher hervorgehoben,[1]) daß in die Separatartikel und die Schlußprotokolle verwiesen wurden die Verabredungen von „vorübergehendem" oder bloß reglementärem oder administrativem Charakter, weil sie sich „in ein mit Ge-

[1]) Denkschrift zu den Sten.Ber. des Abg.H. vom 16. Mai 1865, Bd. III Anl. IV Thl., Aktenstück Nr. 143 S. 1539, R. Delbrück, Art. 40 S. 50, Delbrück in den Sten.Ber. des Reichstags 1870, S. 126.

setzeskraft zu verkündendes Aktenstück" nicht eignen; damit sind also die „Verwaltungsvorschriften" gemeint. Zweifellos enthalten solche Vorschriften Rechtsnormen.

Alles dies und vieles Andere, was anzuführen entbehrlich ist, beweisen zur Genüge, daß wir es bei dem Ausdruck „Verwaltungsvorschriften" zu thun haben mit Vorschriften, die von der Verwaltung erlassen sind, aber auch Rechtsnormen enthalten können. Der Ausdruck Verwaltungsvorschriften ist identisch mit dem Ausdruck réglements administratif oder d'administration publique, das sind Vorschriften jeder Art, auch Rechtsnormen enthaltende, die von der Verwaltung erlassen sind, die aber, soweit sie gesetzmäßig erlassen sind (légalement pris), auch alle Unterthanen als Rechtsnormen verpflichten — „car les réglements (sagt Block) s. m. réglement administratif nr. 2. — aussi bien que les lois créent des obligations ou des devoirs". Zweifellos gründet sich eine auf die Uebertretung eines réglement administratif gesetzte Strafe auf ein Gesetz; das hindert doch nicht, daß das réglement eine Rechtsnorm ist. Réglement und loi unterscheiden sich nicht dadurch, daß ersteres nur die Verwaltungsbehörden, letzteres auch die Unterthanen verpflichtet, sondern dadurch, daß das Gesetz als Ausspruch der höchsten Gewalt aus sich selbst und unbedingt gilt, während das Reglement nur auf Grund Delegation von Seiten des Gesetzgebers verbindlich ist.

Daß „Verwaltungsvorschriften" nicht der Gegensatz zu „Rechtsvorschriften" sind, erhellt auch aus Art. 37 der Reichsverfassung, der Preußen bei allen zur Ausführung der gemeinschaftlichen Zoll- und Steuergesetzgebung dienenden Vorschriften, auch wenn diese, wie z. B. Ein- und Ausfuhrverbote, Rechtsnormen enthalten, ein Veto giebt.

Daß „Verwaltungsvorschriften" im Sinne des Art. 7 [2] und des Art. 37 nicht der Gegensatz zu „Rechtsvorschriften" sind, ergeben auch die Ausführungen dazu von Lasker am 7. Dezember 1870 (Sten.Ber. d. Reichst. 1870 S. 122), wo er diese Vorschriften als „allgemeine Instruktionen und Verfügungen", das Recht dazu als „Verordnungsrecht, nicht Spezialverordnungen, sondern allgemeine Instruktionen zu erlassen", und diese Vorschriften endlich als „allgemeine Instruktionen und Verordnungen" bezeichnet.

Ebenso ist klar, daß die Reichsverfassung unter „maßgebend gewesenen Grundsätzen der reglementarischen Festsetzung oder administrativen Anordnung", z. B. die Telegraphenverordnungen, ebensoviel versteht wie unter Verwaltungsvorschriften und daß dazu auch Rechtsnormen gehören.[1])

Ebenso meinte der Reichstag, als er am 5. Mai 1869, Sten.-Ber. S. 828, den Bundesrath ersuchte, „reglementarische Festsetzungen und allgemeine administrative Anordnungen ins Leben treten zu lassen", Verwaltungsvorschriften und damit zugleich Rechtsnormen; denn daß wenigstens die Bahnpolizeireglements Rechtsnormen sind, kann nicht in Zweifel gezogen werden. Am 3. November 1849 gestand der liberale Abgeordnete Justizrath Fischer der Staatsregierung zu, daß sie vermöge des ihr zukommenden Verwaltungsrechts auch Pferde-Ausfuhrverbote erlassen könnte, das heißt doch auch Rechtsnormen. Stahl[2]) bezeichnete als Verwaltungsmaßregeln in der I. Kammer gleichfalls Ein- und Ausfuhrverbote, Suspendirung der Navigationsakte, ferner der Getreidezölle, Androhung von Strafen bei Epidemien — also ganz gewiß sah er in Verwaltungsmaßregeln nicht den Gegensatz zu den Rechtsvorschriften. In seiner Rechtslehre, 3. Aufl., II. Abtheilung § 112, S. 388, lehrt Stahl: „Nach deutsch-konstitutionellem Staatsrechte unterliegen der ständischen Zustimmung für's Erste die Normen, welche die öffentlich-rechtliche Rechtsgestaltung des Staates betreffen, d. h. die Verfassungsgesetze, für's Andere die Normen, welche die Rechtssphäre des Individuums (d. i. die gerichtliche Bestrafung u. s. w.) betreffen. Dagegen unterliegen ihr nicht die Verwaltungsnormen, d. i. die Normen der öffentlichen Funktionen im Gebiete der Polizei, der Finanzen, des Militärs u. s. w." Es ist hier klar, daß Stahl unter Verwaltungsnormen solche Rechtsvorschriften versteht, die von der Verwaltung erlassen werden. L. Goldschmidt bezeichnet in seiner Zeitschrift für Handelsrecht, Bd. 4 S. 11 a. a. O., die Rechtsnormen enthaltenden, den Eisenbahnen von der Staatsregierung im Interesse des Publikums aufzuerlegenden Vorschriften als „Administrativmaßregeln". Wenn in Ansehung der Schulregulative und ähnlicher Dinge stets gesagt wurde, sie seien Gegenstände der Verwaltung, so hatte man damit nicht sagen wollen, sie enthielten keine Rechtssätze, sondern sie entbehren und bedürfen nicht der Gesetzesform. Der Justiz-

---

[1]) S. oben S. 122ff.. Entsch. des Reichsg. in Straff. Bd. 26 S. 118 und 389, in Civilf. Bd. 19 S. 154, Bd. 43 S. 95, Straff. Bd. 30 S. 238.

[2]) S. oben S. 122ff..

minister Simons (Sten.Ber. der I. Kammer 1849 S. 1321) fordert, daß die „Verwaltung“ alle nicht fundamentalen Rechtsnormen aufstellt, also auch solche, die keine bloßen Anweisungen an die Verwaltung sind.

Der Ausdruck „Verwaltungs-“, nicht im Gegensatze zu Rechts-, sondern zu Gesetzesvorschriften, ist offenbar aus dem französisch-belgischen Rechte mit den vielen anderen konstitutionellen Redewendungen nach Deutschland gekommen; keineswegs handelt es sich dabei, wie Seydel, Komm. zu Art. 7 der Reichsverfassung, mir tadelnd vorwirft, um preußisch-bureaukratische. So heißt es in § 6 der Verfassungsurkunde für Baden vom 22. August 1818: „Der Großherzog bestätigt und promulgirt die Gesetze, erläßt die zu deren Vollzug und Handhabung erforderlichen — aus dem Aufsichts- und Verwaltungsrechte abfließenden — Verfügungen, Reglements und allgemeinen Verordnungen“; in Art. 77 der Verfassungsurkunde für das Großherzogthum Hessen: „Der Großherzog ist befugt, ohne ständische Mitwirkung die zur Vollstreckung und Handhabung der Gesetze erforderlichen, sowie die aus dem Aufsichts- und Verwaltungsrechte ausfließenden Verordnungen und Anstalten zu treffen“; § 101 der Landschaftsordnung für das Herzogthum Braunschweig vom 12. Oktober 1832: „Verordnungen, d. h. solche Verfügungen, welche aus dem allgemeinen Verwaltungs- oder Oberaufsichtsrechte der Regierung hervorgehen oder welche die Ausführung und Handhabung der bestehenden Gesetze betreffen, erläßt die Landesregierung ohne Mitwirkung der Stände“; § 211 des Grundgesetzes für das Herzogthum Sachsen-Altenburg vom 22. April 1831: „Reglementarische Verfügungen zur Ausführung bestehender Gesetze, Verordnungen, die aus dem Aufsichts- und Verwaltungsrecht fließen, polizeiliche Anordnungen, insofern sie nicht die Freiheit der Person oder des Eigenthums aller Unterthanen berühren oder die Grundverfassung ändern; ferner Vorschriften zur Sicherheit des Staates bedürfen der ständischen Begutachtung nicht; der Landesherr kann sie aus besonderen Gründen erfordern.“ Aehnliche Vorschriften finden sich in § 121 des hannoverschen Landesverfassungsgesetzes. Der Ausdruck „Verwaltungs-Anordnungen“ schlechthin für Verordnungen findet sich auch im 1848er Sprachgebrauch, so bei Droysen und Waitz, Protokolle der Kommission der Frankfurter Nationalversammlung.

Dieser Sprachgebrauch erklärt sich aus dem Grundsatze der

Theilung der Gewalten, der u. A. bei Gelegenheit der Berathungen über Art. 49 Abs. 3 und 106 der preußischen Verfassung allseitig als (mehr oder minder vollständig) der preußischen Verfassung zu Grunde liegend anerkannt wurde.[1])

Dies ist durch meine bekannten Schriften in alle preußischen Beamtenkreise gedrungen und es ist wohl keine ganz vage Vermuthung, daß sie dadurch auch zur Kenntniß von G. Anschütz gelangt ist. Selbstredend hätte er dies auch ohne mich gefunden, besser natürlich; aber die Thatsache steht doch nun fest, daß meine Arbeiten allen preußischen Beamten bekannt sind. Anschütz verschweigt, daß die Reception der Lehre von der Gewaltentheilung im preußischen Recht bereits von mir ausgeführt und mit Belegen begründet war, hebt aber demgegenüber als großes Verdienst von Otto Mayer hervor, daß er die Lehre von der Gewaltentheilung wieder (d. h. aber später als ich) zu Ehren gebracht habe. Daß O. Mayer das gethan hat, ist gewiß sehr erfreulich; da aber O. Mayer diese seine Ansicht nicht aus dem positiven Recht belegt noch bewiesen hat, so würde dieser Umstand der Verbreitung der Theorie selbst in dem Falle nicht viel genützt haben, wenn O. Mayer's Werk in weitere Kreise gedrungen wäre. Denn nicht auf Axiome und Autoritäten hin gründet man in der Welt, in der wir leben, eine Theorie, sondern auf positive Beweise aus dem positiven Recht. Diese finden sich jedenfalls für das preußische Recht bei mir, nicht bei O. Mayer. Anschütz kann trotzdem diese Gelegenheit nicht vorübergehen lassen, ohne mir seine Geringschätzung auszusprechen. Ihm seien (S. 10), so sagt er auf meine Vorhaltungen, die Arndt'schen Bemerkungen über die Gewaltentheilung wohlbekannt, sie erschienen ihm jedoch nicht belangreich genug, um von ihnen Akt zu nehmen. Ich hebe hervor, daß es sich doch nicht um meine Bemerkungen handelt — die beweisen ebensoviel und ebensowenig wie die von X. oder Y. —, sondern um meine Beweise, um die Citate aus der Verfassungsberathung. Diese sind belangreich, belangreicher als das, was O. Mayer oder Anschütz oder ich über diesen Gegenstand sagen. Alles, worin sich Anschütz von der herrschenden Theorie unterscheidet, findet sich bei mir, so daß die von Laband, Schulze u. A. behauptete Tautologie nicht vorliege in Art. 62 der Verfassung, so die Aus-

[1]) S. oben S. 117 f., ferner Komm. zur Preuß. Anl. Art. 49 Abs. 3, Protokolle der Nationalversammlung von Rauer S. 129.

legung zu Art. 112 der Verf., so die Widerlegung der Gneist-Bornhak'schen Theorie,[1]) so die Anerkennung der Lehre von der Gewaltentheilung. Anschütz quittirt dankend (S. 10) dahin, daß das, was ich erziele, nicht Gewaltentrennung, sondern Gewaltenverwirrung in optima forma sei, „Gewaltenverwirrung vor Allem da, wo die reinliche, prinzipielle Scheidung am meisten noth thue, bei der Abgrenzung der gesetzgeberischen und der vollziehenden Gewalten". Das Prinzip der Gewaltentheilung, meint Anschütz, verlange, daß die vollziehende Gewalt durch und durch, nicht bloß in einzelnen, kasuistisch bezeichneten Punkten in das Verhältniß gesetzlicher Gebundenheit gebracht werde, also daß sie gebieten und verbieten. Zwingen und befehlen dürfe sie nur mehr intra, nicht auch noch praeter legem u. s. w.

Ich habe zu erwidern, daß die Gewaltentrennung doch aus England nach dem Kontinent gekommen ist, in England aber zweifellos (ebenso wie in Preußen und Bayern) Gebiete vorhanden sind, in denen nicht die Gesetzgebung nothwendig, sondern noch die selbstständige Verordnung statthaft ist. Uebrigens, was hat die Gewaltentrennung mit der Frage zu thun, ob die Telegraphenordnung auf Gesetz oder Verordnung beruhen muß? Aber selbst wenn man, was ich vielleicht zugestehen könnte, sagen müßte, bei einer ganz folgerichtig und in alle Konseqnenzen geführten Gewaltentheilung dürfte es keine Verordnungen praeter legem geben, so würde daraus doch nur folgen, daß das erwähnte Prinzip in Preußen wie in Bayern nicht vollständig durchgeführt ist und nicht durchgeführt werden sollte. Anschütz und die herrschende Theorie gehen davon aus, daß aus einem Prinzip, einem logischen Prozesse sich das preußische, bayerische Staatsrecht entwickelt hat; in Wahrheit hat es sich allmählich, schrittweise entwickelt. Das Prinzip der Gewaltentheilung ist eben in Preußen und Bayern nicht konsequent durchgeführt. Ueberhaupt hat sich das Verfassungsrecht in Deutschland nicht so gebildet, daß man aus einem Obersatze Alles abgeleitet hat. Im fortdauernden Streite zwischen Krone und Ständen, im fortdauernden Werden und Anderswerden, allerdings immer weiter und weiter die Kreise der Landtagsbefugnisse ziehend, hat sich die Macht der Krone bzw. der Exekutive in Deutschland verengert und die des Landtages ausgedehnt. So hat aber die Abgrenzung von Anfang

---

[1]) S. weiter unten.

nicht bestanden und so besteht sie auch heute noch nicht, daß die Krone nur noch intra legem gebieten und verbieten darf, oder noch weniger, daß man die Rechtsnormqualität einer Anordnung als das Schiboleth zwischen dem Verordnungs- und dem Gesetzeswege, d. i. dem alleinigen Rechte der Krone und der Nothwendigkeit der parlamentarischen Mitwirkung nahm. Lasker in seiner Schrift, Zur Verfassungsgeschichte Preußens, sagt S. 3: Die Staatsgewalten sind zwar abgegrenzt, aber die Grenzen ungeschützt, S. 39, die Sonderung zwischen Gesetz einer-, Reglements und Instruktionen andererseits unkritisch vollzogen. Stahl hat wiederholt (Sten.Ber. der I. Kammer 1853 S. 433 a. a. O.) betont, daß unter der Theilung der Gewalten von der communis opinio verstanden werde, die Kammern seien die gesetzgebende Gewalt und der König nur die Exekutive; das sei aber nicht in Preußen der Fall und folglich gelte diese Theorie hier nicht.

Die Wahrheit ist, daß in Deutschland schrittweise die Krone immer mehr Befugnisse an die Kammern zu deren Mitwirkung abgegeben hat, daß aber noch einzelne Gebiete, wenigstens in Preußen und Bayern, übrig geblieben sind, auf denen sie sich innerhalb gewisser Schranken noch das Recht des selbstständigen Gebots bewahrt hat.

Was den Sprachgebrauch anlangt, so bedeutete in Preußen im absoluten Staate Gesetz königliche, höchste Anordnung, und im konstitutionellen, was König und Landtag gemeinschaftlich anordnen, also wieder höchste Gewalt.[1]) Was nicht von dieser höchsten Gewalt ausgeht, was also im absoluten Preußen nicht von der Krone oder was im konstitutionellen Preußen ohne die Kammern befohlen wird, ist eine Verwaltungsvorschrift, ohne Rücksicht auf den Inhalt. Daß der oder jener Gegenstand zur Verwaltung gehöre, bedeutet, daß man zu seiner Regelung nicht den Landtag nöthig habe, keineswegs bedeutet er, daß es sich dabei nicht um eine Rechtsvorschrift handele.

---

[1]) S. oben S. 38ff., S. 117f.

§ 15.

Endergebnisse.

Die Frage der Abgrenzung des Verordnungs- vom Gesetzesrechte ist eine Frage der Machtvertheilung. Nachdem die deutschen Fürsten, jedenfalls die Krone Preußen, die Macht der Stände gänzlich gebrochen und alle Staatsgewalt, auch die, Anordnungen jeder Art zu geben oder geben zu lassen, in sich vereinigt hatten,[1]) nachdem solchergestalt alle Anordnungen der Staatsgewalt, welchen Namen sie hatten, ob sie allgemeiner oder spezieller Art, Rechtsnormen oder (im Sinne der heutigen Theorie) Verwaltungsnormen waren, sich auf den Willen des Fürsten unmittelbar oder mittelbar zurückführen mußten, regten sich zu Beginn des 19. Jahrhunderts Strömungen, die unter der Einwirkung englischer und französischer Ideen, der Naturrechtsschule und anderer Theorien eine Mitwirkung des Volkes an seinen Geschicken und also an gewissen Akten der Staatsgewalt forderten. Wie lange z. B. in Preußen, Bayern, Württemberg verhandelt und berathen wurde, ehe man eine solche Mitwirkung gab, ist bekannt. Man brauchte z. B. in Preußen seit der Rigaer Denkschrift des Fürsten Hardenberg bis zur Einführung der Provinzialstände volle sechszehn Jahre, obwohl diese Stände nur berathende Stimme besaßen. Von Anfang an waren die Freunde einer ständischen Mitwirkung bemüht, Dinge der Krone vorzubehalten, auf deren alleinige Normirung die Krone aus politischen Gründen Werth legte. Deshalb namentlich hatte Hardenberg u. A. das Heerwesen und die auswärtige Politik der Einwirkung der Stände entziehen wollen.[2]) Darauf, ob Etwas im Sinne einer heutigen Doktrin Rechts- oder nur Verwaltungsnorm war, kam Nichts an. In dem Hardenberg'schen Verfassungsplan von 1819[3]) heißt es: „Nach dem Edikt vom 22. Mai 1815 erstreckt sich die Kompetenz der Stände hauptsächlich auf die Gesetzgebung, namentlich auf solche Gesetze, welche die persönlichen Rechte der Staatsbürger und ihr Eigenthum, neue Auflagen u. s. w. angehen.

[1]) Arndt, Komm. z. preuß. Verf. S. 2.

[2]) v. Treitschke, Deutsche Geschichte, Bd. 2, S. 591.

[3]) Bei v. Treitschke, II, S. 635.

Auswärtige Verhältnisse, Polizeiverordnungen und militärische Verhältnisse gehören nicht für sie, insofern letztere nicht persönliche Verpflichtungen und das Eigenthum betreffen." Es ist hieraus klar, daß nach dem Hardenberg'schen Verfassungsplan (wie nach der gleichfalls aus der Hardenberg'schen Initiative hervorgegangenen V. vom 22. Mai 1815) nur ein Theil der Gesetze den Ständen vorzulegen war. Zu beachten ist, daß Polizeiverordnungen ganz gewiß Rechtsnormen enthalten, daß damals und nach landrechtlicher Auffassung der Begriff Polizei nicht auf die bloße Sicherheitspolizei beschränkt war, daß also Alles, was zur Polizei gehörte, ohne Mitwirkung und Anhörung der Stände angeordnet werden sollte.[1])

Daß es sich nur um einen Theil der Gesetzgebung handelte, die den Ständen vorgelegt werden sollten, ergeben auch die preußischen Entwürfe für die deutsche Bundesverfassung. Im Entwurf vom September 1814 (bei Klüber, Akten des Wiener Kongresses, I, S. 48) ist nur von einem „näher zu bestimmenden Antheil" (der Stände) an der Gesetzgebung die Rede. In dem preußischen Entwurfe vom 1. Februar 1818 (bei Klüber, II, S. 18) heißt es § 85: „Unabhängig von der Verschiedenheit landständischer Verfassungen in den einzelnen Ländern besitzen alle deutschen Stände folgende Rechte: a) das der Mitberathung bei der Ertheilung neuer, allgemeiner, die persönlichen und Eigenthumsrechte der Staatsbürger betreffenden Gesetze — § 92 gesetzmäßige Freiheit der Sicherheit der Personen — sodaß keine dieselbe kränkende Verfügung getroffen werden kann, — — § 93 die Sicherheit des Eigenthums gegen jede Beeinträchtigung, mithin auch gegen Nachdruck." Es ist bereits[2]) nachgewiesen, daß nach dem Gesetz vom 5. Juni 1823, während alle nur eine Provinz betreffenden Gesetze den Provinzialständen zur Berathung vorzulegen waren, von den Gesetzen, welche den ganzen Staat (oder mehr als eine Provinz) betrafen, nur ein Theil den Ständen vorgelegt wurde, nämlich nur solche, welche einmal allgemeine waren, z. B. nicht bloß Militärpersonen, Beamte, Sekten, Apotheker, sodann nur solche, welche noch außerdem Veränderungen (und zwar unmittelbare) in Personen- und Eigenthumsrechten und in den Steuern zum Gegenstand hatten.

Die gleiche oder eine ähnliche Fassung findet sich damals in

---

[1]) S. auch oben S. 136.

[2]) Oben S. 46 f.

mehreren Verfassungen, so in der Nassauischen Konstitution von 1814 § 9 Nr. 1, Waldeck'sche Landesvertrag von 1816, Bayerische Verfassung von 1818, Badische Verfassung von 1818, Sachsen-Weimarer Grundgesetz von 1818 § 4, Rudolstadt, Landtagsabschied 1821 und später Sondershausen § 151, Kurhessen § 75, Meiningen § 85, Sachsen-Altenburg, Grundgesetz § 205, Braunschweig, Neue Landschaftsordnung § 19, Lippe, Ges. v. 8. Dezember 1862, Coburg, Verf.Urk. § 65 u. s. w.

Versetzen wir uns auch in die Lage der preußischen Kammern in der Zeit von 1848 bis 1850! Was war den Ständen z. B. in Preußen und Bayern nicht vorgelegt: Gesetze über Zölle, Verbrauchssteuern und Gebühren, auch nicht Zollordnungen, Zollkartelle, die auf das Zoll- und Steuerwesen bezüglichen Normen des Strafrechts und des Strafverfahrens. [1]) Nach der Verfassung dürfen Steuern und Abgaben (d. h. auch Zölle, Zuckersteuer u. s. w., Stempel) für die Staatskasse nur, soweit sie in den Staatshaushalts-Etat aufgenommen oder durch besondere Gesetze angeordnet sind, erhoben werden (Art. 100), also bleiben nur noch die Gebühren dem Verordnungswege vorbehalten und sind vorbehalten, soweit nicht inzwischen die Materie dem Gesetzeswege besonders zugetheilt ist (s. auch Erk. des Reichsger. v. 25. November 1895 in Civils. Bd. 36 S. 287). Hieraus begreift sich, warum Post- und Telegraphengebühren im Verordnungs-(sog. Verwaltungs-)wege normirt werden durften. Gesetze hielt die Verwaltung wegen des Ausgabenbewilligungsrechts des Landtages nur für nöthig für Ermäßigungen, wenn dadurch die Einnahmen des Staates zurückgingen und also andere Mittel zur Verausgabung vom Landtage der Regierung zur Verfügung gestellt werden müßten. [2]) Man sieht, überall Enumerationsprinzip!

Den Ständen waren ferner nicht vorgelegt Gesetze, die auf die Verjährung Bezug hatten, da sie wirklich oder vermeintlich keine unmittelbaren Veränderungen in den Eigenthumsrechten zur Folge hatten, so die Deklaration vom 31. März 1838 in Betreff der Verjährungsfrist bei Schadensersatzforderungen (G.S. 1838 S. 252), Gesetz vom 31. März 1838, betreffend die Einführung kürzerer Verjährungsfristen. Sodann wurden nicht vorgelegt alle auf den Prozeß

[1]) Z. B. Ges., betr. die Untersuchung und Bestrafung der Zollvergehen, vom 23. Januar 1838 (G.S. 1838 S. 76).

[2]) S. oben S. 192.

(Civil- oder Strafprozeß, Konkurs, Subhastation u. s. w.) Bezug habenden Gesetze, da auch diese wirklich oder vermeintlich keine unmittelbaren Veränderungen in den Eigenthums- und Personenrechten bewirkten; ferner nicht Spezialgesetze, z. B. das Eisenbahngesetz vom 3. November 1838 (in Bayern wurde Alles über Eisenbahn-, Post-, Telegraphenwesen im Verordnungswege geregelt,[1]) ferner nicht Militärstrafgesetzbücher, Militärstrafgerichtsordnung, überhaupt Nichts auf die Soldaten Bezügliches; desgleichen Nichts über das Beamtenrecht oder über die Form der Rechtsgeschäfte aller Art, Notariatswesen.

Man kann umgekehrt fragen, was wurde den Ständen vorgelegt. In Preußen und Bayern sehr wenig. In dem Aufsatz Gesetz in Bluntschli und Brater's Staatswörterbuch, S. 274, erwähnt Welcker unter Citirung R. v. Mohl's, daß, so unmittelbar die Festsetzung der Grenze hier in das Leben eingreife, so sei man doch darüber keineswegs ganz einig, daher in jeder Ständeversammlung Beschwerden über ungebührliche Ausdehnung des Verordnungsrechts. E. v. Meier in der Hannoverschen Verfassungs- und Verwaltungsgeschichte sagt (I S. 402), wie Vieles von der Gesetzgebung war noch immer entzogen, die in den Jahren 1814 bis 1833 erlassenen Ordnungen für die einzelnen Städte sind lediglich von der Regierung erlassen, desgleichen Prozeßgesetze (I S. 408). In Preußen war wenigstens die Schulbaulast nach Anhörung der Stände geregelt.[2]) In Bayern wurden sowohl die Gehaltsbezüge der Schullehrer, wie die Dauer der Werktags- und Feiertagsschulpflicht, ja die Schulpflicht überhaupt im Verordnungswege geregelt, desgleichen das ganze Universitätswesen,[3]) bis 1861 das Polizeistrafrecht, das Militärstrafrecht und Militärstrafverfahren bis 1869, früher auch die Dauer der Militärpflicht; in Preußen das Indigenatswesen. Das sollte nach der Absicht der maßgebenden politischen Kreise anders werden. Man wollte 1848 die gesammte Gesetzgebung den Ständen überweisen; zu allen Gesetzen sollten diese mitwirken. Was hat man damit sagen wollen? Offenbar auch bei Prozeßgesetzen aller Art, Verjährungs-, Zoll-, Militär-, Beamtengesetzen sollen die Stände mitwirken. Die Regierung soll z. B. nicht sagen dürfen, es liege kein allgemeines Gesetz oder kein unmittelbarer Eingriff in

[1]) S. oben S. 50.

[2]) Ges. vom 21. Juli 1896, G.S. 1846 S. 392.

[3]) Seydel, bayer. Staatsr. VI S. 351 f., bes. auch S. 362.

die Personen- und Eigenthumsrechte vor.[1]) Ich gehe aber noch weiter und nehme an, daß die communis opinio, die liberale öffentliche Meinung, die sog. konstitutionelle Theorie, dahin strebte, sich als legislatorischen Gesichtspunkt und als erstrebenswerthes Endziel hinstellte, einmal, daß die Stände bei allen Gesetzen mitwirken sollten, und sodann, daß die Krone außer einem Mitwirkungsrecht bei der Gesetzgebung nur ein Vollziehungsrecht haben sollte, mit anderen Worten, daß die Krone Anordnungen irgend welcher Art, mögen diese sogenannte Rechts- oder Verwaltungsnormen darstellen, nur zur Ausführung von Gesetzen, nicht selbstständig erlassen sollte. Ich meine, man hat die Verfassung so einrichten wollen, daß als Endeffekt das Vorstehende erreicht wurde. Oder anders ausgedrückt, dasjenige, was die heutige Theorie als positives und gegenwärtiges Recht behauptet, schwebte der liberalen öffentlichen Meinung 1848 als erstrebenswerthes Endziel vor.[2]) Wie dies erreichen und war dies damals in Preußen zu erreichen?

Keineswegs konnte und sollte es dadurch erreicht werden, wie die heutige Theorie meint, daß die Gesetzgebung der Krone mit den Ständen gemeinschaftlich zustehen sollte (Art. 62); denn darin war nur eine formelle Begriffsbestimmung des Gesetzes in Preußen wie in Belgien gegeben;[3]) noch weniger dadurch, daß Eigenthums- und Personenrechte nur durch Gesetz unmittelbar verordnet werden sollten (Verf. Art. 5, 9); denn bei dieser Fassung war überall in Preußen wie in Bayern und sonst der größte Theil der Gesetze, alle, die auf Zölle, Verbrauchssteuern, Post-, Eisenbahn-, Schulwesen, Militärwesen u. s. w. Bezug hatten, den Ständen vorenthalten.

Nachdem sich Welcker in seinem und Rotteck's Staatslexikon unter Gesetz hinlänglich abgemüht hatte, positiv zu bestimmen, was den Ständen vorzulegen sei und was nicht, gesteht er (S. 474): „Sobald man aber mit diesen schönen papiernen Theorien in die Praxis kommt und den fast unentwirrbaren Streit der Regierungen und der Stände über diesen Gegenstand über ihre ausschließliche oder über ihre mitwirkende Zuständigkeit bei gewissen öffentlichen Vor-

---

[1]) S. oben S. 48 f.

[2]) Vgl. Dahlmann, Politik, 1835 S. 91, Welcker in Rotteck und Welcker, Rechtslexikon, unter Gesetz, R. Mohl, Württembergisches Staatsrecht, 2. Aufl., 1846 S. 199.

[3]) S. oben S. 90.

schriften zu lösen versucht, so zeigen sie sich als ungenügend für ihre wichtigste Aufgabe." Welcker, dessen hohe politische Autorität allbekannt ist, schließt seine Abhandlung mit dem Satze, daß Konstitutionalismus ein System der Verständigung, der Mäßigung und des Vertrauens von beiden Seiten sei.

Eine andere Theorie über die Abgrenzung zwischen Gesetz und Verordnung hat Stahl aufgestellt.[1]) Niemand, auch Stahl selbst nicht, hat von dieser Theorie damals, 1848 bis 1850, praktischen Gebrauch gemacht. Denn wenn die Verordnung überall da statthaft sei, wo der primäre Zweck nicht die Gerechtigkeit, sondern ein bestimmter Erfolg ist, wo es sich nur darum handelt, Menschen zu beherrschen, sie zu einem Gesammtdasein zu verbinden, so kann man eben Alles nur irgend politisch Wichtige dem Gesetzeswege entziehen, so hätte man den Absolutismus in optima forma. Ich will nicht verkennen, daß in der Stahl'schen Theorie Manches de lege ferenda Beherzigenswerthe liegt, in der aufgestellten Form ist sie praktisch nicht verwerthbar. Weit entfernt davon, daß sie sich mit der herrschenden Theorie deckt, wie dies Anschütz behauptet, geht sie weit, weit über meine „Verordnungsfreudigkeit" hinaus. Ein sehr wirksames Mittel, die selbständige Verordnung zu beseitigen, lag sehr nahe und mußte Jedermann in die Augen springen: die Reception der Artt. 25 und 78 der belgischen Verfassung, die des Satzes, daß der König keine anderen Befugnisse hat, als solche, die ihm die Verfassung oder die Gesetze ausdrücklich einräumen. Dann hätte der König von Preußen wie der König der Belgier kein Prisenreglement, kein militärehrengerichtliches Verfahren, keine Pensionen, Tagegelder, Reisekosten, Telegraphengebühren, Porto, Garantieausschluß der Telegraphenverwaltung u. s. w. vorschreiben, nicht den Charakter der Volksschule von Zeit zu Zeit von Grund aus ändern dürfen u. s. w. Die Krone Preußen hätte sich aber solche Sätze, wie in Artt. 25 und 78 der const. belge, nicht gefallen lassen. Man wußte also, da man die belgische Verfassung fort und fort vor Augen und im Munde hatte, daß der Satz des belgischen Rechts: il faut que chaque arrêté prenne sa source dans une loi, in Preußen nicht recipirt war. Es gab aber noch ein anderes Mittel, das gleichfalls sehr nahe lag. Man konnte aus der Hannover-

[1]) Oben S. 122.

schen Verfassung vom 5. September 1848 den § 71 Abs. 2 übernehmen:

> „Sie“ (die Verordnungen) „dürfen nur zur Vollziehung bestehender Gesetze dienen und Nichts enthalten, was seiner Natur nach der ständischen Mitwirkung bedarf. Sie müssen im Eingang das Gesetz bezeichnen, zu dessen Vollziehung sie dienen.“

Auch die Hannoversche Verfassung war sehr wohl den Revisionskammern bekannt, wie dies u. A. die Rede des damaligen Naumburger Oberlandesgerichts-Präsidenten Kisker vom 29. Jan. 1850 gegen Art. 106 in der I. Kammer zeigt. Wenn nun diese Vorschrift der Hannoverschen Verfassung nicht übernommen wurde, so mußte man sich doch darüber klar werden, daß es dann noch andere Verordnungen in Preußen geben würde, welche nicht zur Vollziehung der Gesetze dienen, d. h. selbständige sind. Und dies war Kisker ganz klar; er machte damals (Januar 1850) auf solche Verordnungen aufmerksam (ebenso wie Fischer) und warnte deshalb vor Annahme des Art. 106, damit wenigstens die Gerichte prüfen dürfen, ob eine solche selbständige Verordnung nicht der Verfassung oder den Gesetzen widerspreche, in den Rechtsstand eingreife, soweit dieser durch die Verfassung oder die Gesetze geschützt sei. Die Regierung nahm damals im Januar 1850 nicht Veranlassung zu sagen, selbstständige Verordnungen, wie sie Kisker und Fischer meinen (z. B. Pferdeausfuhrverbote oder Suspendirung der Zollgesetze) oder von denen Daniels damals sprach, könne es nicht geben; denn nach Art. 62 können Rechtssätze irgend welcher Art nur noch unter Mitwirkung der Stände vorgehen. Das Gegentheil läßt sich aus der Rede des Ministers Simons entnehmen. Hiernach mußten die Revisionskammern wissen, daß selbständige Verordnungen in Preußen nicht grundsätzlich, das heißt, nur da ausgeschlossen sein sollten, wo dies aus dem positiven Inhalt der Verfassung folgt. Das gesteckte Ziel (S. 262) war eben 1850 nicht zu erreichen.

Man kann auch nicht sagen, die selbständige Verordnung sei ohne Weiteres deshalb ausgeschlossen, weil sie in der Verfassung nicht erwähnt sei; denn wie schon damals bei der Berathung hervorgehoben und oben von mir angeführt ist, der wichtigste Satz des preußischen Staatsrechts, daß der König Oberhaupt des Staates ist, steht auch nicht in der Verfassung.

Man kommt über alle oder doch über fast alle theoretischen

Schwierigkeiten hinweg, wenn man die Verfassung zur Hand nimmt und den Vergleich mit dem älteren preußischen (vielleicht auch dem bayerischen) Recht und der belgischen Verfassung zieht.

Nach Art. 1 und 2 der Verf. können die Staatsgrenzen nur durch Gesetz geändert werden; also (Ablehnung des belgischen Rechts) können dies (Nichterwähnung) die Grenzen der Provinzen, Regierungsbezirke, Kreise, Oberpostdirektionen u. s. w. Die Kammern haben dies also gewußt und gewollt, bezw. sie haben sich darin gefunden, daß solche Aenderungen ohne Gesetz vor sich gehen können:

Art. 3; weil in Preußen bisher das Indigenat nicht unter Mitwirkung der Stände geregelt wurde, das Indigenatsrecht auch nicht unter Art. 5 fällt, so wurde bestimmt, daß es fortan nur durch Gesetz geregelt werden darf.

Art. 4 war nöthig, und ist aus dem belgischen Recht entnommen, da in Preußen bis dahin Bevorzugungen stattfanden.

Art. 5 nach dem belgischen Rechte und dem Gesetz vom 5. Juni 1823. Aus der Gewährleistung der persönlichen Freiheit folgte ohne Weiteres und in Berücksichtigung der bisherigen Staatspraxis, daß Gewerbefreiheit und Freizügigkeit nur durch Gesetz beschränkt werden konnten, wie dies auch früher schon nur nach Anhörung der Stände möglich war. Nicht dagegen ist in Preußen und Bayern aus der Gewährleistung der persönlichen Freiheit gefolgert worden, daß Aenderungen des obligatorischen Unterrichts, Vermehrung gewisser Unterrichtsstunden einen (unmittelbaren) Eingriff in die Personenrechte enthielten und also Anhörung der Stände voraussetzten. Deshalb mußte man 1850 erwarten, und gestand zu, daß Mangels diesbezüglicher Vorschriften, trotz Art. 5, die Regierung allein solche Maßnahmen treffen würde und treffen darf oder, daß wenigstens Art. 5 solchen Maßnahmen nicht entgegensteht. Freilich der Wortlaut der Artt. 5 und 9 ist so weit, daß, worauf schon Stahl s. Z. hingewiesen hatte, man eigentlich Alles darunter bringen könnte. So meinte der Abgeordnete Virchow, als i. J. 1863 Preußen wegen des polnischen Aufstandes eine Militärkonvention mit Rußland abschloß, dies verstoße gegen die Gewährleistung der persönlichen Freiheit; denn die Konvention bewirke, daß unter Umständen Reservisten eingezogen werden. Mit demselben Recht könnte man allerdings fordern, daß Gesandte nur auf Grund Gesetzes bestellt werden; denn der Gesandte könnte gemordet werden, das könnte zur Folge haben Einziehung zum Militär (also Art. 5), Geldausgaben (also Art. 99), unter Umständen neue Steuern (also Art. 100) und Anleihen (also Art. 103).

Gemeint ist bei Art. 5, was im Gesetze vom 5. Juni 1823 gemeint ist, Gewährleistung vor unmittelbaren Eingriffen, also z. B. vor Verhinderung, ein Gewerbe zu treiben, vor Detinirung in Armenhäusern, Abschiebung wegen Besorgniß der künftigen Verarmung, vor gerichtlichen Verhaftungen u. dergl. Wollten die Kammern mehr, so mußten sie dies besonders in die Verfassung hineinbringen.

Es würde zu weit führen, alle Artikel der Verfassung unter diesem Gesichtspunkte zu beleuchten. Nur auf einige soll hingewiesen werden:

Bis 1848 wurden zahlreiche Strafnormen nicht den Ständen mitvorgelegt, nicht z. B. Polizeiverordnungen, über Zoll-Steuervergehen; daher war es nöthig, trotz des Art. 5 u. Art. 8, besonders vorzuschreiben, daß Strafen (wofür auch immer) können nur in Gemäßheit des Gesetzes angedroht oder verhängt werden (nicht durch Gewohnheits- oder Verwaltungsnorm).

In Art. 9 mußte besonders aufgenommen werden, daß Enteignungen nur durch Gesetz zu regeln seien, weil zahlreiche Fälle bisher z. B. bei Eisenbahnbauten, Bergwesen ohne die Stände geregelt waren.

Wenn das Schulwesen in Bayern wie in Preußen trotz der allgemeinen Klausel in VII § 2 der bayer. Verfassung, im Ges. v. 5. Juni 1823 (Artt. 5 u. 9 der Verf.) ohne Stände geregelt war, so mußten die Kammern wissen und genehmigten namentlich nach Annahme des Art. 112, daß bis zum Erlaß des in den Artt. 26 und 112 vorgesehenen allgemeinen Schulgesetzes das Schulwesen der alleinigen Regelung durch die Regierung unterworfen war. Ein vollständiges Schulgesetz freilich durfte die Regierung nicht geben; das wäre gegen Artt. 26 und 112; Unterrichtsgegenstände neu einführen, alte beseitigen, den Charakter der Schule in Bezug auf Konfessionalität ändern, durfte und darf sie.

Wenn im Art. 34 gesagt wird: den Umfang und die Art der Wehrpflicht bestimmt das Gesetz, so mußten die Kammern wissen und genehmigten, daß über alles Andere z. B. Ehrengerichte, Strafvollstreckung, Beschwerdewesen, Versorgungswesen, die Krone nach wie vor Anordnungen allein treffen darf. Der angezogene Satz in Art. 34 war aber trotz Art. 5 nöthig, weil z. B. in Bayern trotz

VII § 2 der Verfassung damals noch die Militärpflicht von der Krone allein geregelt wurde.

Wenn Art. 86 den Richter nur dem règlement légalement pris d. i. nur der auf Grund Gesetzes erlassenen Verordnung unterwirft, so wußten die Kammern und genehmigten, daß die Verwaltungsbehörden auch anderen Verordnungen, sowie den Anweisungen ihrer Vorgesetzten unterworfen sein sollten.

Hierbei ist noch zu erwähnen, um einem etwaigen Mißverständniß vorzubeugen:[1]) Die Hinterlegungsordnung vom 14. März 1879 (G.S. 1879 S. 249) mußte durch Gesetz ergehen, weil es die ein Gesetz darstellende Nothverordnung von 1849 ersetzte, weil sie auch zur unmittelbaren Anwendung durch die Gerichte bestimmt ist, und die Hinterlegung bei der Hinterlegungsstelle die Wirkungen einer gerichtlichen im Sinne des A.L.R., des Preußischen Berggesetzes von 1865 u. s. w. haben soll. Hinterlegungen z. B. bei den Zoll- und Steuerbehörden wegen Erlangung von Zoll- und Steuerkrediten, bei fiskalischen Salinen, Hütten, Bergwerken u. s. w., wegen Erlangung von Waarenkredit (Stundung), bei staatlichen Behörden aller Art zur Sicherung fiskalischer Ansprüche von Bauunternehmern, Lieferanten u. dergl. richten sich nicht nach gesetzlichen Vorschriften, wurden stets und werden im Verordnungswege geregelt.

Wenn Art. 87 bestimmt, daß die Richter auf Lebenszeit vom Könige oder in dessen Namen ernannt werden, so war es der Wille der Kammern, daß die Anstellung anderer Beamten auch auf Probe, Kündigung, auf Zeit und weder vom Könige selbst noch in dessen Namen nicht verfassungsmäßig ausgeschlossen sein sollte.

Wenn nach Art. 89 die Organisation der Gerichte durch Gesetz bestimmt werden soll, so war es der Wille der Kammern und genehmigten sie, daß die Organisationen z. B. der Regierungen, Oberbergämter, Eisenbahn- und Postdirektionen im Verordnungswege ergehen dürfen.

Wenn die Befähigung zum Richteramt nach Art. 90 durch Gesetz bestimmt werden soll, so genehmigten die Kammern, bezw. waren sie damit einverstanden, daß die Befähigung für andere Beamte, Professoren, Lehrer aller Art, Bau-, Bergbeamte auch durch Verordnung bestimmt werden kann.

Wenn nach Art. 96 die Abgrenzung zwischen Gerichts- und

---

[1]) S. oben S. 108.

Verwaltungszuständigkeit durch Gesetz bestimmt werden soll, so waren die Kammern damit einverstanden, daß die Kompetenz der Verwaltungsbehörden an sich grundsätzlich durch Verordnung geregelt werden kann.

Ebenso ergiebt sich aus Art. 98, daß die Kammern wußten und wollten, bis zum Erlasse des dort vorgesehenen Gesetzes über das Beamtenrecht können noch z. B. über Pensionen Bestimmungen durch Verordnungen gegeben werden (das Disziplinarwesen war durch Nothverordnung 1849 geregelt und also dem Verordnungswege entzogen). Im Unterschiede vom bisherigen Preußischen und Bayerischen Rechte zieht Art. 100 nicht bloß die Steuern, sondern auch die Abgaben, also auch Zölle und Verbrauchssteuern unter die Mitwirkung der Stände. Die Gebühren werden nicht erwähnt. Die Kammern haben also gewußt und waren damit einverstanden, daß die Gebühren grundsätzlich auch in Zukunft allein von der Verwaltung bestimmt würden (so z. B. Post- und Telegraphengebühren).

Die preußische Verfassung schreibt vor (Artt. 99 und 104), daß Ausgaben nur auf Grund Gesetzes erfolgen dürfen; dergleichen, daß Anleihen und Uebernahme von Staaatsgarantien (Art. 103) ein Gesetz erfordern; daß auch Staatseigenthum nur durch Gesetz veräußert werden darf, wie dies z. B. rücksichtlich der Domänen in den meisten deutschen Verfassungen vorgeschrieben ist, steht nicht in der preuß. Verfassung. Der Antrag, dies mit aufzunehmen, ist bereits in der Verfassungskommission der Nationalversammlung zurückgezogen. Folglich haben die Kammern darin gewilligt und gewußt, daß solche Veräußerungen in Preußen auch nach der Verfassung ohne den Landtag erfolgen würden.[1]) Laband hat in seiner Schrift: das preußische Budgetrecht, 1871 ausgeführt, daß solche Veräußerungen deswegen nicht der Gesetzesform bedürfen, weil sie Verwaltungsakte seien und keine Rechtsnormen. Die Wahrheit ist, sie bedürfen in Preußen nicht der Gesetzesform, weil die Krone Preußen alle ihr nicht entzogenen Rechte hat und die Gesetzesform nicht vorgeschrieben ist. (Wo sie vorgeschrieben ist, wie in Spezialgesetzen, bei vielen Eisenbahnen, genügt der Verordnungsweg auch in Preußen nicht, so wenig wie in Frankreich, Belgien und den meisten deutschen Staaten.) Bekämpft ist der Satz, daß die Krone Preußen Staatseigenthum (wenigstens sog. Finanzeigenthum) ohne Gesetz verkaufen kann, nicht

---

[1]) S. Arndt im Arch. f. öff. Recht, 1888 S. 546 f.

etwa dadurch, daß es sich dabei um eine Rechtsnorm handele, sondern (wiederum Enumerationsprinzip), weil diese Veräußerung eine Anleihe ersetzen (also Art. 103), oder wegen Verminderung des Staatsvermögens neue Steuern nöthig machen kann (also Art. 100) und weil ein vorkonstitutionelles Gesetz über die Inalienabilität dadurch verletzt würde; s. den von Lasker angefertigten Kommissionsbericht des Abgeordnetenhauses Nr. 51 von 1866, Sten.Ber. S. 162 ff.

Es kann hiernach kein Zweifel darüber bestehen, daß es nach Wortlaut und Willen, Entstehung und Geschichte der Verfassung, der Berücksichtigung des vorkonstitutionellen Rechts und des Rechtes der anderen Staaten durchaus berechtigt ist, wenn die Krone Preußen, die Verwaltung, auf den oben näher beschriebenen Gebieten Anordnungen der mannigfachsten Art, auch solche, die Rechtsnormen enthalten, trifft und getroffen hat, die dem Könige der Belgier verwehrt sind. Auch bei Kirchengesetzen ist in Preußen die Zustimmung der Generalsynode nicht zu jeder Rechtsnorm sondern nur zu gewissen Vorschriften nöthig (Enumerationsprinzip); ebenso wie in Anhalt, Bayern, Württemberg, Weimar (vgl. E. Friedberg, das geltende Verfassungsrecht der ev. deutschen Landeskirchen 1888 S. 118). Auf dem freigelassenen Gebiet hat der Landesherr das selbständige Verordnungsrecht (Friedberg, Kirchenrecht S. 97); s. auch Richter, Lehrbuch des Kirchenrechts, Aufl. 8 S. 1587 ff.).

Die Anordnungen solcher Art lassen sich als selbstständige Anordnungen bezeichnen, da sie der König nicht erläßt, weil ihm dazu von der Verfassung oder Gesetzgebung die Ermächtigung ertheilt ist, sondern, weil ihm das Recht, sie zu erlassen, nicht entzogen ist.[1])

Nun bleibt die allerdings sehr schwierige Frage übrig: der König kann Gesetze nach Art. 62 nur mit Zustimmung der Kammern erlassen; er kann also von konstitutionell erlassenen Gesetzen nicht dispensiren, nicht weil es sich dabei um einen Rechts- oder Verwaltungsakt handelt, sondern weil das konstitutionelle Gesetz eben der höchste Standeswille ist und nur wieder durch die drei Faktoren

---

[1]) So auch damals 1848 die communis opinio, was das positive Recht anlangt, z. B. Zöpfl, Grundsätze des gemeinen deutschen Staatsrechts II § 440: im Zweifel sei die Verwaltung befugt, „überall Verordnungen zu erlassen, wofür kein Gesetz besteht, sofern nicht ausdrücklich der Gegenstand durch die Verfassung der Gesetzgebung zugewiesen ist“.

aufgehoben werden darf. Kann der König aber vorkonstitutionelle Gesetze aufheben, abändern, von ihnen dispensiren? [1])

Nicht bloß die communis opinio der Liberalen z. B. Virchow am 6. Juni 1872 in den Sten.Ber. des Abg.H. 1872 S. 1538 und Hänel am 3. Dezember 1878, Sten.Ber. 1878 S. 154, 156, sondern auch die Ansicht vieler Konservativen z. B. von Kardorff (Sten.Ber. des Abg.Hauses 1872 S. 1553, ferner die von Windthorst am 27. März 1878 (Sten.Ber. des Abg.H. 1878 S. 1993 und dagegen umgekehrt in den Sten.Ber. des Abg.H. 1872 S. 1537, ferner Reichensperger Sten.Ber. d. Abg.H. 1878 S. 160, ja zeitweilig anscheinend sogar die Ansicht der Staatsregierung [2]) gingen dahin und gehen großentheils noch dahin, daß auch ein Gesetz im Sinne des absoluten Staates seit der Verfassung nur gemäß Art. 62 d. i. nur unter Mitwirkung der Kammern geändert werden kann.

Nun ist oben gezeigt worden, daß Gesetz im Sinne des absoluten Staates wenigstens jede königliche Anordnung war, die in der Gesetzessammlung verkündet ist; daß insbesondere die Verordnung vom 27. Okt. 1810 über die Ministerverfassung ein Gesetz im Sinne des absoluten Staates nach der allgemeinen Auffassung, auch nach derjenigen des Obertribunals gewesen ist. [3]) Wenn das von der Staatsregierung nicht bestritten werden kann und es ferner richtig wäre, daß ein Gesetz auch im Sinne des absoluten Preußen nach Emanation der Verfassung nur unter Zustimmung der Stände geändert werden dürfte, so hätten alle Aenderungen in den Ministerialressorts seit 1848 der Gesetzesform bedurft, was nicht der Fall gewesen, desgleichen Aenderungen in der Organisation der Generalkommissionen (G.S. 1817 S. 161), in den Rangklassen (G.S. 1817 S. 161), im Militärwesen, Pensionswesen (G.S. 1817 S. 6), über königliche Wappen und Titel (G.S. 1817 S. 117), was gleichfalls nicht geschehen ist; so ist die vom König erlassene Meß-Ordnung (G.S. 1832 Nr. 13) vom 31. Mai 1832 i. J. 1854 im Verordnungswege geändert (G.S. 1854 S. 400).

---

[1]) S. Broicher, oben S. 117.

[2]) S. Rede des Kommissars v. Wolff am 30. Januar 1869, Sten.Ber. des Herrenh. 1869 S. 171 f.

[3]) S. oben S. 16.

Hier ist nun der Punkt, wo die Gneist'sche Theorie einsetzt, die Schule gemacht hat, nicht im Parlament, wo Gneist die schärfste Ablehnung namentlich von seinen Fraktionsgenossen erfuhr (Miquel, Lasker, Twesten), sondern in der Wissenschaft. Diese Theorie geht dahin, man müsse unterscheiden, welche Vorschriften nach ihrem Inhalte Gesetze seien; vgl. im Rechtslexikon III S. 1062 f., Rechtsstaat, 2. Aufl. S. 218 a. a. O., ebenso Dernburg, Preuß. Privatr. I S. 31. Das Endergebniß der Gneist'schen Doktrin, daß alle die vorbezeichneten in der Gesetz-Sammlung publizirten Königlichen Verordnungen seit Erlaß der Verfassung im Verordnungswege geändert werden dürfen, ist richtig, aber nicht weil es keine Gesetze gewesen sind, sondern weil der Satz, daß jedes Gesetz im Sinne des absoluten Preußen nur unter Zustimmung des Landtages abgeändert werden kann, in der preußischen Verfassung fehlt und als richtig nicht anerkannt werden kann. Zweifellos sind die Verordnungen vom 27. Oktober 1810, 20. Juni, 7. Februar 1817, 23. Oktober 1817 Gesetze im Sinne des absoluten Staates, darüber waren sich stets Regierung und Landtag, Reaktionäre (z. B. von Manteuffel) wie Demokraten, Ober-Tribunal wie Oberverwaltungsgericht einig. Sie brauchen aber nicht unter Zustimmung des Landtags geändert zu werden, da nach der Verfassung wohl die Organisation der Gerichte, nicht aber die der Ministerien, Generalkommissionen u. s. w. durch Gesetz bestimmt zu werden braucht. Wo fortan Gesetzesform nöthig, bestimmt sich nach dem Inhalte der Verfassung. In den meisten Fällen wird es allerdings nach der Verfassung nöthig sein, daß in der Gesetz-Sammlung verkündete Königliche Verordnungen nur unter Zustimmung des Landtags geändert werden können; in allen Fällen trifft das nicht zu. Dazu tritt, daß Gesetz im Sinne des absoluten Preußen eine Königliche Verordnung auch dann war, wenn sie nicht in der Gesetz-Sammlung, z. B. nur in den Amtsblättern oder in von Kamptz Annalen verkündet war. Die Gesetz-Sammlung war bis 1846 gar nicht einmal das eigentliche Gesetz-Verkündungsblatt; und Königliche Verordnungen über manche Materien sind bald in der Gesetz-Sammlung, bald anderswo verkündet, so findet sich die Allerhöchste Verordnung über die Pensionen der hinterbliebenen Militärpersonen vom 19. Dezbr. 1816 in der Gesetz-Sammlung (1817 S. 6), nicht aber das Militär-Pensionsreglement vom 13. Juni 1825. Das Ober-Tribunal geht noch weiter und hält die Publikation überhaupt nicht für unbedingt nöthig, wie dies das Erkenntniß vom 21. Dezember 1854 in Striethorst Arch. f. Rechtsfälle, Bd. 16 S. 101 ergiebt.[1])

Die Frage, ob jede in der Gesetz-Sammlung verkündete Königliche Anordnung nur unter Zustimmung des Landtages geändert werden kann, bildete eine Hauptkontroverse. Die liberale Partei bejahte diese Frage, ohne Rücksicht auf den Inhalt der Anordnung. Gneist meinte demgegenüber, es komme darauf an, ob die Anordnung nach ihrem Gegenstande ein Gesetz sei; als solche Gegenstände faßt Gneist auf (Verwaltung, Justiz, Rechtsweg S. 77 f., Rechtslexikon III, S. 1063 ff., Rechtsstaat, 2. Aufl., S. 218 a. a. O.): Privat- und Strafrecht, persönliche und Steuerlasten. Ich meine, daß nur in den Fällen, wo die Verfassung ein Gesetz erfordert, ein vorkonstitutionelles Gesetz unter Zustimmung des Landtages zu ändern ist. Gegen die Gneist'sche Ansicht spricht, daß man ohne Rücksicht auf ihren Gegenstand alle, wenigstens alle gehörig verkündeten Königlichen Verordnungen im absoluten Staate Preußen als Gesetze angesehen hat und daß darüber, was seinem Gegenstande nach Gesetz sei, die größten Meinungsverschiedenheiten bestanden haben, bestehen können und bestehen, vor Allem aber, daß die Gneist'sche Theorie ein Axiom ist, das nirgends in der Verfassung eine positive Unterstützung findet. Warum wurde die Gneist'sche Theorie so heftig angegriffen und er öffentlich herausgefordert, sie von der Tribüne des Parlaments zu vertreten? Einmal, weil man darin einen Widerspruch mit dem in der Konfliktszeit von Gneist eingenommenen Standpunkt erblicken wollte, sodann, weil sie bei ihrer Unbestimmtheit (der Unbestimmtheit darüber, was seinem Gegenstande nach Gesetz) jeder beliebigen Auslegung Raum bot, vor Allem aber, weil Gneist folgerte,[2]) daß, weil die Krone Ministerialressorts ändern und neue Ministerien im Verordnungswege schaffen dürfe, es unrichtig sei, daß „das Abgeordnetenhaus vermöge seines Budgetrechts Ministergehalte nach freiem Ermessen, ohne Rücksicht auf Art. 45 Verf.Urkunde zu bewilligen oder versagen hätte," während doch die Staatsregierung selbst noch stets und auch 1878/1879 ausdrücklich anerkannte, daß

[1]) S. im Uebrigen hierzu und zum Vorhergehenden auch Verordnungsrecht S. 217 f. Die Publikation ist m. Er. nöthig, um die Anwendung des § 5 Einl. z. A.L.R. auszuschließen, da man sonst nicht feststellen kann, ob der König wollte, daß seine Verordnung auch in anderen Fällen gelten sollte.

[2]) Gesetz und Budget, konstitutionelle Streitfragen, 1879, S. 35, welche Schrift sich gerade und hauptsächlich gegen die eigene Partei richtet.

die Mittel für neue Stellen der Bewilligung bzw. Nichtbewilligung des Abgeordnetenhauses unterliegen.[1])

Es würde von dem uns gesteckten Ziele zu weit abführen, wenn wir auf die vorstehend skizzirte Streitfrage näher eingehen. Nothwendig ist, festzustellen, daß die Gneist'sche Theorie, obwohl sie mit der Praxis und meiner Theorie darin übereinstimmt, daß es in Preußen noch ein gesetzfreies Gebiet giebt und daß auf diesem die Verordnung zulässig ist, von dem Standpunkte dieser grundsätzlich und ganz verschieden ist. Die Praxis und meine Theorie gehen überall von formellen Begriffen aus: Gesetz im absoluten wie im konstitutionellen Staate ist ohne Rücksicht auf den Inhalt der Ausspruch der höchsten Staatsgewalt, im absoluten, Königswille, im konstitutionellen, Königs- und Volkswille. Nach Gneist erscheinen, wie Anschütz S. 115 nicht verkennt, „die Begriffe des Gesetzes und der gesetzgebenden Gewalt mit einem materiellen Sinn behaftet, welcher im deutschen Staatsrecht seit tausend Jahren feststeht und durch all die Jahrhunderte hindurch so unverbrüchlich festgehalten worden ist, daß man nach diesen Prinzipien der Gesetzesauslegung sich gezwungen sieht, diesen altherkömmlichen und keinen anderen materiellen Gesetzesbegriff bei Interpretation der preußischen Verfassung und ihres Art. 62 als gegeben vorauszusetzen." Meine Untersuchungen über Reichsverordnungsrecht kommen gerade zu dem umgekehrten Ergebniß, nämlich, daß „Gesetze" und „Verwaltungsvorschrift" allgemein und im Sinne der Reichsverfassung formelle Begriffe sind, daß insbesondere Gesetze im Sinne des Art. 2 nicht ein materieller Begriff, nicht Rechtssätze, sondern alle gemäß Art. 5 zu Stande gekommene Akte des Reiches seien (genau wie das Reichsgericht am 26. März 1901), daß daher Reichsverordnungen nicht im Reichs-Gesetzblatt verkündet zu werden brauchen und daß Verwaltungsvorschriften im Sinne der Reichsverfassung auch Rechtsnormen ent-

---

[1]) Vgl. hierzu Arndt, Verordnungsrecht, S. 148. Wenn ich auch in dem letzten Punkte Gneist nicht zustimme, so habe ich ihn bereits a. a. O. in Hirth's Annalen 1885 gegen die sehr scharfen Angriffe seiner Parteigenossen in Schutz genommen. Mit mehr Recht als ihn diese der Ministerstellenjägerei beschuldigten, konnte er anführen, daß sie die Schwierigkeiten 1878/1879 nur deswegen gemacht haben, weil die Hoffnung auf die erwarteten Ministersessel nicht in Erfüllung ging. Diese Umstände sind schon deshalb der Erwähnung werth, weil ohne sie die Gneist'sche Schrift und die Reden seiner gegnerischen Parteigenossen nicht zu verstehen sind.

halten dürfen: dies habe ich gefolgert, weil Gesetz und Gesetzgebung wie Verwaltungsvorschrift im Sinne des preußischen Rechts sowohl wie in dem des französischen Rechts nicht materielle, sondern formelle Begriffe seien. Weit entfernt also davon, durch die Gneist'sche Gedankenrichtung beeinflußt zu sein, stand und steht diese schnurstracks im Gegensatze zu mir, wie ich denn, offen und ehrlich gesagt, (mit manchen seiner parlamentarischen Fraktionsgenossen) Gneist gerade in erster Linie mit verantwortlich dafür halte, daß soviel unnöthiger Streit in das deutsche und preußische Staatsrecht hineingetragen ist. Deshalb hielt und hält mich natürlich nichts ab, sonstige große Verdienste Gneist's, insbesondere seinen Ideenreichtum, seine Fülle an Kenntnissen, seine Verdienste um die Selbstverwaltung und die Rechtskontrolen unumwunden anzuerkennen. Aber um meine mit dem Leben übereinstimmende Folgerungen für das Reichsverordnungsrecht ziehen zu können, mußte ich die Gneist-Laband-sche Theorie widerlegen, da sie ganz unvereinbar mit dem Inhalt meines Reichsverordnungsrechts ist. Das ist für den geschärften Blick klar, ebenso wie ein solcher finden wird, daß die Gneist'sche Theorie nicht deshalb für mich unannehmbar war, weil Gneist „auch so ein Volkssouveränetätler gewesen sei". (Diesen Ausdruck gebraucht Anschütz S. 59.) An der angezogenen Stelle hebt Anschütz ferner hervor: Gneist sei „lange vor Arndt für das Königliche Rechtsverordnungsrecht praeter legem eingetreten". „In Erwägung dieser Priorität und bei gerechter Vergleichung der Namen Gneist und Arndt[1]) sollte man meinen, Arndt berufe sich gern und mit einer gewissen Genugthuung auf den großen Vorgänger." S. 60: „Sachlich wichtiger wäre es gewesen, meinen (Anschütz) hiermit wiederholten Hinweis darauf zu widerlegen, daß die Lehre von der Zulässigkeit königlicher Verordnungen praeter legem zuerst nicht von Arndt, sondern vor ihm von Gneist aufgestellt worden ist." Wer dies liest, muß doch, um nicht zu sagen, soll doch, daraus den Schluß ziehen, Arndt habe total verschwiegen, was Gneist über das selbständige Verordnungsrecht vor ihm ausgeführt habe, Arndt habe also an Gneist ein Plagiat begangen und durch Todtschweigen von Gneist's Ausführungen dies zu verdecken

[1]) Ich vergleiche überhaupt nicht. Das Staatsrecht ist nicht eine Autoritätenlehre, ich lege meiner Person gar keine Autorität bei, nur bitte ich, meine Argumente zu berücksichtigen.

gesucht. In Wahrheit ist der Inhalt der Gneist'schen Ausführungen über das selbständige Verordnungsrecht mit vollständiger Quellenangabe ausführlich in meinem Verordnungsrecht vorgetragen (S. 59 ff., 68 ff.), vielleicht ausführlicher, als dies in einer Schrift über Reichsverordnungsrecht, das m. Er. nur ein unselbständiges sein kann, nöthig und geboten war. Es kann also von einem Plagiat meinerseits gar keine Rede sein, zumal ich niemals behauptet habe [1] oder behaupte, etwas Neues aufgestellt zu haben, vielmehr nur das wiederhergestellt zu haben, was stets gegolten hat und früher allseitig geglaubt wurde. Ich habe aber die Gneist'sche Theorie, da sie für die mir im Reichsverordnungsrecht gesteckten Ziele durchaus abwegig war und zu den umgekehrten Ergebnissen führte, bereits damals zu widerlegen gesucht (S. 58 ff.): Gesetz sei nach älterem germanischen Recht das aus dem Volke entstandene Stammesgewohnheitsrecht gewesen, später sei Gesetz (z. B. im Franken- und Longobardenreiche), was der König mit Beirath der Großen und mit Zustimmung des gesammten Volkes beschlossen hatte. Neben diesem dem Könige nicht allein zustehenden Gesetzesrechte habe sich ein Königliches Verordnungsrecht gebildet, aus der Banngewalt. Diese Banngewalt sei in ihrer Ausübung an die Gesetze und Herkommen nicht gebunden; sie sei ihrem Wesen nach eine zu dem geltenden Rechte in Gegensatz tretende, eine das geltende Recht nicht vollstreckende, sondern fortentwickelnde Gewalt, alles dies mit der Einschränkung, daß der König das Stammesrecht, die lex terrae, nicht allein abändern dürfte. Wenn Gneist hieraus den Schluß ziehe, daß die obersten Grundsätze des konstitutionellen Staatsrechts schon in der Karolingischen Monarchie fundirt waren, sei ihm zu widersprechen: Erstens das Verordnungsrecht des fränkischen Königs sei ein selbstständiges Strafverordnungsrecht praeter legem; alle konstitutionellen Staaten ausnahmslos kommen aber darin überein, daß Strafen nur „in Gemäßheit des Gesetzes" — nicht aus eigenem Rechte des Anordnenden erlassen werden dürfen; Zweitens, die Verordnungen des modernen konstitutionellen Staates binden — sofern sie gültig erlassen seien — auch die Gerichte; [2] das Gegentheil habe nach Gneist für die Verordnungen der Karolingischen Könige gegolten; Drittens, die

[1] S. Verordnungsrecht S. 68 ff.

[2] Dieser Satz wird von mir mit der Einschränkung S. 104 f. aufrecht erhalten.

Verordnungsgewalt der fränkischen Könige sei eine von der Volks- und Gesetzgebungsgewalt unabhängige, sich allmählich sogar über dieselbe emporhebende Gewalt. Die Verordnungsgewalt der modernen konstitutionellen Monarchen sei entweder ein Ueberbleibsel der alten uneingeschränkten Machtfülle — oder was die Regel — nur eine von der Gesetzgebungsgewalt abgeleitete, dieser unterworfene Befugniß. Die Verordnungsbefugniß sei in England durch die wachsende Macht des Parlaments fast verdrängt worden (Fischel, Die Verfassung Englands, 2. Aufl., S. 115 ff.), in Frankreich habe sie die Gesetzgebungsbefugniß bis 1789 auf das Vollständigste absorbirt. Nach einer näheren Schilderung der Entwickelung in den deutschen Staaten wird dann fortgefahren (S. 61 f.), daß Preußen seit dem großen Kurfürsten und König Friedrich Wilhelm I., ebenso wie das Frankreich Ludwig XIV. ein absolut regierter Staat geworden, auch Alles, was die Landesherren als Gesetz anerkannt wissen wollten, Gesetz gewesen sei. An diesem Zustande sei bis zur Entstehung der Verfassung Nichts geändert u. s. w., so daß also ein Zusammenhang mit den alten Ständen und dem Frankenreiche nicht bestehen könne. Mit anderen Worten ist von mir nachgewiesen worden, daß das Karolingische Recht und die Gneist'sche Argumentation, die übrigens wohl auf keinen Parlamentarier oder Praktiker Eindruck machte, überhaupt mit dem selbständigen Verordnungsrecht in Preußen Nichts gemein haben. Mit diesen meinen Ausführungen decken sich die Anschütz'schen, S. 114 ff., vollständig; sie sind, wie ich anerkenne, und sie mußten dies sein, da es sich bei mir nur um einen Incidentpunkt handelte, ausführlicher. Anstatt daß nun Anschütz, wie ich und wohl jeder Andere an seiner Stelle gethan, gesagt hätte, daß die Gneist'sche Argumentation bereits von Arndt überzeugend widerlegt,[1]) insbesondere von diesem dargelegt sei, daß das preußische selbständige Verordnungsrecht keinen Zusammenhang habe mit dem altgermanischen Gesetzesbegriff und dem karolingischen Rechte, sondern ein Ueberbleibsel der absoluten Gewalt, ein vom Könige nicht mit übertragenes Recht sei, läßt er den Anschein entstehen, als ob seine Argumentation ohne Vorgänger und ich meinerseits ein Plagiator an Gneist und zumal ein undankbarer sei, der ich, anstatt Gneist, dessen Ideen ich reproduzire, dankbar

[1]) S. auch die Ausführungen schon in älteren Auflagen meiner Preußischen Verfassung gegen Bornhak.

zu sein, ihn noch in manchen seiner Ansichten bekämpfe (z. B. über den Verfassungskonflikt). Sapienti sat!

Ich will daher nur noch anführen, daß die Gneist'sche Theorie in ihrer Allgemeinheit doch auch für das belgische, das französische, vor Allem für das Reichsstaatsrecht passen müßte, was, wie wiederholt dargethan, nicht der Fall ist. Gneist war ein Mann großer Ideen und deshalb hat er mit der Intuition eines großen Mannes trotz oder mit einer ganz unzureichenden, den Widerspruch herausfordernden Begründung für das preußische Recht eine richtige Ansicht aufgestellt. Ich meinerseits habe die von mir vertretenen Ansichten durch die Beobachtung des geltenden Rechts und durch die Verbindung der induktiven mit der deduktiven, d. h. durch die historisch-kritische Methode gefunden, die mich zunächst zwang, gerade den Gneist-Laband'schen Gesetzesbegriff und deren Gedankenrichtung als dem positiven Recht widersprechend, zu beseitigen. Ich will übrigens noch bemerken, daß die von mir für richtig gehaltene Ansicht vertreten wird von Bornhak, von Stengel; ferner und zwar schon vor mir durch Philipp Zorn, der ganz richtig ausführt, daß es (I. Aufl., I, S. 128) aus dem positiven Recht zu entnehmen sei, wann die Form des Gesetzes zur Anwendung zu kommen habe, ferner, daß Rechts- und Verwaltungsvorschriften keine Gegensätze sind. Die einzige Differenz zwischen Zorn und mir betrifft die Frage, ob das Verordnungsrecht des Bundesraths ein selbständiges sei. Es handelt sich hierbei vielleicht nur um einen Wortstreit. Wenn Zorn meint, der Bundesrath habe nicht bloß ein mechanisches Ausführungsverordnungsrecht, sondern das Recht, alle zur Ausführung der Reichsverfassung und der Reichsgesetze erforderlichen Vorschriften zu erlassen, und zwar selbständig, so stimme ich ihm darin bei,[1]) im Gegensatze zur herrschenden Theorie, wonach ein Verordnungsrecht nur auf Grund ausdrücklicher gesetzlicher Ermächtigung zulässig sein soll.[2]) Richtig ist auch, was Gareis, Allgemeine Staatslehre, S. 77 sagt: „Welche materiellen Gesetze zugleich Gesetze im formellen Sinne seien, d. h. nur unter Theilnahme der Volksvertretung zu Stande kommen sollen, wird nur durch die Verfassung des betreffenden Staates bestimmt."

---

[1]) Vgl. u. A. Verordnungsrecht, S. 74ff., bes. S. 83f., 85f., 92 a. a. O.

[2]) S. auch Laband, 4. Aufl. II S. 89, Bernatzik, Rechtsprechung und materielle Rechtskraft. S. 108 u. A. m.

Richtig ist ferner, was Sarwey, allgemeines Verwaltungsrecht, über den staatsrechtlichen Begriff des Gesetzes lehrt: S. 9 ff., daß er ohne Weiteres gegen jeden Widerstand und gegen jeden Widerspruch Geltung habe, mag er eine allgemeine Norm sein oder nicht, daß also Gesetz ein formeller Begriff im Staatsrecht sei. Ganz richtig ist sodann, was E. v. Meier über den Abschluß von Staatsverträgen, Leipzig 1874 S. 296 sagt, daß die Grenzlinie zwischen Gesetzgebung und Vollziehung für die verschiedenen Gebiete des öffentlichen Rechts nur aus der positiven Rechtsordnung entnommen werden könne. Wenn Meier an derselben Stelle sagt, daß im konstitutionellen Staate der Gegenwart die Gesetzesform für die Emanation aller selbständigen allgemeinen Normen Regel sei, so ist zu fragen, was hier unter allgemeinen Normen verstanden werden soll. Im gemeinen Sinn dieses Wortes versteht man heute die Regelung des Telegraphen-Beamtenwesens, Militärdisziplin, Ehrengerichtsverfahren, Strafvollstreckungsverfahren, Beschwerdewesen bei Militärpersonen, Schulregulation als gemeine Normen; diese waren und sind großentheils in Bayern, Preußen u. s. w. im Wege der selbständigen Verordnung geregelt.[1]) Auch die Norddeutsche Bundesverfassung erkannte in den Artt. 48 Abs. 2, 53, 61 und 63 Abs. 5 implicite an, daß in Preußen die Krone doch auf gewissen Gebieten das selbständige Verordnungsrecht hat. Indem man diese Vorschriften annahm und z. B. der Reichstag den Antrag Becker: „Die Bedingungen für die Benutzung dieser (Post- und Telegraphen-)Anstalten werden durch die Gesetze geregelt" (Sten. Ber. des Verfassung berathenden Reichstages 1867 S. 515 f.) ablehnte und den Protest Wigards bei Art. 61 unbeachtet ließ (oben S. 236), wußte und wollte man, daß auch in Zukunft wie in der Vergangenheit gewisse Gegenstände im Verordnungswege geregelt werden.

Vor Allem thut Eins noth im Staatsrechte, das ist die Klarheit, die Erkennbarkeit, die Durchsichtigkeit. Operirt man mit solchen Begriffen, wie Rechts- und Verwaltungsnormen, bei denen sich Jeder etwas Anderes denken kann und denkt, so hüllt man das Staatsrecht in Dunkel ein, man kann dann eben Alles beweisen. Es gilt davon, was Schopenhauer über die Hegel'sche Philosophie sagt, sie gleiche einem Tintenfische, der sich durch das Dunkel der Erkennbarkeit entziehe.

[1]) S. auch E. Meier, S. 298 ff.

Ich fasse meine Ergebnisse dahin zusammen:

Gesetz im Sinne des absoluten Preußen ist nur die vom Könige erlassene Anordnung; jede andere ist Verordnung. Selbstständige An- und Verordnungen im absoluten Preußen giebt es nicht; vielmehr sind diese nur soweit gültig, wie sie sich auf den Willen des Königs zurückführen lassen.

Gesetz im konstitutionellen Preußen ist, was der König in Uebereinstimmung mit dem Landtage anordnet. Alles Andere ist Verordnung. Auf den Gebieten, wo nach der Verfassung das Gesetz nicht gefordert wird — und das sind allerdings nur kleinere Gebiete noch — ist noch der Wille der Krone allein maßgebend, dort ist das Bereich der selbständigen Verordnung. Gesetz ist Ausspruch der höchsten Gewalt, die Verordnung ist deshalb überall da unzulässig, wo sie gegen ein Gesetz verstößt. Nach Reichsstaatsrecht ist jede Ver- oder Anordnung unzulässig (ebenso wie nach belgisch-französischem Rechte), welche sich nicht auf die Verfassung oder ein Gesetz gründet. Ob es sich um sog. Rechts- oder Verwaltungsnormen handelt, ist überall unerheblich.

Weit entfernt davon, daß diese Theorie die persönliche Freiheit gefährdet, so sichert sie diese, weil sonst unter dem Vorgeben, es liege nur eine sogenannte Verwaltungs- oder Anstaltsordnung, oder ein bloßer Dienstbefehl vor, jeder Eingriff in Freiheit und Eigenthum erfolgen könnte.

Mit einzelnen Modifikationen, namentlich über die Tragweite der Artt. 5 und 9 der preußischen Verfassung, sowie darüber, ob auch alle vorkonstitutionellen Gesetze unter den Schutz des Art. 62 gestellt sind, stimmen fast alle Parteien und alle Parlamentarier hiermit überein. Jedenfalls haben sich diese wohl ausnahmlos nicht auf den Laband-Gneist'schen (materiellen) Gesetzesbegriff, sondern auf das Enumerationssystem gestellt, d. h. auf das positive Recht, anstatt auf fingirte Begriffe.

Druck von Lippert & Co. (G. Pätz'sche Buchdr.), Naumburg a. S.

FSC
www.fsc.org
MIX
Papier | Fördert
gute Waldnutzung
FSC® C083411

Kolibri 360 GmbH
Ferdinand-Jühlke-Straße 7
99095 Erfurt, Deutschland
produktsicherheit@kolibri360.de